메가스터디 N제

통합사회1 505제

내신·학평 완벽 대비 1등급 필수 문항집

이 책의
구성과 특징

Point 1
22개정 교과서 완벽 분석, 핵심이 모두 여기에!

8종 통합사회 교과서를 모두 분석하여 내신 시험에 반드시 출제될 내용과 자료로 구성

Point 2
내신 시험의 출제 원리를 바탕으로!

전국 학교 기출 문제와 학력평가 기출 문제를 모두 분석하여 고빈출, 최다 오답 유형만을 엄선하여 구성

Point 3
만점 달성 고난도, 수능 유형 문제까지!

고난도, 수능 유형, 서술형 문제를 포함한 505개의 문항으로 변별력 높은 내신 시험과 학력평가까지 대비할 수 있도록 구성

STEP 1 핵심 개념 정리 & O/X 문제로 교과서 핵심 자료 보기

8종 교과서의 핵심 내용을 쉽게 파악할 수 있도록 체계적으로 정리하고, 핵심 자료를 선별하여 OX 문제를 풀며 개념 학습을 강화할 수 있도록 했습니다.

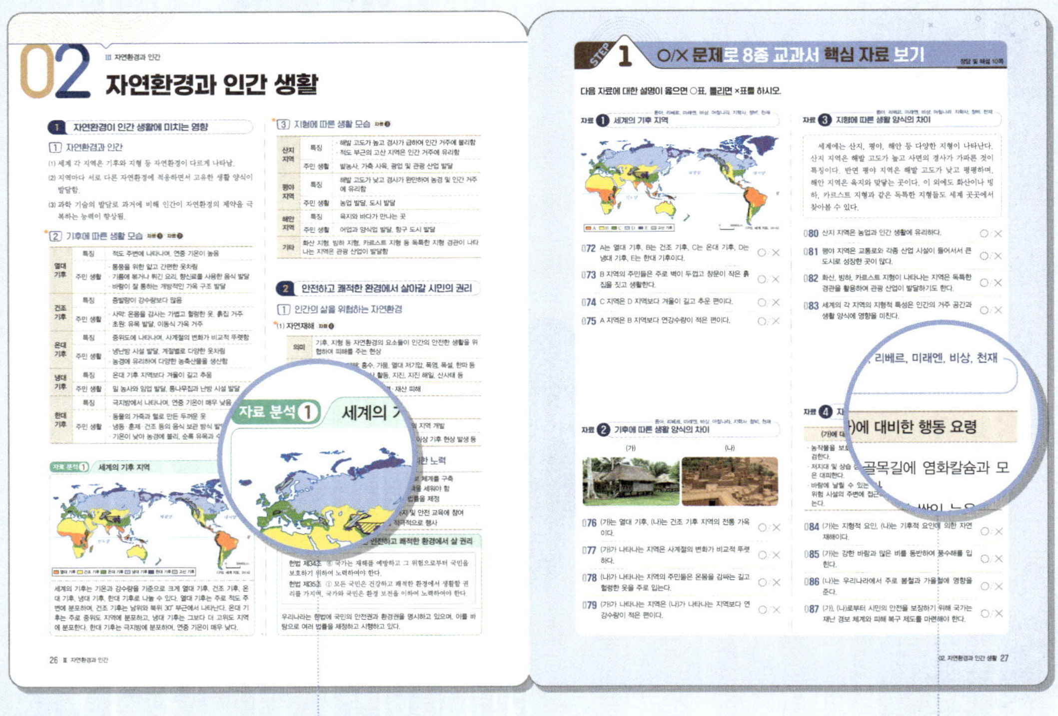

자료 분석 에서 주요 자료를 선별하여 자세하게 분석했습니다.

자료 출처 교과서를 표시했습니다.

학교 기출 문제로 내신 대비하기

전국 학교 기출 문제를 분석하여 출제율 70% 이상의 문제를 개념별로 빠짐없이 구성했습니다.

출제율 90 % 이상인 문제는 고빈출로 표시했습니다.

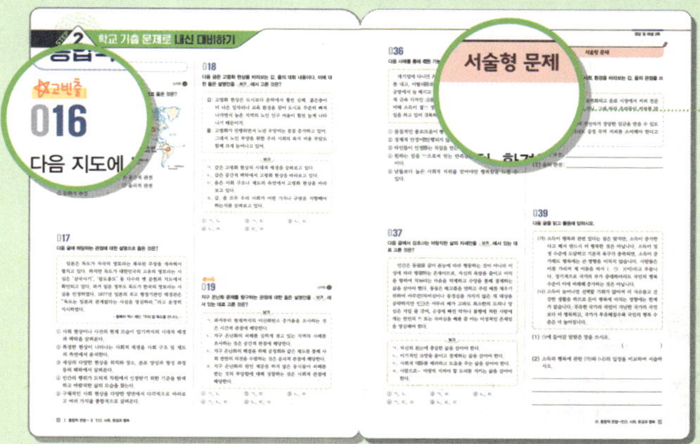

서술형 문제도 자주 출제되는 주제를 중심으로 수록했습니다.

수능 유형 문제로 만점 도전하기

통합사회가 수능 과목으로 편성됨에 따라 내신에도 수능 유형 문제가 출제될 수 있습니다.
다양한 유형의 문제를 풀어보며 내신 만점에 도전하세요.

기출 분석을 통해 오답률이 높은 개념과 유형의 문제는 최다 오답으로 표시했습니다.

변별력 높은 내신 시험과 학력평가까지 대비할 수 있도록 난이도 상을 표시했습니다.

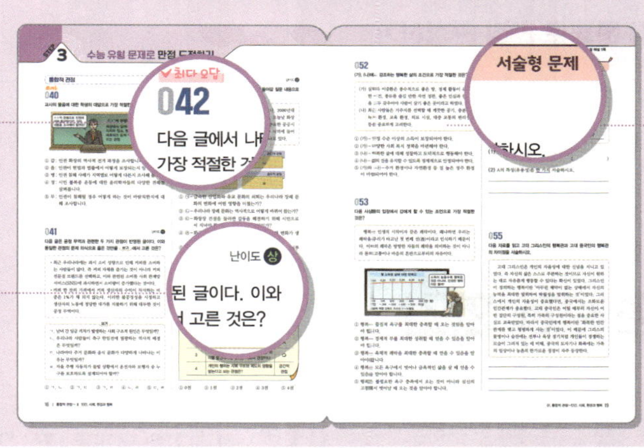

서술형 문항에 대비할 수 있도록 서술형 문제 코너를 구성했습니다.

단원 종합 문제로 만점 완성하기

내신에 완벽하게 대비할 수 있도록 대단원별로 학교 시험 문제와
매우 유사한 형태의 예상 문제를 제시했습니다. 내신 만점에 자신감을 가지세요.

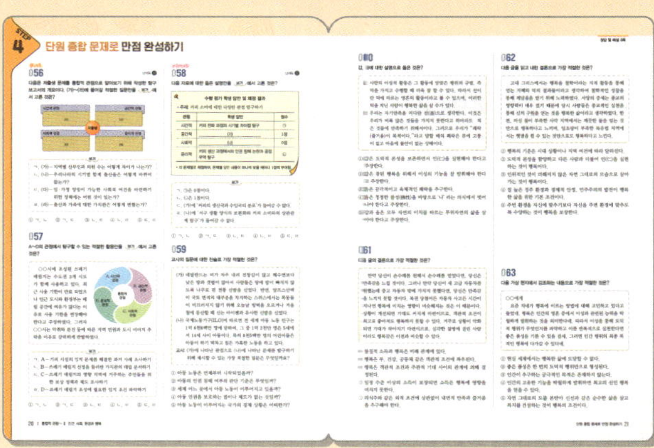

I~II

통합적 관점 ~
인간, 사회, 환경과 행복

🔍 내 교과서 맞춤 목차

01 통합적 관점~인간, 사회, 환경과 행복

1 인간, 사회, 환경의 탐구와 통합적 관점

1 인간, 사회, 환경을 바라보는 다양한 관점

(1) 시간적 관점

의미	어떤 현상이 나타나기까지의 역사적 배경과 시대적 맥락에 초점을 두고 인간과 세상을 이해하는 것
특징	과거의 사실과 사건을 바탕으로 현재의 사회 현상을 이해하고 미래를 예측하여 바람직한 해결 방안을 찾는 데 도움을 줌

(2) 공간적 관점

의미	장소와 지역 및 공간적 상호 작용에 중점을 두고 인간과 세상을 이해하는 것
특징	공간 속에서 서로 영향을 주고받는 인간, 사회, 환경의 관계를 파악하는 데 도움을 줌

(3) 사회적 관점

의미	사회 구조와 사회 제도가 개인의 행동과 의식, 사회 현상에 미치는 영향력의 측면에서 인간과 세상을 이해하는 것
특징	사회의 구조와 제도, 법 등이 사회 현상에 미치는 영향을 파악하고 정책과 제도 개선을 위한 방안 마련에 도움을 줌

(4) 윤리적 관점

의미	도덕적 가치와 윤리적 규범을 중심으로 인간을 이해하고, 세상의 다양한 문제를 탐구하여 성찰하는 관점
특징	다양한 사회 현상을 도덕적 가치와 도덕규범에 따라 평가하고 사회가 나아갈 바람직한 방향을 제시함

★ 2 통합적 관점의 이해 자료❶ 자료❷

(1) 통합적 관점의 의미: 사회 현상을 역사적 배경과 시대적 맥락, 장소와 지역 및 공간적 상호 작용, 사회 구조와 사회 제도의 영향력, 도덕적 가치와 윤리적 규범 등을 함께 고려하여 살펴보는 것

(2) 통합적 관점의 필요성: 인간, 사회, 환경의 상호 작용 속에 담긴 복잡하고 다면적인 의미를 이해하고, 다각적이고 종합적인 해결 방안을 모색하며 사회에 대한 통찰력을 향상시킬 수 있음

(3) 통합적 관점의 적용 사례: 기후위기, 세계 기아 문제, 감염병 대응 방안, 고령화 현상, 인공지능 저작권 쟁점 등 복잡한 사회 현상을 탐구하는 데 적용

2 행복의 의미와 기준

1 행복의 의미

그 자체로 가치 있는 궁극적인 삶의 목적으로 삶에서 충분한 만족감이나 즐거움을 느끼는 상태를 의미함 → 행복감을 느끼는 기준은 개인의 가치관이나 경험 등에 따라 다르게 나타남

2 행복의 다양한 기준 자료❸ 자료❹

(1) 시대에 따른 행복의 기준: 시대에 따라 지배적인 가치와 사상, 사회 모습 등이 다르게 나타남

고대 그리스	이성을 탁월하게 발휘할 때 행복이 실현된다고 여김
헬레니즘 시대	마음의 평온을 얻는 것을 행복이라고 여김
중세 시대	신앙을 통해 영원하고 완전한 존재인 신과 하나가 되는 것을 행복한 삶이라고 여김
근대 시대	인간의 기본적 권리인 자유와 평등을 중시하면서 이를 보장하는 것이 행복의 기준이 됨
오늘날	경제적 안정, 정신적 만족감, 여유, 건강 등 다양한 요소의 충족을 중시함

(2) 지역에 따른 행복의 기준: 같은 시기라도 자연환경과 인문환경 등 지역적 여건에 따라 행복의 기준이 다르게 나타남

자연환경	• 의미: 기후나 지형 같은 자연 상태의 환경 • 물이 부족한 지역의 행복: 깨끗한 물을 확보하는 것 • 일조량이 부족한 지역의 행복: 충분하게 햇볕을 쬐는 것
인문환경	• 의미: 종교, 문화, 산업과 같이 인간의 활동으로 형성되는 환경 → 인간의 가치관과 생활양식에 영향 • 유교 문화권의 행복: 하늘로부터 부여받은 도덕적 본성을 갖추고 다른 사람과 더불어 살아가며 인(仁)을 실현하는 것 • 불교 문화권의 행복: 불성(佛性)을 바탕으로 무지와 집착에서 벗어나기 위한 수행과 고통받는 중생을 구제하는 실천을 통해 해탈의 경지에 이르는 것 • 종교나 민족 갈등이 심한 지역의 행복: 안정과 평화 • 억압과 차별이 심한 지역의 행복: 자유와 평등

★ 3 행복한 삶을 실현하기 위한 조건

질 높은 정주 환경	• 필요성: 인간의 기본적 삶의 문제 해결을 위해 안전하고 위생적인 주거지와 다양한 주거 환경이 필요함 • 깨끗한 물, 대기, 토양 등의 자연환경 • 치안, 보건, 위생, 교육, 문화 서비스 등의 사회 환경
경제적 안정	• 필요성: 경제적 안정을 통해 기본적인 생계유지, 자신의 필요 충족, 자아실현의 기회를 가질 수 있음 • 고용 안정, 일정 수준 이상의 소득 보장 • 실업 급여, 사회 보험 등의 다양한 사회 복지 정책 마련
민주주의의 발전	• 필요성: 민주 국가일수록 시민의 인권이 존중되고 시민 각자가 원하는 삶의 방식을 자유롭게 추구할 수 있음 • 법치주의, 의회 제도, 언론 자유 보장 등 민주적 제도 마련 • 투표권 행사, 정책 감시 등 사회 구성원의 적극적 참여 필요
도덕적 실천	• 필요성: 어려운 사람에게 도움을 주고 개인의 자존감과 행복감을 높임 • 사회 구성원이 도덕적으로 행동하고 성찰하는 삶을 추구

다음 자료에 대한 설명이 옳으면 ○표, 틀리면 ✕표를 하시오.

자료 1 기후 변화의 통합적 이해
리베르, 미래엔, 비상, 아침나라

지구 온난화의 주범인 이산화 탄소 수준은 산업화 이후 급격히 증가해 1900년대 280ppm에서 2000년대 380ppm 수준으로 늘었다. 같은 기간 지구의 기온은 1℃ 정도 상승했다. 한국 환경 정책 평가 연구원(KEI)은 기후 변화의 영향으로 폭염 사망자 수가 늘어나고, 집중 호우의 가능성이 커지는 반면 물 부족 현상이 심화될 것으로 전망했다. 산림·생태계, 국토·연안 등에 다양한 피해가 발생할 것으로 예상되는 만큼 지구 온난화를 막기 위한 법·제도의 보완과 개인적 차원의 노력이 필요한 시점이다.

– ○○○ 경제, 2019. 10. 27. –

001 '산업화 이후 급격히 증가한 이산화 탄소 수준과 지구의 평균 기온 상승 변화'를 파악하려는 것은 시간적 관점에서 접근한 것이다. ○/✕

002 '기후 변화가 발생하는 다양한 지역의 조사와 원인 파악'을 주제로 선정한 것은 윤리적 관점에서 탐구하려는 것이다. ○/✕

003 '지형적 특성을 고려하여 지역별로 기후 변화가 진행되는 양상'을 파악하려는 것은 공간적 관점에서 탐구하려는 것이다. ○/✕

004 '현세대가 미래 세대를 위해 책임 의식을 가지고 기후 정의를 실현해야 한다고 주장'하는 것은 사회적 관점에서 접근한 것이다. ○/✕

자료 2 통합적 관점의 중요성
미래엔, 비상

인간이 가진 문제가 어느 한 분야의 지식으로 명쾌하게 풀리는 법은 거의 없다. 인간이 가진 문제를 해결하는 과정에서 필요하다면 다양한 관점에서 문제를 살피는 것은 당연한 일이다. 결국 우리 앞에 놓인 복잡한 문제들은 다양한 관점에서 검토할 때 답에 다가갈 실마리를 얻을 수 있다.

– 최재천 외, 『지식의 통섭』

005 복잡한 사회 현상의 의미를 파악하려면 한 가지 관점에만 집중해야 한다. ○/✕

006 통합적 관점을 적용하면 사회 문제를 깊이 있게 이해하고 그 대처 방안을 마련할 수 있다. ○/✕

007 통합적 관점에서는 역사적 배경, 시대적 맥락, 장소, 지역 및 공간적 상호 작용, 사회 구조 및 제도의 영향력, 도덕적 가치와 규범을 모두 고려한다. ○/✕

자료 3 다양한 행복의 기준
리베르, 비상

- 공자: 배우고 때때로 익히니 기쁘지 아니한가. 먼 곳에 있는 친구가 찾아오니 그 또한 즐겁지 아니한가.
- 석가모니: 만물의 상호 의존성을 바탕으로 집착을 버리고 바른 수행을 할 때 우리는 최상의 행복인 열반에 이를 수 있다.
- 벤담: 행복은 쾌락이자 삶의 목적이다. 그러므로 인간의 행복을 증진하는 것이 도덕의 목적이다.

008 사람들이 추구하는 행복의 의미는 저마다 다르게 나타난다. ○/✕

009 행복의 기준은 시대적 상황에 따라 다르게 나타날 수 있다. ○/✕

010 불교에서는 수행과 실천을 통해 해탈의 경지에 이르는 것을 행복이라고 보았다. ○/✕

011 자연환경과 인문환경의 차이는 행복에 영향을 주지 않는다. ○/✕

자료 4 '이스털린의 역설'
동아, 미래엔, 비상, 지학사

소득이 행복과 관련되어 있다는 점은 맞지만, 소득이 증가한다고 해서 반드시 더 행복한 것은 아닙니다. 소득이 일정 수준에 도달하고 기본적 욕구가 충족되면, 소득이 증가해도 행복에는 큰 영향을 미치지 않습니다. 사람들은 이를 가리켜 제 이름을 따서 '이스털린의 역설(Easterlin parados)'이라고 부릅니다. 장기적으로 국가의 부가 증대하더라도 국민의 행복 수준이 이에 비례해 증가하는 것은 아닙니다.

– 이스털린, 『지적 행복론』

012 소득의 증가와 행복도는 비례 관계에 있다. ○/✕

013 소득이 일정 수준에 이르면 소득이 증가해도 행복에 큰 영향을 미치지 않는다. ○/✕

014 국가의 부가 증가하면 할수록 국민의 행복 수준도 증가한다. ○/✕

015 선진국보다 가난한 국가에서 행복 지수가 높게 나타날 수 있다. ○/✕

통합적 관점

★고빈출
016
난이도 **상**

다음 지도에 나타난 환경 문제를 이해하는 관점으로 옳은 것은?

① 시간적 관점
② 공간적 관점
③ 사회적 관점
④ 윤리적 관점
⑤ 문화적 관점

017

다음 글에 해당하는 관점에 대한 설명으로 옳은 것은?

> 일본은 독도가 자국의 영토라는 왜곡된 주장을 계속해서 펼치고 있다. 하지만 독도가 대한민국의 고유의 영토라는 사실은 '삼국사기', '팔도총도' 등 다수의 옛 문헌과 지도에서 확인되고 있다. 과거 일본 정부도 독도가 한국의 영토라는 사실을 인정하였다. 1877년 일본의 최고 행정기관인 태정관은 "독도는 일본과 관계없다는 사실을 명심하라."라고 분명히 지시하였다.
>
> – 동북아 역사 재단, 「우리 땅 독도를 만나다」 –

① 사회 현상이나 사건의 현재 모습이 있기까지의 시대적 배경과 맥락을 살펴본다.
② 특정한 현상이 나타나는 사회적 배경을 사회 구조 및 제도의 측면에서 분석한다.
③ 세상의 다양한 현상을 위치와 장소, 분포 양상과 형성 과정 등의 맥락에서 살펴본다.
④ 인간의 행위가 도덕적 차원에서 인정받기 위한 기준을 탐색하고 바람직한 삶의 모습을 찾는다.
⑤ 구체적인 사회 현상을 다양한 방면에서 다각적으로 바라보고 여러 가지를 통합적으로 살펴본다.

018

다음 글은 고령화 현상을 바라보는 갑, 을의 대화 내용이다. 이에 대한 옳은 설명만을 보기 에서 고른 것은?

> 갑: 고령화 현상은 도시보다 촌락에서 훨씬 심해. 젊은층이 더 나은 일자리나 교육 환경을 찾아 도시로 꾸준히 빠져나가면서 농촌 지역의 노인 인구 비율이 훨씬 높게 나타나기 때문이지.
>
> 을: 고령화가 진행되면서 노년 부양비는 점점 증가하고 있어. 그래서 노인 부양을 위한 우리 사회의 복지 비용 부담도 함께 크게 늘어나고 있어.

보기

ㄱ. 갑은 고령화 현상의 시대적 배경을 살펴보고 있다.
ㄴ. 갑은 공간적 맥락에서 고령화 현상을 바라보고 있다.
ㄷ. 을은 사회 구조나 제도의 측면에서 고령화 현상을 바라보고 있다.
ㄹ. 갑, 을 모두 우리 사회가 어떤 가치나 규범을 지향해야 하는지를 살펴보고 있다.

① ㄱ, ㄴ
② ㄱ, ㄷ
③ ㄴ, ㄷ
④ ㄴ, ㄹ
⑤ ㄷ, ㄹ

★고빈출
019
난이도 **상**

지구 온난화 문제를 탐구하는 관점에 대한 옳은 설명만을 보기 에서 있는 대로 고른 것은?

보기

ㄱ. 과거부터 현재까지의 이산화탄소 증가율을 조사하는 것은 시간적 관점에 해당한다.
ㄴ. 지구 온난화의 피해를 심하게 겪고 있는 지역의 사례를 조사하는 것은 공간적 관점에 해당한다.
ㄷ. 지구 온난화의 해결을 위해 공청회와 같은 제도를 통해 사회 전반의 의견을 수렴하는 것은 윤리적 관점에 해당한다.
ㄹ. 지구 온난화의 원인 제공을 하지 않은 동식물이 피해를 받는 것의 부당함에 대해 성찰하는 것은 사회적 관점에 해당한다.

① ㄱ, ㄴ
② ㄱ, ㄷ
③ ㄴ, ㄹ
④ ㄱ, ㄴ, ㄷ
⑤ ㄴ, ㄷ, ㄹ

고빈출
020

화장장 건설을 둘러싼 갈등에 대한 각 관점의 물음으로 적절한 것만을 보기 에서 고른 것은?

보기

ㄱ. 시간적 관점: 화장장 건설에 적합한 입지 조건은 무엇인가?
ㄴ. 사회적 관점: 화장장 건설에 따른 사회적 문제를 해결하기 위해 어떤 법과 제도가 필요한가?
ㄷ. 윤리적 관점: 화장장 건설을 둘러싼 갈등을 해결하기 위해 시민으로서 지녀야 할 바람직한 태도는 무엇인가?
ㄹ. 공간적 관점: 유교 문화의 쇠퇴는 우리나라 장례 문화의 변화에 어떤 영향을 미쳤는가?

① ㄱ, ㄴ ② ㄱ, ㄷ ③ ㄴ, ㄷ
④ ㄴ, ㄹ ⑤ ㄷ, ㄹ

021

기후 문제를 (가) 관점에서 바라본 진술로 가장 적절한 것은?

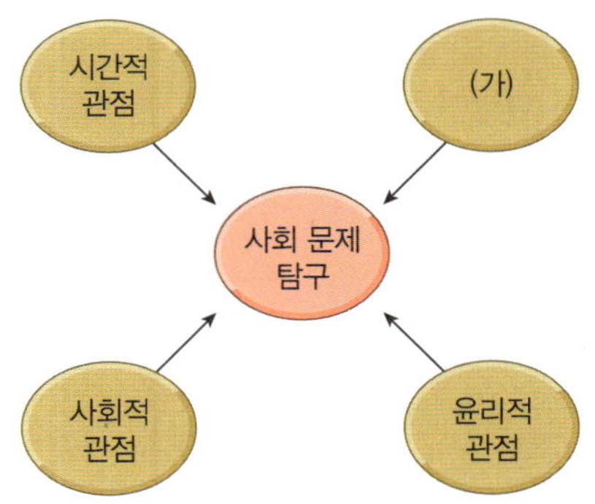

① 기후 변화는 산업 혁명 이후에 나타났다.
② 기후가 변화한 것은 인간의 이기심 때문이다.
③ 기후 문제는 개인과 사회 모두에게 책임이 있다.
④ 지구 온난화에 따른 기후 변화는 전 지구적 차원의 문제이다.
⑤ 기후 문제는 국제 사회 및 국가 차원에서의 제도를 통해 해결할 수 있다.

고빈출
022

다음 대화에서 갑의 관점에 대한 평가로 가장 적절한 것은?

① 인간은 사회 구조의 영향을 받는다고 생각하고 있다.
② 현재 우리 사회에서 K-컬처가 지닌 의미를 중시하고 있다.
③ 자연환경이 사회 현상에 미치는 영향을 파악하고자 한다.
④ 전통 윤리가 K-컬처에 어떻게 반영되었는지를 분석하고자 한다.
⑤ 시대적 배경에 대한 이해를 바탕으로 K-컬처를 살펴보고자 한다.

고빈출
023

다음 글에서 관점 A가 필요한 배경과 까닭으로 적절한 진술만을 보기 에서 고른 것은?

인간, 사회, 환경의 여러 주제를 탐구하기 위해서는 시간적 관점, 공간적 관점, 사회적 관점, 윤리적 관점 등을 모두 고려하여 종합적으로 살펴보는 관점인 (　A　)이/가 요구된다.

보기

ㄱ. 사회 구조적 대책을 마련하는 것이 무엇보다 중요하기 때문이다.
ㄴ. 하나의 사회 현상에도 여러 분야가 긴밀하게 얽혀 있기 때문이다.
ㄷ. 사회 구성원 간의 상호 작용과 이해관계가 복잡하게 전개되기 때문이다.
ㄹ. 다양한 문제들을 압축하여 하나의 문제로 단순화시킬 수 있기 때문이다.

① ㄱ, ㄴ ② ㄱ, ㄷ ③ ㄴ, ㄷ
④ ㄴ, ㄹ ⑤ ㄷ, ㄹ

다양한 학자들이 주장한 행복의 의미

024

다음을 주장한 서양 사상가의 행복에 대한 입장으로 가장 적절한 것은?

> 우리의 욕망 중에는 공허하고 불필요한 것들이 있음을 명심하라. 호사스러운 삶의 쾌락을 멀리하고, 소박한 식사와 물만으로 만족할 때 나의 몸은 상쾌하다. 우리가 가장 큰 즐거움을 얻으려면 고통이 없는 쾌락을 추구해야 한다.

① 종교적 실천을 통해 신의 구원을 얻는 것이다.
② 육체에 고통이 없고 마음에 불안이 없는 상태이다.
③ 인간의 기본적 권리인 자유와 평등이 실현된 상태이다.
④ 인간으로서 마땅히 지켜야 할 보편적 도덕 법칙을 따르는 것이다.
⑤ 정념에 방해받지 않고 초연한 태도로 자연의 질서에 따르는 것이다.

025

다음은 서술형 평가 문항과 학생 답안이다. 밑줄 친 ㉠~㉤ 중 옳지 않은 것은?

서술형 평가

● 문제: 서양의 행복론에 대하여 시대별로 서술하시오.

● 학생 답안
먼저 ㉠ 고대 그리스에서는 행복을 철학이라는 지적 활동을 통하여 얻는 지혜와 덕의 결과물이라고 보았다. ㉡ 헬레니즘 시대에는 사회적 혼란기였기 때문에 전쟁과 사회적 혼란에서 벗어나 마음의 평안을 얻는 것을 행복이라고 보았다. ㉢ 중세 시대에는 신 중심의 사회였기 때문에 종교적 실천을 통해 신에 의해 구원을 받는 것을 행복이라고 보았다. 근대에 들어와서 ㉣ 의무론자인 칸트는 행위를 통해 얻게 되는 좋은 결과가 행복을 가져온다고 보았고, ㉤ 공리주의자인 벤담은 쾌락을 행복이라고 보고 최대 다수의 최대 행복을 추구하였다.

① ㉠   ② ㉡   ③ ㉢
④ ㉣   ⑤ ㉤

시대와 지역에 따른 행복의 기준

026

다음 글에서 강조하는 내용으로 가장 적절한 것은?

> 2003년 미시간 대학 연구팀은 423쌍의 장수 부부들의 공통점을 발견했다. 이들이 정기적으로 몸이 불편하거나 가족이 없는 사람들을 방문하여 돕고 있다는 것이다. 사람은 남을 돕고 난 후에는 심리적 포만감인 '헬퍼스 하이(Helper's High)'를 느끼는데, 이때 즐거움을 느끼게 하는 엔도르핀의 분비는 정상치의 3배 이상 상승하고, 면역 항체의 수치가 높아진다.

① 다른 사람을 도와주는 데서 행복감을 느낄 수 있다.
② 다른 사람보다 오래 사는 것이 행복의 절대 기준이다.
③ 안정된 주거와 소득이 있어야 행복한 삶을 살 수 있다.
④ 경제적 안정이 행복을 얻기 위한 가장 중요한 요소이다.
⑤ 사회적 약자를 위한 제도가 마련되어야 사회적 행복이 증진된다.

🔺고빈출 027

다음은 행복의 기준에 대한 설명이다. 밑줄 친 ㉠~㉤ 중 옳지 않은 것은?

> 시대 상황에 따라 행복의 기준은 어떻게 다를까? 역사를 돌아보면 각 시대의 지배적인 가치나 사상이 사회 구성원의 행복의 기준에 영향을 주기도 하였다. 예를 들어 ㉠ 고대 동양 사상에서는 사람들이 타고난 본성에 따라 살아갈 때 행복한 삶을 살 수 있다고 보았다. ㉡ 서양의 헬레니즘 시대에는 종교의 영향력이 매우 컸기 때문에 당시 사람들은 종교적인 실천을 통해 신의 구원을 얻는 것을 행복한 삶이라고 생각하였다. ㉢ 서양의 근대에는 인간의 기본적 권리를 강조하면서 자유와 평등이 실현되는 삶을 행복한 삶이라고 보았다. 또한 역사적 사건이나 산업화 등의 사회 변동이 행복의 기준에 영향을 미치기도 한다. 예를 들어 ㉣ 일제의 식민 지배를 받던 시대에는 나라의 독립이 우리 민족의 행복의 기준이었고, ㉤ 산업화 시대에는 물질적인 풍요를 중시하는 경향이 나타났다. 이처럼 시대 상황은 사회 구성원의 행복의 기준에 영향을 주어 왔다.

① ㉠   ② ㉡   ③ ㉢
④ ㉣   ⑤ ㉤

028

유교에서 말하는 행복론에 대한 서술로 옳은 것은?

① 행복은 삶의 궁극적 목적이며, 이성을 발휘할 때 달성된다.
② 육체에 고통이 없고 마음에 불안이 없는 평온한 삶이 행복이다.
③ 청정한 불성(佛性)을 바탕으로 고통받는 중생을 구제하는 실천을 통해 해탈에 이를 때 행복하다.
④ 타고난 그대로의 본성에 따라 인위적인 것이 더해지지 않은 자연 그대로의 모습으로 살아가는 것이 행복이다.
⑤ 하늘로부터 부여받은 도덕적 본성을 보존하고 함양하면서 다른 사람과 더불어 살아가며 인(仁)을 실현할 때 행복하다.

029

그래프는 가구 소득 수준별 삶에 대한 만족도를 나타낸 것이다. 이에 대한 설명이나 추론으로 옳은 것만을 ⎡보기⎤에서 고른 것은?

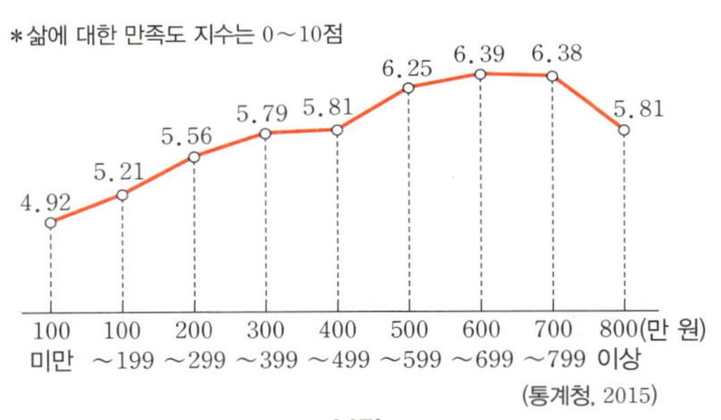

⎡보기⎤

ㄱ. 가구의 소득과 행복감은 반비례한다.
ㄴ. 일반적으로 가난한 사람이 부자보다 행복 지수가 높게 나타난다.
ㄷ. 소득 수준이 일정 수준 이상이 되면 삶에 대한 만족도 지수가 높아지지 않는다.
ㄹ. 일정 수준 이상의 소득이 발생하면 행복이 소득 이외의 요소에 영향을 받을 가능성이 높다.

① ㄱ, ㄴ ② ㄱ, ㄷ ③ ㄴ, ㄷ
④ ㄴ, ㄹ ⑤ ㄷ, ㄹ

행복한 삶을 위한 네 가지 조건

030

다음 글에서 강조하는 내용으로 가장 적절한 것은?

> 임금의 푸줏간에는 살찐 고기가 있고 마굿간에는 살찐 말이 있으면서, 백성들은 굶주린 기색이 있고 들판에 굶어 죽은 시체가 있다면, 이것은 짐승을 몰아서 사람을 잡아먹게 한 것입니다. 백성들은 떳떳이 살 수 있는 항산(恒産)이 없으면 그로 인해 떳떳한 마음인 항심(恒心)이 없어지는 것입니다.

① 백성들의 생계유지보다 백성들의 도덕적 삶이 우선되어야 한다.
② 개인들의 정치 참여가 가능한 민주적인 정치 제도를 마련해야 한다.
③ 기본적인 생계를 유지할 수 있도록 경제적인 안정이 선행되어야 한다.
④ 개인들이 자유롭게 각자가 원하는 삶의 방식을 선택할 수 있도록 해야 한다.
⑤ 내적으로 성찰하고 다른 사람을 배려하는 도덕적 실천을 가장 먼저 추구하도록 해야 한다.

031

다음 글에서 강조하는 내용으로 가장 적절한 것은?

> 어떤 인류학자가 아프리카 한 부족의 아이들에게 게임을 하자고 제안하였다. 그는 근처 나무에 아이들이 좋아하는 음식을 매달아 놓고 먼저 도착한 사람이 그것을 먹을 수 있다고 말하고 시작을 외쳤다. 그런데 아이들은 각자 뛰어가지 않고 모두 손을 잡고 가서 그것을 함께 먹었다. 인류학자는 아이들에게 "한 명이 먼저 가면 다 차지할 수 있는데 왜 함께 뛰어갔지?" 하고 물었다. 그러자 아이들은 '우분투(Ubuntu)'라고 외치며, "다른 사람이 모두 슬픈데 어떻게 한 명만 행복해질 수 있나요?"라고 대답하였다. '우분투'는 아프리카 반투어에서 온 말로 "우리가 함께 있기에 내가 있다."라는 뜻이다.

① 공동체 속에서 함께 공존하는 삶이 행복한 삶이다.
② 물질적 욕망이 충족되어야만 행복한 삶이 가능하다.
③ 자신이 원하는 대로 살 수 있는 자유가 주어져야만 행복할 수 있다.
④ 안정된 주거와 소득, 긴 수명 등 객관적 조건이 충족된 삶이 행복한 삶이다.
⑤ 아무런 제약 없이 자신의 능력을 최대한 발휘할 때만 행복을 얻을 수 있다.

032

다음 만화를 통해 알 수 있는 행복의 조건으로 가장 적절한 것은?

① 고용이 안정되고 일정 수준 이상의 소득이 보장되어야 한다.
② 경제적 불평등이 해소될 수 있는 사회 제도가 마련되어야 한다.
③ 시민의 정치적 의사가 잘 반영되는 정치 체제를 마련해야 한다.
④ 자신의 행복을 적극적으로 추구하며 도덕적인 삶을 살아야 한다.
⑤ 자연환경과 더불어 사회·문화적 환경 등의 정주 환경이 잘 갖추어져야 한다.

☆고빈출 033

다음 설명과 가장 관련 깊은 개념으로 가장 적절한 것은?

> 인간은 기본적인 삶의 문제를 해결하기 위해 안전하고 위생적인 주거지와 다양한 주거 환경이 필요하다. 이를 위해서 깨끗한 물, 대기, 토양 등의 자연환경이 필요하며, 안락한 주거 환경을 위한 치안 서비스, 보건·위생 시설, 교육·문화 시설 등의 사회적 환경이 필요하다.

① 경제적 안정
② 민주주의의 발전
③ 질 높은 정주 환경
④ 경제적 불평등 해소
⑤ 도덕적으로 실천하는 삶

034

다음 사례를 통해 추론 가능한 행복의 조건으로 가장 적절한 것은?

> 1986년 A국에서는 21년간 독재를 한 대통령이 시민 혁명으로 대통령 궁에서 쫓겨나 외국 망명길에 올랐다. 그 후 대통령 궁에서는 대통령의 부인이 미처 가져가지 못한 각종 사치품이 발견되었다. 1960년대까지만 해도 A국은 아시아 국가 중에서 민주주의 제도가 비교적 잘 갖추어지고, 경제 수준도 높은 국가였다. 그러나 독재 정권하에서 정경 유착, 부정부패가 심해지면서 경제도 점차 어려워졌다. 당시 대통령은 재임 기간 동안 정치적으로 다른 의견을 내는 사람들과 언론인을 투옥했을 뿐만 아니라, 무려 100억 달러를 부정하게 모은 것으로 추정된다.

① 실업 급여, 사회 보험 등의 다양한 사회 복지 정책이 조성되어야 한다.
② 함께 하는 공동체에 대한 배려가 이루어지는 사회 분위기를 조성해야 한다.
③ 기본적인 삶의 문제를 해결할 수 있는 안정적인 정주 환경이 조성되어야 한다.
④ 경제적 안정을 통해 기본적인 생계를 유지할 수 있는 경제 체제가 마련되어야 한다.
⑤ 사회 구성원의 인권이 존중되고 정치적 의사가 잘 반영되는 정치 제도가 마련되어야 한다.

☆고빈출 035

다음 그림을 통해 알 수 있는 내용으로 가장 적절한 것은?

① 경제적인 풍요로움이 행복이 제1 조건이다.
② 모든 사회를 관통하는 보편적인 행복의 조건이 존재한다.
③ 행복의 조건은 각 사회가 처한 상황에 따라 달라질 수 있다.
④ 정치적 자유의 보장이 행복을 얻기 위한 으뜸이 되는 요소이다.
⑤ 정서적 만족과 삶에 대한 만족감이 행복의 가장 중요한 조건이다.

036

다음 사례를 통해 추론 가능한 행복의 조건으로 가장 적절한 것은?

> 대기업에 다니던 A씨는 직장 생활 5년이 되는 해에 사직서를 내고, 이탈리아로 여행을 떠났다. 그는 피렌체 지역의 한 공방에서 늘 배우고 싶어 하던 금속 공예를 배우고 돌아와 현재 금속 디자인 일을 하고 있다. A씨는 "직장 다니던 때에 비해 소득이 절반 정도밖에 안 되지만 내가 정말 하고 싶은 일을 하고 있어 행복하다."라고 말하였다.

① 물질적인 풍요로움이 행복의 가장 중요한 요소이다.
② 경제적 안정이 선행되지 않으면 행복한 삶을 살 수 없다.
③ 타인들이 인정하는 직업을 얻는 것이 행복의 선행 조건이다.
④ 원하는 일을 함으로써 얻는 만족감은 행복의 중요한 요소이다.
⑤ 남들보다 높은 사회적 지위를 얻어야만 행복함을 느낄 수 있다.

037

다음 글에서 강조하는 바람직한 삶의 자세만을 < 보기 >에서 있는 대로 고른 것은?

> 인간은 동물과 같이 본능에 따라 행동하는 것이 아니라 이성에 따라 행동하는 존재이므로, 자신의 욕망을 줄이고 이익을 향하여 치달리는 마음을 억제하고 수양을 통해 절제하는 삶을 살아야 한다. 동물은 배고픔을 면하고 주린 배를 채우기 위하여 아무런 자비심이나 동정심을 가지지 않은 채 대상을 공략하지만 인간은 아무리 배가 고파도 최소한의 도의나 양심은 지킬 줄 알며, 곤경에 빠진 약자나 불행에 처한 사람에게는 연민의 정 또는 자비심을 베풀 줄 아는 이성적인 존재임을 명심해야 한다.

< 보기 >

ㄱ. 자신의 본능에 충실한 삶을 살아야 한다.
ㄴ. 이기적인 욕망을 줄이고 절제하는 삶을 살아야 한다.
ㄷ. 사회적 약자를 배려하고 도움을 주는 삶을 살아야 한다.
ㄹ. 사람으로서 마땅히 지켜야 할 도리를 지키는 삶을 살아야 한다.

① ㄱ, ㄴ 　② ㄱ, ㄹ 　③ ㄴ, ㄷ
④ ㄱ, ㄷ, ㄹ 　⑤ ㄴ, ㄷ, ㄹ

038

다음 대화에 나타난 인간, 사회, 환경을 바라보는 갑, 을의 관점을 쓰시오.

> 갑: 서구의 음식 문화가 보편화되고 음료 시장에서 커피 전문점이 우위를 점하다 보니, 그에 따라 우리들이 커피를 많이 마시게 되었어.
> 을: 개발도상국의 커피 생산자가 정당한 임금을 받을 수 있도록 조금 비싸더라도 공정 무역 커피를 소비해야 한다고 생각해.

(1) 갑의 관점: ___________________
(2) 을의 관점: ___________________

039

다음 글을 읽고 물음에 답하시오.

> (가) 소득이 행복과 관련 있다는 점은 맞지만, 소득이 증가한다고 해서 반드시 더 행복한 것은 아닙니다. 소득이 일정 수준에 도달하고 기본적 욕구가 충족되면, 소득이 증가해도 행복에는 큰 영향을 미치지 않습니다. 사람들은 이를 가리켜 제 이름을 따서 (㉠)(이)라고 부릅니다. 장기적으로 국가의 부가 증대하더라도 국민의 행복 수준이 이에 비례해 증가하는 것은 아닙니다.
> (나) 소득이 늘어나면 선택할 기회가 많아져 더 자유롭고 건강한 생활을 하므로 돈이 행복에 미치는 영향에는 한계가 없습니다. 부유한 국가의 국민이 가난한 국가의 국민보다 더 행복하고, 국가가 부유해질수록 국민의 행복 수준은 더 높아집니다.

(1) ㉠에 들어갈 알맞은 말을 쓰시오.

(　　　　　　)

(2) 소득과 행복에 관한 (가)와 (나)의 입장을 비교하여 서술하시오.

____
____
____

통합적 관점

040 고빈출
난이도 (상)

교사의 물음에 대한 학생의 대답으로 가장 적절한 것은?

① 갑: 인권 확장의 역사적 전개 과정을 조사합니다.
② 을: 인권이 헌법과 법률에서 어떻게 보장되는지 알아봅니다.
③ 병: 인권 침해 사례가 지역별로 어떻게 다른지 조사해 봅니다.
④ 정: 시민 불복종 운동에 대한 윤리학자들의 다양한 견해를 살펴봅니다.
⑤ 무: 인권이 침해될 경우 어떻게 하는 것이 바람직한지에 대해 조사합니다.

041
난이도 (상)

다음 글은 공정 무역과 관련한 두 가지 관점이 반영된 글이다. 이와 동일한 관점의 문제 의식으로 옳은 것만을 ┌보기┐에서 고른 것은?

- 최근 우리나라에는 과시 소비 성향으로 인해 커피를 소비하는 사람들이 많다. 즉 커피 자체를 즐기는 것이 아니라 커피 전문점 브랜드를 선택하고, 이와 관련된 소비를 사회 관계망 서비스(SNS)에 과시하면서 소비량이 증가했다는 것이다.
- 커피 한 잔의 가격에서 커피 생산자의 수익이 차지하는 비중은 1%가 채 되지 않는다. 이러한 불공정성을 시정하고 생산자의 노동에 정당한 대가를 지불하기 위해 대두한 것이 공정 무역이다.

┌─── 보기 ───┐

ㄱ. 남녀 간 임금 격차가 발생하는 사회 구조적 원인은 무엇일까?
ㄴ. 우리나라 사람들이 축구 한일전에 열광하는 역사적 배경은 무엇일까?
ㄷ. 나라마다 주거 문화와 음식 문화가 다양하게 나타나는 이유는 무엇일까?
ㄹ. 자율 주행 자동차가 돌발 상황에서 운전자와 보행자 중 누구를 보호하도록 설계되어야 할까?

① ㄱ, ㄴ ② ㄱ, ㄷ ③ ㄱ, ㄹ ④ ㄴ, ㄹ ⑤ ㄷ, ㄹ

---

042 ✔최다 오답
난이도 (상)

다음 글에서 나타난 갈등을 탐구할 때 ㉠~㉣에 들어갈 질문 내용으로 가장 적절한 것은?

우리나라의 화장률은 1955년에는 5.8%였으나, 2000년대 이후 급증하여 2014년에는 약 80%에 이르렀다. 오늘날 화장장은 주민 복리와 편의를 위해 없어서는 안 될 중요한 공공시설이다. 하지만 시민들은 화장장이 자신의 거주 지역에 들어서는 것을 꺼리며, 이로 인해 지역 갈등이 일어나고 있다.

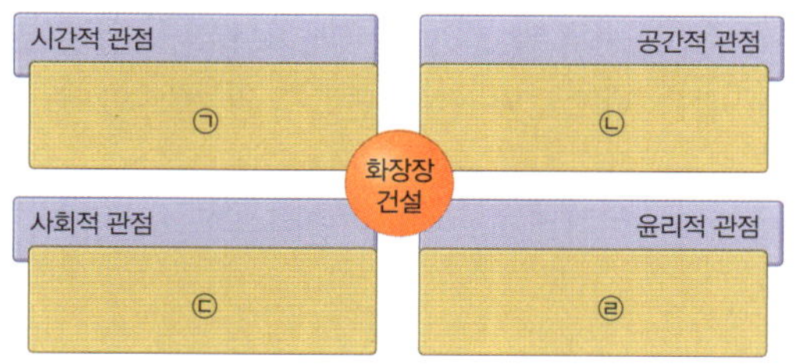

① ㉠ - 급속한 산업화와 유교 문화의 쇠퇴는 우리나라 장례 문화의 변화에 어떤 영향을 미쳤는가?
② ㉡ - 우리나라 장례 문화는 역사적으로 어떻게 바뀌어 왔는가?
③ ㉢ - 화장장 건설을 둘러싼 갈등을 해결하기 위해 시민으로서 지녀야 할 바람직한 태도는 무엇인가?
④ ㉣ - 화장장이 들어오면 지역의 공간 이용에 어떤 변화가 생기는가?
⑤ ㉣ - 화장장 건설을 위해 어떤 방식으로 사회적 합의를 이루어야 하는가?

043

다음은 학생 갑의 형성 평가 답안지이다. 갑이 받을 점수로 옳은 것은?

🔍 1~3번 중 옳은 내용에 ○표, 틀린 내용에 ×표를 하고, 4번의 정답을 쓰시오. (한 문제당 배점은 1점임.)

〈인간, 사회, 환경을 바라보는 다양한 관점〉

문항 번호	진술	학생 응답
1	지도, 장소 등 공간 정보는 시간적 관점의 이해를 위해 필요하다.	○
2	법과 제도의 변화에 따라 개인의 선택도 변할 수 있다는 견해는 윤리적 관점이다.	×
3	과거와 현재의 상황을 비교하여 관련된 의미를 발견해내는 관점은 사회적 관점이다.	○
4	개인의 행위는 사회 구조와 제도의 영향을 받는다고 보는 관점은?	공간적 관점

① 0점 ② 1점 ③ 2점 ④ 3점 ⑤ 4점

044

난이도 상

다음 입장에 부합하는 진술로 옳은 것만을 보기 에서 고른 것은?

인간을 둘러싸고 발생하는 사회 현상에는 다양한 요인이 있다. 그러므로 사회 현상을 탐구할 때에는 시간적, 공간적, 사회적, 윤리적 관점을 활용하여 통합적으로 살펴보아야 한다.

보기

ㄱ. 사회 현상은 개별 학문의 경계를 넘어 종합적으로 이해해야 한다.
ㄴ. 사회 현상은 어느 하나의 관점만으로 심층적인 연구를 해야 한다.
ㄷ. 사회 문제를 해결하기 위해 다양한 관점에서 살펴볼 필요가 있다.
ㄹ. 복잡한 사회 현상을 여러 가지 측면으로 분석하는 것은 불가능하다.

---

① ㄱ, ㄴ ② ㄱ, ㄷ ③ ㄴ, ㄷ ④ ㄴ, ㄹ ⑤ ㄷ, ㄹ

다양한 학자들이 주장한 행복의 의미

✔ 최다 오답
045

다음 글에서 강조하는 내용만을 보기 에서 있는 대로 고른 것은?

인간의 궁극적 목적은 완전한 행복이다. 이러한 행복은 도덕성이 바탕이 될 때 가능하며, 도덕성이 높을수록 인간은 진정으로 행복해진다. 도덕성이 우리를 행복할 만한 가치가 있도록 만들기 때문이다. 물론 선한 행위가 언제나 혹은 곧바로 행복을 가져다주지 않을 수 있다. 그럼에도 우리는 선한 행위를 함으로써 스스로를 장래에 행복하게 될 만한 가치가 있도록 만들어야 한다.

보기

ㄱ. 행복은 선한 삶을 통하여 실현될 수 있다.
ㄴ. 도덕적인 삶은 행복한 삶의 필수 조건이다.
ㄷ. 도덕적 행위가 즉각적으로 행복을 가져오는 것은 아니다.
ㄹ. 완전한 행복은 물질적 욕망이 충족될 때에 실현 가능하다.

---

① ㄱ, ㄴ ② ㄱ, ㄹ ③ ㄷ, ㄹ
④ ㄱ, ㄴ, ㄷ ⑤ ㄴ, ㄷ, ㄹ

046

난이도 상

다음을 주장한 사상가가 긍정의 대답을 할 질문만을 보기 에서 있는 대로 고른 것은?

무엇이 행복인지를 알려면 인간의 기능에 대해서 생각해 보아야 한다. 인간만이 지닌 특별한 기능은 정신의 이성적 활동 능력이다. 인간의 기능을 훌륭하게 수행하는 것은 바로 이성적 활동을 잘 수행하는 것이다. 어떠한 활동이 잘 수행되는 것은 그것에 알맞은 덕을 가지고 수행될 때이다. 그러므로 행복이란 덕과 일치하는 정신의 활동이라고 할 수 있다.

보기

ㄱ. 행복은 덕에 따르는 영혼의 활동인가?
ㄴ. 인간 행위의 궁극적인 목적은 행복인가?
ㄷ. 심신의 불안이 없는 평온한 상태가 우리가 추구하는 행복인가?
ㄹ. 신을 모든 것의 중심에 놓고 신과 하나가 될 때 행복에 이를 수 있는가?

---

① ㄱ, ㄴ ② ㄱ, ㄹ ③ ㄴ, ㄹ
④ ㄱ, ㄴ, ㄷ ⑤ ㄴ, ㄷ, ㄹ

047

고대 서양 사상가 갑, 을의 입장으로 옳은 것은?

갑: 육체에 고통이 없고 영혼에 불안이 없는 평온함이 삶의 목적입니다. 쾌락은 삶의 시작이자 끝입니다. 어떤 쾌락은 우리를 더 불편하게 만들 수 있습니다. 우리는 그런 쾌락은 흘려 보내야 합니다. 우리가 어떤 고통을 견뎌낼 때 장기적으로 더 큰 쾌락이 온다면 우리는 그 고통이 지금 당장의 쾌락보다 더 낫다고 생각합니다.
을: 진정한 법은 인간들의 재능이나 인민들의 의결에 의한 것이 아닙니다. 진정한 법이란 자연에 새겨진 최고의 이성이고, 여러 신들 중 최고신의 올바른 이성입니다. 이 법은 자연에 부합하며 만인에게 확산되고 늘 변함없고 영원히 지속됩니다.

보기

ㄱ. 갑 — 도덕 법칙을 지키는 사람은 행복할 자격이 있습니다.
ㄴ. 갑 — 모든 고통이 제거되면 더이상 쾌락은 증가하지 않습니다.
ㄷ. 을 — 쾌락을 누리려면 사려 깊고 고상하며 정의롭게 살아야 합니다.
ㄹ. 을 — 행복한 자는 사건들의 필연적 관계를 자신의 삶으로 받아들입니다.

---

① ㄱ, ㄴ ② ㄱ, ㄷ ③ ㄴ, ㄷ ④ ㄴ, ㄹ ⑤ ㄷ, ㄹ

시대와 지역에 따른 행복의 기준

048

난이도 **상**

(가), (나)에 나타난 행복의 기준에 대한 설명으로 옳은 것은?

> (가) 산업화가 진행 중이던 1970년대에는 가난에서 벗어나기 위해 돈을 버는 것에 행복을 느끼는 경우가 많았다. 그러나 현재에는 경제적 가치보다 자신의 삶을 의미 있고 풍요롭게 만드는 것에 더 큰 행복을 느끼는 경우가 많다.
> (나) 마실 물이 부족한 사막 지역에서는 깨끗한 물을 얻는 것만으로도 행복을 느끼는 경우가 많다. 한편 일조량이 부족한 북유럽 지역에서는 햇볕을 쬘 수 있는 것만으로도 행복을 느끼는 경우가 많다.

① (가)는 시대에 따라 행복의 기준이 달라지지 않는다고 본다.
② (가)는 현재에는 경제적 가치가 행복의 절대적 기준이라고 본다.
③ (나)는 도덕적 실천을 행복의 기준으로 삼아야 한다고 본다.
④ (나)는 자연환경이 행복의 기준에 영향을 줄 수 있다고 본다.
⑤ (가)는 (나)와 달리 행복의 기준을 공간적 관점에서 본다.

049

㉠~㉣ 중에서 옳은 것만을 고른 것은?

> ※ 글쓴이가 지지할 주장으로 옳으면 '예', 틀리면 '아니요'에 '✓'를 표시하시오.
>
> **행복한 삶을 실현하기 위한 조건**
> 행복한 삶을 살기 위해서는 의식주와 같이 기본적인 경제적 조건과 안전한 삶의 공간이 갖추어져야 한다. 또한 민주적 절차와 참여가 보장되어야 자유롭고 평등한 삶을 살 수 있다. 아울러 공동체가 유지되려면 사회 구성원들이 올바른 가치관을 가지고 실천하는 풍토가 조성되어야 한다.
>
> ■주장 1: 기본적인 생계 보장과 행복한 삶은 관계가 없다.
> 　　　　　　예 ✓　　아니요 □ ·············· ㉠
> ■주장 2: 질 높은 정주 환경이 보장되어야 행복한 삶을 살 수 있다. 　　예 ✓　　아니요 □ ·············· ㉡
> ■주장 3: 공동체의 행복을 위해서 도덕적 가치를 실천해야 한다.
> 　　　　　　예 ✓　　아니요 □ ·············· ㉢
> ■주장 4: 행복을 실현하려면 국가가 시민의 정치 참여를 보장해야 한다.　　예 □　　아니요 ✓ ·············· ㉣

① ㉠, ㉡　　　　② ㉠, ㉢　　　　③ ㉡, ㉢
④ ㉡, ㉣　　　　⑤ ㉢, ㉣

050

동양의 행복론과 관련된 형성 평가에서 학생이 받은 점수로 옳은 것은?

형 성 평 가		
번호	문제	학생 응답
1	농업을 주된 산업으로 한 고대 중국에서는 개인주의적 사고방식을 강조하여 자신이 원하는 대로 사는 삶을 통해 행복해질 수 있다고 보았다.	○
2	유교에서는 도덕적 본성을 갖추고 인(仁)을 실현하는 것을 행복이라고 보았다.	○
3	불교에서는 불성을 바탕으로 해탈의 경지에 이르는 것을 행복으로 보았다.	✕
4	도교에서는 사회 제도와 규범을 충실히 따르는 삶을 통해 행복해질 수 있다고 보았다.	✕

*문항당 배점은 2점입니다.

① 0점　　② 2점　　③ 4점　　④ 6점　　⑤ 8점

행복한 삶을 위한 네 가지 조건

051

다음 그래프를 통해 추론할 수 있는 내용만을 보기 에서 있는 대로 고른 것은?

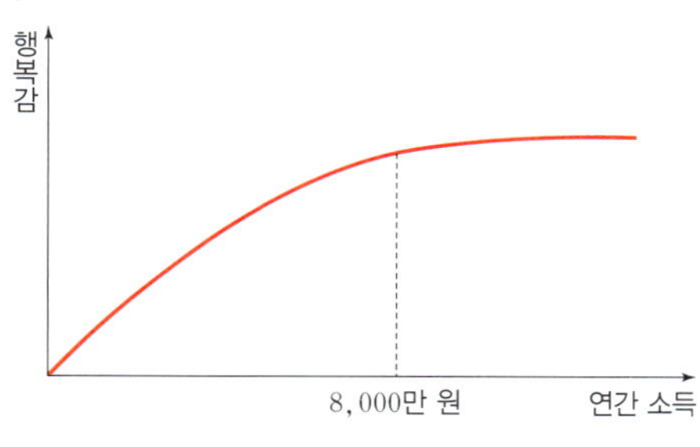

> **보기**
> ㄱ. 소득은 행복에 어느 정도 영향을 미친다.
> ㄴ. 소득이 행복에 미치는 영향은 한계가 없다.
> ㄷ. 행복은 소득 이외의 요소에도 영향을 받는다.
> ㄹ. 저소득 계층보다 고소득 계층에서 소득과 행복감의 상관관계가 낮다.
> ㅁ. 소득이 일정 수준을 넘어서면 소득이 증가해도 행복에는 큰 영향을 미치지 않는다.

① ㄱ, ㄷ　　　　　　　　② ㄴ, ㄹ
③ ㄱ, ㄴ, ㅁ　　　　　　④ ㄷ, ㄹ, ㅁ
⑤ ㄱ, ㄷ, ㄹ, ㅁ

052

(가), (나)에서 강조하는 행복한 삶의 조건으로 가장 적절한 것은?

> (가) 실학자 이중환은 풍수적으로 좋은 땅, 경제 활동이 유리한 여건, 풍류를 즐길 만한 자연 경관, 좋은 인심과 풍속을 모두 갖추어야 사람이 살기 좋은 곳이라고 하였다.
>
> (나) 최근 사람들은 거주지를 선택할 때 깨끗한 공기, 충분한 녹지 환경, 교육 환경, 의료 시설, 대중 교통의 편리성 등을 중요하게 고려한다.

① (가) – 일정 수준 이상의 소득이 보장되어야 한다.
② (가) – 다양한 사회 복지 정책을 마련해야 한다.
③ (나) – 행복한 삶에 대해 성찰하고 도덕적으로 행동해야 한다.
④ (나) – 삶의 질을 유지할 수 있도록 경제적으로 안정되어야 한다.
⑤ (가)와 (나) – 주거 환경이나 자연환경 등 질 높은 정주 환경이 마련되어야 한다.

053

다음 사상가의 입장에서 갑에게 할 수 있는 조언으로 가장 적절한 것은?

> 행복한 인생의 시작이자 끝은 쾌락이다. 왜냐하면 우리는 쾌락을 우리가 타고난 첫 번째 선(善)이라고 인식하기 때문이다. 이때의 쾌락은 방탕한 자들의 쾌락을 의미하는 것이 아니라 몸의 고통이나 마음의 혼란으로부터의 자유이다.

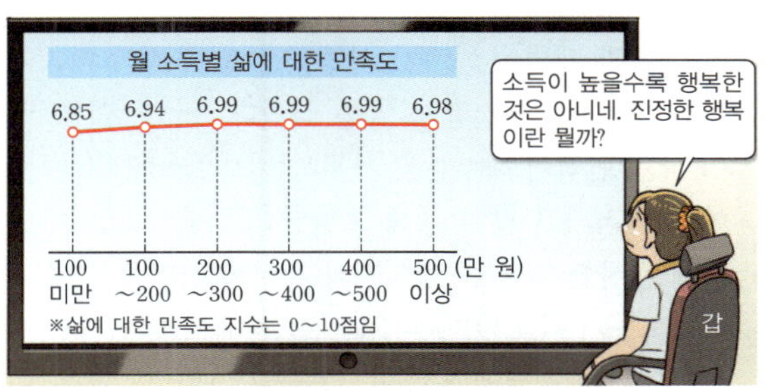

① 행복은 물질적 욕구를 최대한 충족할 때 오는 것임을 알아야 합니다.
② 행복은 경제적 부를 최대한 성취할 때 얻을 수 있음을 알아야 합니다.
③ 행복은 육체적 쾌락을 최대한 충족할 때 얻을 수 있음을 알아야 합니다.
④ 행복은 모든 욕구에서 벗어나 금욕적인 삶을 살 때 얻을 수 있음을 알아야 합니다.
⑤ 행복은 불필요한 욕구 충족에서 오는 것이 아니라 심신의 고통에서 벗어날 때 오는 것을 알아야 합니다.

054

다음 자료를 보고 물음에 답하시오.

〈아동 노동 실태에 관한 조사 계획〉	
관점	사고의 흐름
A	• 아동 노동의 역사를 살펴보아야겠다. • 아동 노동은 언제부터 시작되었을까? • 아동 노동에 대한 인식은 어떻게 바뀌어 왔을까?

(1) 관점 A가 무엇인지 쓰시오.

(   )

(2) A의 특징(유용성)을 <u>한 가지</u> 서술하시오.

055

다음 자료를 읽고 고대 그리스인의 행복관과 고대 중국인의 행복관의 차이점을 서술하시오.

> 고대 그리스인은 개인의 자율성에 대한 신념을 지니고 있었다. 즉 자신의 삶은 스스로 주관하는 것이므로 자신이 원하는 대로 자유롭게 행동할 수 있다는 확신이 있었다. 그리스인이 정의하는 행복이란 '아무런 제약이 없는 상태에서 자신의 능력을 최대한 발휘하여 탁월성을 발휘하는 것'이었다. 그리스에서 개인의 자율성이 중요했다면, 중국에서는 조화로운 인간관계가 중요했다. 고대 중국인은 어릴 때부터 자신이 어떤 집단의 구성원, 특히 가족의 구성원이라는 점을 중요한 사실로 교육받았다. 따라서 중국인에게 행복이란 '화목한 인간관계를 맺고 평범하게 사는 것'이었다. 이 때문에 그리스의 꽃병이나 술잔에는 전투나 육상 경기처럼 개인들이 경쟁하는 모습이 그려져 있는 데 비해, 중국의 도자기나 화폭에는 가족의 일상이나 농촌의 한가로운 정경이 자주 등장한다.

단원 종합 문제로 만점 완성하기

056 고빈출

난이도 상

다음은 저출생 문제를 통합적 관점으로 알아보기 위해 작성한 탐구 보고서의 개요이다. (가)~(라)에 들어갈 적절한 질문만을 보기 에서 고른 것은?

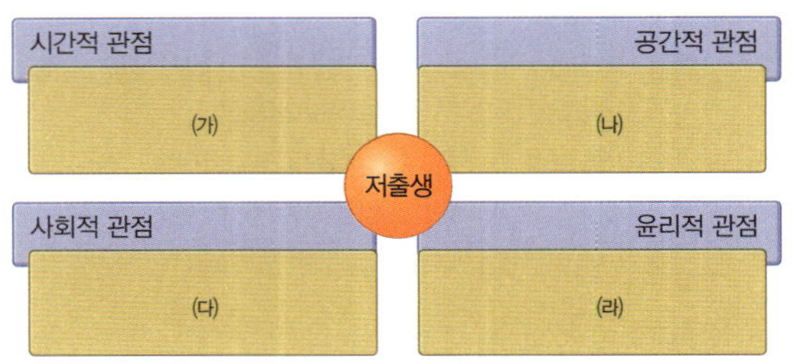

보기

ㄱ. (가)—지역별 산부인과 의원 수는 어떻게 차이가 나는가?
ㄴ. (나)—우리나라의 시기별 합계 출산율은 어떻게 바뀌어 왔는가?
ㄷ. (다)—일·가정 양립이 가능한 사회적 여건을 마련하기 위한 정책에는 어떤 것이 있는가?
ㄹ. (라)—출산과 가족에 대한 가치관은 어떻게 변했는가?

① ㄱ, ㄴ ② ㄱ, ㄷ ③ ㄴ, ㄷ ④ ㄴ, ㄹ ⑤ ㄷ, ㄹ

057

A~D의 관점에서 탐구할 수 있는 적절한 활동만을 보기 에서 고른 것은?

○○시에 조성된 쓰레기 매립지는 수도권 3개 시도가 함께 사용하고 있다. 최근 사용 기한이 만료 되었으나 인근 도시와 환경부는 매립 공간에 여유가 많다는 이유로 사용 기한을 연장해야 한다고 주장하였다. 그러자 ○○시는 악취와 분진 등에 따른 지역 민원과 도시 이미지 추락을 이유로 강력하게 반발하였다.

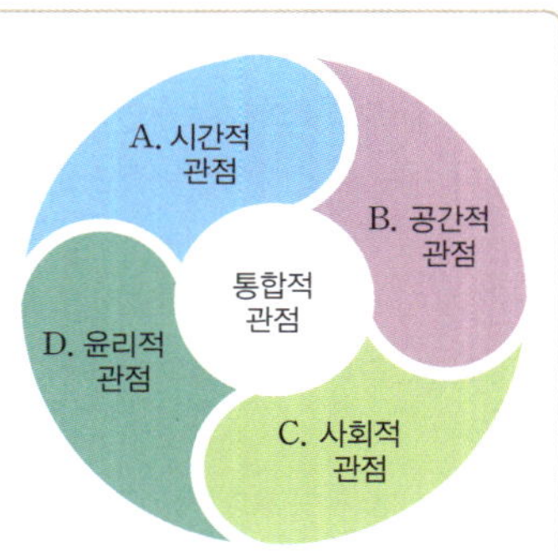

보기

ㄱ. A—기피 시설의 입지 문제를 해결한 과거 사례 조사하기
ㄴ. B—쓰레기 매립지 선정을 둘러싼 가치관의 대립 분석하기
ㄷ. C—쓰레기 매립지의 영향 지역에 거주하는 주민들을 위한 보상 정책과 제도 조사하기
ㄹ. D—쓰레기 매립지 조성에 필요한 입지 조건 파악하기

① ㄱ, ㄴ ② ㄱ, ㄷ ③ ㄴ, ㄷ ④ ㄴ, ㄹ ⑤ ㄷ, ㄹ

058 최다 오답

난이도 상

다음 자료에 대한 옳은 설명만을 보기 에서 고른 것은?

수행 평가 학생 답안 및 채점 결과

• 주제: 커피 소비에 대한 다양한 관점 탐구하기

관점	학생 답안	점수
시간적	커피 전파 과정의 시기별 차이점 탐구	㉠
공간적	(가)	1점
사회적	(나)	0점
윤리적	커피 생산 과정에서의 인권 침해 논란과 공정 무역 탐구	㉡

* 각 문제별로 채점하며, 문제별 답안 내용이 하나씩 맞을 때마다 1점씩 부여함.

보기

ㄱ. ㉠은 0점이다.
ㄴ. ㉡은 1점이다.
ㄷ. (가)에 '커피의 생산국과 수입국의 분포'가 들어갈 수 없다.
ㄹ. (나)에 '서구 생활 양식의 보편화와 커피 소비와의 상관관계 탐구'가 들어갈 수 없다.

① ㄱ, ㄴ ② ㄱ, ㄷ ③ ㄴ, ㄷ ④ ㄴ, ㄹ ⑤ ㄷ, ㄹ

059

교사의 질문에 대한 진술로 가장 적절한 것은?

(가) 네덜란드는 비가 자주 내려 진창길이 많고 해수면보다 낮은 땅과 갯벌이 많아서 사람들은 땅에 발이 빠지지 않도록 나무로 된 전통 신발을 신었다. 반면, 알프스산맥이 국토 면적의 대부분을 차지하는 스위스에서는 목동들이 미끄러지지 않기 위해 오늘날 빙벽을 오르거나 겨울철에 등산할 때 신는 아이젠과 유사한 신발을 신었다.

(나) 국제노동기구[ILO]에 따르면 전 세계 아동 노동 인구는 1억 6천8백만 명에 달하며, 그 중 1억 2천만 명은 5세에서 14세 사이 아동이다. 특히 8천5백만 명의 어린이들은 아동이 하기 벅차고 힘든 가혹한 노동을 하고 있다.

교사: (가)에 나타난 관점으로 (나)에 나타난 문제를 탐구하기 위해 제시할 수 있는 가장 적절한 질문은 무엇일까요?

① 아동 노동은 언제부터 시작되었을까?
② 아동의 인권 침해 여부의 판단 기준은 무엇일까?
③ 세계 어느 곳에서 아동 노동이 이루어지고 있을까?
④ 아동 인권을 보호하는 법이나 제도가 없는 것일까?
⑤ 아동 노동이 이루어지는 국가의 경제 상황은 어떠한가?

060

갑, 을에 대한 설명으로 옳은 것은?

> 갑: 사람의 이성적 활동은 그 활동에 알맞은 행위의 규범, 즉 덕을 가지고 수행할 때 더욱 잘 할 수 있다. 따라서 선이란 덕에 따르는 영혼의 활동이라고 볼 수 있으며, 이러한 덕을 지닌 사람이 행복한 삶을 살 수가 있다.
> 을: 우리는 자기만족을 커다란 선(善)으로 생각한다. 이것은 우리가 비록 많은 것들을 가지지 못한다고 하더라도 적은 것들에 만족하기 위해서이다. 그러므로 우리가 "쾌락(즐거움)이 목적이다."라고 말할 때의 쾌락은 몸에 고통이 없고 마음에 불안이 없는 상태이다.

① 갑은 도덕적 본성을 보존하면서 인(仁)을 실현해야 한다고 주장한다.
② 갑은 참된 행복을 위해서 이성의 기능을 잘 발휘해야 한다고 주장한다.
③ 을은 감각적이고 육체적인 쾌락을 추구한다.
④ 을은 청정한 불성(佛性)을 바탕으로 '나' 라는 의식에서 벗어나야 한다고 주장한다.
⑤ 갑과 을은 모두 자연의 이치를 따르는 무위자연의 삶을 살아야 한다고 주장한다.

061

다음 글의 결론으로 가장 적절한 것은?

> 만약 당신이 손수레를 원해서 손수레를 얻었다면, 당신은 만족감을 느낄 것이다. 그러나 만약 당신이 새 고급 자동차를 원했는데 중고 자동차 밖에 가지지 못했다면, 당신은 만족감을 느끼지 못할 것이다. 복권 당첨이든 자동차 사고든 시간이 지나면 행복에 미치는 영향이 비슷해지는 것은 이 때문이다. 상황이 개선되면 기대도 커지게 마련이므로, 객관적 조건이 최고로 좋아져도 행복하지 못할 수 있다. 거꾸로 상황이 악화되면 기대가 작아지기 마련이므로, 심각한 질병에 걸린 사람이라도 행복감은 이전과 비슷할 수 있다.

① 물질적 소득과 행복은 비례 관계에 있다.
② 행복은 부, 건강, 공동체 같은 객관적 조건에 좌우된다.
③ 행복은 객관적 조건과 주관적 기대 사이의 관계에 의해 결정된다.
④ 일정 수준 이상의 소득이 보장되면 소득은 행복에 영향을 미치지 못한다.
⑤ 의식주와 같은 외적 조건에 상관없이 내면적 만족과 즐거움을 추구해야 한다.

062

다음 글을 읽고 내린 결론으로 가장 적절한 것은?

> 고대 그리스에서는 행복을 철학이라는 지적 활동을 통해 얻는 지혜와 덕의 결과물이라고 생각하여 철학적인 성찰을 통해 깨달음을 얻기 위해 노력하였다. 서양의 중세는 종교의 영향력이 매우 컸기 때문에 당시 사람들은 종교적인 실천을 통해 신의 구원을 얻는 것을 행복한 삶이라고 생각하였다. 한편, 마실 물이 부족한 사막 지역에서는 깨끗한 물을 얻는 것단으로 행복하다고 느끼며, 일조량이 부족한 북유럽 지역에서는 햇볕을 쬘 수 있는 것만으로도 행복하다고 느낀다.

① 행복의 기준은 시대 상황이나 지역 여건에 따라 달라진다.
② 도덕적 본성을 함양하고 다른 사람과 더불어 인(仁)을 실현하는 것이 행복이다.
③ 인위적인 것이 더해지지 않은 자연 그대로의 모습으로 살아가는 것이 행복이다.
④ 질 높은 정주 환경과 경제적 안정, 민주주의의 발전이 행복한 삶을 위한 기본 조건이다.
⑤ 주변 환경을 자신에 맞추기보다 자신을 주변 환경에 맞추도록 수양하는 것이 행복을 보장한다.

063

다음 가상 편지에서 강조하는 내용으로 가장 적절한 것은?

> ○○에게
> 요즘 자네가 행복에 이르는 방법에 대해 고민하고 있다고 들었네. 행복은 인간의 영혼 중에서 이성과 관련된 능력을 탁월하게 발휘하는 것을 의미한다네. 따라서 이성을 통해 도덕적 행위가 무엇인지를 파악하고 이를 반복적으로 실천한다면 좋은 품성을 기를 수 있을 걸세. 그러면 인간 행위의 최종 목적인 행복에 다가갈 수 있다네.

① 현실 세계에서는 행복한 삶에 도달할 수 없다.
② 좋은 품성은 한 번의 도덕적 행위만으로 형성된다.
③ 인간이 추구하는 궁극적인 목적은 존재하지 않는다.
④ 인간의 고유한 기능을 탁월하게 발휘하면 최고의 선인 행복을 얻을 수 있다.
⑤ 자연 그대로의 도를 본받아 신선과 같은 순수한 삶을 살고 복지를 건설하는 것이 행복의 조건이다.

064

다음은 행복한 삶을 위한 조건 중 정주 환경과 관련된 게임이다. 게임 규칙에 따라 이동하게 될 경로로 옳은 것은?

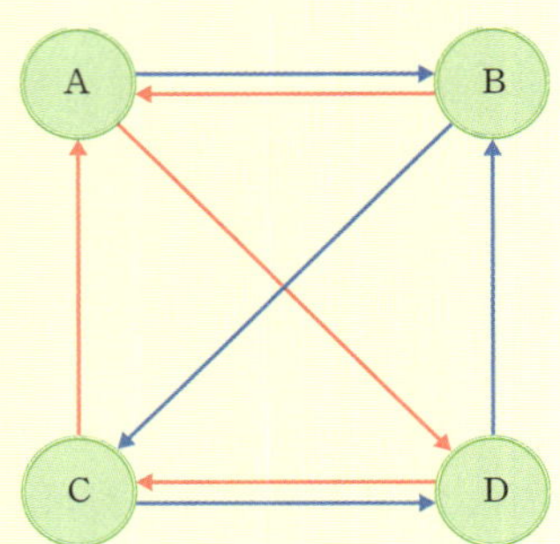

순서	진술
(가)	오늘날의 정주 환경은 자연환경과 인문 환경을 모두 포함하는 개념이다.
(나)	정주 환경은 물리적 환경만을 의미하므로 인간의 감정에는 영향을 미치지 않는다.
(다)	인간다운 생활을 위한 문화, 예술 시설은 질 높은 정주 환경의 요건에 포함되지 않는다.
(라)	학교나 병원 등 교육과 의료 시설의 확충은 질 높은 정주 환경의 요건이다.

① A – B – A – B – A
② A – B – A – B – C
③ A – B – A – D – B
④ A – B – A – D – C
⑤ A – B – C – A – B

065

교사의 질문에 대해 옳은 설명을 한 학생만을 〈보기〉에서 고른 것은?

교사 : 민주주의의 발전은 사회 구성원이 행복한 삶을 살아가는 데 필요한 기본적인 조건입니다. 민주주의 사회에서는 여러 제도를 통해 권력자에 의한 자의적 지배를 막고 국민의 자유와 권리를 보장합니다. 그렇다면 참된 민주주의의 조건에는 어떤 것들이 있을까요?

보기

갑 : 국민의 다수가 정부의 정책에 찬성해야 합니다.
을 : 정부 정책에 반대해도 안전을 보장받을 수 있어야 합니다.
병 : 유사시에는 선거를 실시하지 않더라도 정권이 교체될 수 있어야 합니다.
정 : 누구든 정당을 자유롭게 조직하거나 정당에 가입할 수 있어야 합니다.

① 갑, 을
② 갑, 병
③ 을, 병
④ 을, 정
⑤ 병, 정

066

다음 글에서 강조하는 행복의 조건에 대한 설명으로 옳은 것만을 보기 에서 고른 것은?

사람이 살 터를 정할 때 첫째는 지리(地利)가 좋아야 하고, 둘째는 생리(生利)가 좋아야 하며, 셋째는 인심(人心)이 좋아야 하고, 넷째는 산수(山水)가 좋아야 한다. 이 중 하나라도 모자라면 좋은 땅이라 할 수 없다. 지리가 뛰어나도 생리가 부족하면 오래 살 수 없고, 생리가 좋아도 지리가 나쁘면 그 또한 오래 살 수 없다. 지리와 생리가 모두 좋아도 인심이 나쁘면 반드시 후회할 일이 생기고, 가까운 곳에 즐길 말한 산수가 없으면 마음을 풍요롭게 가꿀 수 없다.

보기

ㄱ. 질 높은 정주 환경이 갖추어져야 한다.
ㄴ. 서로를 존중하고 배려하는 삶이 중요하다.
ㄷ. 양질의 일자리와 경제 성장이 다른 무엇보다 중요하다.
ㄹ. 시민들의 정치 참여를 보장하는 민주주의 발전이 필요하다.

① ㄱ, ㄴ
② ㄱ, ㄷ
③ ㄱ, ㄹ
④ ㄴ, ㄷ
⑤ ㄷ, ㄹ

067

(가), (나)에서 공통으로 강조하는 내용으로 가장 적절한 것은?

(가) 나는 선(善)을 행하는 것이 인간의 마음이 맛볼 수 있는 가장 진실한 행복임을 알고 있으며, 실제로 그렇게 느낀다.
(나) 행복은 다른 사람을 배려하고 다른 사람의 행복을 진정으로 바랄 때 생긴다. 돈, 권력, 사회적 지위로 우정과 애정을 만들 수 있지만 돈과 권력이 사라지면 이 또한 사라진다. 상대방에 대한 순수한 배려, 행복을 위한 마음이 진정한 행복을 가져다준다.

① 책임감 있는 생산과 소비를 해야 한다.
② 도덕적 실천은 행복한 삶을 위한 기본 조건이다.
③ 국민의 행복한 삶을 위해 민주주의의 발전이 필요하다.
④ 소득 불평등을 줄이기 위해 사회 제도를 개선해야 한다.
⑤ 행복은 자신이 가진 것을 인정하고 자기 삶에 만족할 때 가질 수 있다.

서술형 문제

068

(가)에 들어갈 탐구 내용을 서술하시오.

통합적 관점으로 바라본 지속가능한 발전

시간적 관점	1972년 로마 클럽이 발간한 「성장의 한계」 보고서에서 환경 보호와 지속적 경제 성장을 함께 추구하는 논의 속에 지속가능한 발전이라는 개념이 형성되었다. 이후 2012년 국제 연합 지속가능 발전 회의에서 '우리가 원하는 미래'라는 선언을 채택하고, 지속가능한 발전을 위한 중요한 도구로 '녹색 경제' 의제를 선정하였다.
공간적 관점	지속가능한 발전 국가별 이행 현황 조사에서 1위를 차지한 국가는 스웨덴(85점)이고, 덴마크(84.6점)와 핀란드(83점)가 그 뒤를 이었다. 상위 10개국은 모두 유럽 지역 OECD 국가들이었으며, 일본이 15위(78.5점), 우리나라는 19위(77.4점)를 차지했다.
사회적 관점	우리나라에서는 국제적 지속가능 발전 목표 달성을 위한 지속가능 발전 기본법을 강화하였다. 유엔(UN) 지속 가능 발전 체계에 따라 생태환경 및 기후위기 대응, 지속 가능한 경제, 포용적 사회, 이해 관계자 협력 등으로 정책을 구분하여 구체화하였다.
윤리적 관점	(가)

069

☆고빈출

난이도 (상)

(가)~(라)에 들어갈 알맞은 내용을 쓰시오.

교통 혼잡의 원인을 각 관점에서 분석하기

시간적 관점	과거에 비해 현대에 자동차의 수가 급격히 많아졌다.
공간적 관점	(가)
사회적 관점	(나)
(다)	끼어들기나 정지선을 지키지 않는 운전자들 때문에 교통 혼잡이 심해진다.

(가): ___________________________

(나): ___________________________

(다): ___________________________

070

✔최다 오답

다음 자료에 나타난 아리스토텔레스와 도교의 행복에 대한 관점의 차이를 서술하시오.

아리스토텔레스와 도교의 행복론은 모두 인간의 이상적인 삶을 추구하지만, 그 방법에서 차이를 보인다. 아리스토텔레스는 행복을 '덕에 따르는 영혼의 활동'으로 정의하며, 이성적 사고와 도덕적 실천을 통해 얻을 수 있다고 본다. 중용의 덕을 강조하여 과도함과 부족함 사이의 균형을 찾는 것이 중요하다고 주장하며, 이는 적극적이고 능동적인 삶의 태도를 요구한다. 반면 도교에서는 자연과의 조화를 통해 행복을 추구한다. '무위자연'의 개념에 따라 인위적인 행위를 최소화하고 자연의 흐름에 순응하는 것을 중요시한다. 노자의 '상선약수' 개념처럼 물과 같이 낮은 곳에 머물며 다투지 않는 삶을 이상적으로 여긴다. 도교에서의 행복은 개인의 욕망을 절제하고 자연의 도를 따르는 것에서 비롯되며, 이는 보다 수동적이고 순응적인 태도를 의미한다.

071

다음 자료에서 행복한 삶을 위해 강조하는 자세를 서술하시오.

한 연구 결과에 의하면 일주일에 8시간 이상 봉사 활동을 하는 사람 중 95%가 봉사 활동 후 기분이 좋아지는 경험을 했다고 한다. 그들은 힘든 일을 하면서도 힘든 줄 몰랐을 뿐만 아니라 나눔을 실천하는 과정에서 행복감을 느꼈다고 한다. 이런 행복감을 왜 느끼는 것일까? 그것은 봉사 활동을 통해 자신의 이기적인 마음을 넘어 타인과 더불어 행복하게 사는 방법을 배울 수 있기 때문이다. 이러한 맥락에서 간디는 "보상을 구하지 않는 봉사는 남을 행복하게 할 뿐 아니라 우리 자신도 행복하게 한다."라고 하였다.

III

자연환경과 인간

아침나라	지학사	창비	천재교과서
1. 자연환경과 인간 생활	1. 자연환경과 인간 생활	1. 자연환경과 인간 생활	1. 자연환경과 인간 생활

2. 인간과 자연의 관계 ~
3. 환경 문제 해결을 위한 다양한
  노력
	2. 인간과 자연의 관계 ~
	3. 환경 문제 해결을 위한 다양한
	  노력
		2. 인간과 자연의 관계 ~
		3. 환경 문제 해결을 위한 다양한
		  노력
			2. 자연에 대한 다양한 관점 ~
			3. 환경 문제 해결을 위한 다양한
			  노력과 실천

02 자연환경과 인간 생활

1 자연환경이 인간 생활에 미치는 영향

1 자연환경과 인간

(1) 세계 각 지역은 기후와 지형 등 자연환경이 다르게 나타남.

(2) 지역마다 서로 다른 자연환경에 적응하면서 고유한 생활 양식이 발달함.

(3) 과학 기술의 발달로 과거에 비해 인간이 자연환경의 제약을 극복하는 능력이 향상됨.

2 기후에 따른 생활 모습 자료❶ 자료❷

열대 기후	특징	적도 주변에 나타나며, 연중 기온이 높음
	주민 생활	• 통풍을 위한 얇고 간편한 옷차림 • 기름에 볶거나 튀긴 요리, 향신료를 사용한 음식 발달 • 바람이 잘 통하는 개방적인 가옥 구조 발달
건조 기후	특징	증발량이 강수량보다 많음
	주민 생활	• 사막: 온몸을 감싸는 가볍고 헐렁한 옷, 흙집 거주 • 초원: 유목 발달, 이동식 가옥 거주
온대 기후	특징	중위도에 나타나며, 사계절의 변화가 비교적 뚜렷함
	주민 생활	• 냉난방 시설 발달, 계절별로 다양한 옷차림 • 농경에 유리하여 다양한 농축산물을 생산함
냉대 기후	특징	온대 기후 지역보다 겨울이 길고 추움
	주민 생활	밀 농사와 임업 발달, 통나무집과 난방 시설 발달
한대 기후	특징	극지방에서 나타나며, 연중 기온이 매우 낮음
	주민 생활	• 동물의 가죽과 털로 만든 두꺼운 옷 • 냉동·훈제·건조 등의 음식 보관 방식 발달 • 기온이 낮아 농경에 불리, 순록 유목과 수렵 활동

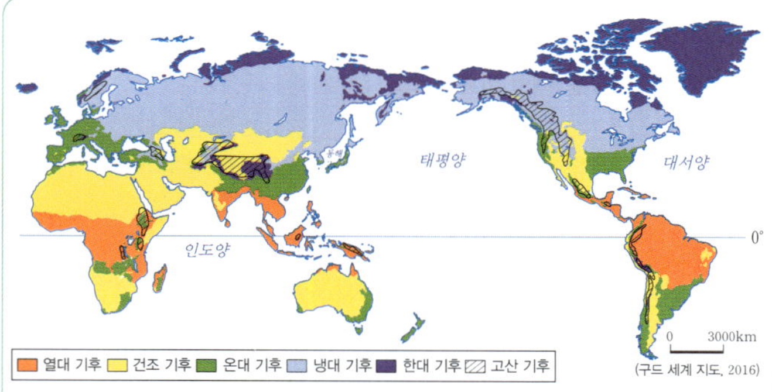

세계의 기후는 기온과 강수량을 기준으로 크게 열대 기후, 건조 기후, 온대 기후, 냉대 기후, 한대 기후로 나눌 수 있다. 열대 기후는 주로 적도 주변에 분포하며, 건조 기후는 남위와 북위 30° 부근에서 나타난다. 온대 기후는 주로 중위도 지역에 분포하고, 냉대 기후는 그보다 더 고위도 지역에 분포한다. 한대 기후는 극지방에 분포하며, 연중 기온이 매우 낮다.

3 지형에 따른 생활 모습 자료❸

산지 지역	특징	• 해발 고도가 높고 경사가 급하여 인간 거주에 불리함 • 적도 부근의 고산 지역은 인간 거주에 유리함
	주민 생활	밭농사, 가축 사육, 광업 및 관광 산업 발달
평야 지역	특징	해발 고도가 낮고 경사가 완만하여 농경 및 인간 거주에 유리함
	주민 생활	농업 발달, 도시 발달
해안 지역	특징	육지와 바다가 만나는 곳
	주민 생활	어업과 양식업 발달, 항구 도시 발달
기타		화산 지형, 빙하 지형, 카르스트 지형 등 독특한 지형 경관이 나타나는 지역은 관광 산업이 발달함

2 안전하고 쾌적한 환경에서 살아갈 시민의 권리

1 인간의 삶을 위협하는 자연환경

(1) 자연재해 자료❹

의미	기후, 지형 등 자연환경의 요소들이 인간의 안전한 생활을 위협하며 피해를 주는 현상
종류	• 기후 관련 재해: 홍수, 가뭄, 열대 저기압, 폭염, 폭설, 한파 등 • 지형 관련 재해: 화산 활동, 지진, 지진 해일, 산사태 등
영향	생산 및 생활공간 파괴, 인명·재산 피해

(2) 인간 활동과 자연환경의 변화

원인	기후변화, 갯벌 간척과 삼림 파괴 등의 지역 개발
피해	자연재해 발생 빈도와 피해 규모 증가, 이상 기후 현상 발생 등

2 시민의 안전과 환경권을 보장하기 위한 노력

국가	• 재해를 정확히 예측하고 예보 및 경보 체계를 구축 • 재해 발생 시 빠른 복구와 보상 대책을 세워야 함 • 국민의 생명과 재산 보호를 위한 법률을 제정
시민	• 재난 상황에 대한 행동 요령 숙지 및 안전 교육에 참여 • 안전에 관한 자신의 권리를 적극적으로 행사

자료 분석 ❷ 헌법에 명시된 안전하고 쾌적한 환경에서 살 권리

헌법 제34조 ⑥ 국가는 재해를 예방하고 그 위험으로부터 국민을 보호하기 위하여 노력하여야 한다.

헌법 제35조 ① 모든 국민은 건강하고 쾌적한 환경에서 생활할 권리를 가지며, 국가와 국민은 환경 보전을 이하여 노력하여야 한다.

우리나라는 헌법에 국민의 안전권과 환경권을 명시하고 있으며, 이를 바탕으로 여러 법률을 제정하고 시행하고 있다.

다음 자료에 대한 설명이 옳으면 ○표, 틀리면 ✕표를 하시오.

자료 ① 세계의 기후 지역

동아, 리베르, 미래엔, 비상, 아침나라, 지학사, 창비, 천재

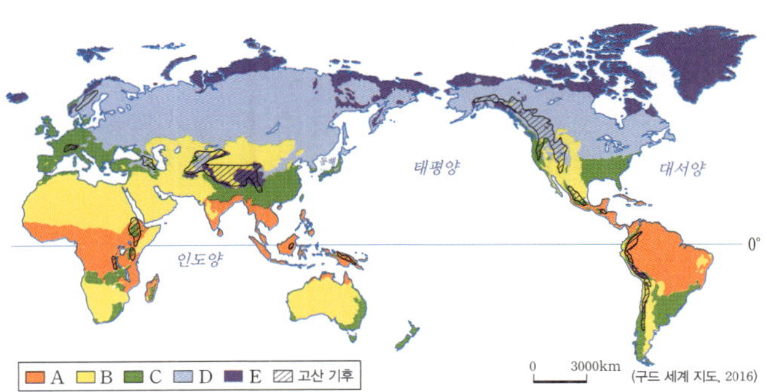

072 A는 열대 기후, B는 건조 기후, C는 온대 기후, D는 냉대 기후, E는 한대 기후이다. ○/✕

073 B 지역의 주민들은 주로 벽이 두껍고 창문이 작은 흙 집을 짓고 생활한다. ○/✕

074 C 지역은 D 지역보다 겨울이 길고 추운 편이다. ○/✕

075 A 지역은 B 지역보다 연강수량이 적은 편이다. ○/✕

자료 ② 기후에 따른 생활 양식의 차이

동아, 리베르, 미래엔, 비상, 아침나라, 지학사, 창비, 천재

(가)

(나)

076 (가)는 열대 기후, (나)는 건조 기후 지역의 전통 가옥이다. ○/✕

077 (가)가 나타나는 지역은 사계절의 변화가 비교적 뚜렷하다. ○/✕

078 (나)가 나타나는 지역의 주민들은 온몸을 감싸는 길고 헐렁한 옷을 주로 입는다. ○/✕

079 (가)가 나타나는 지역은 (나)가 나타나는 지역보다 연강수량이 적은 편이다. ○/✕

자료 ③ 지형에 따른 생활 양식의 차이

동아, 리베르, 미래엔, 비상, 아침나라, 지학사, 창비, 천재

세계에는 산지, 평야, 해안 등 다양한 지형이 나타난다. 산지 지역은 해발 고도가 높고 사면의 경사가 가파른 것이 특징이다. 반면 평야 지역은 해발 고도가 낮고 평평하며, 해안 지역은 육지와 맞닿는 곳이다. 이 외에도 화산이나 빙하, 카르스트 지형과 같은 독특한 지형들도 세계 곳곳에서 찾아볼 수 있다.

080 산지 지역은 농업과 인간 생활에 유리하다. ○/✕

081 평야 지역은 교통로와 각종 산업 시설이 들어서서 큰 도시로 성장한 곳이 많다. ○/✕

082 화산, 빙하, 카르스트 지형이 나타나는 지역은 독특한 경관을 활용하여 관광 산업이 발달하기도 한다. ○/✕

083 세계의 각 지역의 지형적 특성은 인간의 거주 공간과 생활 양식에 영향을 미친다. ○/✕

자료 ④ 자연재해에 대비한 행동 요령

동아, 리베르, 미래엔, 비상, 천재

(가)에 대비한 행동 요령	(나)에 대비한 행동 요령
• 농작물을 보호하고 배수로를 점검한다. • 저지대 및 상습 침수 지역의 주민은 대피한다. • 바람에 날릴 수 있는 입간판 및 위험 시설의 주변에 접근하지 않는다.	• 집 앞과 골목길에 염화칼슘과 모래를 뿌린다. • 비닐하우스 위에 쌓인 눈을 지속적으로 치운다. • 붕괴가 우려되는 비닐하우스는 받침대를 보강한다.

084 (가)는 지형적 요인, (나)는 기후적 요인에 의한 자연재해이다. ○/✕

085 (가)는 강한 바람과 많은 비를 동반하여 풍수해를 입힌다. ○/✕

086 (나)는 우리나라에서 주로 봄철과 가을철에 영향을 준다. ○/✕

087 (가), (나)로부터 시민의 안전을 보장하기 위해 국가는 재난 경보 체계와 피해 복구 제도를 마련해야 한다. ○/✕

기후·지형과 인간 생활

고빈출
088

자연환경과 인간 생활의 관계에 대한 옳은 설명만을 보기 에서 고른 것은?

보기

ㄱ. 과학 기술이 발달하면서 자연환경의 영향이 커졌다.
ㄴ. 인간은 자연환경으로부터 생존에 필요한 토대를 마련한다.
ㄷ. 과학 기술의 발달로 과거에 비해 전통적인 의식주 문화가 두드러진다.
ㄹ. 지역마다 다른 자연환경의 특성으로 인해 서로 다른 생활 양식이 나타난다.

① ㄱ, ㄴ   ② ㄱ, ㄷ   ③ ㄴ, ㄷ
④ ㄴ, ㄹ   ⑤ ㄷ, ㄹ

089

(가)~(마)에 들어갈 용어를 옳게 짝 지은 것은?

세계의 기후는 기온과 강수 특성에 따라 다양하게 분포한다. 적도에서 극지방으로 가면서 대체로 (가) , (나) , (다) , (라) , (마) 기후의 순으로 나타나며, 기후에 따라 사람들의 생활 양식과 발달하는 산업이 다르다.

	(가)	(나)	(다)	(라)	(마)
①	건조	열대	온대	냉대	한대
②	열대	건조	냉대	온대	한대
③	열대	건조	온대	냉대	한대
④	열대	온대	냉대	건조	한대
⑤	온대	한대	냉대	열대	건조

090

다음은 통합사회 수업 장면 중 일부이다. 교사의 질문에 대한 학생의 대답으로 가장 적절한 것은?

교사: 열대 기후 지역에서는 기름에 볶거나 튀기는 요리가 발달하였고, 음식을 만들 때 향신료를 많이 사용합니다. 이러한 요리가 발달한 이유는 무엇일까요?
학생: _______________________

① 기온의 연교차가 매우 크기 때문입니다.
② 기온이 높아 음식이 상할 수 있기 때문입니다.
③ 음식물이 차가워지지 않도록 해야 하기 때문입니다.
④ 곡물이 자라기 어려운 기후가 나타나기 때문입니다.
⑤ 돼지고기를 금기시하는 문화가 나타나기 때문입니다.

091

(가), (나)에 들어갈 용어를 옳게 짝 지은 것은?

몽골은 초원 지대가 넓게 펼쳐져 있어 풀밭을 찾아 옮겨 다니며 말, 양 등을 키우는 (가) 이 발달하였다. 또한 바다와 멀리 떨어진 내륙에 있어 해산물을 구하기 어렵고, 강수량이 적어 농업에 불리하여 의식주 재료의 대부분을 가축에서 얻는다. 가축의 털과 가죽으로 만든 옷을 입고, 가축의 고기와 젖을 이용한 음식을 만들어 먹는다. 그리고 나무로 된 뼈대에 동물의 털로 짠 천이나 가죽을 덮어서 만든 이동식 천막인 (나) 을/를 짓고 산다.

	(가)	(나)
①	유목	게르
②	유목	흙집
③	유목	이글루
④	이목	게르
⑤	이목	이글루

092

다음 사진은 어느 지역의 전통 가옥을 나타낸 것이다. 이 지역에 대한 설명으로 옳은 것은?

① 여름철이 고온 건조하다.
② 기온의 연교차가 매우 크다.
③ 일 년 내내 덥고 습한 날씨가 나타난다.
④ 봄, 여름, 가을, 겨울의 구분이 뚜렷하다.
⑤ 식생이 성장하기에 불리한 기후가 나타난다.

093

다음 자료는 어느 지역의 가옥에 대한 것이다. (가)에 들어갈 내용으로 옳은 것은?

▲ 산토리니섬(그리스)

▲ 시디 부 사이드(튀니지)

그리스의 대표적인 휴양지인 산토리니섬은 에게해와 맞닿은 절벽에 하얀 가옥들이 있어 매력적인 경관이 나타난다. 튀니지의 시디 부 사이드라는 휴양지도 산토리니섬과 경관이 비슷하다. 두 지역의 가옥은 대체로 흰색으로 칠해져 있고, 집들이 다닥다닥 붙어 있다. 또 벽의 두께가 두껍고 창문이 작으며 지붕이 평평하다. 두 지역에서 이러한 가옥 구조가 나타나는 이유는 [(가)   ]

① 겨울철이 한랭 건조하기 때문이다.
② 모래바람이 강하게 불기 때문이다.
③ 넓은 초원이 펼쳐져 있기 때문이다.
④ 여름철의 강한 햇볕과 열기 때문이다.
⑤ 기온의 일교차가 매우 크기 때문이다.

[094~095] 다음 지도를 보고 물음에 답하시오.

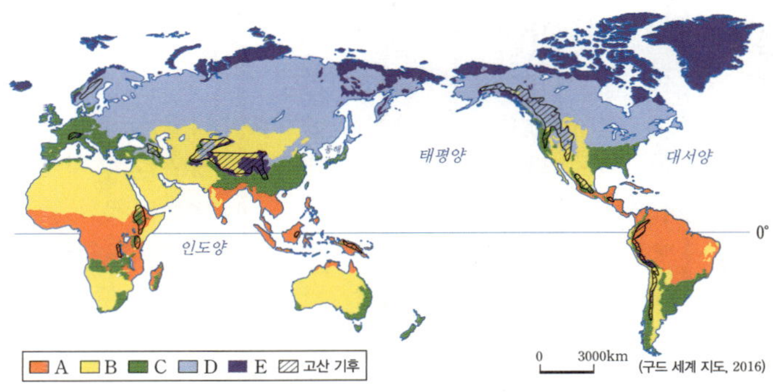

094

다음과 같은 특징이 주로 나타나는 기후 지역을 지도의 A~E에서 고른 것은?

이 지역은 겨울이 길고 추워 인간 생활에 불리하다. 이러한 기후 특성으로 가옥의 창문이 작고 폐쇄적인 구조가 나타나며 난방 시설을 잘 갖추고 있다. 타이가라고 불리는 침엽수림 지대가 분포하여 임업이 발달하였으며, 주로 나무를 이용하여 집을 짓는다.

① A   ② B   ③ C
④ D   ⑤ E

095

(가), (나) 지역을 지도의 A~E에서 골라 옳게 짝 지은 것은?

각 지역의 전통 의복에는 그 지역의 기후 특성이 반영된 경우가 많다. 낮에는 덥고 건조하지만 밤에는 기온이 많이 떨어지는 (가) 지역 주민들은 얇은 천으로 온몸을 감싼 옷을 주로 입는다. (나) 지역 주민들은 덥고 습한 기후 환경 때문에 얇은 천으로 만든 간편한 옷을 입는다.

	(가) 지역	(나) 지역
①	A	B
②	A	C
③	B	A
④	B	C
⑤	C	A

096

(가), (나)에 들어갈 용어를 옳게 짝 지은 것은?

> ﹇(가)﹈ 기후 지역은 강수량보다 증발량이 많아 농사를 짓기에 불리하다. 따라서 물을 구할 수 있는 오아시스와 외래 하천의 주변에서 소규모 형태로 ﹇(나)﹈, 대추야자, 목화 등을 재배하는 오아시스 농업과 관개 농업이 발달하였다. 또한, 물과 풀을 찾아 이동하며 양, 염소, 낙타 등을 기르는 유목이 발달하였다.

	(가)	(나)		(가)	(나)
①	건조	밀	②	건조	쌀
③	냉대	밀	④	온대	밀
⑤	온대	쌀			

097

(가)에 들어갈 내용으로 가장 적절한 것은?

> 캐나다의 몬트리올은 땅속 깊은 곳에 '언더그라운드 시티(underground city)'라고 불리는 지하 도시를 만들었다. 이 지하 도시는 전체 길이가 32 km나 이어져 지하철역 10개, 기차역 2개, 버스 터미널 2개 등 다양한 교통수단이 연결되어 있고, 수많은 상점이 들어서 있다. 이렇게 큰 규모의 지하 도시가 만들어진 이유는 ﹇(가)﹈ 때문이다. 즉, ﹇(가)﹈에 대비하여 시민들이 언더그라운드 시티를 통해 이동하도록 설계한 것이다.

① 겨울철 한파와 폭설
② 뚜렷한 사계절의 변화
③ 여름철 무더위와 폭우
④ 낮과 밤의 큰 기온 차이
⑤ 연중 높은 기온과 많은 강수량

098

다음 자료와 같은 제품이 개발된 배경으로 가장 적절한 것은?

① 연중 기온이 높기 때문이다.
② 강수량이 매우 적기 때문이다.
③ 계절의 변화가 뚜렷하기 때문이다.
④ 연중 꾸준하게 많은 비가 내리기 때문이다.
⑤ 계절에 따라 강수량의 차이가 크기 때문이다.

099

다음과 같은 생활 양식이 나타나는 지역의 기후로 옳은 것은?

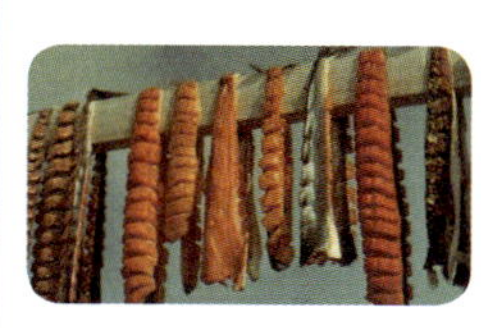
날고기나 날생선 위주의 식습관이 나타나고, 식량이 부족할 때를 대비하여 음식을 훈제, 건조하여 보관한다.

① 열대 기후
② 건조 기후
③ 온대 기후
④ 냉대 기후
⑤ 한대 기후

[100~101] 다음 지도를 보고 물음에 답하시오.

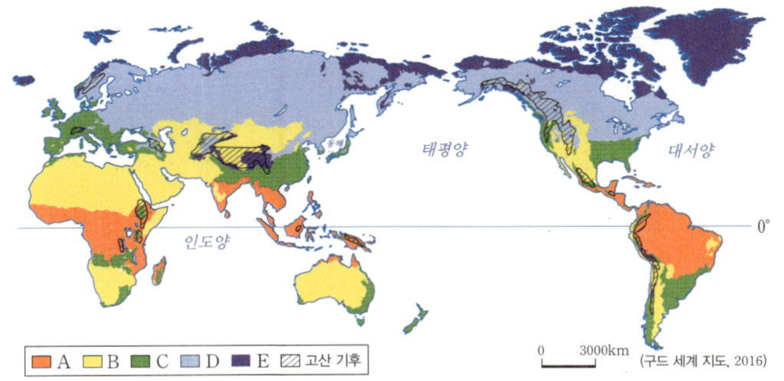

100

난이도 상

A~E 지역 주민들의 생활 모습으로 옳은 것은?

① A - 벽이 두껍고 창문이 작은 흙집을 짓고 생활한다.
② B - 평야 지역에서는 벼농사가 대규모로 이루어진다.
③ C - 농부들은 대부분 이동식 화전 농업에 종사한다.
④ D - 모래바람을 피하기 위한 의복 문화가 나타난다.
⑤ E - 농경이 불리하여 유목과 수렵 생활을 하는 주민들이 많다.

101

D 기후 지역에 대한 A 기후 지역의 상대적인 특징만을 보기 에서 고른 것은?

보기

ㄱ. 겨울이 길고 춥다.
ㄴ. 연평균 기온이 높다.
ㄷ. 기온의 연교차가 작다.
ㄹ. 냉대림의 분포 면적이 넓다.

① ㄱ, ㄴ   ② ㄱ, ㄷ   ③ ㄴ, ㄷ
④ ㄴ, ㄹ   ⑤ ㄷ, ㄹ

102

(가), (나)와 같은 전통 의복 문화가 나타나는 지역을 지도의 A~C 에서 골라 옳게 짝 지은 것은?

(가)	(나)
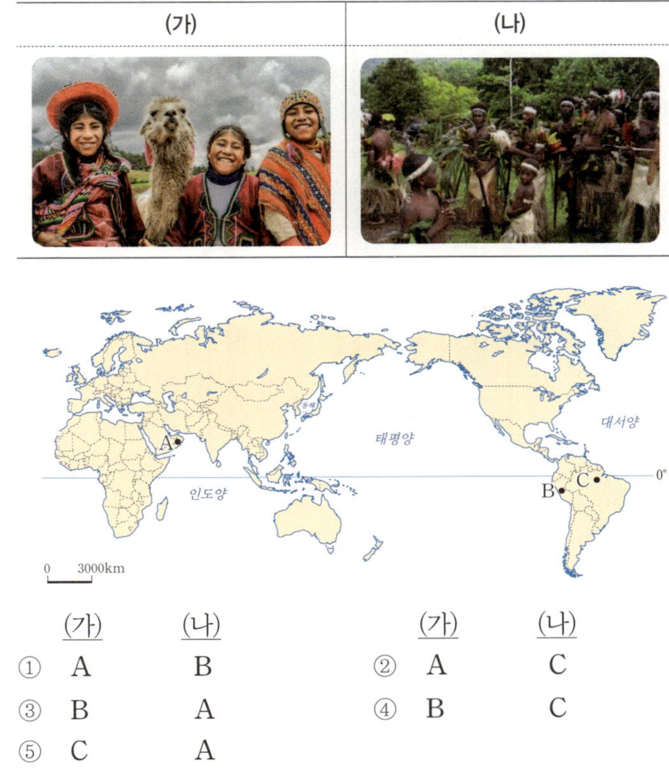	

	(가)	(나)		(가)	(나)
①	A	B	②	A	C
③	B	A	④	B	C
⑤	C	A			

103

밑줄 친 ㉠~㉢ 중에서 옳은 내용만을 고른 것은?

지구상에는 산지, 평야, 해안 등의 다양한 지형이 분포하는데, ㉠산지는 해발 고도는 높지만 경사가 완만해 인간 생활에 유리하다. 또한, ㉡교통이 편리하기 때문에 대규모 산업 단지가 발달하여 대부분의 주민들이 공업에 종사하고 있다. 한편, ㉢최근에는 독특한 경관을 활용하여 관광 산업이 발달하기도 한다. 이처럼 ㉣각 지역의 지형적 특성은 인간의 거주 공간과 생활 양식에 영향을 미치고 있다.

① ㉠, ㉡   ② ㉠, ㉢   ③ ㉡, ㉢
④ ㉡, ㉣   ⑤ ㉢, ㉣

104

(가), (나)에 들어갈 용어를 옳게 짝 지은 것은?

> 교사: 사진은 터키의 파묵칼레라는 지역의 경관을 나타낸 것입니다. 이 지역의 기반암은 주로 (가) 으로 이루어져 있어요. (가) 은 용식 작용을 받아 (나) 지형이 되는데, 경관이 아름다워 관광지로 개발되기도 합니다.
>
> 

	(가)	(나)
①	석회암	빙하
②	석회암	화산
③	석회암	카르스트
④	현무암	화산
⑤	현무암	카르스트

105

다음 글의 제목으로 가장 적절한 것은?

> 그리스는 산지가 많다. 따라서 고대 그리스는 주변과의 교류가 적어 자연스럽게 폴리스(polis)라는 도시 국가가 형성되었다. 폴리스 중 하나인 아테네 내부의 언덕에는 신전이 자리하였고, 그 아래 저지대에는 '아고라(agora)'라고 불리는 광장이 있어서 시장이나 공공 활동의 장소로 이용되었다. 상대적으로 인구가 적었던 아테네의 시민들은 이 광장에 모여 국방이나 정치 문제를 토론하는 민회(民會)를 여는 등 직접 민주 정치가 가능하였다.

① 기후가 경제 분야에 준 영향
② 기후가 정치 분야에 준 영향
③ 지형이 경제 분야에 준 영향
④ 지형이 정치 분야에 준 영향
⑤ 산지 지형이 전통적인 의식주 양식에 준 영향

106

(가), (나)에 들어갈 지형을 옳게 짝 지은 것은?

> 과거 자연환경을 극복할 수 있는 기술이 본격적으로 개발되기 이전에는 지형에 따라 서로 다른 산업이 발달하기도 하였다. 예를 들어, (가) 지역에서는 전통적으로 밭농사나 임업, 목축업 등이 발달하였고, 하천 중·하류의 (나) 지역에서는 농업이 주로 발달하였다.

	(가)	(나)		(가)	(나)
①	산지	평야	②	산지	해안
③	평야	산지	④	평야	해안
⑤	해안	평야			

107

다음 자료가 의미하는 것으로 가장 적절한 것은?

> - 스위스에서는 산지의 낙차를 활용하여 수력 발전을 한다.
> - 사우디아라비아, 카타르, 쿠웨이트 등의 국가는 바닷물을 담수로 만들어 생활용수나 공업용수 등으로 사용하고 있다.
> - 요르단의 일부 지역에서는 현대식 스프링클러를 설치하여 지하수를 퍼 올려 대규모 관개 농업이 이루어짐에 따라 유목민이 감소하였다.

① 자원이 개발되면서 새로운 산업이 발달하였다.
② 평야 지역은 농경에 유리하여 다양한 작물이 재배된다.
③ 해안 지역에는 대규모 항구나 산업 단지가 조성되기도 한다.
④ 서로 다른 지형 특성에 따라 주민들의 생활 양식이 달라진다.
⑤ 과학 기술이 발달하면서 기후나 지형적 제약을 극복하기도 한다.

자연재해

☆고빈출
108

(가), (나)에 해당하는 자연재해를 보기 에서 골라 옳게 짝 지은 것은?

> 자연재해는 발생 원인에 따라 (가) 기후적 요인에 의한 자연재해, (나) 지형(지질)적 요인에 의한 자연재해로 구분할 수 있다.

보기

ㄱ. 가뭄	ㄴ. 폭설	ㄷ. 홍수
ㄹ. 지진	ㅁ. 화산 활동	ㅂ. 지진 해일(쓰나미)

	(가)	(나)
①	ㄱ, ㄴ, ㄷ	ㄹ, ㅁ, ㅂ
②	ㄱ, ㄴ, ㄹ	ㄷ, ㅁ, ㅂ
③	ㄴ, ㄷ, ㄹ	ㄱ, ㅁ, ㅂ
④	ㄴ, ㅁ, ㅂ	ㄱ, ㄷ, ㄹ
⑤	ㄹ, ㅁ, ㅂ	ㄱ, ㄴ, ㄷ

109

(가)에 들어갈 자연재해에 대한 옳은 설명만을 보기 에서 고른 것은?

> 2004년 12월 26일 인도네시아 수마트라섬 서부 해저에서 발생한 지진의 여파로 바닷물 전체가 출렁이면서 초대형 (가) 이/가 발생하였다. 최대 시속 900 km의 속도로 달려온 (가) 은/는 강력한 파도를 동반하여 휴양지가 많은 해안 지역을 휩쓸고 큰 피해를 주었다.

보기

ㄱ. 주로 판의 경계부에서 발생한다.
ㄴ. 지형(지질)과 관련된 자연재해이다.
ㄷ. 많은 양의 용암이 분출하여 화재를 유발한다.
ㄹ. 강한 바람과 많은 비를 동반하여 풍수해를 입힌다.

① ㄱ, ㄴ　　　② ㄱ, ㄷ　　　③ ㄴ, ㄷ
④ ㄴ, ㄹ　　　⑤ ㄷ, ㄹ

[110~111] 다음 글을 읽고 물음에 답하시오.

> 2016년 10월, (가) 의 영향으로 제주도와 부산, 울산, 경상남도 등이 큰 피해를 입었다. (가) (으)로 시간당 최고 230 mm 이상의 폭우가 쏟아져 농경지와 주택이 침수되고 산사태가 일어났으며, 해일이 나타나 방파제가 무너지기도 하였다. 이에 정부는 최첨단 재난 방지 시스템으로 예상 총강우량, ㉠ 침수 예상 지역 등의 정보를 시민들에게 실시간으로 제공하였다. 또한 ㉡ 피해가 예상되는 지역의 이동 경로에 거주하는 저지대 주민들에게 대피령을 내리고, 항공, 지하철, 버스의 운행을 금지하였다.

110

(가)에 들어갈 자연재해로 옳은 것은?

① 가뭄　　　　　② 태풍
③ 폭염　　　　　④ 홍수
⑤ 지진 해일(쓰나미)

111

위 글과 관련된 옳은 설명만을 보기 에서 고른 것은?

보기

ㄱ. (가)는 극지방에서 적도 부근으로 이동한다.
ㄴ. ㉠은 지도의 형태로 제시할 수 있다.
ㄷ. ㉡은 국가에 안전 조치를 요청할 권리가 없다.
ㄹ. 국가의 예방 및 복구 대책이 잘 마련되어 있지 않으면 피해가 커질 수 있다.

① ㄱ, ㄴ　　　② ㄱ, ㄷ　　　③ ㄴ, ㄷ
④ ㄴ, ㄹ　　　⑤ ㄷ, ㄹ

고빈출
112

난이도 (상)

다음 자료와 관련이 있는 자연재해에 대한 대응 방법으로 옳은 것만을 보기 에서 고른 것은?

▲ 'ㅅ'자 모양의 전봇대

▲ 베란다에 유리가 없는 아파트

보기

ㄱ. 테이블 밑으로 들어간다.
ㄴ. 건물과 거리를 두고 대피한다.
ㄷ. 엘리베이터를 이용하여 신속하게 대피한다.
ㄹ. 장기간 고립에 대비하여 가스 밸브를 열어 둔다.

① ㄱ, ㄴ ② ㄱ, ㄷ ③ ㄴ, ㄷ
④ ㄴ, ㄹ ⑤ ㄷ, ㄹ

113

다음 글이 시사하는 바로 가장 적절한 것은?

아이티를 강타한 초강력 허리케인 매튜는 사망자 900명, 이재민 6만 명을 발생시키는 등 아이티에 큰 피해를 입혔는데, 아이티 당국이 재해 대책 마련에 실패하면서 피해가 더욱 크게 나타난 것으로 알려졌다. 2010년에 발생하였던 대지진 이후 천막, 오두막 등의 임시 거처에 머물고 있던 5만여 명이 아무런 보호막 없이 위험에 노출되었기 때문이다. 아울러 수질 오염과 위생 시설 파괴, 열악한 의료 환경으로 콜레라가 퍼질 가능성도 커지고 있다.

– ○○일보, 2016. 10. 10. –

① 국가는 재난 경보 체계와 피해 복구 제도를 마련해야 한다.
② 국가는 재해 발생 시 외국의 원조를 받아 복구에 힘써야 한다.
③ 시민들은 정부의 대응에 의존하여 수동적인 태도를 유지해야 한다.
④ 시민들은 평상시 재해 대비 안전 교육에 적극적으로 참여해야 한다.
⑤ 자연재해가 발생하면 시민들은 행동 요령에 따라 신속하게 대피해야 한다.

114

다음 자료를 보고 물음에 답하시오.

(가) 지역의 전통 가옥	(나) 지역의 전통 가옥

(1) (가), (나) 지역의 기후를 쓰시오.

(2) (가) 지역과 (나) 지역의 전통 가옥 지붕 형태가 다른 이유를 서술하시오.

115

다음 사진과 같은 자연재해가 자주 발생하는 지역의 지형적 특징에 대해 서술하시오.

기후·지형과 인간 생활

116

다음 대화의 (가), (나) 지역을 지도의 A~C에서 골라 옳게 짝 지은 것은?

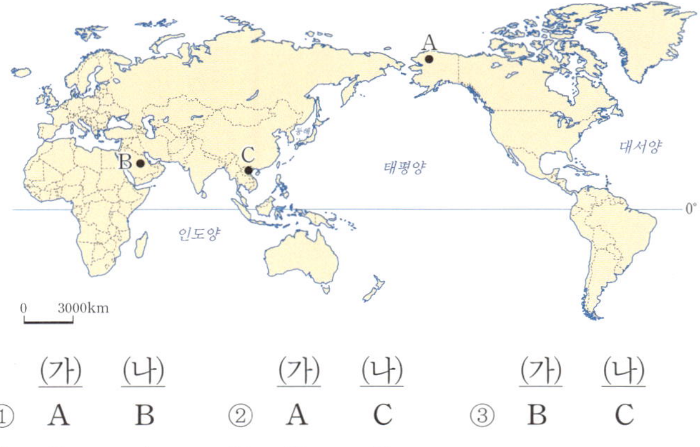

	(가)	(나)		(가)	(나)		(가)	(나)
①	A	B	②	A	C	③	B	C
④	C	A	⑤	C	B			

117

(가), (나) 지역에 대한 옳은 설명만을 보기 에서 고른 것은?

(가)	(나)

보기

ㄱ. (가) 지역의 초원 지대에서는 유목이 발달하였다.
ㄴ. (나) 지역에서는 올리브, 포도를 주로 재배한다.
ㄷ. (가) 지역은 (나) 지역보다 저위도에 위치한다.
ㄹ. (나) 지역은 (가) 지역보다 기온의 연교차가 크다.

① ㄱ, ㄴ　② ㄱ, ㄷ　③ ㄴ, ㄷ　④ ㄴ, ㄹ　⑤ ㄷ, ㄹ

118

밑줄 친 ㉠~㉡에 대한 옳은 설명만을 보기 에서 고른 것은?

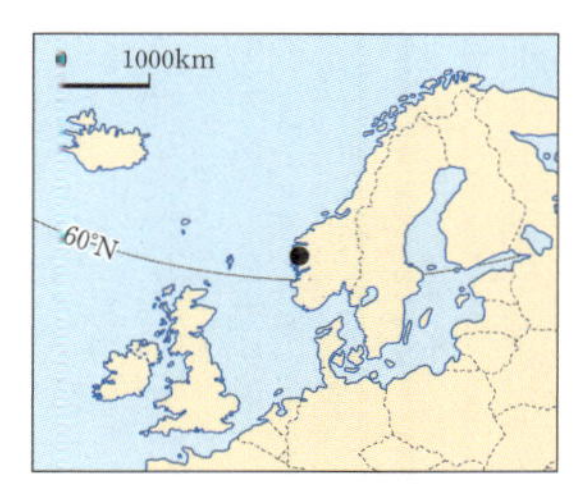

나는 ㉠ 지도에 표시된 지역을 여행하였다. 가장 신기했던 것은 ㉡ 지붕에 풀이 자라는 전통 가옥이었다. ㉢ 피오르 관광을 다녀온 후 늦은 시간임에도 ㉣ 백야 현상 때문에 밤이라는 것을 전혀 느낄 수 없었다.

보기

ㄱ. ㉠ - 우리나라보다 저위도에 위치한다.
ㄴ. ㉡ - 통풍을 강조한 가옥 구조이다.
ㄷ. ㉢ - 빙하와 관련된 지형이다.
ㄹ. ㉣ - 여름철에 나타나는 현상이다.

① ㄱ, ㄴ　② ㄱ, ㄷ　③ ㄴ, ㄷ
④ ㄴ, ㄹ　⑤ ㄷ, ㄹ

119

다음 지도에 표시된 지역의 공통적 특성으로 옳은 것은?

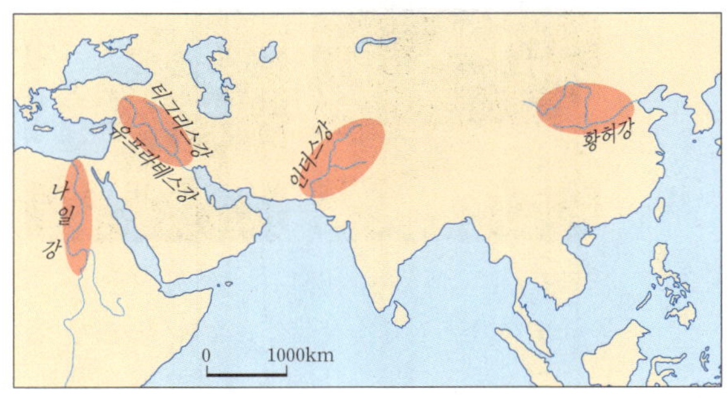

① 연중 봄과 같은 날씨가 나타나 인간 거주에 유리하다.
② 하천 주변의 비옥한 평야에서 고대 문명이 번성하였다.
③ 주변에 해발 고도가 높은 산지가 많아 방어에 유리하다.
④ 연 강수량이 많아 대부분의 주민들이 고상 가옥에 거주한다.
⑤ 타이가라는 삼림 지대가 분포하여 땔감을 확보하기에 유리하다.

120

다음 자료는 어느 기후 지역의 지리적 특성을 나타낸 것이다. (가)에 들어갈 의복의 특성으로 옳은 것은?

〈전통 가옥〉　　〈전통 의복〉

(가)

① 얇고 바람이 잘 통하는 옷
② 알파카의 털로 짠 두툼한 옷
③ 가축의 가죽이나 털을 이용한 옷
④ 길고 헐렁하며 온몸을 감싸는 옷
⑤ 계절 변화에 어울리는 다양한 옷

❤최다 오답

121

(가)에 들어갈 내용으로 옳은 것은?

① 산지 지역의 주민 생활
② 평야 지역의 주민 생활
③ 냉대 기후 지역의 주민 생활
④ 화산 지형을 이용한 주민 생활
⑤ 카르스트 지형이 발달한 지역의 주민 생활

122

다음 글에 나타난 지역의 지리적 특성으로 옳은 것만을 | 보기 | 에서 고른 것은?

다다미는 골풀로 짜서 만든 사각형의 방바닥 깔개로, 습한 여름에는 습기를 빨아들이고 건조한 겨울에는 습기를 내뿜는다. 코다츠는 탁자 아래에 난방 기구를 두고 이불로 덮은 것으로, 추운 겨울을 극복하기 위한 난방 시설이다.

| 보기 |

ㄱ. 7월에 백야 현상이 나타난다.
ㄴ. 벼농사가 활발하게 이루어진다.
ㄷ. 사계절의 변화가 뚜렷하게 나타난다.
ㄹ. 연중 스콜이라고 불리는 소나기가 내린다.

① ㄱ, ㄴ　　② ㄱ, ㄷ　　③ ㄴ, ㄷ
④ ㄴ, ㄹ　　⑤ ㄷ, ㄹ

자연재해

123

난이도 상

(가)에 들어갈 자연재해에 대한 옳은 설명만을 | 보기 | 에서 고른 것은?

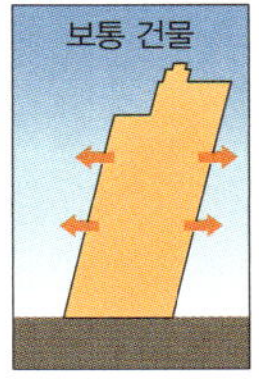
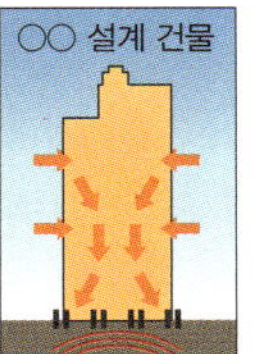

(가) 이/가 자주 발생하는 칠레는 2016년부터 모든 신축 건물을 지을 때 그림과 같은 ○○ 설계를 해야한다고 법률로 규정하였다.

| 보기 |

ㄱ. 우리나라에서는 주로 겨울철에 집중한다.
ㄴ. '불의 고리'라고 불리는 지역에서 자주 발생한다.
ㄷ. 지형(지질)적 요인에 의해 발생하는 자연재해이다.
ㄹ. 많은 양의 비와 강한 바람을 동반하는 자연재해이다.

① ㄱ, ㄴ　　② ㄱ, ㄷ　　③ ㄴ, ㄷ
④ ㄴ, ㄹ　　⑤ ㄷ, ㄹ

124

(가), (나) 자연재해에 대한 설명으로 옳지 <u>않은</u> 것은?

〈자연재해가 발생했을 때의 행동 요령〉

(가)	(나)
• 집 앞과 골목길에 염화칼슘과 모래를 뿌린다. • 비닐하우스 위에 쌓인 눈을 지속적으로 치운다. • 붕괴가 우려되는 비닐하우스는 받침대를 보강한다.	• 농작물을 보호하고 배수로를 점검한다. • 저지대 및 상습 침수 지역의 주민은 대피한다. • 바람에 날릴 수 있는 입간판이나 위험 시설의 주변에 접근하지 않는다.

① (가)는 우리나라보다 적도 주변에서 자주 발생한다.

② (나)는 발생 지역에 따라 태풍, 허리케인 등으로 불린다.

③ 우리나라에서는 (가)보다 (나)로 인한 피해액이 많다.

④ (가), (나)는 기후적 요인에 의한 자연재해에 해당한다.

⑤ (가), (나)로 인한 피해를 예방하기 위해 국가는 예보 체계를 구축해야 한다.

125

다음 자료에 대한 설명으로 옳은 것은?

(가)	(나)
㉠<u>인도네시아</u> 아낙 크라카타우 화산이 이틀 연속 폭발하며 3 km 높이로 화산재와 용암을 분출했다. 이에 따라 화산 반경 5 km 이내 지역에는 접근이 금지되었다. – ○○일보, 2023. 6. 11. –	㉡<u>이탈리아</u>의 주민들은 시원한 그늘에서 리넨 셔츠를 입으며 여름을 보내는 것을 낭만적으로 여겼지만, 최근 로마의 기온이 41.8℃까지 오르면서 열사병 환자가 급증하고 있다. – □□일보, 2023. 7. 19. –

① (가)는 기후와 관련된 자연재해이다.

② (나)는 대체로 태풍을 동반한다.

③ (나)는 (가)보다 인명 피해 규모가 대체로 크다.

④ ㉠은 ㉡보다 판 경계부 가까이에 위치한다.

⑤ ㉡에서는 서안 해양성 기후가 나타난다.

✔최다 오답

126

다음 자료는 자연재해를 나타낸 사진이다. 이를 보고 물음에 답하시오.

(가)	(나)
(가) (으)로 물에 잠긴 마을	(나) (으)로 메마른 땅

(1) (가), (나)에 들어갈 자연재해의 명칭을 각각 쓰시오.

(가): (   ), (나): (   )

(2) (가), (나) 자연재해의 피해를 줄이기 위한 공통적인 대책 <u>두 가지</u>를 쓰시오.

127

다음 자료를 보고 물음에 답하시오.

이 작품은 1866년에 그려진 밀레의 「낮잠」이다. 이것은 프랑스 남부 ㉠<u>지중해 연안</u>의 한 농촌을 배경으로 한 그림이다. 이 지역의 기후는 __________ (가) __________ .

(1) ㉠ 지역에서 나타나는 전통 가옥 구조의 특징에 대해 서술하시오.

(2) (가)에 들어갈 기후 특징에 대해 서술하시오.

03

인간과 자연의 관계~환경 문제 해결을 위한 다양한 노력

1 자연에 대한 다양한 관점

★ 1 인간 중심주의 관점 자료❶

의미	인간과 자연의 관계에서 인간을 가장 가치 있는 존재로 여기고 인간의 행복과 이익을 중시하는 입장
특징	• 이분법적 관점: 인간과 자연을 분리하여 바라보며, 인간만이 본래적 가치를 지닌 우월한 존재라 여김 • 도구적 자연관: 자연은 그 자체로는 가치가 없다고 보고, 인간에게 유용한 도구로서의 가치만을 인정함
사상가	• 아리스토텔레스: "식물은 동물을 위해서, 동물은 인간을 위해서 생존한다." • 베이컨: "지식을 활용하여 자연을 인간에게 이롭도록 활용해야 한다." • 데카르트: "인간은 정신을 소유한 존엄한 존재이지만, 자연은 의식이 없는 물질이다."
의의	인간의 삶을 풍요롭게 하는 데 이바지함
한계	환경 오염, 자원 고갈, 생태계 파괴 등과 같은 환경 위기가 나타남

★ 2 생태 중심주의 관점 자료❷

의미	인간과 자연의 관계에서 인간을 자연의 일부로 여기고 인간을 포함한 자연 전체의 균형과 안정을 중요시하는 입장
특징	• 전일론적 관점: 인간을 포함한 자연 전체를 하나로 보고, 인간과 자연은 서로 영향을 주고 받는 상호 의존 관계임 • 자연이 인간에게 주는 유용성 여부와 관계없이 자연 그 자체가 본래적 가치를 지니며 존중받을만한 존재라고 여김
사상가	레오폴드: 생태계 전체를 하나의 유기체로 보고 공동체의 범위를 대지까지 확대함 → 인간은 생태계의 안정과 보전에 이바지할 의무가 있다고 강조함
의의	환경 문제를 해결하는 데 도움을 줌
한계	자연에 대한 인간의 개입을 지나치게 제한할 경우 현실적인 문제 해결에 어려움이 생길 수 있다는 점에서 비현실적임

자료 분석 │ 레오폴드의 대지 윤리

바람직한 대지 이용을 오직 경제적 문제로만 생각하지 말라. 낱낱의 물음을 경제적으로 무엇이 유리한가 하는 관점뿐만 아니라 윤리적, 심미적으로 무엇이 옳은가의 관점에서도 검토하라. 생명 공동체의 온전성과 안정성 그리고 아름다움의 보전에 이바지한다면, 그것은 옳다.

레오폴드는 생태 중심주의 자연관의 대표적인 사상가로, 그의 대지 윤리는 인간, 동식물, 토양, 물, 대지까지 생태계 전체를 하나의 유기체로 보는 입장을 제시한다. 그는 대지를 단순히 경제적 가치로 평가해서는 안 된다고 강조하며, 무생물과 동식물이 유기적으로 연결되어 균형을 이루며 살아가는 생명 공동체로 간주해야 한다고 주장한다. 또한, 인간은 자연의 지배자가 아니라, 상호 의존적인 생명 공동체의 한 구성원으로서 생태계의 안정을 유지할 의무를 지닌다고 보았다.

2 환경 문제 해결을 위한 다양한 노력과 실천

1 환경 문제 해결을 위한 다양한 노력

★ (1) 지구촌의 다양한 환경 문제 자료❸

지구 온난화	• 원인 : 화석 연료 소비에 따른 온실가스 배출량 증가 • 영향 : 빙하 면적 감소, 해수면 상승에 따른 저지대 침수, 기상 이변 증가, 생태계의 서식처 변화 등
산성비	• 원인 : 공장 매연, 자동차 배기가스 등에서 배출된 산성 물질 • 영향 : 건축물과 각종 구조물의 부식, 산림 고사, 호수의 산성화 등
열대 우림 파괴	• 원인 : 무분별한 벌목, 과도한 경지 개간 및 목초지 조성 • 영향 : 생물 종 다양성 감소, 지구 온난화 심화 등
사막화	• 원인 : 사막 주변 지역의 오랜 가뭄, 과도한 경작과 방목 • 영향 : 식량 생산량 감소, 황사 심화, 인간 거주지 축소 등
미세먼지	• 원인 : 자동차의 배기가스, 공장의 오염 물질 등 • 영향 : 호흡기 및 안과 질환 초래
쓰레기 배출량 증가	플라스틱 쓰레기는 잘 썩지 않아 환경을 오염하고 생태계를 파괴함

(2) 환경 문제 해결을 위한 노력 자료❹

정부	• 국제 협약에 참여 • 친환경 산업 육성 • 환경 영향 평가 제도, 온실가스 배출권 거래제 등 법과 제도 운영
기업	• 친환경 경영 추구 • 제품의 생산, 유통 과정에서 환경 보호 노력 • 기업의 사회적 책임 강화
시민사회	• 비정구 기구의 활동 예 그린피스, 지구의 벗 등 • 정부와 기업의 활동을 감시 및 비판 • 환경 운동을 비롯한 다양한 환경 보호 활동에 시민의 참여 유도
개인	• 환경 관련 법 준수 • 자원 및 에너지 절약, 녹색 소비 및 재활용 생활화

(3) 환경 문제 해결을 위한 생태시민으로서의 실천 방안 자료❹

생태시민의 의미	• 생태전환적 사고를 바탕으로 자신의 행동이 자연, 타인, 비인간 생물에게 미치는 영향을 인식하고, 이를 바탕으로 사고하고 행동하는 사람을 말함 • 생태전환적 사고: 인간과 자연이 공존하며 지속 가능한 미래를 만들기 위해 인간의 생각과 행동 전반에 걸쳐 변화를 추구하는 사고 방식
생태시민으로서의 실천 방안	• 환경친화적인 생활 방식 실천 • 환경 단체나 지역사회와 연대한 해결책 모색

다음 자료에 대한 설명이 옳으면 ○표, 틀리면 ×표를 하시오.

자료 ① 인간 중심주의 자연관

동아, 리베르, 미래엔, 비상, 아침나라, 지학사, 창비, 천재

아리스토텔레스	베이컨
식물은 동물을 위해서, 동물은 인간을 위해서 존재한다. 자연은 일정한 목적이나 의도를 위한 것이라는 우리의 믿음이 타당하다면 그것은 다름 아닌 인간을 위한 것임에 틀림없다.	아는 것이 힘이다. 자연이 인간에게 이롭도록 지식을 활용해야 한다. 방황하고 있는 자연을 사냥해서 노예로 만들어 인간의 이익에 봉사하도록 해야 한다.

128 아리스토텔레스와 베이컨의 주장은 인간 중심주의 자연관에 해당한다.　　○/×

129 아리스토텔레스는 동물이 인간의 생존을 위해서 존재한다고 보았다.　　○/×

130 베이컨은 인간이 자연을 정복하고 지배해야 한다고 보았다.　　○/×

131 아리스토텔레스와 베이컨은 인간과 자연이 상호 의존적인 관계에 있음을 강조한다.　　○/×

자료 ② 레오폴드의 대지 윤리

동아, 리베르, 미래엔, 비상, 아침나라, 지학사, 창비, 천재

바람직한 대지 이용을 오직 경제적 문제로만 생각하지 말라. 낱낱의 물음을 경제적으로 무엇이 유리한가 하는 관점뿐만 아니라 윤리적, 심미적으로 무엇이 옳은가의 관점에서도 검토하라. 생명 공동체의 온전성과 안정성 그리고 아름다움의 보전에 이바지한다면, 그것은 옳다.

132 레오폴드는 인간이 자연의 지배자이자 관리자라고 주장하였다.　　○/×

133 레오폴드는 생태 중심주의의 입장으로 자연이 지닌 도덕적 가치를 인정하고 존중한다.　　○/×

134 레오폴드는 인간을 포함한 동식물, 토양, 물, 공기 등의 무생물까지 모두 도덕적 고려 대상으로 간주하였다.　　○/×

135 레오폴드는 인간에게 생태계의 안정을 유지할 의무가 없다고 보았다.　　○/×

자료 ③ 세계의 주요 환경 문제

동아, 미래엔, 비상, 창비, 천재

136 (가)에는 사막화가 들어갈 수 있다.　　○/×

137 (가)의 해결을 위해 람사르 협약이 체결되었다.　　○/×

138 (나)에는 오존층이 들어갈 수 있다.　　○/×

139 (나)의 감소로 생물 종 다양성 감소와 지구 온난화의 심화를 초래할 수 있다.　　○/×

자료 ④ 환경 문제 해결을 위한 노력

동아, 리베르, 미래엔, 비상, 아침나라, 지학사, 창비, 천재

친환경적 기술 개발	친환경적 제품 소비	환경 영향 평가 제도
기존 선박에 비해 오염 물질 배출량을 줄인 친환경 선박과 같이 친환경 제품을 생산하고 있다.	제품을 소비할 때, 친환경 인증 마크가 있는 제품을 우선적으로 구매한다.	새로운 시설과 건물 등이 들어설 때 환경 보전 측면에서 사전에 이를 평가하고 심의하는 제도를 시행한다.

140 친환경적 기술 개발은 시민사회의 역할에 해당한다.　　○/×

141 친환경 제품 소비는 정부의 역할에 해당한다.　　○/×

142 정부는 환경 보전을 위해 사전 평가와 심의 절차가 이루어지는 환경 영향 평가 제도를 시행하고 있다.　　○/×

143 환경 보전은 개인의 노력과 정부와 기업의 역할이 모두 중요하다.　　○/×

자연에 대한 다양한 관점

⭐고빈출
144

다음 사상가들이 지닌 인간과 자연에 대한 입장으로 가장 적절한 것은?

> 갑: 식물은 동물을 위해서, 동물은 인간을 위해서 존재한다. 자연은 일정한 목적이나 의도를 위한 것이라는 우리의 믿음이 타당하다면 그것은 다름 아닌 인간을 위한 것임에 틀림없다.
> 을: 아는 것이 힘이다. 자연이 인간에게 이롭도록 지식을 활용해야 한다. 방황하고 있는 자연을 사냥해서 노예로 만들어 인간의 이익에 봉사하도록 해야 한다.

① 자연은 그 자체로 본래적 가치를 지닌다.
② 모든 생명체를 도덕적으로 배려해야 한다.
③ 자연은 인간의 욕구 충족을 위한 도구이다.
④ 자연을 착취와 정복의 대상으로 보아서는 안 된다.
⑤ 인간과 마찬가지로 동물도 도덕적 고려의 대상이다.

145

인간과 자연과의 관계에서 인간 중심주의에 대한 옳은 설명만을 보기에서 고른 것은?

> **보기**
> ㄱ. 자연이 지닌 도덕적 가치를 인정하고 존중한다.
> ㄴ. 인간을 지배자가 아닌 생태 공동체의 일부분으로 간주한다.
> ㄷ. 자연이 인간의 이익과 욕구 충족에 얼마나 기여하느냐에 따라 자연을 평가한다.
> ㄹ. 이성과 자율적 행위 능력을 가지고 있는 인간을 다른 자연적 존재들보다 우월하고 귀한 존재로 간주한다.

① ㄱ, ㄴ   ② ㄱ, ㄷ   ③ ㄴ, ㄷ
④ ㄴ, ㄹ   ⑤ ㄷ, ㄹ

146

인간과 자연과의 관계에서 생태 중심주의에 대한 옳은 설명만을 보기에서 고른 것은?

> **보기**
> ㄱ. 인간과 자연이 상호 유기적으로 연결되어 있다고 본다.
> ㄴ. 인간을 위해 동식물을 포함한 자연 전체가 존재한다고 본다.
> ㄷ. 인간도 지구 전체 생태계의 일부분에 지나지 않는다고 본다.
> ㄹ. 자연의 가치는 자연이 인간에게 얼마나 유용성을 제공하는지를 기준으로 측정되어야 한다고 본다.

① ㄱ, ㄴ   ② ㄱ, ㄷ   ③ ㄴ, ㄷ
④ ㄴ, ㄹ   ⑤ ㄷ, ㄹ

⭐고빈출
147

난이도 (상)

다음을 주장한 사상가의 입장으로 가장 적절한 것은?

> 방황하고 있는 자연을 사냥해서 노예로 만들어 인간의 이익에 봉사하도록 해야 한다. 자연은 구속되어야 하고, 과학자의 목적은 고문을 해서라도 자연의 비밀을 밝혀내는 것이다.

① 자연이 지닌 내재적 가치를 인정하고 자연을 보전하기 위해 노력해야 한다.
② 인간뿐만 아니라 동식물과 무생물 전체가 도덕적 존중의 대상임을 받아들여야 한다.
③ 자연에 대한 지식을 바탕으로 자연을 활용하여 인간의 풍요로운 삶을 이룩해야 한다.
④ 인간의 자연에 속한 존재임을 인정하고 자연과 조화를 이루는 삶을 위해 노력해야 한다.
⑤ 인간 대 자연이라는 이분법적 구도에서 벗어나 인간과 자연의 공존 방안을 모색해야 한다.

148

(가)의 관점에서 (나)의 자연관에 대해 제기할 수 있는 비판적 견해로 가장 알맞은 것은?

(가)	우리에게는 이 땅의 모든 것이 신성하다. 우리는 대지의 일부분이며 대지는 우리의 일부분이다. 들꽃은 우리의 누이이고 순록과 말과 독수리는 우리의 형제이다. 강의 물결과 초원에 핀 꽃들의 수액, 조랑말의 땀과 인간의 땀은 모두 하나다. 모두가 한 부족이다.
(나)	과학의 목적은 자연을 인간의 의도에 맞도록 변형함으로써 인간의 활동 영역을 넓히는 것이다. 예를 들면 동물을 해부하고 실험하는 것은 인간의 육체에 담긴 비밀을 밝히는 도구로 활용하기 위해서이다. 또 동물 실험은 인류의 삶을 향상시킬 수 있는 효용성을 발견하는 것이 그 목적이다.

① 자연과 인간은 독립된 별개의 실체임을 알아야 한다.
② 자연은 스스로 가치를 지니지 않으며 인간에 의해 가치가 부여됨을 알아야 한다.
③ 인간도 자연의 일부분이며 인간과 자연은 상호 의존적인 관계를 이루고 있음을 알아야 한다.
④ 자연을 이해하고 관찰하여 자연을 개발할 수 있을 때 인간이 행복할 수 있음을 알아야 한다.
⑤ 자연의 모든 존재는 단순한 물질에 불과하며 인간만이 영혼을 지닌 존엄한 존재임을 알아야 한다.

149

(가)~(다)에 대한 설명으로 옳지 <u>않은</u> 것은?

> (가) 만물은 본래적 가치를 지니며, 인간과 자연이 조화를 이루는 천인합일(天人合一)의 경지를 지향해야 한다.
> (나) 만물이 독립적으로 존재할 수 없으며, 서로 연결되어 상호 의존하고 있음을 깨닫고 모든 생명을 소중히 여기며 자비를 베풀어야 한다.
> (다) 사람의 힘이 더해지지 않은 자연 그대로의 질서를 따르며, 인간이 자연과 조화를 이루어야 한다.

① (가)는 만물이 그 자체로 가치를 지니고 있다고 본다.
② (나)는 연기설에 바탕을 둔 만물의 상호 의존성을 강조한다.
③ (다)는 자연을 인간의 풍요로운 삶을 위한 도구로 간주한다.
④ (가)~(다)는 동양의 자연관에 대한 입장이다.
⑤ (가)~(다)는 인간과 자연이 유기적인 관계를 맺고 있다고 본다.

150

(가)의 입장에 비해 (나)의 입장이 갖는 상대적 특징을 그림의 ㉠~㉤ 중에서 고른 것은?

> (가) 인간뿐만 아니라 생태계 전체를 도덕적으로 대우해야 하며, 인간의 이익보다 인간을 포함한 자연 전체의 균형과 안정을 먼저 고려해야 한다.
> (나) 인간은 다른 자연적 존재들보다 우월하고 귀한 존재이며, 자연은 순전히 인간의 이익이나 필요에 따라 평가되어야 한다.

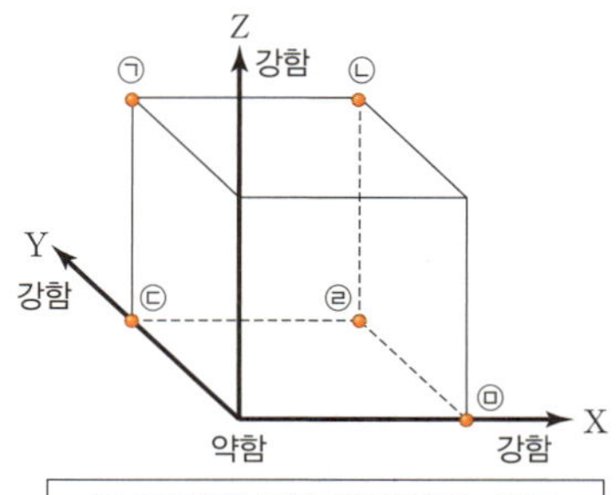

① ㉠　　　② ㉡　　　③ ㉢
④ ㉣　　　⑤ ㉤

151

(가)에 들어갈 내용으로 가장 적절한 것은?

> ### 생태 중심주의적 자연관
>
> (1) 의미: 자연이 인간에게 주는 유용성과 관계없이 자연은 그 자체로 존중받을 가치가 있다고 여기는 관점
> (2) 특징
> • 인간을 생태 공동체의 구성원으로 인정함
> • 자연은 그 자체로도 가치를 지닌다고 보고 자연의 내재적 가치를 강조함
> (3) 문제점: ＿＿＿＿＿＿＿＿ (가) ＿＿＿＿＿＿＿＿

① 자연을 인간의 행복을 위한 도구로만 취급함
② 동식물이 지닌 본질적 가치를 전적으로 부정함
③ 생태계 전체를 위해 개별 생명체의 희생을 강요함
④ 산업화·도시화 과정에서 발생한 환경 오염의 주된 원인임
⑤ 인간을 자연보다 우월한 존재로 간주하여 자연 파괴를 합리화함

152

다음 글의 입장에 해당하는 것만을 〔 보기 〕에서 있는 대로 고른 것은?

> 근대의 철학적 관점과 자연 과학의 발달은 인간에게 합리적인 자연관을 제시하고 있다. 우리는 자연을 이성이 없는 물질적 대상에 불과한 것이고, 자연의 모든 생명 현상은 물리적 개념으로 설명할 수 있는 것으로 판단해야 한다. 한마디로 자연은 인간의 도덕이나 가치를 넘어 존재하는 가치 중립적인 세계로서 '수학의 언어'를 통해 분석될 수 있는 대상에 불과하다.

〔 보기 〕

ㄱ. 기계론적이고 환원론적인 입장에서 자연을 바라보고 분석해야 한다.
ㄴ. 인간을 자연으로부터 독립된 존재이자 유일하고 우월한 존재로 보아야 한다.
ㄷ. 자연의 본래적 가치를 인정하고 인간과 자연이 조화를 이루는 상태를 유지해야 한다.
ㄹ. 자연을 탐구하고 개발함으로써 기술 발전과 경제 성장을 이루어 인간의 삶을 풍요롭게 해야 한다.

① ㄱ, ㄴ   ② ㄱ, ㄷ   ③ ㄷ, ㄹ
④ ㄱ, ㄴ, ㄹ   ⑤ ㄴ, ㄷ, ㄹ

153

다음 글의 입장에 해당하는 것만을 〔 보기 〕에서 고른 것은?

> 지구는 '생물체들의 서식처'가 아닌 '살아 있는 유기체'로 존재한다. 거대한 생명체인 지구는 그 안의 생물체뿐만 아니라 대기, 해양, 토양과 암석까지도 하나로 연결되어 있다. 이제는 기존의 사고방식에서 벗어나 '살아있는 유기체로서의 지구'를 인정하고, 지구와 우리 자신 그리고 모든 생명체들과의 관계에 대해 다시금 생각해 보아야 한다.

〔 보기 〕

ㄱ. 동식물을 포함한 자연 전체는 인간의 이익과 행복을 위해 존재한다.
ㄴ. 자연은 인간의 이익과는 별개로 그 자체로 내재적 가치를 지니고 있다.
ㄷ. 인간과 자연은 분리되어 있지 않고 서로 유기적으로 연결되어 있는 공동체이다.
ㄹ. 자연은 영혼이 없는 단순한 물질에 불과하며 인간은 영혼을 지닌 존엄한 존재이다.

① ㄱ, ㄴ   ② ㄱ, ㄹ   ③ ㄴ, ㄷ   ④ ㄴ, ㄹ   ⑤ ㄷ, ㄹ

154

다음은 인간과 자연의 관계에 대한 어떤 학생의 형성 평가지이다. 채점한 후 이 학생이 받은 점수로 옳은 것은?

형성 평가

인간과 자연의 관계에 대한 설명 중 옳은 것에는 ○표, 틀린 것에는 ×표를 하시오. (한 문제당 배점은 1점)

문항 번호	진술	학생 응답
1	인간 중심주의는 인간과 자연의 관계에서 인간의 이익이나 행복을 먼저 고려하는 관점이다.	○
2	생태 중심주의는 인간과 자연의 관계에서 자연 전체의 균형과 안정을 먼저 고려하는 관점이다.	×
3	인간 중심주의는 자연이 그 자체로 가치를 지닌다는 자연의 본질적 가치를 인정한다.	×
4	생태 중심주의는 인간을 포함하여 동식물과 무생물을 포함하는 생태계 전체를 도덕적 고려의 대상으로 간주한다.	○
5	인간 중심주의는 환경 파괴의 원인이라는 비판을, 생태 중심주의는 개별 생명체의 희생을 강요한다는 비판을 받는다.	○

① 1점   ② 2점   ③ 3점   ④ 4점   ⑤ 5점

다양한 환경 문제

155

밑줄 친 ㉠~㉢ 중에서 옳은 내용만을 고른 것은?

> 산업 혁명 이후 ㉠인구 증가에 따라 자원의 소비량이 급증하여 자연환경이 훼손되었다. 이에 ㉡생태계의 자정 능력이 강화되어 다양한 환경 문제가 발생하였다. ㉢오염된 자연환경은 복원하는 데 많은 시간과 비용이 소요된다. 또한 대부분의 환경 문제는 ㉣단일 국가의 노력만으로도 해결이 가능하다.

① ㉠, ㉡   ② ㉠, ㉢   ③ ㉡, ㉢
④ ㉡, ㉣   ⑤ ㉢, ㉣

156

다음 자료에 나타난 현상과 가장 관련이 깊은 환경 문제로 옳은 것은?

> ### ○○ 신문
> 20△△년 □월 □일
>
> • 투발루, 해수면 상승으로 국토 포기 선언
> • 알프스, 1978~2003년 사이 빙하의 23%가 사라짐
> • 알래스카, 영구 동토층이 녹으면서 주택 붕괴 속출

① 산성비
② 스모그
③ 오존층 파괴
④ 지구 온난화
⑤ 미세 먼지 문제

고빈출
157

(가)를 유발하는 원인으로 가장 적절한 것은?

> [(가)]은/는 전 지구적으로 심각한 피해를 주는 대표적인 환경 문제이다. [(가)]로 극지방의 빙하 면적이 축소되고 해수면이 상승하여 일부 해안 저지대나 섬지역은 침수되기도 한다. 또한 각종 기상 이변이 발생하여 폭염, 가뭄, 홍수, 산불, 태풍 등 자연재의 발생 빈도가 증가하고 그 피해 규모도 점점 커지고 있다.

① 장기간의 가뭄
② 교토 의정서 체결
③ 메탄가스 배출량 감소
④ 이산화 탄소 배출량 증가
⑤ 질소 산화물 배출량 증가

[158~159] 다음 자료를 보고 물음에 답하시오.

> 다양한 환경 문제 중 [(가)]는 황산화물과 질소 산화물이 비에 섞여 내리는 현상이고, [(나)]는 에어컨, 냉장고 등의 냉매로 사용되는 프레온 가스라고도 알려진 염화 플루오린화 탄소(CFCs)의 사용 증가로 발생한 환경 문제이다.

158

(가), (나)에 해당하는 환경 문제를 옳게 짝 지은 것은?

	(가)	(나)
①	사막화	산성비
②	산성비	사막화
③	산성비	오존층 파괴
④	오존층 파괴	사막화
⑤	오존층 파괴	산성비

159

(가), (나)에 따른 직접적인 영향을 보기 에서 골라 옳게 짝 지은 것은?

> **보기**
>
> ㄱ. 사막 면적의 확대
> ㄴ. 빙하 면적의 축소
> ㄷ. 각종 구조물의 부식
> ㄹ. 피부암 및 안과 질환 초래

	(가)	(나)		(가)	(나)
①	ㄱ	ㄹ	②	ㄷ	ㄱ
③	ㄷ	ㄹ	④	ㄹ	ㄴ
⑤	ㄹ	ㄷ			

160

다음 사진에 나타난 환경 문제에 대한 설명으로 옳지 <u>않은</u> 것은?

① 호흡기 질환과 같은 질병을 유발하기도 한다.
② 우리나라에 바람이 약하게 불 때 주로 발생한다.
③ 자동차 배기가스에서 배출된 물질이 원인 중 하나이다.
④ 인접 국가인 중국으로부터 유입된 물질과 관련이 있다.
⑤ 전력 생산 시 화력 발전의 비중이 증가하면 완화될 수 있다.

161

다음과 같은 현상을 유발하는 환경 문제에 대한 옳은 설명만을
보기 에서 고른 것은?

보기

ㄱ. 전 지구적 환경 문제에 해당한다.
ㄴ. 동식물의 서식 환경 변화를 유발한다.
ㄷ. 아프리카의 사헬 지대에서 뚜렷하게 나타난다.
ㄹ. 열대림이 파괴되면서 과거에 비해 진행 속도가 느려졌다.

① ㄱ, ㄴ   ② ㄱ, ㄷ   ③ ㄴ, ㄷ
④ ㄴ, ㄹ   ⑤ ㄷ, ㄹ

[162~163] 다음 지도는 (가), (나) 환경 문제의 발생 지역을 나타낸 것이다. 이를 보고 물음에 답하시오.

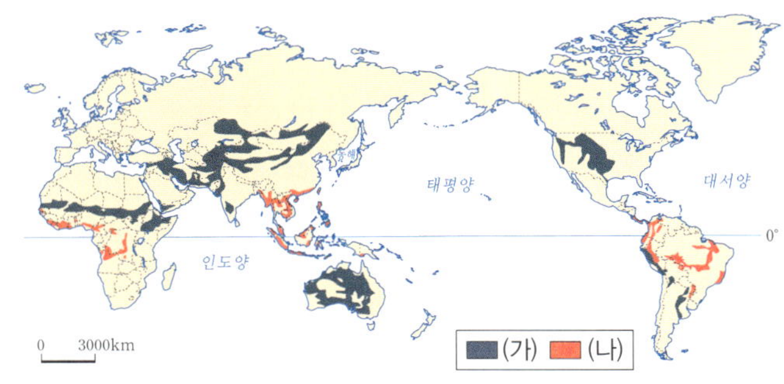

162

(가), (나) 환경 문제를 옳게 짝 지은 것은?

	(가)	(나)
①	사막화	열대림 파괴
②	사막화	오존층 파괴
③	열대림 파괴	사막화
④	열대림 파괴	오존층 파괴
⑤	오존층 파괴	열대림 파괴

163

(가), (나) 환경 문제에 대한 옳은 설명만을 보기 에서 고른 것은?

보기

ㄱ. (가)를 해결하기 위한 국제 협약은 제네바 협약이다.
ㄴ. (나)는 주로 열대 기후 지역에서 나타난다.
ㄷ. (가), (나)의 공통적인 원인으로 농경지와 가축의 방목지 증가를 들 수 있다.
ㄹ. (가), (나) 모두 건물 부식, 삼림 파괴, 호수의 산성화 등의 피해를 유발한다.

① ㄱ, ㄴ   ② ㄱ, ㄷ   ③ ㄴ, ㄷ
④ ㄴ, ㄹ   ⑤ ㄷ, ㄹ

주체별 환경 보호 노력

164

난이도 상

(가)에 들어갈 제도로 가장 적절한 것은?

① 쓰레기 종량제
② 환경 성적 표지 제도
③ 환경 영향 평가 제도
④ 온실가스 배출권 거래 제도
⑤ 에너지 소비 효율 등급 표시 제도

165

다음 글에 대한 옳은 설명만을 〈보기〉에서 고른 것은?

산림청은 2007년부터 2016년 3월까지 ㉠'몽골 그린벨트 조림 사업'을 실시하여 약 3,000ha의 땅에 나무를 심었다. 대상 지역은 울란바토르 근처에 있는 룬 지역과 ㉡고비 사막의 달란자드가드, 바양작 지역이다. 산림청은 나무를 심는 일뿐만 아니라 심은 나무를 잘 관리하는 기술을 전수하고, 지역 주민과 학생 등을 대상으로 조림에 대한 중요성을 교육하고 있다. 또한, 조림지에 병·해충 피해가 발생하면 국내 전문가를 파견하고 관련 기술을 전수하여 공동 연구를 진행하고 있다.

– ○○○타임스, 2016. 6. 10. –

〈보기〉
ㄱ. ㉠은 사막화 방지에 도움을 줄 수 있다.
ㄴ. ㉠은 시민 단체가 주도하여 추진된 사업이다.
ㄷ. ㉡은 우리나라에 영향을 주는 황사 발원지 중 하나이다.
ㄹ. ㉡은 현재 열대림 파괴 문제가 발생하고 있는 지역이다.

① ㄱ, ㄴ ② ㄱ, ㄷ ③ ㄴ, ㄷ
④ ㄴ, ㄹ ⑤ ㄷ, ㄹ

166

(가), (나)에 해당하는 환경 문제의 해결 주체를 옳게 짝 지은 것은?

환경 문제를 해결하기 위해 [(가)]은/는 환경 문제의 심각성을 시민들에게 알리고 다양한 환경 보호 활동에 시민들이 참여하도록 유도하고 있다. 또한, 환경 문제와 관련된 현장을 직접 조사하여 의회나 [(나)]에 환경 보고서를 제출하는 등 [(나)]의 환경 정책 결정 과정에 영향력을 행사하고 있다.

	(가)	(나)
①	기업	정부
②	정부	기업
③	정부	시민 단체
④	시민 단체	기업
⑤	시민 단체	정부

167

㉠~㉣에 해당하는 옳은 사례만을 〈보기〉에서 고른 것은?

교사: 전 세계적으로 피해를 주고 있는 환경 문제는 점차 심각해지고 있습니다. 환경 문제를 해결하려면 어떤 노력을 기울여야 할까요?
학생: ㉠개인, ㉡기업, ㉢시민 단체, ㉣정부 등 모든 주체가 함께 노력해야 합니다.

〈보기〉
ㄱ. ㉠–일회용품 사용 줄이기
ㄴ. ㉡–에너지 저효율 생산 설비 도입
ㄷ. ㉢–정부와 기업의 활동에 대한 비판과 감시
ㄹ. ㉣–환경 관련 국제 협약 탈퇴

① ㄱ, ㄴ ② ㄱ, ㄷ ③ ㄴ, ㄷ
④ ㄴ, ㄹ ⑤ ㄷ, ㄹ

168

다음 글에서 언급된 영화의 주인공처럼 생활할 때 얻을 수 있는 이점으로 보기 <u>어려운</u> 것은?

> 「노 임팩트 맨」은 지구에 무해한 생활을 1년 동안 실천한 가족의 이야기를 담은 다큐멘터리 영화이다. 주인공 콜린은 가족과 함께 텔레비전 보지 않기, 엘리베이터와 화장지 사용 안 하기, 플라스틱 줄이기, 자전거와 킥보드 사용하기, 400 km 이내 식품 섭취 등을 통해 환경을 지키는 프로젝트를 수행한다. 그는 이 과정에서 지구를 보호하는 것이 거대한 사명감이 아닌, 누구나 실천할 수 있는 작은 행동임을 깨닫게 된다.

① 에너지를 절약하여 자원을 보존할 수 있다.
② 교통 혼잡을 줄여 대기 오염을 감소시킬 수 있다.
③ 채식보다 육식을 늘려 환경 부담을 줄일 수 있다.
④ 화석 연료의 사용을 줄여 탄소 배출을 감소시킬 수 있다.
⑤ 지역 전통 시장을 활성화하여 지역 경제를 촉진할 수 있다.

169

다음 자료에 해당하는 국제 협약으로 옳은 것은?

> 습지의 파괴를 막고 물새가 서식하는 습지대를 보호하고자 1971년 체결된 협약이다. 우리나라에도 이와 관련하여 창녕 우포늪, 순천만 · 보성 갯벌 등의 습지가 등록되어 있다.

① 런던 협약   ② 바젤 협약
③ 람사르 협약   ④ 제네바 협약
⑤ 몬트리올 의정서

170

다음 글을 읽고 물음에 답하시오.

> 제나라의 전 씨가 저택 뜰에서 어떤 사람의 송별회를 열었다. 손님이 천 명이나 모여 들었는데, 그중에 물고기와 기러기를 선물로 가져온 사람이 있었다. 전 씨는 고마워하면서 말했다.
> "아, 하늘의 은총은 참으로 깊도다. 인간을 위해 오곡을 만들고, 물고기와 새를 길러 인간에게 쓰이게 해 주시는구나."
> 둘러선 손님들이 입을 모아 전 씨의 말에 동의하였다. 그때 포 씨의 열두 살짜리 아들이 나서며 말했다.
> "저의 생각은 어르신과 다릅니다. 천지 만물은 모두 우리와 같은 동료입니다. 동료 사이에 귀천의 차별은 없습니다. 다만 크고 작은 차이, 지혜와 힘의 차이에 따라 서로 잡아먹고 있을 뿐이지, 다른 것에서 사용되기 위해 만들어진 것은 아닙니다. 인간이 제멋대로 먹을 수 있는 것을 잡아먹을 따름이지, 하늘이 인간에게 먹이기 위해 그것들을 만든 것은 아닙니다. 모기나 파리 떼가 인간의 피를 빨고 호랑이와 늑대가 동물들을 잡아먹는다고 해서, 하늘이 모기와 파리를 위하여 인간을 만들고, 호랑이와 늑대를 위해서 동물들을 만든 것은 아닙니다."
>   – 열자, 『열자』 –

(1) 전 씨의 입장은 (ⓐ) 중심주의 자연관에 해당하고, 포 씨 아들의 입장은 (ⓑ) 중심주의 자연관에 해당한다.
           (ⓐ:   , ⓑ:   )

(2) 포 씨 아들과 전 씨의 자연관을 서술한 후, 포 씨 아들의 입장에서 전 씨의 자연관을 비판하시오.

171

다음 글에 나타난 환경 문제의 종류와 원인, 피해에 대해 서술하시오.

> 메슥거리는 영국의 검은 석탄 구름이 이 지방에 검은 장막을 씌우고 신선한 녹음으로 빛나는 초목을 모조리 상처 입히며 아름다운 새싹을 말려 죽이고 독기를 휘감은 채 소용돌이치며 태양과 그 빛을 들에서 빼앗고 고대의 심판을 받은 저 마을에 재의 비처럼 떨어져 내린다.
>   – 헨리크 입센, 『브란트』 –

STEP 3 수능 유형 문제로 만점 도전하기

자연에 대한 다양한 관점

172

다음 글에 나타난 자연관만을 보기 에서 있는 대로 고른 것은?

> 들꽃은 우리의 누이이고 순록과 말과 독수리는 우리의 형제이다. 세상의 모든 것은 하나로 연결되어 있다. …… 사람이 땅을 파헤치는 것은 곧 그들 자신의 삶도 파헤치는 것이다. 대지는 인간에게 속한 것이 아니며, 인간이 오히려 대지에 속해 있다.

보기

ㄱ. 인간은 자연의 일부분으로 자연에 포함된 존재이다.
ㄴ. 인간과 자연은 상호 유기적인 관계를 맺고 있는 공동체이다.
ㄷ. 자연은 인간의 풍요로운 삶을 위한 도구로서의 가치만을 지닌다.
ㄹ. 이성적 존재로서의 인간은 다른 자연 존재와는 구별되는 우월한 존재이다.

① ㄱ, ㄴ ② ㄱ, ㄷ ③ ㄷ, ㄹ
④ ㄱ, ㄴ, ㄹ ⑤ ㄴ, ㄷ, ㄹ

173

갑, 을의 자연관에 대한 옳은 설명만을 보기 에서 있는 대로 고른 것은?

> 갑: 자연은 스스로 가치를 지니지 않으며 인간이 자연을 이용할 때 비로소 자연의 진정한 가치가 극대화될 수 있다.
> 을: 인간도 자연의 일부에 불과하므로 자연에 남긴 상처는 그대로 인간에게 돌아오게 된다. 인간과 마찬가지로 자연도 도덕적 존중의 대상임을 잊어서는 안 된다.

보기

ㄱ. 갑은 자연이 도구적 가치만을 지닌다고 본다.
ㄴ. 을은 인간과 자연이 상호 의존적인 관계를 맺고 있다고 본다.
ㄷ. 을은 이성적인 기능을 지닌 존재만을 도덕적으로 존중해야 한다고 본다.
ㄹ. 갑, 을은 모두 자연이 지닌 본래적 가치를 인정해야 한다고 본다.

① ㄱ, ㄴ ② ㄱ, ㄷ ③ ㄷ, ㄹ
④ ㄱ, ㄴ, ㄹ ⑤ ㄴ, ㄷ, ㄹ

174

고빈출

갑, 을 사상가들의 입장으로 가장 적절한 것은?

> 갑: 바람직한 대지 이용을 오직 경제적 문제로만 생각하지 말고 윤리적·심미적으로 무엇이 옳은가의 관점에서도 검토하라. 생명 공동체의 온전성과 안정성 그리고 아름다움의 보전에 이바지한다면 그것은 옳다.
> 을: 인간의 자연에 대한 지배권은 오직 기술과 학문의 발달에 달려 있다. 방황하는 자연을 사냥해서 노예로 만들어 인간의 이익에 봉사하도록 해야 한다.

① 갑: 생태계의 조화와 균형 유지를 우선적으로 고려해야 한다.
② 갑: 물, 흙, 공기와 같은 무생물은 도덕적 고려 대상이 아니다.
③ 을: 자연이 지니는 내재적 가치를 인정하고 보존해야 한다.
④ 을: 인간은 자연에 속한 존재이며 자연을 떠나서 살 수 없다.
⑤ 갑, 을: 인간의 이익에 부합될 때만 자연은 가치를 지닌다.

175

표는 어느 사상가의 자연관에 대한 한 학생의 질문 응답지이다. 응답이 모두 옳다고 할 때, (가), (나)에 들어갈 질문으로 옳은 것만을 보기 에서 있는 대로 고른 것은?

질문	학생 응답	
	예	아니요
인간을 포함한 자연 전체를 도덕적 고려의 대상으로 보아야 하는가?	✓	
개별 구성원의 존속이 생태계 전체의 보전보다 우선하는가?		✓
(가)	✓	
(나)		✓

보기

ㄱ. (가): 동식물과 무생물도 도덕적 공동체에 포함되는가?
ㄴ. (가): 자연은 인간의 풍요로운 삶을 위한 도구인가?
ㄷ. (나): 자연은 스스로 가치를 지니는가?
ㄹ. (나): 이분법적 세계관을 바탕으로 인간과 자연의 관계를 이해해야 하는가?

① ㄱ, ㄴ ② ㄱ, ㄹ ③ ㄷ, ㄹ
④ ㄱ, ㄴ, ㄹ ⑤ ㄴ, ㄷ, ㄹ

176

다음 갑, 을 사상가의 입장에 대한 설명으로 옳지 <u>않은</u> 것은?

> 갑: 우리는 자연의 주인이자 소유자가 될 수 있다. 인간은 정신을 소유한 존엄한 존재이지만, 자연은 의식이 없는 물질이다.
> 을: 과학의 목적은 자연을 인간의 의도에 맞도록 변형함으로써 인간의 활동 영역을 넓히는 것이다. 예를 들면 동물을 해부하고 실험하는 것은 인간의 육체에 담긴 비밀을 밝히는 도구로 활용하기 위해서이며, 동물 실험은 인류의 삶을 향상시킬 수 있는 효용성을 발견하는 것이 그 목적이다.

① 갑은 인간을 자연으로부터 독립된 존재로 간주하였다.
② 갑은 일원론적 사고방식을 바탕으로 인간과 자연 간의 차별적 대우를 정당화하였다.
③ 을은 자연이 인간으로부터 존재 가치를 부여받는다고 보았다.
④ 을은 자연이 인간의 생존을 위한 수단으로서의 기능을 지닌다고 보았다.
⑤ 갑, 을은 인간만을 도덕적 고려 대상으로 간주하였다.

177

밑줄 친 ㉠, ㉡에 해당하는 내용으로 옳은 것만을 〔보기〕에서 있는 대로 고른 것은?

> 인간 중심주의에 기반을 둔 과거의 패러다임에 기초한 가치관으로는 현재의 위기를 적절하게 이해할 수도 없고 대책도 마련할 수가 없다. 따라서 오늘날 인류가 직면하고 있는 지구 환경의 위기를 극복하기 위해서는 무엇보다도 ㉠현대 서구 문명의 성장을 가능하게 했던 과거의 패러다임으로부터 ㉡녹색 성장과 지속 가능한 발전과 같은 새로운 패러다임으로의 전환이 이루어져야 한다.

〔보기〕

ㄱ. ㉠은 인간과 자연을 유기적인 관계로 파악한다.
ㄴ. ㉠은 자연을 인간의 이익과 행복을 위한 이용과 지배의 대상으로 간주한다.
ㄷ. ㉡은 인간과 자연의 공생을 중시하는 사회적 인식의 확대를 요구한다.
ㄹ. ㉡은 인류와 자연에 대한 책임 의식을 바탕으로 발전을 추구한다.

① ㄱ, ㄴ   ② ㄱ, ㄹ   ③ ㄴ, ㄷ
④ ㄱ, ㄴ, ㄹ   ⑤ ㄴ, ㄷ, ㄹ

178

다음 글의 관점에서 A, B에 들어갈 질문으로 적절하지 <u>않은</u> 것은?

> 바람직한 대지 이용을 오직 경제적 문제로만 생각하지 마라. 윤리적, 심미적으로 무엇이 도덕적으로 옳은지의 관점에서도 검토하라. 생명 공동체의 온전성과 안정성, 그리고 아름다움의 보전에 이바지한다면 그것은 옳다.

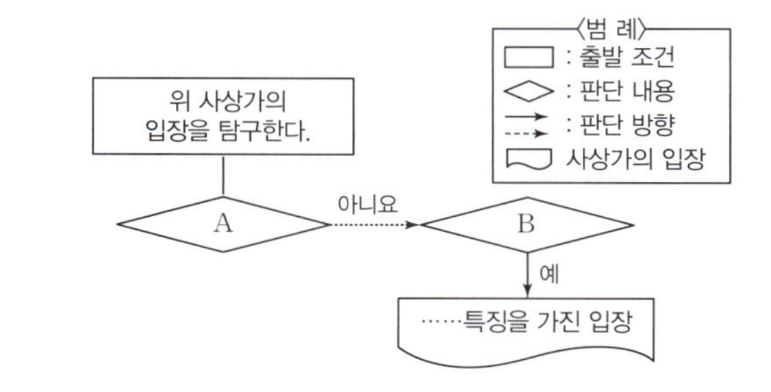

① A: 자연을 인간과 구분된 우월한 존재로 보는가?
② A: 살아 있는 생명체만을 도덕적 존중의 대상으로 보는가?
③ A: 자연을 인간의 풍요로운 삶을 위한 도구로만 보는가?
④ B: 생태계 전체를 도덕적 존중의 대상으로 보는가?
⑤ B: 개별 생명체의 이익이 생태계 전체의 이익보다 우선되어야 한다고 보는가?

179

갑, 을, 병 사상에 대한 설명으로 옳은 것은?

> 갑: 도덕적 존중의 대상에는 도덕적 권리를 가질 수 있는 삶의 주체인 동물도 포함된다. 그들 각각은 다른 존재의 이익과 독립해 개별적 복지를 추구한다.
> 을: 대지 윤리는 생태 윤리를 반영한다. 생태 윤리는 각 개인이 대지의 건강을 위한 자신의 의무를 깨닫고 실천할 것을 요구한다.
> 병: 도덕적 의무를 질 수 있는 인간에 대한 의무 외에 다른 존재에 대한 의무는 없다. 물론 동물이 수행한 봉사에 대한 감사는 간접적으로 인간의 의무에 속한다.

① 갑: 생태계의 선이 개체의 선보다 우선하는 것은 아니다.
② 을: 한 살 이상의 정상적인 포유동물은 내재적 가치를 지닌다.
③ 병: 동물 학대가 그릇된 근본 이유는 인간성 실현을 저해하기 때문이다.
④ 갑, 병: 생명 공동체의 온전성에 기여한다면 옳고 그렇지 않다면 그르다.
⑤ 을, 병: 도덕적 지위를 부여할 때는 쾌고 감수 능력을 고려해야 한다.

다양한 환경 문제

180

(가)에 들어갈 옳은 내용만을 **보기** 에서 고른 것은?

교사: 사진은 [(가)](으)로 인해 미국 뉴욕에 있는 자유 여신상이 바다에 잠길 수도 있다는 것을 보여 주는 상징적인 자료입니다. [(가)]이/가 지속될 때 나타날 수 있는 변화로는 무엇이 있을까요?

학생: _________________ (나)

보기

ㄱ. 북극해의 염도가 높아질 것입니다.
ㄴ. 남태평양 섬나라들이 수몰 위기에 빠질 수 있습니다.
ㄷ. 냉대 기후가 나타나는 지역의 범위가 넓어질 것입니다.
ㄹ. 우리나라는 여름이 길어지고 겨울이 짧아질 것입니다.

① ㄱ, ㄴ ② ㄱ, ㄷ ③ ㄴ, ㄷ ④ ㄴ, ㄹ ⑤ ㄷ, ㄹ

181

(가)~(라)에 들어갈 옳은 내용만을 **보기** 에서 고른 것은?

환경 문제	원인	영향
(가)	염화 플루오린화 탄소(CFCs)의 증가	(나)
사막화	(다)	토양의 황폐화
지구 온난화	(라)	지구의 기온 상승

보기

ㄱ. (가) – 오존층 파괴
ㄴ. (나) – 건물의 부식
ㄷ. (다) – 과도한 개간과 방목
ㄹ. (라) – 열대림의 면적 증가

① ㄱ, ㄴ ② ㄱ, ㄷ ③ ㄴ, ㄷ
④ ㄴ, ㄹ ⑤ ㄷ, ㄹ

182

다음과 같은 변화를 유발한 환경 문제와 관련이 있는 탐구 주제로 옳은 것만을 **보기** 에서 고른 것은?

〈1908년〉 〈1969년〉

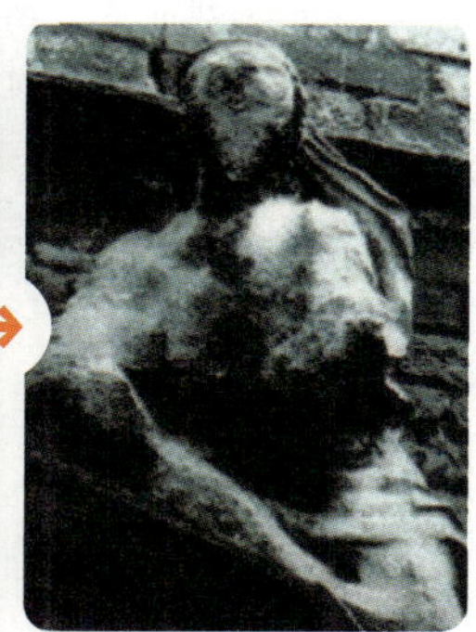

보기

ㄱ. 북극해 일대의 빙하 분포 범위 축소
ㄴ. 국경을 넘나드는 대기 오염 물질의 이동
ㄷ. 산업화 이후 공업이 발달하면서 나타난 현상
ㄹ. 장기간의 가뭄이 환경 문제의 발생에 주는 영향

① ㄱ, ㄴ ② ㄱ, ㄷ ③ ㄴ, ㄷ
④ ㄴ, ㄹ ⑤ ㄷ, ㄹ

주체별 환경 보호 노력

183

밑줄 친 (가)에 대한 대답으로 옳지 <u>않은</u> 것은?

'세계 환경 위기 시계'는 전 세계의 환경 파괴에 대한 위기감을 '몇 시'인지를 통해 보여 주는 것이다. 시계의 0~3시는 '양호', 3~6시는 '불안', 6~9시는 '심각', 9~12시는 '위험' 수준을 의미하며, 12시는 인류의 생존이 불가능한 시각을 의미하는데, 2015년에는 9시 27분을 가리키고 있다. (가) <u>이 시각이 12시를 가리키지 않게 하려면 개인들은 어떻게 해야 할까?</u>

① 녹색 소비를 실천한다.
② 쓰레기 분리수거를 한다.
③ 일회용품의 사용을 줄인다.
④ 자전거와 대중교통 이용을 늘린다.
⑤ 에어컨 사용 시 최저 온도로 설정한다.

184

다음 글의 밑줄 친 ⊙에 해당하는 에너지로 옳은 것만을 보기 에서 고른 것은?

> 기업은 환경 문제를 해결하기 위해 ⊙ 신·재생 에너지의 사용을 확대하는 등 오염 물질의 배출량을 줄이고 있다.

보기

ㄱ. 석유　　　　　　　　ㄴ. 수력
ㄷ. 태양광　　　　　　　ㄹ. 천연가스

① ㄱ, ㄴ　　　② ㄱ, ㄷ　　　③ ㄴ, ㄷ
④ ㄴ, ㄹ　　　⑤ ㄷ, ㄹ

185

(가), (나)에 해당하는 도시를 옳게 짝 지은 것은?

> - 브라질의 [(가)] 는 이제는 일상적으로 누구나 하는 재활용 분리수거를 처음 시작한 도시이다. 이곳에는 재활용 쓰레기를 먹을거리와 바꾸어 주는 제도가 있다. 아울러 세계 최초로 버스 전용 차선을 마련하였으며 버스 노선에 따라 도심부의 기능을 분산하였다.
> - 미국의 [(나)] 는 대기 오염 억제국을 설치해 공장마다 여과 장치를 의무적으로 달게 하였고, 시내에서는 사람들이 전기 순환 버스를 통해서만 이동할 수 있도록 하였다. 이러한 노력으로 국제 연합[UN]에서 '환경과 경제 발전을 양립시킨 도시'로 선정한 아름다운 관광 도시가 되었다.

	(가)	(나)		(가)	(나)
①	예테보리	쿠리치바	②	채터누가	예테보리
③	채터누가	쿠리치바	④	쿠리치바	예테보리
⑤	쿠리치바	채터누가			

186

다음 글에 나타난 문제를 해결하기 위한 국가의 노력으로 옳은 것만을 보기 에서 고른 것은?

> 다큐멘터리 '플라스틱의 일생'에 따르면 플라스틱의 생산량은 급증하고 있지만 재활용률은 9%에 불과하다고 한다. 플라스틱은 초미립자 크기로 분해되어도 미세 플라스틱으로 남아 해양이나 담수의 환경을 심각하게 오염시킨다고 한다.

보기

ㄱ. 친환경 제품의 개발을 위한 기술 투자를 한다.
ㄴ. 자연 상태에서 쉽게 분해될 수 있는 제품을 생산한다.
ㄷ. 미세 플라스틱이 포함된 제품의 판매 금지를 제도화한다.
ㄹ. 플라스틱 빨대를 종이 빨대로 대체하는 사업체에 세제 혜택을 준다.

① ㄱ, ㄴ　　　② ㄱ, ㄷ　　　③ ㄴ, ㄷ
④ ㄴ, ㄹ　　　⑤ ㄷ, ㄹ

187

다음 자료는 A~E 환경 문제를 해결하기 위한 국제 협약을 나타낸 것이다. A~E 환경 문제에 대한 설명으로 옳은 것은?

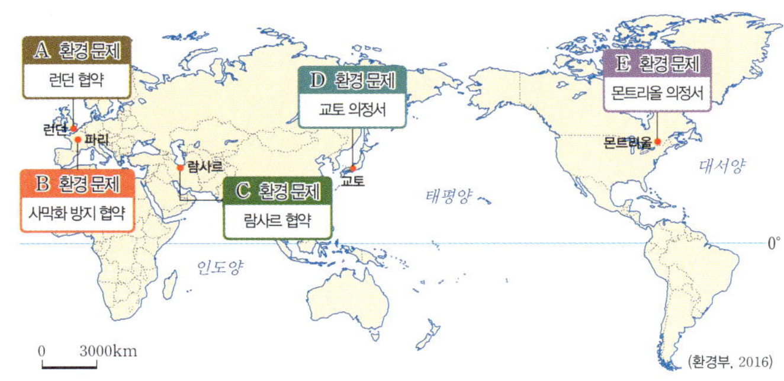

① A로 인해 백내장 환자가 증가하고 있다.
② B는 주로 연 강수량이 많은 지역에서 발생한다.
③ C는 호수의 산성화와 삼림의 황폐화를 유발한다.
④ D는 온실가스 배출량 증가가 주요 발생 원인이다.
⑤ E가 심해지면 우리나라에 황사 피해가 증가한다.

188

다음 글을 읽고 물음에 답하시오.

> 영국의 경제학자 슈마허는 『작은 것은 아름답다』를 통해, 우리가 지구를 위해 무엇을 해야 하는지 고민해야 한다고 강조한다. 그는 인간의 무한한 욕망이 자연이 감당할 수 있는 한계를 넘어섰음을 성찰하며, 인간과 자연이 공존할 수 있는 경제 체제를 지향해야 한다고 주장한다. 또한, 인간이 진정으로 인간답게 살아가기 위해서는 자연으로부터 독립되어 있다는 사고방식을 버려야 한다고 강조한다.

(1) 위 글은 자연을 바라보는 관점 중 어느 관점에 해당하는지 쓰시오.

(   )

(2) (1)의 관점에서는 인간과 자연의 관계를 어떻게 바라보는지 쓰시오.

189

(가), (나)의 자연관이 지닌 문제점을 각각 한 가지씩 서술하시오.

> (가) 우리는 자연의 주인이자 소유자가 될 수 있다. 인간은 정신을 소유한 존엄한 존재지만, 자연은 의식이 없는 물질이다.
>
> (나) 대지의 윤리는 공동체의 범위를 인간에서 동물, 식물, 토양, 물을 포함한 대지까지 모두 포괄하는 것으로 이해한다. 대지는 경제적 가치로만 평가될 수 없으며 무생물과 식물, 각종 동물 등이 유기적으로 연결되어 균형을 이루며 살아가고 있다.

190

다음 자료를 보고 물음에 답하시오.

(1) 위 자료의 내용을 포함하는 환경 관련 국제 협약의 명칭을 쓰고, 어떤 환경 문제와 관련이 있는지 쓰시오.

(2) (1)의 답에 해당하는 국제 협약이 교토 의정서에 대하여 갖는 차이점을 서술하시오.

191

다음 자료는 환경 문제 해결을 위한 국가의 노력을 나타낸 것이다. ㉠에 해당하는 내용을 두 가지 쓰시오.

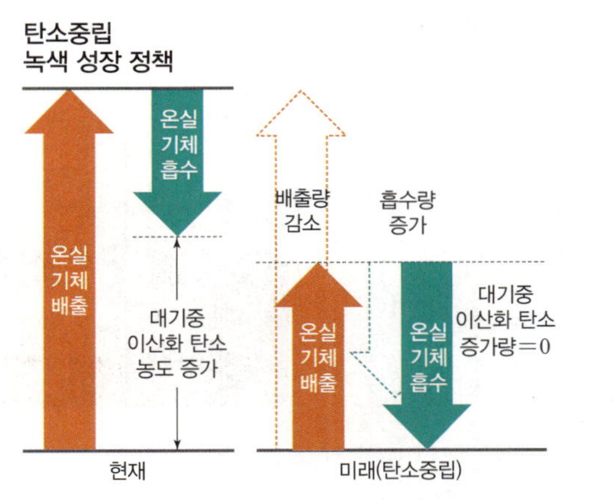

> 탄소중립은 인간 활동에 따른 온실 기체 배출량이 전 지구적 흡수량과 균형을 이루는 것으로 넷제로(Net−Zero)라고도 한다. 우리나라는 ㉠ <u>화석 에너지에 대한 의존도를 낮추는 한편, 탄소 흡수원 확충을 위해 노력하고 있다.</u>

단원 종합 문제로 만점 완성하기

192

난이도 상

다음 지도는 세계의 기후 분포를 나타낸 것이다. A~D 기후에 대한 설명으로 옳은 것은?

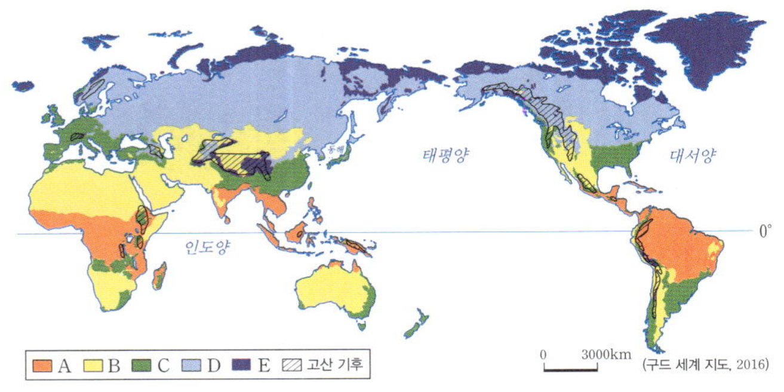

① A는 기온의 일교차가 연교차보다 작다.
② B는 사계절의 변화가 뚜렷하다.
③ C에서는 수많은 모래 언덕을 볼 수 있다.
④ D는 북반구보다 남반구에서 주로 나타난다.
⑤ A~D 중 연 강수량은 B가 가장 적다.

193

다음 자료는 지도의 (가) 지역에서 흔히 볼 수 있는 대규모 계단식 우물을 나타낸 것이다. 이 지역의 지리적 특색으로 옳은 것은?

우물의 물의 양이 많을 때는 조금만 내려가도 물을 길을 수 있지만, 물의 양이 적을 때는 수많은 계단을 오르내려야 하는 불편함이 있다.

① 우기와 건기가 뚜렷하다.
② 화산 폭발의 위험성이 크다.
③ 대하천의 하류 지역에 해당한다.
④ 연 강수량보다 연 증발량이 많다.
⑤ 기온의 일교차가 연교차보다 작다.

194

난이도 상

밑줄 친 '이 나라'를 지도의 A~E에서 고른 것은?

바오바브나무는 이 나라의 생태계를 유지하는 데 큰 역할을 할 뿐만 아니라 사람들의 생활에도 다양하게 활용된다. 바오바브나무의 꽃잎과 열매 그리고 줄기에 함유된 수분은 조류와 박쥐, 여우원숭이, 코끼리 등의 생명을 유지하는 데 도움을 준다. 이 나라 사람들은 바오바브나무의 껍질을 이용하여 지붕, 밧줄, 바구니 등과 같은 생활 도구를 만든다. 또한, 바오바브나무의 열매와 잎을 음식과 약의 재료로 쓰고 화장품을 만드는 데 이용한다. 바오바브나무는 워낙 크다 보니 나무줄기 가운데 큰 공간이 생기기도 하는데, 이 나라 사람들은 이 공간을 창고나 방으로 이용하기도 한다.

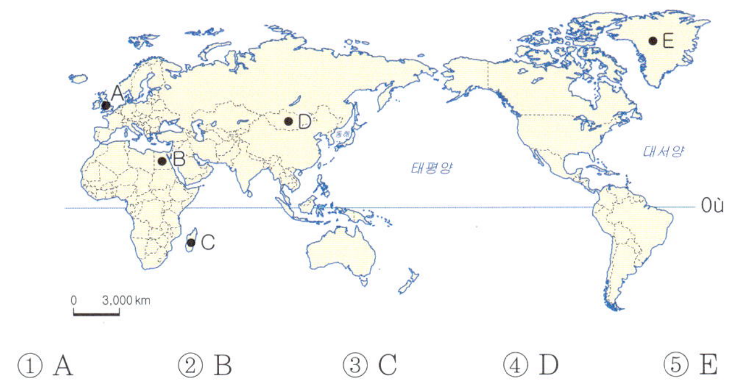

① A　　② B　　③ C　　④ D　　⑤ E

195

㉠~㉤과 관련된 설명으로 옳지 않은 것은?

저는 러시아 ㉠ 야말반도에 사는 꼴랴입니다. 우리 네네츠족은 ㉡ 을/를 유목하며, ㉢ (으)로부터 의식주를 얻는 삶을 살아왔습니다. 그런데 우리 삶에 변화가 생겼습니다. 최근 ㉢ (으)로 날이 따뜻해지고, 눈 대신 비가 오는 날이 많아졌습니다. 또한 ㉣ 툰드라 지역에 묻혀 있는 천연가스를 개발하기 위해 공장, 철도, 파이프라인 등이 계속 들어서면서 툰드라의 이끼가 훼손되고 강물이 오염되고 있습니다. 이에 따라 순록 개체 수가 줄어들고 순록을 유목하기 어려운 환경이 되자, 돈을 벌기 위해 ㉤ 도시로 떠나는 사람들도 많아졌습니다.

① ㉠은 북극해 연안에 위치한다.
② ㉡에는 '순록'이 들어갈 수 있다.
③ ㉢에는 '사막화'가 들어갈 수 있다.
④ ㉣은 가장 더운 달의 기온이 10℃ 이하이다.
⑤ ㉤의 도시는 야말반도보다 대체로 저위도에 위치한다.

196

(가), (나) 사진은 두 국가에서 촬영한 전통 가옥의 모습이다. 이에 대한 설명으로 옳은 것만을 보기 에서 고른 것은?

(가)	(나)

보기

ㄱ. (가)에서는 요리할 때 향신료를 많이 사용한다.
ㄴ. (나)에서는 올리브, 포도 등의 농작물을 주로 재배한다.
ㄷ. (가)는 (나)보다 사계절이 뚜렷하다.
ㄹ. (나)는 (가)보다 고위도에 위치한다.

① ㄱ, ㄴ　　　② ㄱ, ㄹ　　　③ ㄴ, ㄷ
④ ㄴ, ㄹ　　　⑤ ㄷ, ㄹ

197

(가), (나) 사진은 지도에 표시된 두 지역의 지형을 촬영한 것이다. 이에 대한 설명으로 옳은 것만을 보기 에서 고른 것은?

	(가)	(나)
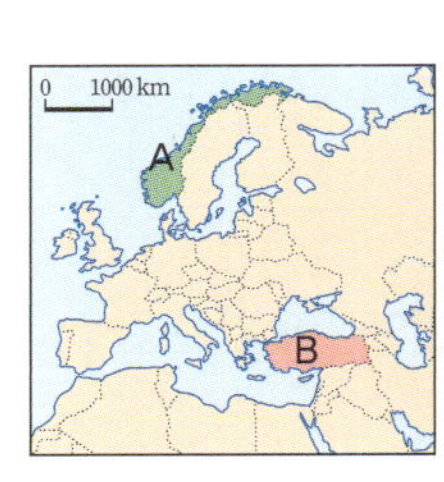		

보기

ㄱ. (가)는 리아스 해안에 해당한다.
ㄴ. (나)의 주된 기반암은 석회암이다.
ㄷ. (가)는 B, (나)는 A에 위치한다.
ㄹ. (가)와 (나)는 모두 관광 자원으로 활용된다.

① ㄱ, ㄴ　　　② ㄱ, ㄷ　　　③ ㄴ, ㄷ
④ ㄴ, ㄹ　　　⑤ ㄷ, ㄹ

198

(가) 작품의 배경이 된 지역과 비교하여 (나) 작품의 배경이 된 지역의 상대적 특성으로 옳은 것만을 보기 에서 고른 것은?

(가)	(나)

1871년 모네가 그린 「웨스트민스터 다리 밑 템스강」은 안개가 자주 끼는 영국 런던의 독특한 풍경을 생생하게 담아낸 작품이다.	1889년 고흐가 그린 「노란 하늘과 태양 아래의 올리브 나무들」은 여름철 뜨거운 햇살이 내리쬐는 프랑스 남부 지역의 모습을 잘 보여준다.

보기

ㄱ. 6~8월 강수량이 많다.
ㄴ. 포도와 오렌지 생산에 유리하다.
ㄷ. 가장 더운 달의 평균 기온이 높다.
ㄹ. 일 년 중 낮과 밤의 길이 차가 크다.

① ㄱ, ㄴ　　　② ㄱ, ㄷ　　　③ ㄴ, ㄷ
④ ㄴ, ㄹ　　　⑤ ㄷ, ㄹ

199

다음 자료는 세 지역의 기후 그래프를 나타낸 것이다. (가)~(다) 지역에 대한 설명으로 옳은 것은? (단, (가)~(다)는 각각 건조 기후, 열대 기후, 온대 기후 중 하나임.)

(가)	(나)	(다)
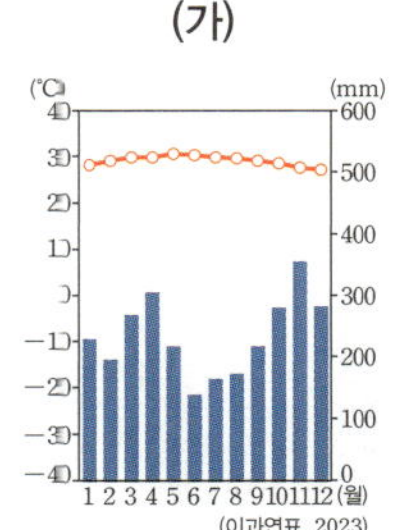	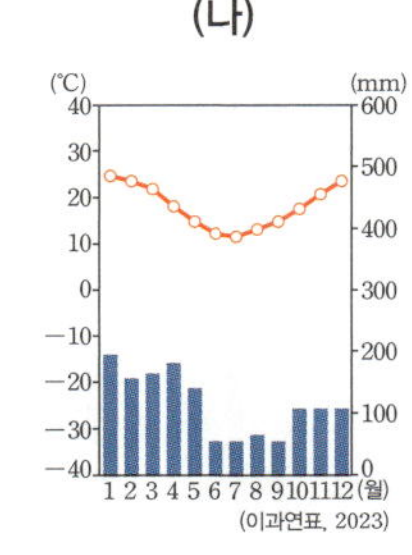	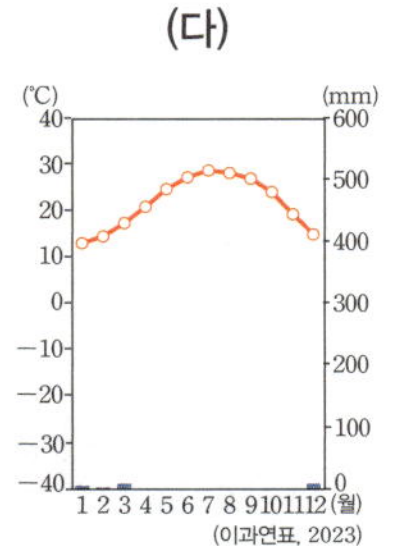

① (가)는 (나)보다 기온의 연교차가 크다.
② (나)는 (다)보다 계절 변화가 뚜렷하다.
③ (다)는 (가)보다 나무가 잘 자란다.
④ (나)는 북반구, (다)는 남반구에 위치한다.
⑤ (가)~(다) 중 연 강수량은 (나)가 가장 많다.

200

(가)에 그려 넣을 수 있는 이 지역의 전통 음식으로 가장 적절한 것은?

〈지면에서 띄운 송유관〉 〈두툼한 털옷을 입은 유목민〉 〈전통 음식〉

① 돼지고기로 만든 소시지
② 순록의 날고기를 말린 육포
③ 쌀로 지은 밥을 생선으로 감싼 스시
④ 옥수수 전병에 고기와 채소를 넣은 타코
⑤ 여러 채소에 올리브유와 레몬즙을 뿌린 샐러드

201

난이도 상

(가), (나)는 지도에 표시된 두 지역의 기후 그래프를 나타낸 것이다. 이에 대한 설명으로 옳은 것은?

(가) (나)

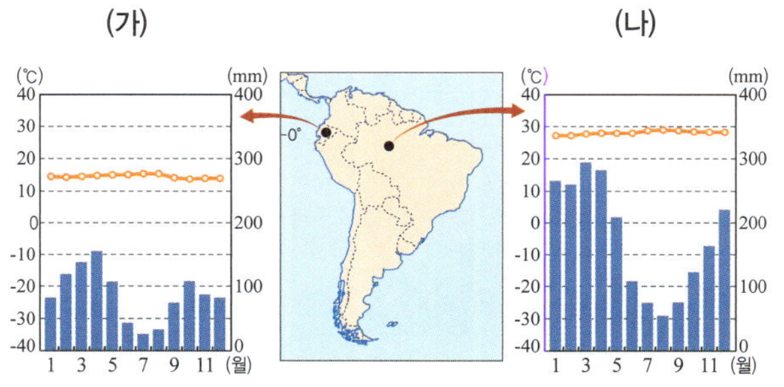

① (가)의 주민들은 고상 가옥에 주로 거주한다.
② (나)의 주민들은 라마와 알파카를 사육한다.
③ (가)는 (나)보다 인간 거주에 유리하다.
④ (가)는 (나)보다 스콜이 자주 내린다.
⑤ (가)와 (나)의 기후 차이는 위도 차이에서 비롯되었다.

202

다음은 자연재해 발생에 따른 안전 안내 문자를 나타낸 것이다. (가)~(라)에 대한 행동 요령으로 옳은 것만을 〈보기〉에서 고른 것은?

(가) (나) (다) (라)

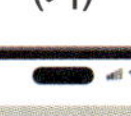

〈보기〉

ㄱ. (가)—건물 밖으로 나갈 때는 엘리베이터를 이용한다.
ㄴ. (나)—야외활동을 자제하고 물을 많이 마신다.
ㄷ. (다)—산사태가 발생하고 있는 사면의 고지대로 이동한다.
ㄹ. (라)—지하 주차장이나 지하차도에 들어가지 않는다.

① ㄱ, ㄴ ② ㄱ, ㄷ ③ ㄴ, ㄷ
④ ㄴ, ㄹ ⑤ ㄷ, ㄹ

203

다음 주장의 특징만을 〈보기〉에서 고른 것은?

• 아는 것이 힘이다. 자연이 인간에게 이롭도록 지식을 활용해야 한다. 방황하고 있는 자연을 사냥해서 노예로 만들어 인간의 이익에 봉사하도록 해야 한다.
• 우리는 자연의 주인이자 소유자가 될 수 있다. 인간은 정신을 소유한 존엄한 존재이지만, 자연은 의식이 없는 물질이다.

〈보기〉

ㄱ. 인간을 자연과 구분된 우월한 존재로 본다.
ㄴ. 인간과 자연 모두의 내재적 가치를 인정한다.
ㄷ. 자연을 인간의 풍요로운 삶을 위한 도구라도 본다.
ㄹ. 자연의 한 구성원으로서 인간을 이해해야 한다고 본다.

① ㄱ, ㄴ ② ㄱ, ㄷ ③ ㄴ, ㄷ
④ ㄴ, ㄹ ⑤ ㄷ, ㄹ

204

(가)에 들어갈 내용으로 가장 적절한 것은?

> 레오폴드의 대지 윤리는 생태계 전체를 하나의 유기체로 보고, 공동체의 범위를 확대하려는 입장이다. 이 입장에서 볼 때, ________________(가)________________

① 인간은 자연으로부터 독립된 존재이다.
② 자연은 그 자체로 본래적 가치를 지닌 존재가 아니다.
③ 인간은 자연의 관리자가 아닌 자연의 일부분일 뿐이다.
④ 인간의 안정과 유지를 위해 개별 구성원은 희생될 수 있다.
⑤ 인간 이외의 모든 존재는 인간의 행복을 위한 도구로 이용될 수 있다.

205

인간과 자연이 조화를 이루며 공존할 수 있는 정책 방향에 대한 설명으로 적절한 것만을 보기 에서 고른 것은?

보기

ㄱ. 생태계 복원보다는 경제 발전을 우선시해야 한다.
ㄴ. 자연의 한계를 고려한 지속 가능한 성장을 추구해야 한다.
ㄷ. 개발은 자원의 복원력을 넘어서지 않도록 진행되어야 한다.
ㄹ. 자연의 복원력을 넘어서더라도 경제 발전을 위한 개발을 해야 한다.

① ㄱ, ㄴ ② ㄱ, ㄷ ③ ㄴ, ㄷ
④ ㄴ, ㄹ ⑤ ㄷ, ㄹ

206

난이도 상

다음 자료에 나타난 환경 변화가 지속될 경우 우리나라에서 나타날 수 있는 변화로 옳은 것은?

> • 그린란드에서는 여름철 기온이 높아지면서 양배추, 상추, 감자 등을 재배할 수 있게 되었다. 그러나 개 썰매를 교통 수단으로 이용하고 얼음 낚시 등으로 생업을 이어가는 원주민에게는 큰 시련이 되고 있다.
> • 아프리카에 있는 킬리만자로산 정상부의 빙하가 줄어들면서 빙하를 농업 용수와 식수로 사용하던 지역 주민들이 큰 불편을 겪고 있다. 농업 용수가 부족해지면서 많은 농부가 생계 유지를 위해 도시로 떠나고 있다.

① 설악산의 단풍 드는 시기가 빨라진다.
② 스키장에서 인공 눈 의존도가 낮아진다.
③ 동해의 한류성 어족의 어획량이 늘어난다.
④ 중부 지역의 김장 담그는 시기가 빨라진다.
⑤ 사과 재배의 적합 지역이 북쪽으로 이동한다.

207

다음 자료에 나타난 기업과 재킷에 대한 설명으로 옳은 것만을 보기 에서 있는 대로 고른 것은?

> 의류를 주로 판매하는 ○○ 기업은 '이 재킷을 사지마라'라는 광고를 선보인 후 매출이 40 % 상승하는 효과를 거두었다. 이 기업이 생산하는 옷의 약 50 %는 재생 소재이며 앞으로 100 %까지 끌어올릴 계획이다. 이 기업의 대표 모델인 재킷은 버려진 페트병에서 얻은 원단으로 만든다.

보기

ㄱ. 재킷의 소재는 천연 섬유만으로 이루어져 있다.
ㄴ. 재킷을 구입함으로써 해양 쓰레기를 줄일 수 있다.
ㄷ. 기업은 기업의 이익과 더불어 환경 보전을 추구하고 있다.
ㄹ. '이 재킷을 사지마라.'라는 광고 문구를 통해 자원 절약을 강조하고 있다.

① ㄱ, ㄴ ② ㄱ, ㄹ ③ ㄷ, ㄹ
④ ㄱ, ㄴ, ㄷ ⑤ ㄴ, ㄷ, ㄹ

208

난이도 **상**

지도의 A~C 지역에서 발생하는 환경 문제에 대한 설명으로 옳은 것은?

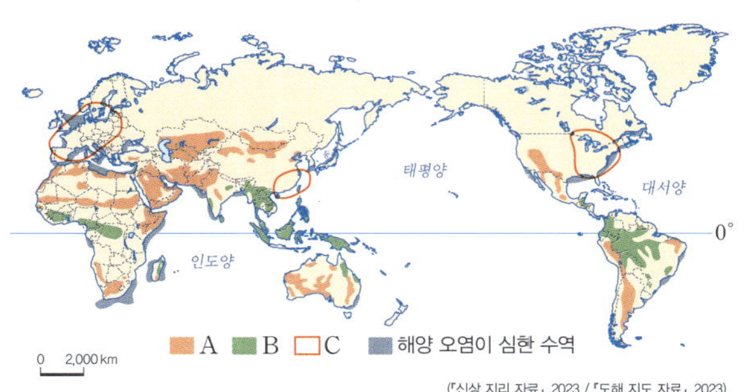

① A는 호수의 산성화나 건축물 부식을 가져온다.
② B의 대표적인 사례 지역으로 아마존 분지가 있다.
③ C는 오존층 파괴 지역이다.
④ B는 C보다 산업이 발달한 지역에서 잘 발생한다.
⑤ A와 관련하여 런던 협약, C와 관련하여 몬트리올 의정서가 체결되었다.

209

(가)에 들어갈 내용으로 옳은 것만을 보기 에서 있는 대로 고른 것은?

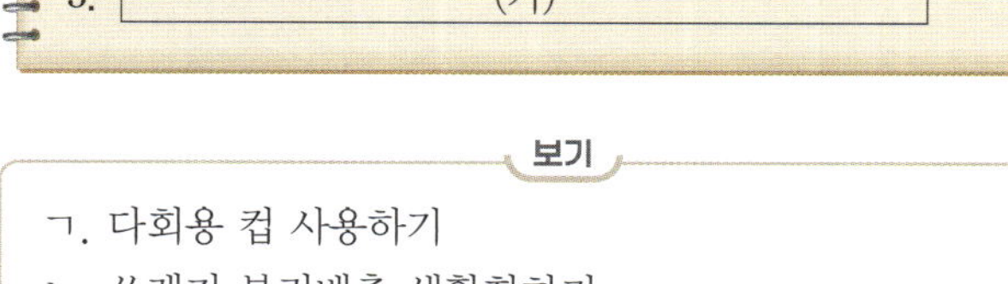

보기

ㄱ. 다회용 컵 사용하기
ㄴ. 쓰레기 분리배출 생활화하기
ㄷ. 푸드 마일리지가 긴 과일 먹기
ㄹ. 에어컨 사용 시 설정 온도 낮추기

① ㄱ, ㄴ   ② ㄱ, ㄹ   ③ ㄷ, ㄹ
④ ㄱ, ㄴ, ㄷ   ⑤ ㄴ, ㄷ, ㄹ

210

(가)~(다)에 들어갈 환경 문제의 해결 주체를 옳게 짝 지은 것은?

(가)	(나)	(다)
친환경 선박 등 첨단 기술을 활용하여 환경 친화적인 제품을 생산하는 것이 중요하다.	친환경적 표시가 된 제품을 우선적으로 구매하는 것이 환경 보호에 도움이 된다.	공해를 유발할 수 있는 신규 시설이나 건축물은 사전 평가와 심의를 거쳐야 한다.

	(가)	(나)	(다)
①	기업	정부	생태시민
②	기업	생태시민	정부
③	정부	기업	생태시민
④	정부	생태시민	기업
⑤	생태시민	기업	정부

211

다음은 유럽에서 체결된 주요 국제 환경 협약을 나타낸 것이다. (가)~(다)에 해당하는 협약의 명칭을 보기 에서 골라 옳게 짝 지은 것은?

(가) 폐기물의 해양 투기를 방지한다.
(나) 유해 폐기물의 국가 간 이동과 교역을 규제한다.
(다) 선진국과 개발 도상국 모두에 온실 기체 감축 의무를 부여한다.

보기

ㄱ. 런던 협약
ㄴ. 바젤 협약
ㄷ. 파리 협정

	(가)	(나)	(다)
①	ㄱ	ㄴ	ㄷ
②	ㄱ	ㄷ	ㄴ
③	ㄴ	ㄱ	ㄷ
④	ㄴ	ㄷ	ㄱ
⑤	ㄷ	ㄱ	ㄴ

212

다음 글을 읽고 물음에 답하시오.

▲ 국기의 모습

▲ 유르트의 내부 모습

중앙아시아에 위치한 키르기스스탄의 전통 가옥은 이동식 가옥인 유르트이다. 키르기스스탄 국기의 정중앙에 그려진 네 개의 줄이 서로 교차하는 모습은 유르트의 환기 구멍을 형상화한 것이다.

(1) 키르기스스탄에서 나타나는 주된 기후를 쓰시오.

( )

(2) 키르기스스탄에서 이동식 가옥이 발달한 까닭을 서술하시오.

213

난이도 상

다음 글을 읽고 물음에 답하시오.

열대 우림 지역에서 이루어지는 전통적 농업 방식으로, 숲을 벌목한 뒤 불로 태워 생긴 재를 비료로 삼아 일시적으로 작물을 재배하고, 토양의 비옥도가 감소하면 새로운 지역으로 이동해 다시 숲을 개간하여 농사를 짓는다.

(1) 위 글에 해당하는 농업의 명칭을 쓰시오.

( )

(2) (1)과 같은 농업의 문제점을 자료를 토대로 생태중심주의 관점에서 서술하시오.

214

다음 자료를 보고 물음에 답하시오.

긴급 재난 문자
[행정안전부] ○월 ○일 15시 00분 (가) 경보 발령
'강한 바람과 집중 호우가 예상되오니, 해안 지대 접근 금지, 선박 대피 및 결박, 부착물 고정 등을 통해 시설물 피해가 없도록 주의하시기 바랍니다.'

[△△고등학교] (가) 경보 발령에 따른 안전 수칙 안내
• 저지대나 상습 침수 지역은 우회하여 안전한 길로 보행하세요.
• 호우로 인한 물 웅덩이나 간판 등의 낙하물에 주의하세요.

(1) (가)에 들어갈 자연재해의 이름을 쓰시오.

( )

(2) 긴급 재난 문자의 '해안 지대 접근 금지'의 까닭을 쓰시오.

215

다음 자료를 보고 물음에 답하시오.

(1) 자료에 나타난 환경 문제의 이름을 쓰시오.

( )

(2) 자료에 나타난 환경 문제를 완화하기 위한 생태시민으로서의 역할을 '단거리 이동'과 '장거리 이동'의 측면에서 서술하시오.

문화와 다양성

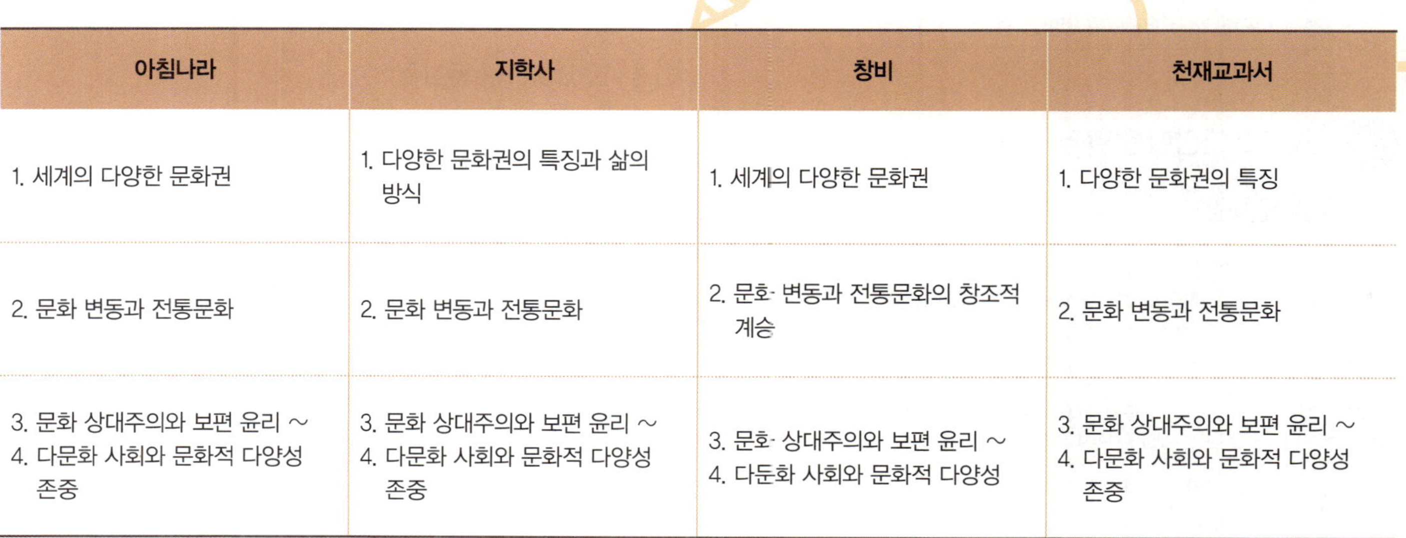

아침나라	지학사	창비	천재교과서
1. 세계의 다양한 문화권	1. 다양한 문화권의 특징과 삶의 방식	1. 세계의 다양한 문화권	1. 다양한 문화권의 특징
2. 문화 변동과 전통문화	2. 문화 변동과 전통문화	2. 문호· 변동과 전통문화의 창조적 계승	2. 문화 변동과 전통문화
3. 문화 상대주의와 보편 윤리 ∼ 4. 다문화 사회와 문화적 다양성 존중	3. 문화 상대주의와 보편 윤리 ∼ 4. 다문화 사회와 문화적 다양성 존중	3. 문호· 상대주의와 보편 윤리 ∼ 4. 다둔화 사회와 문화적 다양성	3. 문화 상대주의와 보편 윤리 ∼ 4. 다문화 사회와 문화적 다양성 존중

04 다양한 문화권의 특징과 삶의 방식

1 문화권의 의미와 문화권 형성 요인

1 문화와 문화권

문화	인간이 환경과 상호 작용하면서 형성된 의식주, 언어, 종교, 풍습 등의 생활 양식
문화권	• 문화적 특성이 비교적 넓은 지표 공간에 걸쳐 유사하게 나타나는 범위 • 주로 산맥·하천 등의 지형에 의해 경계가 정해지고, 문화권마다 경계에 점이 지대가 존재함 • 문화권 내에서는 비슷한 생활 양식과 문화 경관이 나타남

2 문화권 형성에 영향을 주는 요인

★(1) **자연환경**: 기후, 지형 등은 의복, 음식, 주거 형태에 영향을 줌.

의복	• 열대 기후 지역: 통풍이 잘되는 옷 • 건조 기후 지역: 얇은 천으로 만든 온몸을 감싸는 옷 • 한대 기후 지역: 동물의 털이나 가죽으로 만든 두꺼운 옷
음식	• 고온 다습한 아시아 계절풍 기후 지역: 쌀이 주식 • 건조 기후 지역과 유럽: 빵과 고기가 주식 • 남아메리카 고산 지역: 감자와 옥수수가 주식
주거 자료❶	• 열대 기후 지역: 경사가 급한 지붕, 고상 가옥 • 건조 기후 지역: 평평한 지붕, 흙집 • 냉대 기후 지역: 통나무집

★(2) **인문환경**
- 종교, 산업 등의 인문환경이 문화권 형성에 영향을 줌
- 눈에 보이지 않는 사람들의 의식과 가치관 등에도 영향을 줌

종교 자료❷	• 이슬람교 문화권: 모스크, 돼지고기 금기 • 힌두교 문화권: 소고기를 먹지 않음 • 크리스트교 문화권: 십자가를 세운 성당과 교회 • 불교 문화권: 사원과 불상, 탑
산업	주민들의 경제 활동에 영향을 줌

2 세계의 다양한 문화권 자료❸

1 유럽 문화권

북서 유럽	• 게르만족과 개신교의 비율이 높음 • 서안 해양성 기후를 바탕으로 혼합 농업과 낙농업 발달 • 산업 혁명의 발상지로 경제 발전 수준이 높음
남부 유럽	• 라틴족과 가톨릭교의 비율이 높음 • 지중해성 기후를 바탕으로 수목 농업 발달 • 문화 유적이 많으며 기후가 맑고 쾌청하여 관광 산업 발달
동부 유럽	• 슬라브족과 그리스 정교의 비율이 높음 • 상대적으로 농업에 종사하는 비율이 높음

2 건조 문화권

분포	북부 아프리카, 서남아시아, 중앙아시아의 건조 기후 지역
특징	• 대부분 이슬람교 신봉, 아랍어 사용 비율이 높음 • 전통적으로 유목과 오아시스 농업 발달 • 석유 자원의 개발 과정에서 정착 생활로 변화 및 국제적 분쟁 증가

3 아프리카 문화권

분포	사하라 사막 이남의 중·남부 아프리카
특징	• 대부분 열대 기후가 나타남 • 토속 종교의 영향으로 부족 중심 생활 • 유럽의 식민 지배 영향 → 종족과 국경의 불일치, 잦은 분쟁 발생 • 이동식 화전 농업, 플랜테이션 농업 발달

4 아메리카 문화권 자료❹

앵글로 아메리카	• 북서 유럽의 식민 지배 영향 → 주로 영어 사용, 개신교 비율 높음 • 세계 경제의 중심지 역할, 세계적인 농산물 수출 지역
라틴 아메리카	• 남부 유럽의 식민 지배 영향 → 주로 에스파냐어와 포르투갈어(브라질) 사용, 가톨릭교 비율 높음 • 다양한 문화와 혼혈 인종(민족) 공존

5 동양 문화권

동부 아시아	유교 및 불교 문화 발달, 젓가락과 한자 사용
동남 아시아	• 세계적인 벼농사 지역, 플랜테이션 농업 발달 • 전통문화와 외래문화 공존(불교, 이슬람교, 크리스트교)
남부 아시아	• 잦은 외세의 영향으로 다양한 민족, 언어, 종교 분포 • 힌두교를 중심으로 이슬람교, 불교, 토착 종교 등이 분포

6 오세아니아 문화권

분포	오스트레일리아, 뉴질랜드, 태평양 제도를 포함한 지역
특징	• 유럽 문화 전파 → 영어 사용, 개신교 비율 높음 • 원주민(오스트레일리아의 애버리지니, 뉴질랜드의 마오리족)의 토착 문화 소멸 위기 • 상업적 농목업 발달 • 인구가 적고 청정한 환경이 보존되어 있어 관광 산업 발달

7 북극 문화권

- 한대 기후가 나타나며, 전통적으로 순록 유목 및 수렵·어로 활동에 종사
- 최근 현대 문명의 전파로 전통적 생활 양식이 사라지고 있음

다음 자료에 대한 설명이 옳으면 ○표, 틀리면 ✕표를 하시오.

자료 ❶ 자연환경과 문화권
비상, 지학사

(가)　　　　　　(나)

216 (가)는 주로 건조 문화권에서 볼 수 있는 가옥이다.　○/✕

217 (나)는 인문환경의 영향으로 나타난 문화 경관이다.　○/✕

218 (가), (나) 모두 벼농사가 활발한 지역에서 나타난다.　○/✕

219 (가), (나)의 전통 가옥 형태가 다르게 나타나는 것은 지역마다 자연환경이 다르기 때문이다.　○/✕

자료 ❷ 종교에 따른 문화권 구분
동아, 비상, 아침나라, 지학사, 창비, 천재

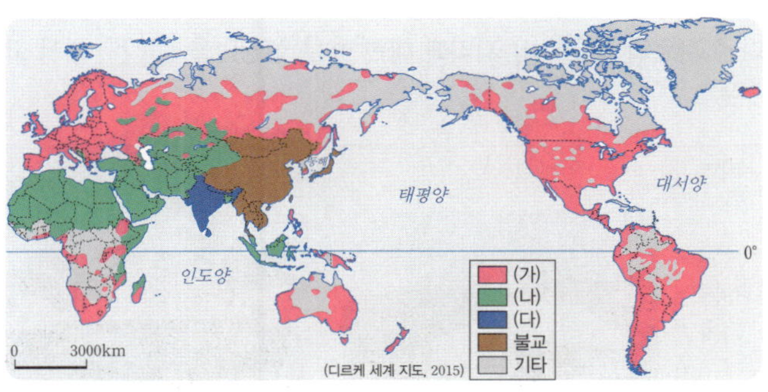

220 (가)를 믿는 신도는 주로 성당이나 교회에서 예배를 드린다.　○/✕

221 (나) 문화권에서는 소를 신성시하여 소고기를 먹지 않는다.　○/✕

222 (다) 문화권에서는 불상과 탑 등의 경관을 볼 수 있다.　○/✕

223 (가)는 크리스트교, (나)는 이슬람교, (다)는 힌두교에 해당한다.　○/✕

자료 ❸ 세계의 다양한 문화권
동아, 리베르, 미래엔, 비상, 아침나라, 지학사, 창비, 천재

224 유럽 문화권은 이슬람교의 비율이 높고, 유목과 오아시스 농업이 발달하였다.　○/✕

225 건조 문화권은 세계적인 벼농사 지역이며, 불교의 비율이 높다.　○/✕

226 아프리카 문화 지역은 유럽 식민 지배의 영향으로 종족과 국경이 일치하지 않는 경우가 많다.　○/✕

227 동부 아시아 문화권은 유교와 불교 문화, 한자와 젓가락 사용의 공통점이 나타난다.　○/✕

자료 ❹ 아메리카 문화권
동아, 리베르, 미래엔, 비상, 아침나라, 지학사, 창비, 천재

> 세계의 문화권은 자연환경과 인문환경을 고려하여 크게 아메리카 문화권, 동양 문화권, 유럽 문화권, 건조 문화권, 아프리카 문화권, 아메리카 문화권, 오세아니아 문화권, 북극 문화권으로 구분할 수 있다. 이 중 아메리카 문화권은 유럽인이 진출하면서 이들의 언어와 종교 등이 전파되었으며, 리오그란데강의 이북 지역을 　(가)　, 이남 지역을 　(나)　으로 구분할 수 있다.

228 (가)는 라틴 아메리카, (나)는 앵글로아메리카 문화권이다.　○/✕

229 (가) 문화권은 영국의 식민 지배로 주로 영어를 사용하고, 개신교의 비율이 높다.　○/✕

230 (나) 문화권은 다양한 혼혈 인종이 공존하고 가톨릭교의 비율이 높다.　○/✕

231 (나) 문화권은 (가) 문화권보다 언어와 종교가 다양하게 나타난다.　○/✕

문화권의 형성 요인

232

문화권에 대한 옳은 설명만을 〈보기〉에서 고른 것은?

보기

ㄱ. 문화권의 범위와 국가의 경계는 일치한다.
ㄴ. 기후, 지형, 토양 등 자연환경의 영향을 받아 형성된다.
ㄷ. 언어와 종교는 문화권을 형성하는 인문 환경에 해당한다.
ㄹ. 한 문화권 내에서는 민족과 언어의 분포가 동일하게 나타난다.

① ㄱ, ㄴ ② ㄱ, ㄷ ③ ㄴ, ㄷ
④ ㄴ, ㄹ ⑤ ㄷ, ㄹ

233

밑줄 친 ㉠~㉤ 중 옳지 <u>않은</u> 것은?

㉠ 문화는 사회 구성원들이 공유하고 있는 사회 전반의 생활 양식을 의미하며, 의복, 주식, 가옥 등 유형적인 요소와 언어, 종교, 풍습 등 무형적인 요소로 구성된다. 세계에는 다양한 문화가 존재하는데, ㉡ 문화적 특성이 비교적 넓은 지표 공간에 걸쳐 유사하게 나타나는 범위를 문화권이라고 한다. ㉢ 문화권은 기후, 지형과 같은 자연환경과 종교, 산업과 같은 인문 환경의 영향을 받아 형성된다. 각각의 문화권에서는 유사한 특징과 삶의 방식이 나타나지만, 다른 한편으로는 ㉣ 같은 문화권 내에서 여러 가지 삶의 방식이 존재하기도 한다. 한편, ㉤ 문화권은 고정된 것으로 과거와 현재의 문화권은 동일하게 나타난다.

① ㉠ ② ㉡ ③ ㉢ ④ ㉣ ⑤ ㉤

다양한 문화권의 특징

234

다음 글의 (가), A, B에 들어갈 용어를 옳게 짝 지은 것은?

여러 가지 요인에 의해 지역마다 생활 양식이 다르게 나타난다. 생활 양식에 영향을 주는 여러 요인 중에는 [(가)]이/가 있다. 예를 들어 [A] 지역은 일 년 내내 기온이 높고 비가 많이 와서 주민들은 가볍고 얇은 옷차림을 하지만, [B] 지역은 기온이 높아도 습하지 않아 주민들은 긴 옷을 입어 햇빛과 모래바람으로부터 몸을 보호한다.

	(가)	A	B
①	기후	건조	열대 우림
②	기후	열대 우림	건조
③	지형	산지	해안
④	지형	해안	산지
⑤	산업	유목 문화	농경 문화

235

다음 자료의 (가), (나) 지역에 대한 옳은 설명만을 보기 에서 고른 것은?

지역	(가)	(나)
전통 가옥		

보기

ㄱ. (가)의 주민들은 쌀을 주식으로 먹는다.
ㄴ. (나)의 주민들은 통풍이 잘되는 얇은 옷을 입는다.
ㄷ. (가)는 (나)보다 연 강수량이 많다.
ㄹ. (가)는 (나)보다 유목 생활을 하는 주민들의 비율이 높다.

① ㄱ, ㄴ ② ㄱ, ㄷ ③ ㄴ, ㄷ
④ ㄴ, ㄹ ⑤ ㄷ, ㄹ

236

(가)~(다)에 해당하는 종교를 옳게 짝 지은 것은?

	(가)	(나)	(다)
①	불교	힌두교	이슬람교
②	힌두교	불교	이슬람교
③	힌두교	이슬람교	불교
④	이슬람교	불교	힌두교
⑤	이슬람교	힌두교	불교

⭐고빈출
237

(가), (나)와 같은 경관이 나타나는 종교를 지도의 A~D에서 골라 옳게 짝 지은 것은?

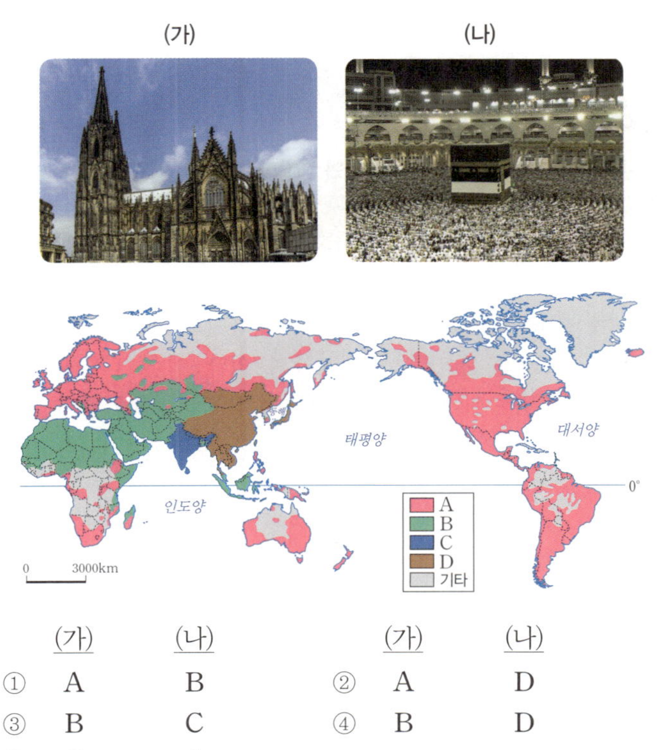

	(가)	(나)		(가)	(나)
①	A	B	②	A	D
③	B	C	④	B	D
⑤	C	A			

238

다음 글의 사례로 옳지 <u>않은</u> 것은?

> 인간에게 필요한 물건을 만들어 내거나 생활에 필요한 서비스를 제공하는 모든 활동을 산업이라고 한다. 즉, 산업은 인간 생활의 기반이 되는 경제 활동과 관련이 있는 것이라고 할 수 있다. 따라서 어떤 산업이 발달하였는지, 산업의 발달 수준이 어느 정도인지에 따라 주민들의 생활 방식이나 경관이 달라지기 때문에 산업도 문화권을 구분하는 기준이 될 수 있다.

① 농경이 발달한 문화권에서는 협동 노동의 필요성이 크다.
② 상공업이 발달한 문화권에서는 출퇴근 문화가 형성되었다.
③ 상공업이 중심을 이루는 문화권은 건물의 밀집도가 대체로 낮은 편이다.
④ 유목이 중심을 이루는 문화권에서는 의식주의 재료 대부분을 가축으로부터 얻는다.
⑤ 농경이 발달한 문화권은 유목이 발달한 문화권보다 대체로 공동체 문화가 발달하였다.

239

다음은 교사와 학생의 대화 내용이다. (가), (나)에 해당하는 문화권을 옳게 짝 지은 것은?

> 교사: ☐(가)☐ 문화권은 리오그란데강 이북 지역으로, 미국과 캐나다가 대표적인 국가입니다. 영국의 식민 지배로 주로 영어를 사용하고, 개신교의 비율이 높습니다. 이 문화권은 어떤 문화권일까요?
>
> 갑: 이 문화권은 ☐(가)☐ 문화권입니다.
>
> 교사: ☐(나)☐ 문화권은 북부 아프리카와 서남아시아 지역이 해당됩니다. 이 문화권에서는 오아시스 농업이 발달하였고, 주민들은 주로 아랍어를 사용합니다. 이 문화권은 어떤 문화권일까요?
>
> 을: 이 문화권은 ☐(나)☐ 문화권입니다.

	(가)	(나)
①	오세아니아	건조
②	라틴 아메리카	건조
③	라틴 아메리카	앵글로아메리카
④	앵글로아메리카	건조
⑤	앵글로아메리카	라틴 아메리카

240

다음 자료는 학생의 수행 평가 과제물 중 일부이다. (가)에 해당하는 부족만을 [보기]에서 고른 것은?

〈○○ 문화권의 특징〉

1. 분포 지역: 북극해 연안의 한대 기후 지역
2. 원주민: (가)
3. 전통적인 생활 모습: 사냥 · 어로 활동, 순록 유목 등

4. 최근의 변화: 현대 문명의 전파로 전통적인 생활 양식이 사라지는 추세에 있음

보기

ㄱ. 라프족　　　　　　　ㄴ. 마오리족
ㄷ. 이누이트　　　　　　ㄹ. 애버리지니(아보리진)

① ㄱ, ㄴ　　　② ㄱ, ㄷ　　　③ ㄴ, ㄷ
④ ㄴ, ㄹ　　　⑤ ㄷ, ㄹ

241

다음 자료의 (가), (나) 종교에 대한 설명으로 옳은 것은?

(가)　　　　　　　(나)

수양을 통해 깨달음을 얻는 것을 중시하며, 이른 아침에 승려에게 음식을 공양하기도 한다.

쿠란의 가르침에 따라 돼지 고기와 술을 먹지 않으며, 하루에 다섯 번씩 메카를 향해 기도한다.

① (가)의 여성들은 차도르, 히잡 등을 착용한다.
② (나)는 유일신교이다.
③ (가)는 (나)보다 세계 신자 수가 많다.
④ (나)는 (가)보다 발생 시기가 이르다.
⑤ (가)와 (나) 모두 남부 아시아에서 기원하였다.

242

다음 사진과 같은 경관이 나타나는 문화권으로 옳은 것은?

① 건조 문화권
② 남부 유럽 문화권
③ 북서 유럽 문화권
④ 오세아니아 문화권
⑤ 라틴 아메리카 문화권

243

다음 글의 (가)에 해당하는 언어와 (나)에 해당하는 종교를 옳게 짝 지은 것은?

아메리카 문화권은 유럽인이 진출하면서 이들의 언어와 종교가 전파되었고, 앵글로아메리카 문화권과 라틴 아메리카 문화권의 하위 문화권으로 구분할 수 있다. 이 중 라틴 아메리카 문화권은 과거 남부 유럽의 식민 지배 영향으로 주민 중 많은 수가 (가) 와 포르투갈어를 사용하고, (나) 의 비율이 높다.

	(가)	(나)
①	영어	개신교
②	영어	가톨릭교
③	에스파냐어	개신교
④	에스파냐어	가톨릭교
⑤	에스파냐어	그리스 정교

[244~245] 다음 지도는 세계의 문화권을 나타낸 것이다. 이를 보고 물음에 답하시오.

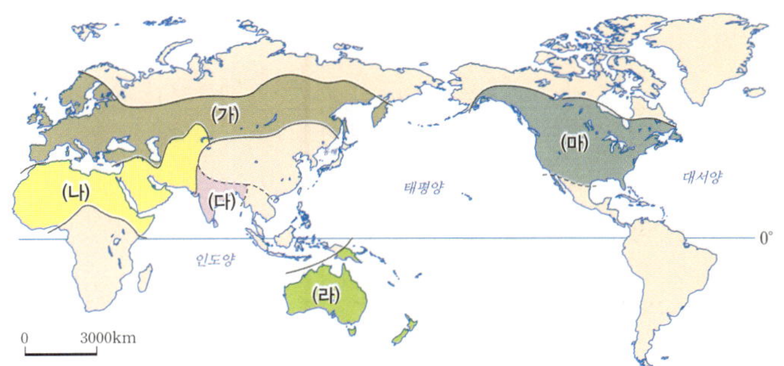

244

(가)~(마) 문화권에 대한 설명으로 옳은 것은?

① (가) - 크리스트교의 영향을 많이 받았다.
② (나) - 쇠고기를 먹지 않는 주민들이 대부분이다.
③ (다) - 토속 종교의 영향으로 부족 중심의 생활이 이루어진다.
④ (라) - 플랜테이션 농업이 대규모로 이루어진다.
⑤ (마) - 에스파냐어를 사용하는 주민들의 비율이 가장 높다.

245

다음과 같은 특징이 나타나는 문화권을 지도의 (가)~(마)에서 고른 것은?

- 여성들은 천으로 얼굴과 몸 등을 가리고 생활한다.
- 주민들 중 대부분이 하루에 다섯 번씩 사우디아라비아의 메카를 향해 기도한다.

① (가)　　② (나)　　③ (다)　　④ (라)　　⑤ (마)

[246~247] 다음 지도는 세계의 문화권을 나타낸 것이다. 이를 보고 물음에 답하시오.

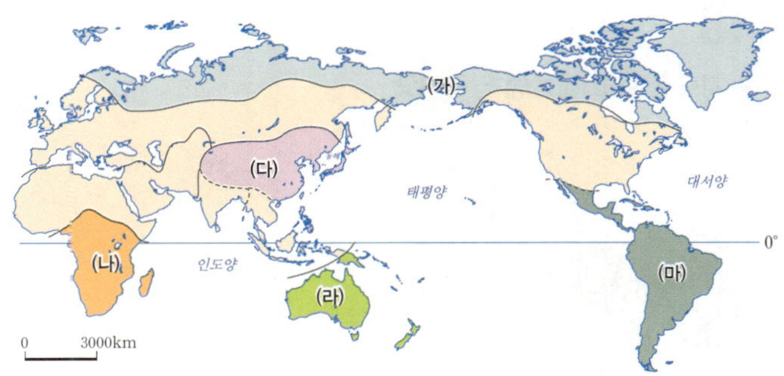

246

A, B에 해당하는 문화권을 지도의 (가)~(마)에서 골라 옳게 짝 지은 것은?

A: 사하라 사막 이남 지역으로, 다양한 부족이 분포한다. 부족 단위의 공동체 문화와 토속 신앙이 발달하였으며, 일부 지역에서는 원시 농업과 수렵, 채집 생활이 이루어지기도 한다.

B: 지리적으로 다른 대륙들과 떨어진 문화권으로 유럽 문화가 전파된 지역이다. 백인이 주민의 다수를 차지하고 있으며, 문화 전파로 인해 원주민 문화가 소멸할 위기에 처해 있다.

	A	B		A	B
①	(가)	(라)	②	(가)	(마)
③	(나)	(다)	④	(나)	(라)
⑤	(다)	(마)			

247

(가)~(마) 문화권에 대한 옳은 설명만을 **보기**에서 고른 것은?

보기

ㄱ. (가)에서는 이동식 화전 농업이 발달하였다.
ㄴ. (나)의 일부 지역에서는 플랜테이션이 발달하였다.
ㄷ. (다)에서는 힌두교의 영향으로 쇠고기를 먹지 않는다.
ㄹ. (마)는 (라)보다 가톨릭교를 믿는 주민들의 비율이 높다.

① ㄱ, ㄴ　　　② ㄱ, ㄷ　　　③ ㄴ, ㄷ
④ ㄴ, ㄹ　　　⑤ ㄷ, ㄹ

서술형 문제

248

다음 지도를 보고 물음에 답하시오.

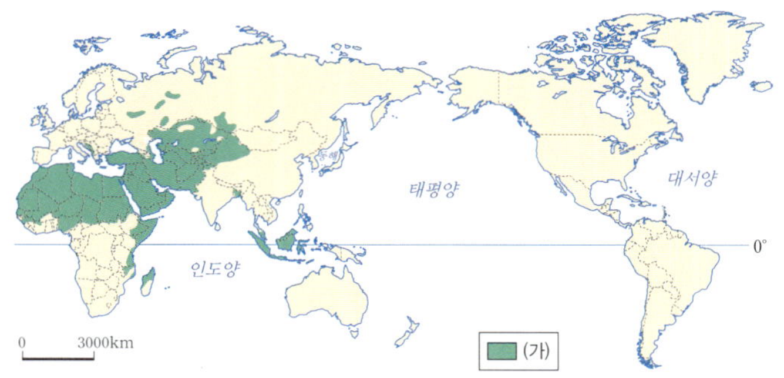

(1) (가) 종교는 무엇인지 쓰시오.

(   )

(2) (가) 종교의 음식 문화에 대해 서술하시오.

249

다음 지도의 A, B 문화권에서 벼농사가 발달한 이유를 기후 측면에서 서술하시오.

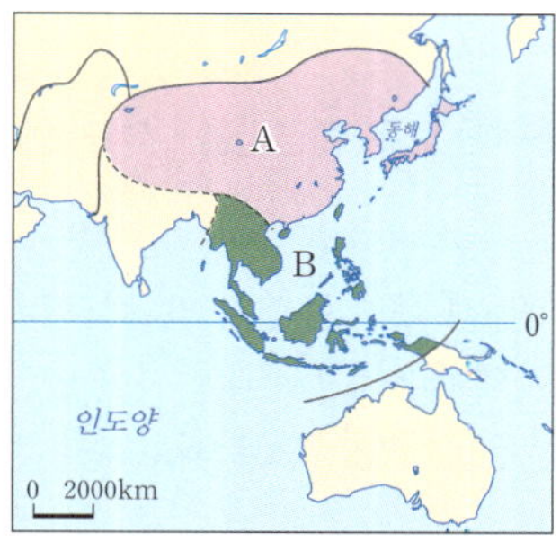

250

다음 자료를 보고 물음에 답하시오.

	(가) 의 특징
기후 환경	툰드라 지대에 해당하며 한대 기후가 나타남
인문환경	• 네네츠족, 이누이트, 라프족 등이 거주함 → 전통적으로 (나) • 최근 전통적 생활 양식이 사라지고 있음

(1) (가)에 들어갈 문화권의 명칭을 쓰시오.

(   )

(2) (나) 들어갈 내용을 서술하시오.

251

다음 자료를 보고 물음에 답하시오.

이 국가는 다양한 부족으로 이루어져 있으며, 우표에는 각 부족의 독특한 전통 의상이 담겨 있다.

(1) 우표가 발행된 국가가 속하는 문화권의 이름을 쓰시오.

(   )

(2) (1)에서 답한 문화권의 농목업 특성을 설명하시오.

STEP 3 수능 유형 문제로 만점 도전하기

문화권의 형성 요인

고빈출
252

다음 자료는 두 지역의 종교 경관을 나타낸 것이다. (가)~(다)에 대한 설명으로 옳은 것은?

| (가) 신자들이 십자가 앞에 모여 찬송가를 부르며 미사를 드리는 모습 | (나) 신자들이 영혼을 정화하기 위해 (다) 에서 목욕하는 모습 |

① (가)의 신자들은 소고기를 금기시한다.
② (나)는 세계에서 신자 수가 가장 많은 보편 종교이다.
③ (다)에는 '인더스강'이 들어갈 수 있다.
④ (가)는 (나)보다 아메리카 문화권에서 신자 수가 많다.
⑤ (나)는 (가)보다 신봉하는 신의 수가 적다.

253

(가), (나)와 관련이 깊은 국가가 속한 문화권을 지도의 A~C에서 골라 옳게 짝 지은 것은?

| (가) | (나) |
| 우리나라는 밀농사가 잘되고, 지중해에서 난 신선한 해산물과 올리브유로 맛있는 요리를 만들 수 있습니다. | 옥수수의 원산지는 우리나라예요. 옥수숫가루로 반죽한 토르티야에 여러 가지 재료를 넣으면 맛있는 요리가 탄생합니다. |

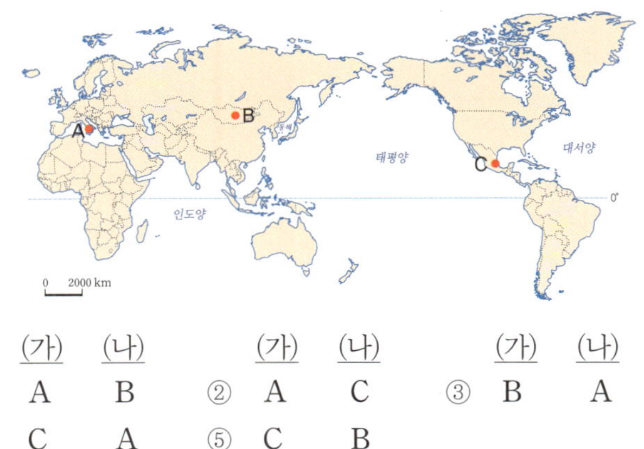

	(가)	(나)		(가)	(나)		(가)	(나)
①	A	B	②	A	C	③	B	A
④	C	A	⑤	C	B			

다양한 문화권의 특징

254

다음 글의 (가), (나)에 대한 설명으로 옳지 <u>않은</u> 것은?

(가) (이)란 한 사회의 구성원이 만들어 낸 공통의 생활 양식을 말하며, ㉠ 의복, 주식 등의 요소와 ㉡ 언어, 종교 등의 요소로 구성된다. 한편, (가) 의 성격이 비교적 (나) 지표 공간에 걸쳐 유사하게 나타나는 범위를 문화권이라고 하는데, ㉢ 자연환경과 ㉣ 인문 환경의 영향을 받아 형성된다.

① (가)에는 '문화'가 들어갈 수 있다.
② (나)에는 '좁은'이 들어갈 수 있다.
③ ㉠은 (가)의 유형적인 요소이다.
④ ㉡은 (가)의 무형적인 요소이다.
⑤ 기후와 지형은 ㉢의 사례, 언어와 산업은 ㉣의 사례이다.

255

난이도 **상**

다음 지도는 중국의 자연환경을 나타낸 것이다. 이를 통해 추론한 (가)~(다) 지역의 주식을 사진에서 골라 옳게 짝 지은 것은?

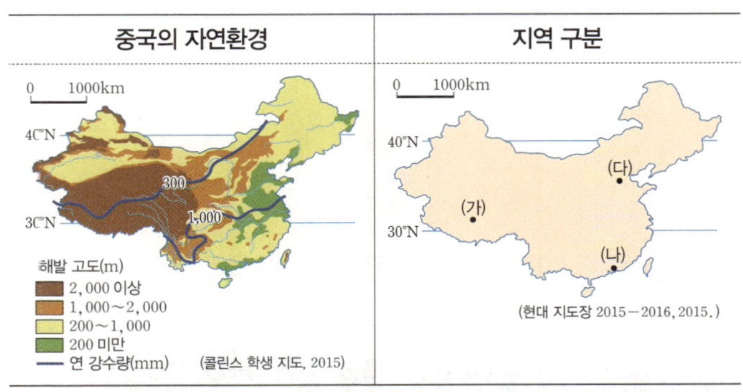

	(가)	(나)	(다)
①	중국식 만두	해산물 볶음밥	말린 야크 고기
②	중국식 만두	말린 야크 고기	해산물 볶음밥
③	해산물 볶음밥	중국식 만두	말린 야크 고기
④	말린 야크 고기	중국식 만두	해산물 볶음밥
⑤	말린 야크 고기	해산물 볶음밥	중국식 만두

256

다음은 통합사회 수업 장면이다. 교사의 질문에 옳게 답한 학생만을 고른 것은?

① 갑, 을   ② 갑, 병   ③ 을, 병
④ 을, 정   ⑤ 병, 정

257

다음과 같은 경관이 나타나는 문화권에 대한 옳은 설명만을 보기 에서 고른 것은?

보기

ㄱ. 작물 재배에 불리한 환경이 나타난다.

ㄴ. 작물의 생장과 수확에 따라 생활의 리듬이 생겨났다.

ㄷ. 계절에 따라 일정한 지역을 오가며 이동 생활을 한다.

ㄹ. 생산 활동을 하는 곳과 주거지가 분리되어 출퇴근 문화가 형성되었다.

① ㄱ, ㄴ   ② ㄱ, ㄷ   ③ ㄴ, ㄷ
④ ㄴ, ㄹ   ⑤ ㄷ, ㄹ

258

(가)에 들어갈 내용으로 옳은 것은?

문화권은 일반적으로 기후, 민족, 언어, 종교 등을 기준으로 구분할 수 있다. 하지만 일반적인 기준 외에도 음식을 기준으로도 구분할 수 있다. 다음 지도는 (가) 의 소비 지역과 기피 지역으로 문화권을 구분한 것이다.

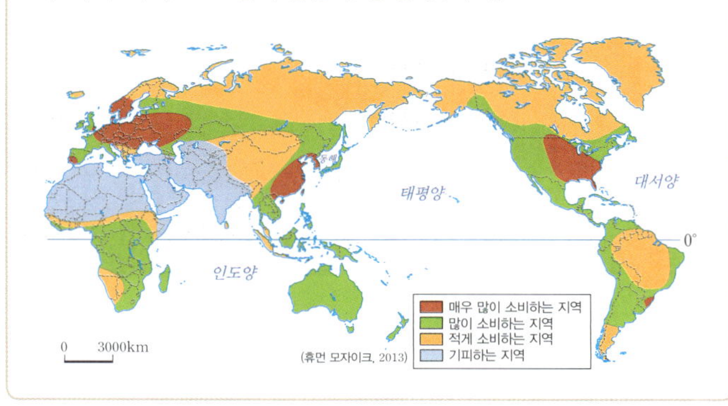

① 밀   ② 쌀   ③ 닭고기
④ 양고기   ⑤ 돼지고기

259

다음 국기와 관련 있는 네 국가의 문화적 공통점으로 옳은 것만을 보기 에서 고른 것은?

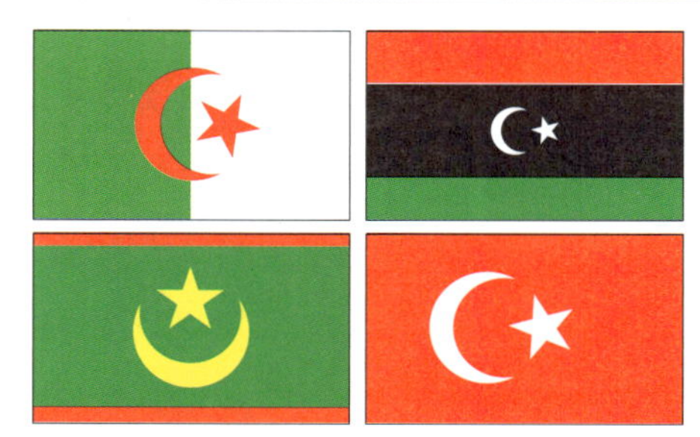

네 국가의 국기에 공통적으로 나오는 초승달과 별은 본래 오스만 제국의 상징이었으며, 현재는 이슬람 국가들이 상징적으로 사용하고 있다.

보기

ㄱ. 다양한 신들이 조각된 사원이 많다.

ㄴ. 첨탑과 둥근 지붕이 있는 모스크가 많이 분포한다.

ㄷ. 주민들은 대부분 에스파냐어와 포르투갈어를 사용한다.

ㄹ. 하루에 다섯 번씩 메카를 향해 기도하는 사람들을 볼 수 있다.

① ㄱ, ㄴ   ② ㄱ, ㄷ   ③ ㄴ, ㄷ
④ ㄴ, ㄹ   ⑤ ㄷ, ㄹ

[260~261] 다음 지도는 세계의 문화권을 나타낸 것이다. 이를 보고 물음에 답하시오.

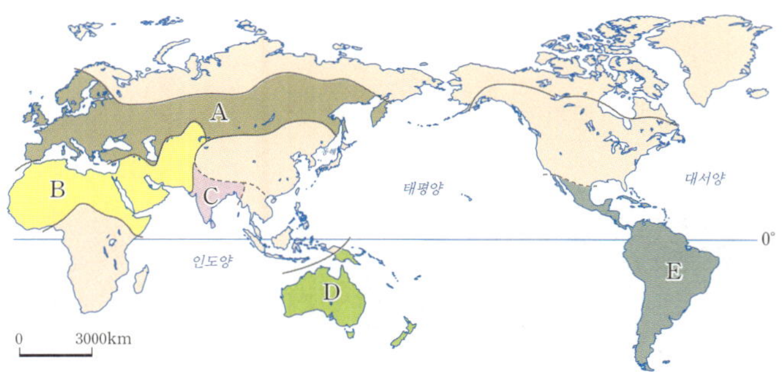

260

A~E 문화권에 대한 설명으로 옳은 것은?

① A - 게르만족 주민들은 가톨릭교를 주로 믿는다.
② B - 최근 석탄 개발로 인한 국제 분쟁이 증가하고 있다.
③ C - 주로 유교 사상의 영향을 받은 생활 양식이 나타난다.
④ D - 라프족, 네네츠족 등 원주민 문화가 사라질 위기에 처해 있다.
⑤ E - 다양한 문화와 혼혈 인종(민족)이 공존한다.

261

D, E 문화권에 대한 옳은 설명만을 보기 에서 고른 것은?

— 보기 —

ㄱ. 두 문화권 모두 A 문화권의 영향을 받았다.
ㄴ. 두 문화권 모두 십자가를 세운 종교 건물을 쉽게 볼 수 있다.
ㄷ. D 문화권은 E 문화권보다 가톨릭교의 비율이 높다.
ㄹ. E 문화권은 D 문화권보다 영어 사용 인구 비율이 높다.

① ㄱ, ㄴ   ② ㄱ, ㄷ   ③ ㄴ, ㄷ
④ ㄴ, ㄹ   ⑤ ㄷ, ㄹ

262

다음 지도는 어느 지표를 기준으로 문화권을 구분한 것이다. 이 지표로 옳은 것은?

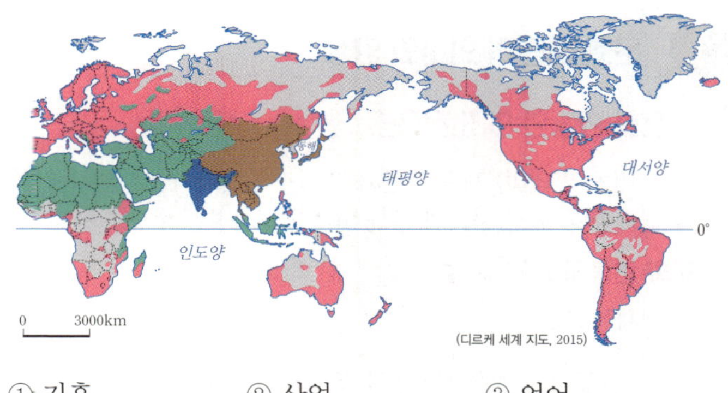

① 기후   ② 산업   ③ 언어
④ 주식   ⑤ 종교

서술형 문제

263

다음 지도에 나타난 (가), (나) 문화권의 명칭을 쓰고, 두 문화권의 특징을 언어와 종교 측면에서 비교하여 서술하시오.

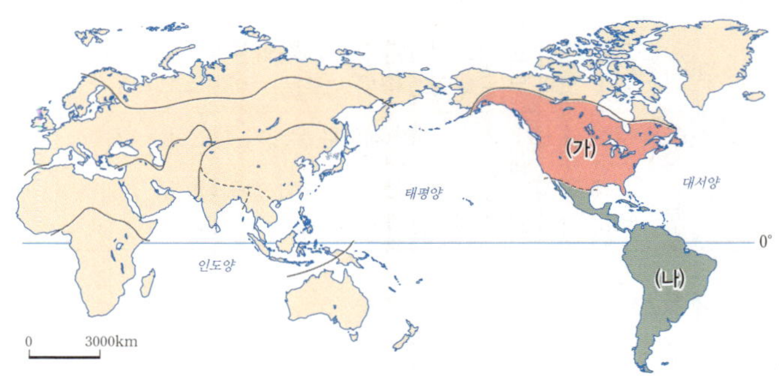

05 문화 변동과 전통문화

1 문화 변동의 의미와 양상

1 문화 변동의 의미와 요인

(1) **문화 변동의 의미**: 새로운 문화 요소가 등장하거나 다른 문화와의 접촉을 통해 한 사회의 문화 체계가 변화하는 현상

(2) **문화 변동의 요인** (자료①)

① 내재적 요인

발명	이전에 존재하지 않았던 문화 요소를 새롭게 만들어 내는 것
발견	이미 존재하고 있었지만 알려지지 않았던 문화 요소를 찾아내는 것

② 외재적 요인 (자료②)

직접 전파	인적 교류를 통해 서로 다른 문화 간의 직접적인 접촉에 의한 전파
간접 전파	인쇄물이나 인터넷 등 매개체를 통해 간접적으로 이루어지는 전파
자극 전파	다른 사회에서 전파된 문화 요소에 자극을 받아 새로운 발명이 일어나는 것

2 문화 변동의 양상 (자료③)

★(1) **문화 병존**

의미	기존의 문화 요소와 전파된 다른 사회의 문화 요소가 공존하는 현상
특징	문화 다양성에 기여하고 기존 문화에 역동성을 제공할 수 있음
사례	필리핀에서는 자국의 타갈로그어와 미국에서 전파된 영어를 공용어로 사용하고 있음

★(2) **문화 융합**

의미	기존 문화 요소와 전파된 다른 사회의 문화 요소가 결합한 결과 이전의 두 문화와는 다른 새로운 문화가 나타나는 현상
특징	문화 요소가 재구성되어 새로운 문화가 창조되는 현상임
사례	세계 각지의 식자재와 조리법 등이 창의적으로 결합하여 새로운 맛과 모양으로 탄생한 퓨전 요리가 있음

★(3) **문화 동화**

의미	다른 사회의 문화 요소가 전파되었을 때 기존의 문화 요소가 다른 사회의 문화 체계에 흡수되어 소멸하는 현상
특징	사회의 진보적인 변화를 끌어내기도 하지만, 문화 정체성을 상실할 우려가 있음
사례	북아메리카의 원주민 공동체가 백인의 서구 문화를 받아들이면서 자신들의 언어와 관습 등 고유한 문화를 대부분 상실함

(가)는 문화 병존, (나)는 문화 동화, (다)는 문화 융합의 사례에 해당한다. 문화 병존은 한 사회 문화 체계 속에서 서로 다른 사회의 문화가 나란히 존재하는 현상이고, 문화 동화는 외래문화에 기존 문화가 완전히 흡수된 것이며, 문화 융합은 두 개의 문화가 합쳐져 새로운 제3의 문화를 형성한 것이다. 기존 문화의 정체성을 상실한 문화 동화와 달리 문화 병존과 문화 융합은 기존 문화의 정체성을 상실하지 않고 유지한다. 예를 들어 서양의 결혼식과 유사한 방식으로 시작하여 한국 전통의 방식(폐백)으로 마무리되는 우리나라 결혼식은 문화 융합의 사례로, 기존 한국 문화(한국 전통 방식)의 정체성을 유지하고 있다.

2 전통문화의 의의와 창조적 계승 방안

1 전통문화의 의미와 의의

의미	한 사회에서 과거에 형성되어 세대 간 전승을 통해 오늘날까지 사람들의 생활에 영향을 미치고 있는 고유한 생활 양식
의의	· 과거와 현재를 연결시켜 줌 · 한 사회가 갖는 고유한 문화 정체성의 바탕이 됨
기능	· 사회 구성원의 유대감 강화를 통해 사회 유지 및 통합에 기여함 · 문화 정체성을 유지하고 자긍심을 고취시킴 · 세계 문화의 다양성을 증진시킴 · 전통문화를 바탕으로 부가가치가 높은 문화 콘텐츠 생산이 가능함

2 전통문화의 창조적 계승 (자료④)

(1) **의미**: 전통문화의 정체성을 유지하면서 현대의 새로운 문화 요소들과 조화를 이룰 수 있도록 전통문화를 재구성하거나 재창조하면서 계승하는 것

(2) **계승 방안**

① 전통문화의 고유성과 독자성을 찾기 위해 노력해야 함
② 전통문화를 현대적 의미에 맞게 재해석하고 재평가해야 함
③ 새로운 문화 요소나 외래문화 요소를 비판적으로 수용하여 전통문화와의 조화를 이루려는 노력이 필요함

다음 자료에 대한 설명이 옳으면 ○표, 틀리면 ✕표를 하시오.

자료 ❶ 문화 변동의 요인
미래엔, 비상, 지학사, 천재

264 발견은 존재하지 않았던 새로운 문화 요소를 만들어 내는 것이다. ○/✕

265 발명은 이미 존재하고 있었지만 알려지지 않았던 문화 요소를 찾아내는 것이다. ○/✕

266 간접 전파는 매개체를 통해 간접적으로 이루어지는 전파이다. ○/✕

267 과거 중국 한자의 영향을 받아 만들어진 이두는 자극 전파의 사례이다. ○/✕

자료 ❷ 문화 변동의 외재적 요인
동아, 미래엔, 비상, 지학사, 천재

> ⎯(가)⎯는 중국에서 인적 교류를 통해 우리나라로 불교와 한자가 들어온 것처럼 두 문화 간의 직접적인 접촉에 의한 전파를 의미하며, ⎯(나)⎯는 인쇄물, 텔레비전, 인터넷 등과 같은 매개체를 통해 간접적으로 이루어지는 전파를 의미한다. ⎯(다)⎯는 다른 사회에서 전파된 문화 요소에 자극을 받아 새로운 발명이 일어나는 것으로, 신라의 설총이 중국에서 전파된 한자의 영향을 받아 이두를 발명한 것이 그 예이다.

268 (가)~(다)는 문화 변동의 내재적 요인이다. ○/✕

269 (가)는 직접 전파이다. ○/✕

270 (나)는 간접 전파이다. ○/✕

271 (다)는 자극 전파이다. ○/✕

자료 ❸ 문화 변동의 양상
동아, 지학사, 천재

272 A국에서는 문화 공존이 나타났다. ○/✕

273 B국에서는 문화 융합이 나타났다. ○/✕

274 C국에서는 문화 동화가 나타났다. ○/✕

275 문화 접변 후 B국과 C국에서는 기존의 자문화 요소가 유지되고 있다. ○/✕

자료 ❹ 외래문화를 수용한 사례
동아, 미래엔, 비상, 지학사, 천재

오늘날과 같은 디자인의 한복은 약 120여 년 전에 등장하였다. 한복의 마고자는 19세기 후반 흥선 대원군이 청에 볼모로 잡혀 갔다가 귀국할 때 입고 들여온 만주족의 마괘아를 한복에 어울리게 개량하면서 널리 입게 된 것이다. 그리고 한복 저고리 위에 입는 조끼는 1876년 강화도 조약 체결 이후 조선 사회에 서구 문물이 도입될 당시 주머니가 없는 전통 한복의 불편함을 개선하기 위해 서양의 베스트(vest)를 차용하여 한복에 맞게 만들어 입기 시작하였다.

276 전통문화란 한 사회에서 오랜 세월에 걸쳐 이어져 내려오는 문화를 의미한다. ○/✕

277 다양한 전통문화가 공존하면 인류 문화의 획일성이 증진된다. ○/✕

278 다른 사회의 전통문화를 존중하는 세계시민의 자세를 가져야 한다. ○/✕

279 현대 사회에서 우리의 전통문화는 오늘날 우리 문화 정체성의 바탕을 구성한다는 데 의의가 있다. ○/✕

문화 변동의 의미와 요인

280

(가)에 들어갈 문화 변동의 요인으로 가장 적절한 것은?

> 근대 이전의 동서 교역은 육상의 비단길, 초원길과 해상 교역로를 통해 활발히 이루어졌다. 동서 교역로인 비단길은 중국에서 로마 제국으로 비단을 운반하였던 길이라고 해서 오래 전부터 '실크로드'라고 불렀다. 비단길을 비롯한 동서 교역로는 비단뿐만 아니라 다양한 교역 물품들이 전달되는 통로이자 문화가 교류되는 통로였다. 대표적으로 종이, 화약, 나침반 등이 중국에서 유럽으로 전해졌으며, 불교, 이슬람교와 같은 종교는 이 길을 따라 세계 곳곳으로 퍼져 나갔다. 경주의 신라 시대 고분에서 발견된 유리 제품이 로마의 유리 제품과 형태나 제작 방식이 비슷한 것도 이러한 ___(가)___ 와/과 관련 있다.

① 발명
② 발견
③ 직접 전파
④ 간접 전파
⑤ 자극 전파

281

다음은 학생 갑의 형성 평가 답안지이다. 채점 후 갑이 얻을 점수로 옳은 것은?

◆ 형성 평가 ◆

옳은 것에는 ○표, 틀린 것에는 ×표를 하시오.(문항당 1점)

문항	설명	응답
1	발명과 발견은 외재적 요인에 해당한다.	○
2	문화는 고정된 형태로 존재하는 것이 아니라 끊임없이 변화한다.	○
3	문화 변동의 요인은 내재적 요인과 외재적 요인으로 구분할 수 있다.	○
4	오늘날에는 문화 전파가 문화 변동의 가장 큰 요인으로 작용하고 있다.	○
5	새로운 문화 요소를 만들어 내는 것은 발견, 알려지지 않았던 문화 요소를 찾아내는 것은 발명이라고 한다.	×

① 1점
② 2점
③ 3점
④ 4점
⑤ 5점

282

(가)에 들어갈 질문으로 가장 적절한 것은?

> 교사: ___(가)___
> 갑: 문화 변동의 외재적 요인 중 하나입니다.
> 을: 다른 사회에서 전파된 문화 요소에 자극을 받아 새로운 문화 요소를 만들어 내는 것을 뜻합니다.
> 병: 아메리카의 체로키족이 백인에게서 전파된 알파벳에 아이디어를 얻어 새로운 체로키 문자를 만들어 낸 사례가 이에 해당합니다.
> 교사: 네. 모두 옳게 답변했습니다.

① 발명은 무엇일까요?
② 발견은 무엇일까요?
③ 직접 전파란 무엇일까요?
④ 간접 전파란 무엇일까요?
⑤ 자극 전파란 무엇일까요?

283

다음 내용에 나타난 문화 변동 요인과 관련 있는 사례만을 보기 에서 고른 것은?

> 증기 기관과 방직기 등 기계가 발명되고 과학 기술이 비약적으로 발전함에 따라 농업 사회가 산업 사회로 전환되었다.

보기

ㄱ. 13세기에 고려에서 금속 활자가 만들어졌다.
ㄴ. 한국 사람들은 활의 원리를 이용하여 현악기를 개발하였다.
ㄷ. 멕시코에서 수렵민 생활을 하던 나바호족이 푸에블로족과 어울려 지내면서 농경민으로 바뀌게 되었다.
ㄹ. 인류가 불을 찾아냄에 따라 음식을 익혀 먹을 수 있게 되었으며, 인류의 생활 영역이 추운 지역으로까지 확대되었다.

① ㄱ, ㄴ
② ㄱ, ㄷ
③ ㄴ, ㄷ
④ ㄴ, ㄹ
⑤ ㄷ, ㄹ

284

다음 글이 시사하는 바로 가장 적절한 것은?

> 13세기 고려에서 이루어진 금속 활자의 발명은 15~16세기 유럽 사회에서 금속 활자의 발명이 초래한 사회적 변화에 비해 커다란 사회적 변화를 일으키지 않았다. 이는 우리나라 사람들이 인쇄술을 발전시킨 본래 목적과 관련이 있다. 우리나라의 금속 활자 발명은 서양과 같이 책을 널리 보급하려는 적극적 목적에서 이루어졌다기보다 중요한 문서와 자료를 오랫동안 보관하는 것에 주로 목적을 두고 이루어졌다.

① 발명은 문화 변동의 필수 조건이다.
② 사회 변동은 외재적 요인에 의해 일어난다.
③ 문화의 수용 태도와 사회 변동은 관련이 없다.
④ 새로운 문화 요소의 등장은 문화의 수용 태도가 수동적일 때 가능하다.
⑤ 새로운 문화 요소에 대한 적극적인 수용이 이루어질 때 사회 변동이 발생한다.

⭐고빈출
285

(가), (나)에 대한 옳은 설명만을 보기 에서 고른 것은?

> (가) 종이와 나침반은 중국에서 만들어진 것으로 실크로드를 이용하여 상인들을 통해 유럽으로 전해지게 되었다.
> (나) 한국의 드라마와 노래가 인터넷을 통해 전해지며 한류 열풍의 영향으로 한국어를 배우려는 외국인이 늘어나고 있다.

보기

ㄱ. (가)는 발견에 의한 간접 전파가 이루어졌다.
ㄴ. (가), (나)는 모두 사람에 의해 문화 요소가 전파되었다.
ㄷ. (가)에서 종이와 나침반은 발명에 해당하며, 유럽에 전해진 것은 직접 전파에 해당한다.
ㄹ. (나)는 매체에 의해 문화 요소가 전파되었으며, 이는 외재적 요인에 의한 문화 변동에 해당한다.

① ㄱ, ㄴ ② ㄱ, ㄷ ③ ㄴ, ㄷ
④ ㄴ, ㄹ ⑤ ㄷ, ㄹ

문화 변동의 양상

[286~287] 다음 그림을 보고 물음에 답하시오.

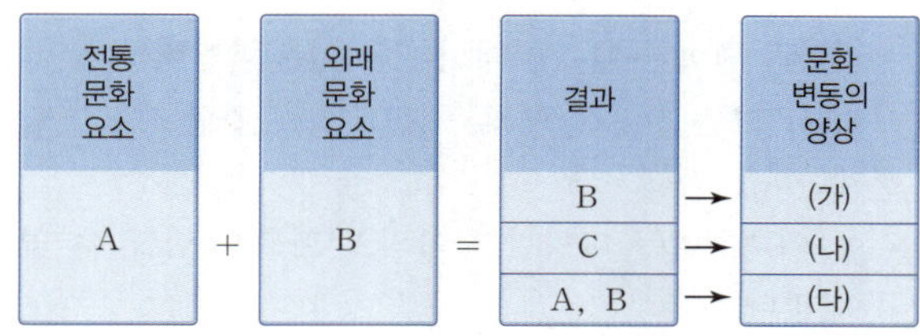

286

(가)~(다)에 해당하는 문화 변동의 양상을 옳게 짝 지은 것은?

	(가)	(나)	(다)
①	문화 병존	문화 동화	문화 융합
②	문화 병존	문화 융합	문화 동화
③	문화 동화	문화 병존	문화 융합
④	문화 동화	문화 융합	문화 병존
⑤	문화 융합	문화 동화	문화 병존

⭐고빈출
287

(가)~(다)에 대한 옳은 설명만을 보기 에서 고른 것은?

보기

ㄱ. (가)는 강제적으로 문화가 전파되었을 때에만 일어난다.
ㄴ. (나)로 인해 전통문화의 요소는 소멸된다.
ㄷ. (다)의 사례로 한국의 차이나타운을 들 수 있다.
ㄹ. (가)~(다)는 모두 외재적 요인에 의한 문화 변동 양상이다.

① ㄱ, ㄴ ② ㄱ, ㄷ ③ ㄴ, ㄷ
④ ㄴ, ㄹ ⑤ ㄷ, ㄹ

288

문화 융합에 해당하는 사례만을 [보기]에서 고른 것은?

─── 보기 ───
ㄱ. 우리나라 햄버거에는 빵 대신 밥을 이용한 밥버거가 있다.
ㄴ. 우리나라에는 천주교, 불교, 개신교 등 다양한 종교가 함께 존재한다.
ㄷ. 서울 이태원에는 다양한 국가의 문화를 경험할 수 있는 곳이 많다.
ㄹ. 우리나라 불교 사찰에는 우리 민족의 토착 신앙을 수용하여 세워진 산신각이 갖추어져 있는 곳이 많다.

① ㄱ, ㄴ   ② ㄱ, ㄹ   ③ ㄴ, ㄷ
④ ㄴ, ㄹ   ⑤ ㄷ, ㄹ

289

다음 글에 나타난 문화 변동 양상에 해당하는 사례만을 [보기]에서 고른 것은?

기존의 문화 요소와 전파된 다른 사회의 문화 요소가 함께 공존하는 현상

─── 보기 ───
ㄱ. 필리핀 사람들은 미국에서 전파된 영어와 자국의 필리핀어를 공용어로 사용한다.
ㄴ. 한국, 중국 등 쌀을 주식으로 하는 나라에서는 햄버거에 빵 대신 밥을 사용한 라이스버거가 판매되고 있다.
ㄷ. 아메리카 대륙의 원주민들은 유럽 문화와 접촉하면서 원주민 고유의 토속 신앙을 잃고 대다수가 크리스트교를 믿게 되었다.
ㄹ. 한국에 사는 중국인들은 한국의 생활 양식을 받아들이면서도 중국의 음식이나 의복 등 중국의 고유문화를 함께 유지하고 있다.

① ㄱ, ㄴ   ② ㄱ, ㄹ   ③ ㄴ, ㄷ
④ ㄴ, ㄹ   ⑤ ㄷ, ㄹ

290

🌟고빈출

다음 사례에 나타난 문화 변동의 양상만을 [보기]에서 고른 것은?

영화 '아바타'에 나오는 나비족의 모티브라고 알려진 나바호족은 미국 남서부 지역에 거주하는 미국 내 가장 큰 원주민 부족이다. 현재 보호 구역에 사는 이들의 경제적 기반은 양과 소, 모직물과 양탄자, 은세공품이다. 다른 경제적 기반과 달리 은세공 기술은 이들이 19세기 이웃한 지역으로 이주해 온 에스파냐인과 친밀하게 접촉하면서 직접 배웠다고 알려져 있다. '나바호'라는 부족의 이름도 영어가 아니라 에스파냐어 'Navajo'로 표기한다.

─── 보기 ───
ㄱ. 문화 동화   ㄴ. 문화 전파
ㄷ. 강제적 문화 접변   ㄹ. 자발적 문화 접변

① ㄱ, ㄴ   ② ㄱ, ㄷ   ③ ㄴ, ㄷ
④ ㄴ, ㄹ   ⑤ ㄷ, ㄹ

전통문화의 의의와 창조적 방안

291

밑줄 친 ㉠에 대한 옳은 설명만을 [보기]에서 있는 대로 고른 것은?

전통문화는 어떤 집단이나 공동체에서 과거로부터 이어져 내려오는 문화 요소 중에서 현재까지 그 가치를 인정받고 있는 것을 말한다. 이러한 전통문화는 공동체의 구성원들에게 오랫동안 많은 영향을 미쳐 왔다. 하지만 문화 교류가 활발한 현대 사회에서 사람들은 새로운 문화를 경험하고 누리면서 전통문화를 고리타분하고 시대에 뒤떨어진 것으로 간주하기도 한다. 그러나 여전히 ㉠ 전통문화는 우리 생활에서 중요한 의의가 있다.

─── 보기 ───
ㄱ. 사회 유지와 통합에 이바지한다.
ㄴ. 세계 문화의 다양성을 증진시킨다.
ㄷ. 서로 다른 집단 간의 갈등을 방지한다.
ㄹ. 문화의 고유성을 유지하는 데 기여한다.

① ㄱ, ㄴ   ② ㄱ, ㄷ   ③ ㄷ, ㄹ
④ ㄱ, ㄴ, ㄹ   ⑤ ㄴ, ㄷ, ㄹ

292

다음 글을 통해 알 수 있는 전통문화의 창조적 계승 방법으로 가장 적절한 것은?

> 최근에는 한글 디자인으로 장식한 옷을 입는 사람들이 증가하고 있다. 한글 디자인은 해외 패션계에서도 그 아름다움과 실용성을 인정받고 있다.

① 외래문화의 수용을 최대한 늦춘다.
② 전통문화를 있는 그대로 보존하려고 노력한다.
③ 현대 사회의 새로운 문화와 차별을 두어 발전시키려고 노력한다.
④ 다른 나라의 문화를 그대로 수용하면서 창조점을 찾으려고 노력한다.
⑤ 전통문화를 현대적으로 재평가하여 새로운 문화와 조화를 이루려고 노력한다.

293

다음 글을 통해 추론할 수 있는 내용으로 가장 적절한 것은?

> 우리 민족은 정초·한식·단오·추석·동지 등에 차례를 지내면서 계절 음식을 올리는 세시 풍속을 가지고 있다. 이러한 세시 풍속은 중국 유교의 영향을 받은 부분도 있으나, 우리 민족의 고유한 농경 문화가 반영되어 있어 중국과는 많은 차이가 있다.

① 중국의 문화가 우리 민족의 문화보다 우수하다.
② 우리 민족의 세시 풍속은 중국과 거의 유사하다.
③ 하나의 문화를 기준으로 다른 문화를 평가할 수 있다.
④ 우리 민족 문화의 물질적인 요소가 비물질적인 요소보다 빠르게 변화하였다.
⑤ 우리 민족 문화는 외래문화 요소가 가미되어 독자적인 문화로 발달하였다.

294

다음 글을 읽고 물음에 답하시오.

> 지중해 연안의 여러 지역에서는 아주 오래전에 '시에스타'라는 생활 양식이 만들어져 지금까지도 이어져 내려오고 있다. '시에스타'는 점심을 먹은 뒤 잠깐 낮잠을 일컫는 에스파냐어이다. 시에스타 시간에는 지중해 지역 사람들은 활동을 하지 않으며, 도시의 가게나 음식점도 문을 닫는다. 그런데 라틴아메리카 지역에도 이러한 '시에스타' 문화가 나타난다. 이는 지중해 연안 지역의 사람들과 라틴아메리카 지역의 사람들 간에 접촉이 있었기 때문이다.

(1) 위 글에 나타난 문화 변동의 요인을 쓰시오.

(   )

(2) 라틴아메리카 지역에서 시에스타 문화가 나타나는 이유를 서술하시오.

____

____

295

다음 글을 읽고 물음에 답하시오.

> 라이스버거(Rice burger)는 햄버거에 빵 대신 밥을 사용한 것이 특징이다. 한국, 중국 등 쌀을 주식으로 하는 나라에서 주로 판매되고 있다. 이 밖에도 우리나라에는 김치 버거, 불고기 피자 등이 있다.

(1) 위 글에 나타난 문화 변동의 양상을 쓰시오.

(   )

(2) 위 글에 나타난 문화 변동의 장점을 <u>한 가지만</u> 서술하시오.

____

____

문화 변동의 의미와 요인

296

다음은 문화 변동 요인에 대한 학생 갑의 응답을 나타낸 것이다. 갑이 얻을 점수로 옳은 것은? (단, 문항당 1점이다.)

문항	설명	응답
1	발명은 존재하지 않던 새로운 기계나 기술, 사상 등을 창조해 내는 활동이나 그 결과물을 의미한다.	○
2	발견은 이미 존재하고 있었으나 그 존재를 인식하지 못하다가 찾아내는 활동이나 그 결과물을 의미한다.	○
3	전기는 발명의 사례이고, 전구는 발견의 사례이다.	○
4	간접 전파는 서적이나 TV, 인터넷 등의 매개체를 통해 나타나는 문화 요소의 전파이다.	×
5	자극 전파는 외부 사회에 존재하는 문화 요소로부터 아이디어를 얻어 새로운 문화 요소를 만들어 내는 현상이다.	○

① 1점　　　② 2점　　　③ 3점
④ 4점　　　⑤ 5점

297

다음 그림은 문화 변동의 요인 A, B의 특징 (가)~(다)를 연결한 것이다. 이에 대한 옳은 설명만을 보기 에서 고른 것은?

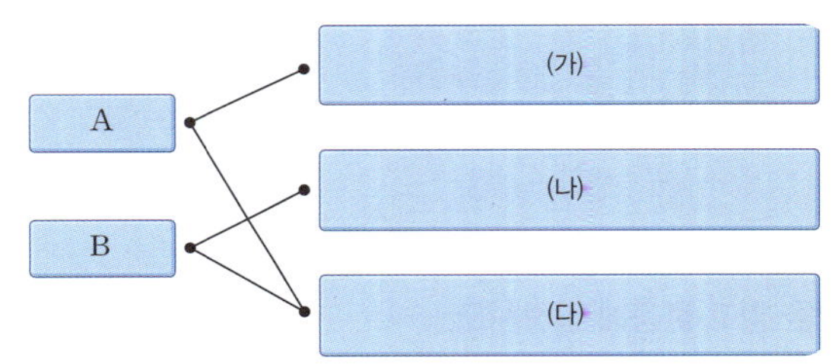

보기

ㄱ. A가 발명, B가 자극 전파라면 (가)에는 '새로운 문화 요소가 등장한다.'가 들어갈 수 있다.
ㄴ. A가 직접 전파, B가 간접 전파라면 (나)에는 '매개체를 통해 문화 요소가 전달된다.'가 들어갈 수 있다.
ㄷ. A가 발명, B가 발견이라면 (다)에는 '문화 변동의 내재적 요인이다.'가 들어갈 수 있다.
ㄹ. A가 발견, B가 자극 전파라면 (다)에는 '외래 문화를 자발적으로 수용했다.'가 들어갈 수 있다.

① ㄱ, ㄴ　　　② ㄱ, ㄷ　　　③ ㄴ, ㄷ
④ ㄴ, ㄹ　　　⑤ ㄷ, ㄹ

298

다음 사례에 대한 옳은 설명만을 보기 에서 있는 대로 고른 것은?

퉁구스족은 순록을 방목하면서 유목 생활을 하였다. 이들은 부족한 곡물을 구하기 위해 이웃의 농경 부족들과 교역을 하였으며 이 과정에서 철기 제작 방법을 배웠다. 이후 이들은 철제 사냥 도구를 개발하여 야생 순록과 물고기를 효율적으로 사냥할 수 있게 되었다. 그 결과 이전의 유목 생활 양식과는 다른 새로운 형태의 생활 양식이 형성되었다.

보기

ㄱ. 철기 제작 방법을 배운 것은 자발적 문화 접변에 해당한다.
ㄴ. 교역하는 과정에서 철기 제작 방법을 배운 것은 직접 전파에 해당한다.
ㄷ. 철제 사냥 도구를 만들어 사용한 것은 외재적 요인에 의한 변동에 해당한다.
ㄹ. 사냥 도구의 개발로 새로운 생활 양식이 형성된 것은 문화 동화에 해당한다.

① ㄱ, ㄴ　　　② ㄴ, ㄷ　　　③ ㄴ, ㄹ
④ ㄱ, ㄴ, ㄹ　　　⑤ ㄱ, ㄷ, ㄹ

문화 변동의 양상

299

다음 글에서 부각된 문화 변동 양상의 사례로 가장 적절한 것은?

1900년에 건립된 성공회 강화 성당은 동서양 문화의 조화를 느낄 수 있다. 이 성당은 겉모양은 전통 사찰 양식인데, 내부 구조는 기독교 교회의 전형적인 바실리카 양식 평면 구성을 통해 서양의 종교 의식을 수행할 수 있도록 꾸며졌다.

① 필리핀 사람들이 미국에서 전파된 영어와 자국의 필리핀어를 공용어로 함께 사용하고 있다.
② 브라질은 오랜 기간 동안 포르투갈의 지배를 받는 과정에서 가톨릭이라는 외래 종교가 전통 신앙을 대체하였다.
③ 우리 사회에 서양 의학이 들어오면서 서양식 병원이 늘어났으며, 병을 치료하기 위해 수술을 하는 현상이 일반화되었다.
④ 오늘날 세계화로 인해 각 민족의 정체성을 대표하는 소수 민족의 언어가 사라지고 그 자리를 영어, 중국어, 러시아어 등이 대체하는 경우도 많다.
⑤ 전통적인 한식은 일반적으로 모든 음식이 미리 상에 차려져 있지만, 한식 뷔페는 한식이라는 음식을 서양식 뷔페 문화와 접목하여 음식을 원하는 대로 골라 먹을 수 있게 한 것이다.

300

(가)~(다)에 나타난 문화 변동에 대한 설명으로 옳은 것은?

> (가) 미국 서부 개척 시대에 한 독일 청년이 텐트용으로 만들어졌던 두꺼운 천으로 청바지를 만들었다.
> (나) 갑국의 도자기 제조 기술이 을국에 전해진 이후, 을국의 뛰어난 회화 기법이 가미되어 새로운 도자기 문화가 탄생하였다.
> (다) 체로키족의 인디언이 백인들과 접촉하면서 배운 영어에서 아이디어를 얻어 체로키 문자를 고안해 냈다.

① (가)에서는 자극 전파가 일어났다.
② (나)에서는 을국의 자국 문화 요소가 소멸되었다.
③ (다)는 외재적 요인에 의해 새로운 문화 요소가 나타난 사례이다.
④ (가)와 달리 (나)는 내재적 요인에 의해 문화 변동이 나타났다.
⑤ (다)와 달리 (나)는 자기 문화의 정체성이 상실되었다.

301

다음 글에 나타난 문화 변동의 양상에 대한 옳은 설명만을 보기 에서 고른 것은?

> 말레이시아의 믈라카는 모자이크 도시로 유명하다. 믈라카는 해양 교통의 요충지인 믈라카 해협에 면한 항구 도시로 오래전부터 다양한 문화의 영향을 받았다. 그 결과 불교, 힌두교, 이슬람교 등 다양한 외부 사회의 종교가 유입되었다. 믈라카에는 이 외에도 가톨릭 성당과 개신교 교회 건물도 적지 않다. 16세기 이후 포르투갈, 네덜란드, 영국의 식민 지배를 받으면서 서구 종교 문물이 유입된 것이다. 이러한 종교 건물들은 단지 건물로만 존재하는 것이 아니라, 현재까지 실제 종교 의식이 행해질 정도로 믈라카의 문화로 자리 잡고 있다. 작은 도시에 이렇게 다양한 문화가 함께 존재하는 것은 매우 희귀한 현상이다. 이에 따라 유네스코(UNESCO)에서는 2008년 믈라카의 구시가지 전체를 세계 문화 유산으로 지정하였다.

보기

ㄱ. 새로운 제3의 문화가 창조되었다.
ㄴ. 한 사회의 문화적 정체성이 보존되면서 문화적 다양성이 실현될 수 있다.
ㄷ. 구성원들의 정체성의 혼란이 발생할 수 있고, 문화적 다양성을 훼손할 수 있다.
ㄹ. 병존하는 두 문화 중 하나의 문화만을 중시하는 사람들에 의해 갈등이 발생할 수 있다.

① ㄱ, ㄴ　② ㄱ, ㄷ　③ ㄴ, ㄷ　④ ㄴ, ㄹ　⑤ ㄷ, ㄹ

전통문화의 의의와 창조적 방안

302

밑줄 친 '판타스틱'이 전통문화를 창조적으로 계승·발전시킨다고 볼 수 있는 이유로 가장 적절한 것은?

> 퓨전 국악 뮤지컬 '판타스틱'이 호평을 받고 있다. 외국인 관광객이 객석 점유율의 80% 이상을 차지하는 세계적인 공연인 '판타스틱'에서는 3개국 언어 동시 출력과 다양한 영상 구현이 가능한 사물 인터넷 기술을 공연에 적용했다. 이에 따라 배우의 공연 장면을 다양한 유형의 말풍선 화면을 통해 실시간 다국어와 다양한 영상으로 표현하고 있다. 퓨전 국악 뮤지컬 '판타스틱'은 100% 실시간 국악 연주를 바탕으로 코믹, 창, 상모돌리기 등 다양한 내용을 선보인다.

① 국악의 대중화를 위해 외래문화를 무분별하게 받아들였다.
② 우리의 전통문화를 가장 소중히 여겨 원형대로 보존하였다.
③ 세계화 시대의 흐름에 따라 우리나라 음악을 서양 음악에 동화시켰다.
④ 전통문화를 현대적 감각으로 재해석하여 새로운 문화 콘텐츠로 발전시켰다.
⑤ 전통문화를 통해 우리 문화의 정체성을 확립하도록 국악의 형식을 그대로 유지하였다.

서술형 문제

303

(가)~(다)에 나타난 문화 변동 양상을 쓰고, 각각의 사례를 한 가지만 서술하시오.

> (가) 브라질은 오랜 기간 포르투갈의 지배를 받았는데, 그 과정에서 전통 신앙이 사라지고 가톨릭이 그 자리를 대체하였다.
> (나) 한국에 있는 산신각은 불교와 우리 민족의 토착 신앙이 결합된 것으로 다른 나라에서는 찾아보기 힘들다.
> (다) 한국에서는 두 가지 새해가 함께 존재한다. 공식적으로는 양력 1월 1일에 새해가 시작되지만, 음력 1월 1일에 새해를 맞이하는 전통 풍습을 흔히 볼 수 있다.

06 문화 상대주의와 보편 윤리~ 다문화 사회와 문화적 다양성 존중

1 문화를 이해하는 태도

1 문화 절대주의 〔자료①〕

구분	자문화 중심주의	문화 사대주의
의미	문화적 다양성과 특수성을 고려하지 않고 자기 문화만이 우월하다고 보는 태도	다른 문화를 숭상하여 자기 문화를 낮게 평가하는 태도
순기능	자기 문화에 대한 자부심을 느끼게 하고 사회의 결속력을 높임	다른 사회의 발달한 문화를 수용하는 데 유용함
역기능	다른 문화를 차별하는 원인이 되어 갈등을 일으키기도 함	자기 문화에 관한 주체성과 자부심을 약화할 수 있음

2 문화 상대주의

의미	문화 간 우열을 가리는 태도를 경계하고 각 문화를 그 사회의 특수한 환경과 역사적 상황, 사회적 맥락에서 이해하려는 태도
전제	자연환경, 인문환경, 관습 등 각 사회가 처한 고유한 배경과 상황에 따라 문화가 형성된다는 인식에서 출발함
순기능	• 다양한 문화가 평화롭게 공존할 수 있도록 함 • 문화적 차이에 따른 갈등을 방지하고, 문화의 다양성을 보존하는 데 도움을 줌
필요성	• 오늘날 급속한 세계화로 문화 간 교류가 활발해지면서 필요성이 더욱 커지고 있음

2 문화 상대주의의 한계와 보편 윤리

★1 극단적 문화 상대주의 〔자료②〕

의미	무조건 다른 사회의 문화를 존중해야 한다는 입장에서 문화의 특수성과 다양성을 지나치게 강조하여 인류의 보편적 가치를 무시하는 문화마저도 인정하려는 태도 예 여성 할례, 독재 정치, 명예 살인 등을 인정하는 태도
문제점	• 인간의 존엄성과 같은 인류의 보편적 가치를 부정하는 문화 현상에 대해서도 그 의미와 가치를 인정하게 됨 • 타문화에 대한 존중보다 방관과 무관심을 초래할 수 있음

★2 보편 윤리의 의미와 필요성

의미	시대와 장소를 초월하여 모든 사람이 존중하고 따라야 할 윤리 원칙
내용	인간의 존엄성 및 생명, 자유와 평등 등과 같은 기본적 인권을 존중해야 한다는 원칙 등
필요성	• 극단적 문화 상대주의를 방지할 수 있음 • 자기 문화와 다른 문화의 문제점을 발견하고 개선함으로써 문화의 질적 발전을 실현할 수 있음
바람직한 문화 이해의 방법	각 문화가 해당 사회의 맥락에서 고유한 의미와 가치를 지닌다는 점을 인정하면서 보편 윤리 관점에서 문화를 비판적으로 성찰해야 함

3 다문화 사회의 이해

1 다문화 사회의 의미와 형성

의미	한 사회 안에서 인종이나 언어, 종교 등 문화적 배경이 다른 다양한 집단이 함께 살아가면서 여러 문화가 공존하는 사회
원인	세계화의 영향으로 물자와 자본의 교류가 급격히 증가할 뿐만 아니라 국제 결혼이 늘어나고 이주 노동자가 유입되면서 본격적으로 다문화 사회로 진입하기 시작함
양상	외국인 근로자, 유학생, 결혼 이민자, 북한 이탈 주민 등 이주민이 증가하면서 다문화 사회로 빠르게 변화하고 있음

2 다문화 사회의 영향

긍정적 영향	• 문화의 다양성 증진에 이바지하고 문화 발전을 촉진함 • 경제를 활성화하고 노동력 부족 문제를 해결함 • 다양한 문화적 경험을 공유함으로써 다른 문화를 깊이 이해할 수 있음 • 다문화 교육을 통해 서로의 문화를 존중하는 태도를 기를 수 있음
부정적 영향	• 다른 가치관, 생활양식 등에 관한 지식과 이해 부족으로 사회적 갈등으로 이어질 수 있음 • 편견과 차별에 따른 갈등으로 사회 통합을 저해할 뿐만아니라 혐오나 인종 차별처럼 보편적 인권을 침해하는 문제를 초래할 수 있음 • 경제적 자원과 일자리 경쟁 등 경제적 분야에서의 갈등이 나타날 수 있음 • 의사소통의 어려움에 따른 갈등이 발생하기도 함

3 다문화 사회의 갈등 해결 방안

개인적 차원의 노력	• 각 문화를 그 사회의 특수한 상황과 맥락을 고려하여 이해해야 함 • 다른 문화에 대한 잘못된 편견이나 고정 관념을 버리고, 나와 다른 문화적 배경을 가진 사람들을 존중해야 함 • 다문화 사회의 구성원들과 지속적으로 소통해야 함
사회적 차원의 노력	• 이주민을 위한 법적·제도적 장치가 뒷받침되어야 함 예 「외국인 근로자의 고용 등에 관한 법률」, 「다문화 가족 지원법」 등 • 편견과 고정 관념을 없애기 위해 다문화 교육을 강화해야 함 • 지역 사회에서는 다문화 가족 지원 센터를 두어 국제결혼 이민자들에게 한국어 교육을 제공하고, 다양한 문화를 체험할 수 있는 기회를 마련함

4 다문화 정책 〔자료③〕〔자료④〕

동화주의	이민자가 출신 국가의 언어적·문화적·사회적 특성을 완전히 포기하고 주류 사회의 일원이 되는 것을 목표로 하는 정책 예 용광로 이론
다문화주의	이민자가 자신의 문화를 유지하면서 사회 구성원으로 살아갈 수 있게 소수자 집단의 문화 고유성을 인정하고 다양한 문화의 공존을 추구하는 정책 예 샐러드 볼 이론

다음 자료에 대한 설명이 옳으면 ○표, 틀리면 ×표를 하시오.

자료 1 문화 절대주의

창비, 천재

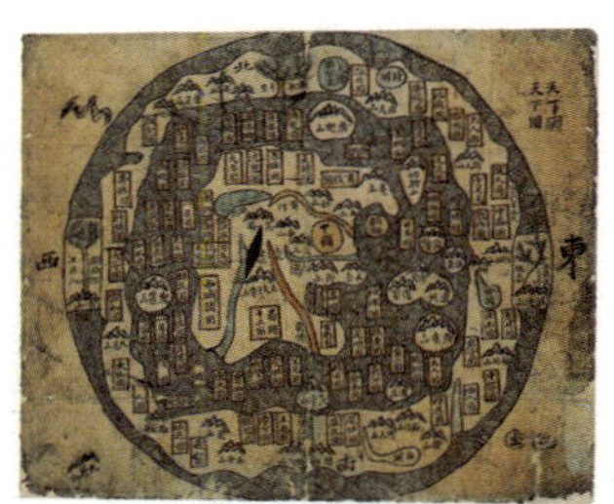

천하도는 조선 중기 이후 제작된 상상의 세계 지도로, 세계를 하나의 원으로 표현하고 지도의 중심에 중국을 배치하였다.

▲ 천하도

304 천하도는 중국의 입장에서는 문화 사대주의를, 우리나라의 입장에서는 자문화 중심주의를 보여 주는 사례이다. ○/X

305 문화 사대주의는 다른 문화를 숭상하여 자기 문화를 낮게 평가하는 문제를 일으킬 수 있다. ○/X

306 자문화 중심주의는 문화적 다양성과 특수성을 고려하지 않고 자기 문화만이 우월하다고 본다. ○/X

자료 2 극단적 문화 상대주의

비상

사티(sati, suttee)는 남편이 죽고 나서 화장할 때 아내를 산 채로 함께 화장하는 힌두교의 옛 풍습이다. 가장 오래된 사례는 기원 후 510년에 행해진 것으로 추정되며, 1829년에 금지령이 내려지면서 점점 줄어들었다. 그런데 1987년에도 18세의 한 여성이 사티에 희생당한 사건이 있었다. 일부 힌두교도들이 사티를 지지하는 이유는, 그것이 힌두교 사회의 전통 가치를 수호하는 방법이라 믿기 때문이다. 이들은 힌두교의 전통을 위해 사티처럼 여성이 희생하는 미풍양속은 지켜져야 하며, 이를 위해서라면 자살이나 테러, 전쟁까지도 감행할 수 있다고 본다.

307 극단적으로 문화 상대주의를 적용하면 인간의 생명 존중이라는 인류의 보편적 가치가 훼손되는 결과를 초래할 수 있다. ○/X

308 모든 문화를 상대주의적 태도에서 존중하고 따라야 한다. ○/X

309 사람의 생명과 신체를 위협하는 것은 인간 존엄성을 훼손하며 보편 윤리에 부합하지 않는 행동이다. ○/X

자료 3 다문화 정책(샐러드 볼 이론)

동아, 리베르, 미래엔, 비상, 아침나라, 지학사, 천재

한국 사회의 통합을 위해서는 이민자들이 자신의 문화를 유지하면서도 우리나라의 구성원으로 살아갈 수 있도록 해야 한다. 이는 한 사회나 국가 안에서 주류 문화의 중요성을 부각하기보다는, 다양한 문화가 평등하게 인정되어야 함을 강조하는 다문화주의 관점이다. 이와 같은 관점은 '샐러드 볼 이론(salad bowl theory)'이 잘 보여 준다. 샐러드 볼 이론은 샐러드가 각각의 채소와 과일이 고유의 맛과 색을 유지하면서도 동등하게 뒤섞여 전체적인 맛과 조화를 이루듯이, 다양한 민족이 자신의 문화를 유지하면서도 다른 문화들과 조화를 이루어 새로운 문화를 형성해 가야 한다고 보는 견해이다.

310 위의 관점은 기존 문화에 이주민 문화를 흡수시키는 정책으로, 이주민 문화와 주류 문화의 문화적 동질성을 추구한다. ○/X

311 위의 관점은 사회적 연대감이나 결속력이 비교적 약하다는 비판을 받을 수 있다. ○/X

자료 4 캐나다의 이민 정책

동아, 천재

캐나다는 1971년 다문화주의를 선언하고 다양한 인종이나 민족이 자신의 특성 및 문화적 정체성을 유지하면서 모든 사람이 평등하게 캐나다 사회에 참여하는 정책을 실시하였다. 이러한 정책은 여러 개의 조각과 같은 타일이 모여 조화를 이루어 하나의 작품이 되는 모자이크와 같다고 하여 모자이크 정책이라고 한다.

312 다문화 사회에서는 다른 문화를 이해하려는 노력없이 자기 문화를 기준으로 이주민에게 동화되기를 강요해야 한다. ○/X

313 다문화 사회의 갈등을 해결하기 위해서는 문화 상대주의적 태도를 함양해야 한다. ○/X

314 다문화 사회에서는 나와 다르다는 이유로 차별하고, 나와 다른 문화적 배경을 가진 사람을 배척해야 한다. ○/X

315

(가), (나)에 나타난 문화 이해 태도를 옳게 짝 지은 것은?

(가) 세계화 시대에 한국적 전통 문화를 지켜야 한다는 주장은 편견에 지나지 않는다. 미국과 서부 유럽 사회의 우월한 문화를 수용하는 것이 더 가치 있는 일이다.

(나) 한국 문화와 서양 문화는 서로 다르다. 의식주, 가족 관계, 종교와 제례 등은 한국적인 것이 더 좋기 때문에 서양 문화를 모방하려는 것은 주체성을 상실한 잘못된 태도이다.

	(가)	(나)
①	문화 상대주의	문화 사대주의
②	문화 상대주의	자문화 중심주의
③	문화 사대주의	문화 상대주의
④	문화 사대주의	자문화 중심주의
⑤	자문화 중심주의	문화 사대주의

★고빈출
316

다음 갑, 을의 문화 이해 태도에 대한 옳은 설명만을 〈보기〉에서 고른 것은?

갑: 우리의 전통 음식을 팔 때에는 한글 간판이 당연한 거 아닌가요? 그런데 왜 영어로 간판을 다세요?

을: 세계화 시대에는 영어를 사용해야 해요. 또 영어를 쓴 간판이 더 멋있어 보이잖아요.

갑: 한글만큼 우수한 문자가 어디 있다고 그러세요. 저는 한글 간판을 의무적으로 사용하도록 강제해야 한다고 봐요.

을: 가장 많은 국가에서 영어를 사용하는 데에는 그만한 이유가 있어요. 한글보다 우수하기 때문이에요.

〈보기〉

ㄱ. 갑의 태도는 자문화의 정체성을 유지하는 데 유리하다.

ㄴ. 을의 태도는 다른 나라와의 마찰을 초래할 수 있다.

ㄷ. 갑의 태도와 을의 태도는 모두 문화를 평가의 대상으로 본다.

ㄹ. 갑의 태도는 을의 태도와 달리 문화의 다양성 보존에 기여한다.

① ㄱ, ㄴ ② ㄱ, ㄷ ③ ㄴ, ㄷ ④ ㄴ, ㄹ ⑤ ㄷ, ㄹ

317

갑~병의 문화 이해 태도를 옳게 짝 지은 것은?

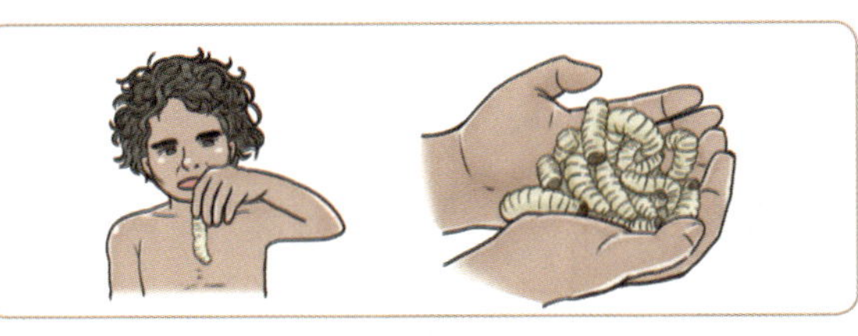

	갑	을	병
①	문화 상대주의	자문화 중심주의	문화 상대주의
②	문화 상대주의	자문화 중심주의	문화 사대주의
③	자문화 중심주의	문화 상대주의	문화 사대주의
④	자문화 중심주의	문화 상대주의	문화 상대주의
⑤	자문화 중심주의	문화 사대주의	문화 상대주의

★고빈출
318

다음 선교사가 가진 문화 이해 태도의 문제점만을 〈보기〉에서 고른 것은?

한 선교사가 아마존 밀림에 사는 사람들에게 자신처럼 셔츠와 바지를 입고 생활할 것을 강요하였다. 노출이 많은 그들의 모습이 도덕적이지 않다고 여겼기 때문이다. 그러나 선교사의 말에 따랐던 원주민 대다수가 피부병을 앓게 되었다.

〈보기〉

ㄱ. 타문화와 갈등을 빚을 수 있다.

ㄴ. 주체적인 문화 형성을 저해할 수 있다.

ㄷ. 인종, 문화에 대한 차별을 불러올 수 있다.

ㄹ. 자기 문화의 존속이나 발전을 어렵게 한다.

① ㄱ, ㄴ ② ㄱ, ㄷ ③ ㄴ, ㄷ
④ ㄴ, ㄹ ⑤ ㄷ, ㄹ

319

다음 인도 대법원의 판결이 시사하고 있는 바로 가장 적절한 것은?

> "탈라크, 탈라크, 탈라크!" 인도의 무슬림 사회에는 남편이 한 자리에서 '탈라크'를 세 번 외치면 이혼이 성립하는 '트리플 탈라크'라는 관습이 있다. '탈라크'는 아랍어로 '이혼'이라는 의미이다. 인도의 정부 기구인 '인도 여성 지위에 관한 고위급 위원회'는 인도 내의 여성 단체들과 국제 사회의 비판을 받아들여 최근 트리플 탈라크 관습을 법으로 금지해야 한다는 보고서를 인도 정부에 제출하였다. 그 후 인도 대법원은 이 관습이 헌법에 어긋난다고 결정했다. 법 앞의 평등을 규정한 인도 헌법 제14조를 위반했다는 것이다.

① 문화의 다양성을 존중해야 한다.
② 인도의 문화는 다른 사회의 문화보다 열등하다.
③ 모든 관습은 나름대로의 의미가 있으므로 존중해야 한다.
④ 관습에서 비롯된 문화라도 인류의 보편 윤리에 어긋나서는 안 된다.
⑤ 과거로부터 전해 온 관습은 모두 현재와 맞지 않으므로 없어져야 한다.

320

다음 사례와 같은 문화적 관습을 이해하는 바람직한 태도로 가장 적절한 것은?

> 이슬람 문화권이나 인도 일부 지역에서는 가문의 명예를 더럽혔다는 이유로 남편이나 형제, 친척들이 여성을 살해하는 명예 살인(honor killing)이 벌어지기도 한다. 여성을 살해한 사람들은 붙잡혀도 가벼운 처벌만 받는 경우가 많기 때문에 아직도 이러한 악습이 사라지지 않고 있다.

① 세계화 시대에 하나의 관점으로만 다른 문화를 바라봐서는 안 된다.
② 지역 환경이 반영된 행동 양식에 따라 생활하는 모든 문화를 인정해야 한다.
③ 인간의 존엄성을 수호하기 위해 인권을 침해하는 문화를 허용해서는 안 된다.
④ 모든 문화는 그 사회의 맥락에서 고유한 의미와 가치를 가지고 있으므로 존중해야 한다.
⑤ 옳고 그름을 판단하기 위한 도덕 기준은 시대와 지역에 따라 다를 수 있음을 인정해야 한다.

321

다음 사례를 통해 도출할 수 있는 문화 이해 태도로 가장 적절한 것은?

> 인도에서는 결혼할 때 지참금을 적게 가져온 부인을 학대하거나 심지어 살해하는 '지참금 살인'이 드물지 않게 발생하는 것으로 알려져 있다. 세계에서 지참금 문화가 존재하는 지역은 대부분 집약적 농업이 발달한 곳이다. 일반적으로 집약적 농업에서 힘든 농사일은 여성이 담당하기 어려워 모두 남성의 몫이 된다. 즉, 남성은 부인과 자녀를 양육할 책임을 전적으로 떠안게 된다. 이러한 맥락에서 여성은 경제적 부담이라는 인식이 싹트기 시작했으며, 전체 사회 구조에서 여성의 지위가 낮아지면서 지참금 문화가 발생하게 되었다.

① 각 사회의 문화는 고유한 의미와 가치가 있는 것으로 이해해야 한다.
② 인권을 침해하고 생명을 해치는 문화는 보편 윤리적 가치를 훼손하므로 인정하면 안 된다.
③ 우수한 문화와 열등한 문화로 구분될 수 있으므로 열등한 지역에 우수한 문화를 전파해야 한다.
④ 서로 다른 문화 간의 우열을 가리려는 태도를 경계하고 그 문화의 역사적 상황을 이해해야 한다.
⑤ 문화는 인간이 살아 가는 모든 사회에 보편적으로 존재하나 구체적인 모습은 사회마다 다름을 인정해야 한다.

322

밑줄 친 ㉠와 같은 태도로 문화를 이해하고 있는 학생은?

> 우리는 다양한 문화의 고유한 의미와 가치를 존중하는 문화 상대주의적 태도를 지니면서도, 보편 윤리에 근거하여 타 문화와 자문화를 성찰함으로써 어떤 문화든 무조건 인정하고 포용해야 한다는 ㉠ 극단적 문화 상대주의에 빠지지 않도록 경계해야 한다.

① 갑: 어린 신부를 돈을 주고 사오는 풍습은 인간의 존엄성을 해치는 것이므로 사라져야 해.
② 을: 명예 살인은 집안의 명예를 중시하는 이슬람의 독특한 문화이므로 비난하기 이전에 존중하는 자세가 필요해.
③ 병: 남편이 아내를 합법적으로 구타할 수 있는 파키스탄의 법률은 인권을 침해하는 법률이므로 사라져야 해.
④ 정: 여성을 성적으로 구속하려는 여성 할례는 여성의 인권을 존중하지 않는 풍습이므로 사라져야 해.
⑤ 무: 살아 있는 사람을 죽은 사람과 함께 묻는 순장은 인간의 생명과 존엄성을 해치는 것이므로 비난받아야 해.

다문화 사회의 이해

323

다음 사례를 통해 알 수 있는 다문화 사회의 긍정적인 측면으로 가장 적절한 것은?

> 전 세계 80여 개국에서 온 7만여 명의 외국인이 거주하고 있는 경기도 ○○시 다문화 마을과 다문화 음식 거리에서는 인도네시아, 몽골, 네팔, 태국, 파키스탄 음식 등 흔하지 않은 각국의 전통 음식을 접할 수 있다. 2009년 5월 정부에서 특구로 지정한 이 거리는 주말이면 샤떼, 쿼바로우, 탄두리 치킨, 팟타이, 똠양꿍 등 세계 여러 나라의 음식과 문화를 즐기려 전국 각지에서 모여든 수많은 한국인과 외국인으로 인산인해를 이룬다.

① 문화적 다양성의 증대
② 노동력 부족 문제 해결
③ 세계 시민 의식의 발달
④ 농촌 지역 미혼자 문제의 해결
⑤ 국가 경쟁력 향상을 통한 경제 성장

324

(가), (나)에 나타난 다문화 정책을 옳게 짝 지은 것은?

> 세계화 추세와 함께 한국 사회에서도 여러 인종과 종족 집단들이 증가하고 있다. 우리 사회에서는 이주민의 고유문화를 인정할 것인지를 둘러싸고 다양한 주장이 제기되고 있다.
> (가) 어떤 입장에서는 문화의 동질성을 강조한다. 다양한 문화를 융합하여 하나의 정체성을 갖는 국가를 만들어야 한다는 것이다.
> (나) 다른 입장에서는 문화의 다양성을 강조하여 다양한 문화적 배경을 지닌 이주민들의 문화를 인정해야 한다고 주장한다.

	(가)	(나)
①	용광로 정책	샐러드 볼 정책
②	샐러드 볼 정책	용광로 정책
③	샐러드 볼 정책	모자이크 정책
④	모자이크 정책	용광로 정책
⑤	모자이크 정책	샐러드 볼 정책

325

(가), (나)는 우리나라 다문화 캠페인의 변화 양상을 보여 준다. 이에 대한 설명으로 옳지 **않은** 것은?

(가) 2008년 ○○ 기업의 다문화 캠페인 광고

(나) 2013년 공익 광고 협의회의 다문화 캠페인 광고

① (가)는 이민자나 이민자 자녀의 한국 사회 적응을 목적으로 한다.
② (가)는 문화적 동질성을 형성함으로써 사회 통합에 기여할 수 있다.
③ (나)는 문화 다양성 보장을 목적으로 한다.
④ (나)는 문화적 차이로 인한 소통 부족 등이 집단 간 갈등을 초래할 수 있다.
⑤ (나)에 비해 (가)는 서로 다른 문화의 공존을 통해 역동적인 사회를 형성할 수 있다는 장점이 있다.

326

다음 사례를 통해 알 수 있는 다문화 사회의 부정적인 측면으로 가장 적절한 것은?

> 제 친척 동생은 점심 시간이 괴롭대요. 친척 동생은 말레이시아 사람이자 이슬람교를 믿는 작은 엄마의 영향을 받아 돼지고기를 먹지 못하는데, 학교 점심 시간에 돼지고기가 들어간 반찬이 자주 나오기 때문이에요. 어느 날은 돼지고기 김치볶음이 나와서 반찬을 남겼는데, 하필 그날 '잔반 없는 날'이어서 급식 당번인 친구와 다투었나 봐요. 제가 어떻게 도울 방법이 없을까요?

① 문화 사대주의의 심화
② 내국인의 일자리 감소
③ 문화적 차이에 의한 부적응
④ 기존 문화와 새로운 문화 간 충돌
⑤ 외국인 지원을 위한 사회적 비용 증가

327

다음 자료에 나타난 한국 사회의 문제를 해결하기 위한 노력으로 가장 적절한 것은?

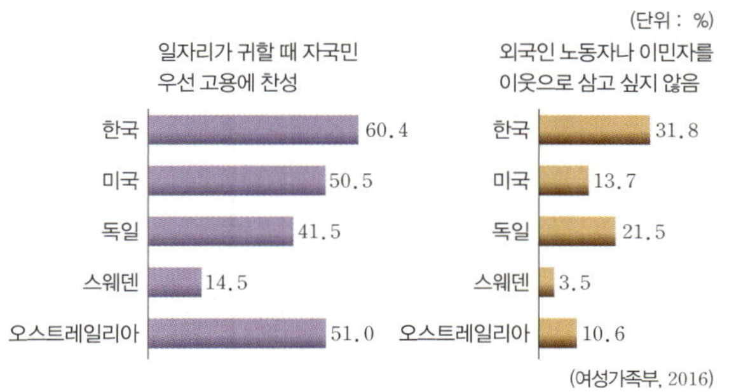

① 문화 사대주의적 태도 견지
② 외국인에 대한 일자리 지원 정책 실시
③ 결혼 이민자를 위한 김장 담그기 행사 실시
④ 이주민의 한국 문화 습득과 사회 적응 교육 실시
⑤ 한국 자국민에 대한 다문화 수용성 향상 교육 실시

328

다음 신문 기사를 통해 알 수 있는 다문화 사회의 문제점으로 가장 적절한 것은?

새벽 4시, 경기도의 ○○시장 입구, 수도권 최대의 건설 일용직 인력 시장이 열리는 곳이다. 어둠이 채 가시지 않은 이른 시각인데도 많은 사람이 모여들기 시작했다. 이들 대부분은 국내 노동자가 아니다. 10명 중 7명이 외국인이다. 길게 늘어선 승합차 안에서는 일자리를 얻은 외국인 노동자들이 어디론가 떠날 채비를 하고 있었다. 이날 일감을 얻은 사람 중 대부분은 외국인이다. 건설 경기가 활기를 띠는 데도 인력 시장이 외국인 노동자 중심으로 운영되면서, 내국인 일용직 노동자들은 일자리 구하기가 어려운 현실이다.

— ○○일보, 20××. 5. —

① 새롭게 유입되는 문화와 기존 문화 간의 차이로 갈등이 발생한다.
② 다른 문화에 관한 편견이나 이해의 부족으로 오해가 발생할 수 있다.
③ 이주민의 사회에 적응하지 못하여 이를 위한 사회적 비용이 발생한다.
④ 다른 문화적 배경을 가진 사람을 차별하거나 그들의 권리를 침해할 수 있다.
⑤ 내국인과 외국인이 일자리를 구하는 과정에서 갈등이 발생할 수 있다.

329

㉠에 공통적으로 들어갈 문화 이해 태도를 쓰고, 그 의미를 서술하시오.

문화는 각 사회가 처한 자연환경이나 사회적 상황에 따라 다양하게 나타난다. 만약 이러한 문화적 차이를 인정하지 않고 특정 사회의 문화만이 옳다고 주장하면 어떤 문제가 발생할까? 각 사회의 문화적 차이를 인정하지 않으면 서로 간에 문화 갈등이 발생할 수 있다. 문화 갈등은 사회 통합을 방해하고 문화의 발전을 저해할 수 있으며, 때로는 극단적인 사회 충돌로 이어져 유혈 사태를 초래하기도 한다. 따라서 문화적 차이에 따른 갈등을 방지하고 다양한 문화의 공존을 도모하기 위해서는, 서로 다른 문화 간의 우열을 가리려는 태도를 경계하고 각 사회의 문화를 그 사회의 특수한 환경과 역사적 상황 및 사회적 맥락 속에서 이해하려는 ㉠ 태도가 필요하다. 오늘날 세계화가 급속히 진행됨에 따라 여러 문화가 유입되고 문화 간의 교류가 활발해지면서 ㉠ 의 필요성은 더욱 커지고 있다.

330

밑줄 친 '샐러드 볼 정책'의 의미에 대해 서술하시오.

토론토는 주민 2명 중 1명이 외국에서 태어난 이민자로 구성되어 있어 다양한 문화가 공존하는 도시이며, 샐러드 볼 정책을 도입한 최초의 도시이기도 한다. 토론토의 다문화 정책은 우선 다양한 민족 집단에게 행정적, 사회적 차원에서 동등한 서비스를 제공한다. 또한 다문화와 관련된 종합 시설의 설치, 축제, 교육 등에 자금을 지속적으로 지원하고 있다. 일례로 토론토 시는 '카라비안 카니발'을 매년 개최하여, 토론토에 살고 있는 카리브계 이주민들의 전통문화를 함께 즐기고 다양한 문화적 배경을 가진 사람들이 서로 이해할 수 있는 기회를 갖는다.

문화를 이해하는 태도

331

난이도 상

갑, 을이 지닌 문화 이해의 태도에 대한 옳은 설명만을 보기 에서 고른 것은?

A국에서는 욕조에 물을 받아, 온 가족이 순서대로 이용한다. 한번 받은 물에 아빠, 엄마, 자녀들이 차례대로 몸을 담그고 피로를 푸는 것이다.

보기

ㄱ. 갑의 태도는 자기 문화의 정체성을 약화시킬 우려가 있다.

ㄴ. 을의 태도는 문화를 그것이 생겨난 사회의 맥락에서 이해한다.

ㄷ. 갑의 태도는 을의 태도와 달리 문화의 다양성 보존에 기여한다.

ㄹ. 을의 태도는 갑의 태도와 달리 문화의 우열을 판단하지 않는다.

① ㄱ, ㄴ ② ㄱ, ㄷ ③ ㄴ, ㄷ
④ ㄴ, ㄹ ⑤ ㄷ, ㄹ

332 고빈출

A, B 문화 이해 태도에 대한 설명으로 옳은 것은?

____A____은/는 자신의 생활 양식을 가장 좋은 것으로 보고, 다른 것은 나쁘거나 열등한 것으로 보는 태도이다. 이 태도가 지나치면 민족적, 인종적 우월주의로 변질되어 갈등을 초래할 수 있다. 한편, ____B____은/는 각각의 문화는 그 사회의 요구에 의해서만 판단될 수 있고, 절대적 판단 기준을 가질 수 없다고 보는 태도이다. 이에 따르면 특정의 문화는 그 사회의 필요에 의해 나타난 것이므로 존중받을 가치가 있다고 본다.

① A는 문화의 다양성을 추구한다.

② B는 각 사회의 문화가 나름의 의미를 지닌다고 본다.

③ B는 A와 달리 국제적 고립을 초래할 수 있다.

④ B는 A에 비해 집단 내의 일체감과 자부심을 높인다.

⑤ A, B는 모두 문화의 우열을 평가할 수 있다고 본다.

333

다음 그림은 문화 이해 태도를 나타낸 것이다. 이에 대한 옳은 설명만을 보기 에서 있는 대로 고른 것은?

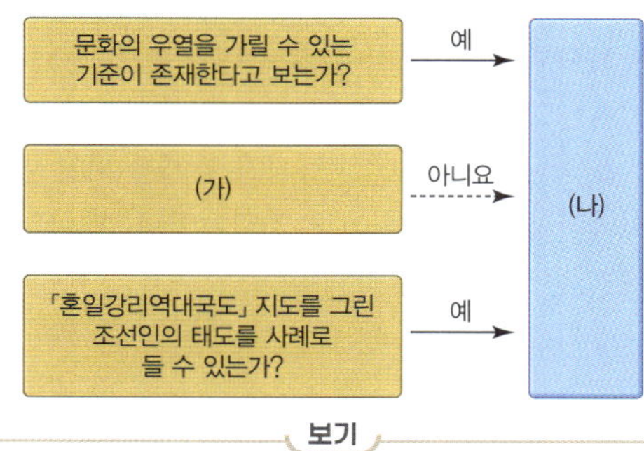

보기

ㄱ. (가)에는 '타문화 수용에 유리한가?'가 들어갈 수 있다.

ㄴ. (가)에는 '국제적 고립 가능성이 있는가?'가 들어갈 수 있다.

ㄷ. (가)에는 '문화 제국주의를 정당화하는 근거가 될 수 있는가?'가 들어갈 수 있다.

ㄹ. (나)는 무분별하게 외래문화를 수용하여 문화적 정체성을 상실할 우려가 있는 태도이다.

① ㄱ, ㄴ ② ㄱ, ㄹ ③ ㄴ, ㄹ
④ ㄱ, ㄴ, ㄷ ⑤ ㄴ, ㄷ, ㄹ

문화 상대주의의 한계와 보편 윤리

334

다음 교사의 질문에 대한 대답으로 옳지 **않은** 것은?

갑: 인간의 생명을 존중하는 것입니다.
을: 사회 관습을 지키고 따르는 것입니다.
병: 인간의 존엄성을 존중하고 지키는 것입니다.
정: 인간의 신체적 자유, 표현의 자유를 존중하는 것입니다.
무: 인간의 평등과 같은 기본적인 인권을 존중하는 것입니다.

① 갑 ② 을 ③ 병
④ 정 ⑤ 무

다문화 사회의 이해

335

다음과 같은 입장을 가진 사람이 긍정적인 대답을 할 것으로 예상되는 질문만을 보기 에서 있는 대로 고른 것은?

우리 사회에서 함께 살아 가는 외국인들의 문화를 우리 문화로 인정하고 기존 문화와 공존할 수 있는 방법을 찾아야 갈등이 생기지 않는다.

보기

ㄱ. 문화의 이질성을 존중하는가?
ㄴ. 새로운 문화가 더 우월하다고 생각하는가?
ㄷ. 외국인과 내국인 모두에 대한 다문화 이해 교육이 필요한가?
ㄹ. 다양한 문화를 동질적인 문화적 정체성을 갖도록 만드는 것이 적절한가?

① ㄱ, ㄴ ② ㄱ, ㄷ ③ ㄷ, ㄹ
④ ㄱ, ㄴ, ㄹ ⑤ ㄴ, ㄷ, ㄹ

336

(가)에 들어갈 발표 주제로 가장 적절한 것은?

발표 주제: ________(가)________

갑: 한국 사회의 통합을 위해서는 이민자들이 자신의 문화를 유지하면서도 우리나라의 구성원으로 살아갈 수 있도록 해야 합니다. 이는 한 사회나 국가 안에서 주류 문화의 중요성을 부각하기보다는, 다양한 문화가 평등하게 인정되어야 함을 강조하는 다문화주의 관점입니다.

을: 한국 사회의 통합을 위해서는 이민자들이 우리나라의 문화와 종교, 사회적 질서와 가치, 언어 등을 받아들이도록 해야 합니다. 이는 기존 사회의 문화와 가치 속에 다양한 문화권에서 온 이민자들을 융화하거나 흡수해야 한다고 보는 동화주의 관점입니다. 동화주의 관점은 이민자가 자신의 언어와 문화, 사회적 특성을 포기하고, 기존 사회의 일원이 되는 것을 목표로 합니다.

① 다문화 사회의 부정적 영향
② 다문화 사회의 긍정적 영향
③ 용광로 정책의 의미와 관점
④ 샐러드 볼 정책의 의미와 관점
⑤ 한국 사회 통합을 위한 정책의 방향과 관점

서술형 문제

337

다음 글을 읽고 물음에 답하시오.

우리 조선은 조종 때부터 내려오면서 지성스럽게 대국(大國)을 섬기어 한결같이 중화(中華)의 제도를 준행(遵行)하였는데, 이제 글을 같이하고 법도를 같이하는 때를 당하여 언문을 창작하신 것은 보고 듣기에 놀라움이 있습니다. …… 만일 중국에라도 흘러 들어가서 혹시라도 비난하여 말하는 자가 있사오면, 어찌 대국을 섬기고 중화를 사모하는 데에 부끄러움이 없사오리까.

– 『조선왕조실록』, 훈민정음 창제에 반대하는 최만리 등의 상소문

(1) 위 글에 나타난 당대 사대부들의 문화 이해 태도를 쓰시오.

(   )

(2) (1)의 태도가 갖는 문제점을 <u>한 가지</u>만 서술하시오.

____

단원 종합 문제로 만점 완성하기

338

난이도 상

(가) 국가를 지도의 A~E에서 고른 것은?

나시고렝(nasi goreng)은 볶음밥으로, '나시(nasi)'는 '밥'을, '고렝(goreng)'은 기름에 볶다, 튀기다를 뜻한다. 나시고렝은 （가） 의 국민 음식 가운데 하나로 여겨지며, 미국 한 방송사에서 진행한 인기투표에서 세계에서 가장 맛있는 음식 2위로 선정된 바 있다. 덥고 습한 기후에서 밥을 오래 보관하기 위해 만들어진 음식으로, 지금은 전 세계적으로 사랑받고 있다.

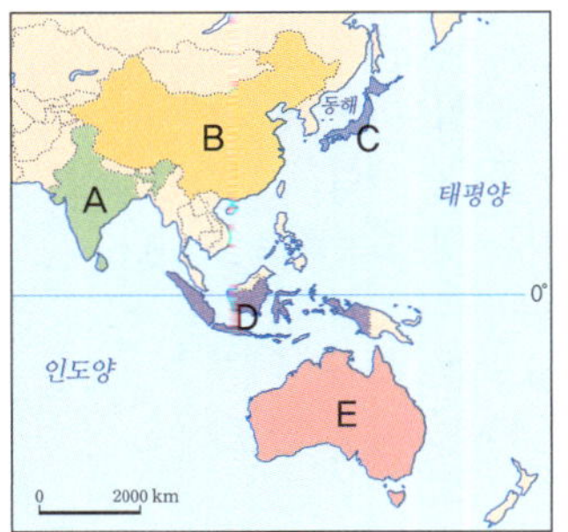

① A
② B
③ C
④ D
⑤ E

339

다음은 어느 국가의 화폐를 나타낸 것이다. 이 국가가 속한 문화권을 지도의 (가)~(마)에서 고른 것은?

돔형 지붕과 미너렛이라고 불리는 첨탑으로 이루어진 사원이 있으며, 피라미드와 여성 파라오 핫셉수트의 모습이 담겨 있다. 화폐의 단위는 영국과 같은 '파운드'를 사용하고 있다.

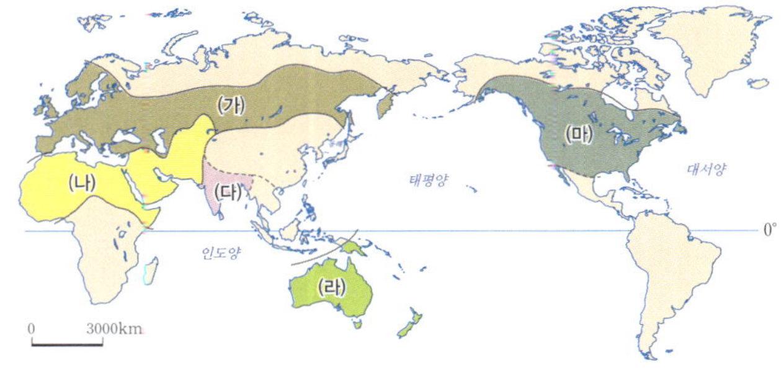

① (가)　　② (나)　　③ (다)　　④ (라)　　⑤ (마)

340

난이도 상

교사의 질문에 대한 학생의 대답으로 가장 적절한 것은?

① 갑: 산업 혁명이 시작된 나라를 포함합니다.
② 을: 원주민과 백인 간 혼혈 인구가 많습니다.
③ 병: 세계 경제의 중심지인 뉴욕이 위치합니다.
④ 정: 크리스트교와 이슬람교가 기원한 곳입니다.
⑤ 무: 직선 형태의 국경선을 흔히 볼 수 있습니다.

341

다음 자료의 (가), (나)가 위치한 문화권에 대한 설명으로 옳은 것은? (단, 아메리카 문화권은 라틴 아메리카 문화권과 앵글로아메리카 문화권으로 구분함.)

(가)

가톨릭 신자의 비율이 높은 이 도시에는 거대 예수상이 서 있다.

(나)

검은 머리에 갈색 피부를 가진 성모상이 그려진 성당이 있다.

① 혼합 농업과 낙농업이 발달하였다.
② 에스파냐어와 포르투갈어를 주로 사용한다.
③ 주민들은 부족 중심의 공동체 생활을 한다.
④ 애버리지니, 마오리족 등의 원주민이 거주한다.
⑤ 동물의 털이나 가죽으로 두꺼운 옷을 만들어 입는다.

342

(가) 국가에 대한 설명으로 옳은 것만을 　보기　에서 고른 것은?

채소, 고기, 치즈 등 다양한 재료에 향신료를 넣고 끓인 커리와 밀가루 반죽을 발효시킨 뒤 화덕에서 구운 전통 빵인 난은 　(가)　를 대표하는 요리이다. 　(가)　 사람들은 갠지스강을 신성하게 여긴다.

보기

ㄱ. 동남아시아 문화권에 속한다.
ㄴ. 주민의 대부분이 불교를 믿는다.
ㄷ. 식사 때 손을 이용하는 수식 문화권에 속한다.
ㄹ. 히말라야산맥을 경계로 중국과 국경을 접하고 있다.

① ㄱ, ㄴ 　② ㄱ, ㄷ 　③ ㄴ, ㄷ
④ ㄴ, ㄹ 　⑤ ㄷ, ㄹ

343

(가)와 (나)에 해당하는 문화 변동의 차이를 설명할 수 있는 질문으로 가장 적절한 것은?

(가) 갑국에서는 을국과 교류가 활발해짐에 따라 왕실과 귀족층을 중심으로 '○○풍' 이라고 불리는 을국 문화가 널리 유행하였다. 남자들은 갑국의 전통 머리 모양 대신 을국의 변발을 하였고, 을국의 의복이 기존 갑국의 의복을 대체하였다. 을국의 방식을 따라서 갑국의 여자들은 머리에 족두리를 하였고, 혼인하는 신부는 볼에 연지를 찍었다.

(나) 멕시코에서는 에스파냐에 의해 가톨릭교가 전해졌으나 원주민들은 여전히 토착 신앙을 숭배하였다. 가톨릭 교단은 토착 신앙과 조화를 이루려 애썼고 과달루페 성모상에는 이러한 노력이 반영되어 있다. 과달루페 성모상은 기존 가톨릭의 성모 마리아상과 달리 검은 머리에 갈색 피부를 갖고 있으며, 남미 전통 의상을 입은 원주민의 모습을 하고 있다.

① 자기 문화 고유의 정체성이 유지되었는가?
② 강제적으로 외부의 문화 요소를 수용하였는가?
③ 외재적 요인에 의해 문화 변동이 발생하였는가?
④ 비교적 단기간 내에 문화 변동이 발생하였는가?
⑤ 매개체를 통해 다른 사회의 문화 요소가 전파되었는가?

344

다음 자료에 대한 설명으로 옳은 것은? (단, A~C는 각각 발명, 직접 전파, 자극 전파 중 하나이다.)

(가) '문화 변동의 외재적 요인인가?'라는 질문으로 A와 C를 구분할 수 없고, '자국 내에서 새로운 문화 요소를 만들어 내는가?'라는 질문으로는 B와 C를 구분할 수 없다.
(나) 갑(甲)국은 을(乙)국과 전쟁을 하던 중 을국의 튼튼한 성을 보고 아이디어를 얻어 독특한 축성 기술을 개발하였다. 이후 이 기술은 갑국에서 성을 쌓는 데 널리 활용되었다.
(다) 병(丙)국에서는 서적을 통해 정(丁)국의 면 제조 기술이 전해진 후 정국의 면 제조 기술에 병국의 발효 기술이 더해진 새로운 면 요리가 개발되어 병국의 음식 문화로 자리 잡았다.

① 갑국에서는 A로 인한 문화 변동이 나타났다.
② 병국에서는 C로 인한 문화 변동이 나타났다.
③ 갑국과 달리 병국에서는 B로 인한 문화 변동이 나타났다.
④ 갑국에서는 강제적 문화 접변이 나타났다.
⑤ 갑국과 병국 모두 외재적 변동이 나타났다.

345

다음 그림은 문화 접변의 결과를 구분하기 위한 도식이다. 이에 대한 설명으로 옳은 것은? (단, A~C는 각각 문화 동화, 문화 병존, 문화 융합 중 하나이다.)

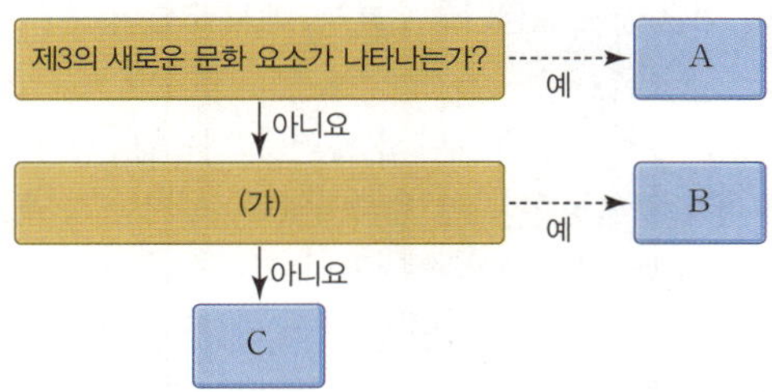

① A는 자기 문화의 요소가 완전히 사라지는 것이다.
② B가 '문화 병존'이라면, (가)에 '사라지는 문화 요소도 없고 새롭게 창조되는 문화 요소도 없는가?'가 들어갈 수 있다.
③ C가 '문화 동화'라면, (가)에 '사회 구성원들에게 정체성의 혼란을 초래하고 문화적 다양성이 훼손되는 문제가 발생할 수 있는가?'가 들어갈 수 있다.
④ (가)가 '자기 문화의 기존 정체성을 상실하는가?'라면 B의 사례로 우리나라 절에 있는 산신각을 들 수 있다.
⑤ (가)가 '두 문화 요소가 나란히 존재하는 현상인가?'라면, C의 사례로 아메리카의 나바호(Navajo)족이 에스파냐의 문화 요소를 받아들여 그들 고유의 문화 속에 독자적인 방식으로 통합한 사례를 들 수 있다.

단원 종합 문제로 만점 완성하기

346

난이도 상

다음 그림에 대한 옳은 설명만을 보기 에서 고른 것은? (단, A~C는 각각 문화 동화, 문화 병존, 문화 융합 중 하나이다.)

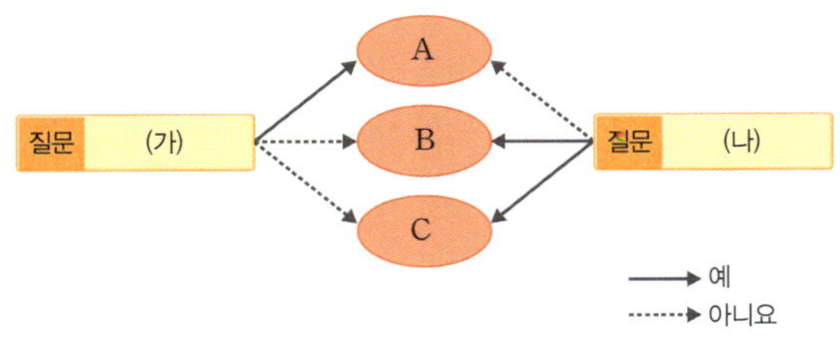

보기

ㄱ. (가)가 '기존과 다른 새로운 문화가 만들어집니까?'라면 B는 문화 융합이 될 수 있다.
ㄴ. (나)가 '전통문화의 정체성이 유지됩니까?'라면 A는 문화 동화이다.
ㄷ. (나)에는 '전통문화를 바탕으로 외래문화를 해석하여 재구성한 결과입니까?'가 들어갈 수 없다.
ㄹ. A가 문화 동화라면 (가)에는 '문화 다양성의 약화를 초래합니까?'가 들어갈 수 없다.

① ㄱ, ㄴ 　② ㄱ, ㄷ 　③ ㄴ, ㄷ
④ ㄴ, ㄹ 　⑤ ㄷ, ㄹ

347

다음 사례에 대한 옳은 설명만을 보기 에서 고른 것은?

한국전쟁 직후 미군 부대에서 흘러나오는 햄, 소시지, 베이컨 등의 식재료는 당시 귀한 음식이었다. 하지만 그냥 먹기에는 우리의 입맛에 맞지 않아 김치나 고추장과 떡, 신선한 채소를 넣어 얼큰하고 시원하게 끓여 먹던 것이 부대찌개의 유래이다. 한국을 방문하는 외국인들 중에서도 부대찌개의 맛에 반해 즐겨먹는 사람들이 생길 정도로 부대찌개는 많은 사람들에게 큰 인기를 얻고 있다.

보기

ㄱ. 부대찌개의 일부 재료는 직접 전파되었다.
ㄴ. 부대찌개는 문화 융합의 사례로 볼 수 있다.
ㄷ. 부대찌개는 강제적 문화 접변에 의해 나타나게 되었다.
ㄹ. 부대찌개를 즐겨먹는 외국인의 사례는 문화 동화에 해당한다.

① ㄱ, ㄴ 　② ㄱ, ㄷ 　③ ㄴ, ㄷ
④ ㄴ, ㄹ 　⑤ ㄷ, ㄹ

348

난이도 상

다음 그림은 문화 변동 요인 A~E를 구분한 것이다. 이에 대한 설명으로 옳은 것은? (단, A~E는 각각 발견, 발명, 간접 전파, 자극 전파, 직접 전파 중 하나이다.)

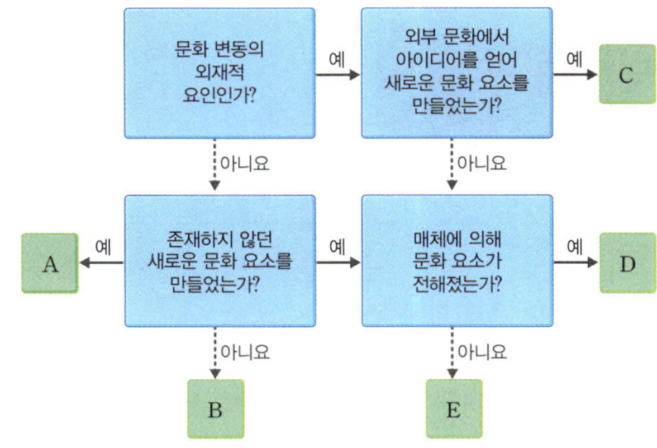

① 바이러스의 존재를 확인한 것은 A의 사례이다.
② 종이를 창조한 것은 B의 사례이다.
③ 한자에서 아이디어를 얻어 이두 문자를 만든 것은 C의 사례이다.
④ 중국에 사신으로 갔던 문익점이 목화씨를 가져온 것은 D의 사례이다.
⑤ C, D, E는 모두 강제적 문화 접변에 의해서 나타난다.

349

다음 자료에 대한 설명으로 옳지 **않은** 것은?

전통문화는 한 사회의 문화 정체성을 표현하고 다음 세대에도 그 문화가 이어지도록 한다. 전통문화에는 그 사회의 가치가 담겨 있고 세대를 이어 사회 구성원에게 전해지면 문화 정체성도 유지할 수 있다. 또한 전통문화는 사회 구성원의 유대를 강화하고 사회를 통합하는 데 중요한 역할을 한다. 그 밖에도 다양한 전통문화가 공존하면 인류 문화의 다양성이 증진될 뿐 아니라 문화 산업 육성에 이바지할 수 있다.

① 전통문화는 새로운 문화 콘텐츠 개발의 원천으로 활용될 수 있다.
② 전통문화는 세대 간 가치 전달과 사회의 고유성 유지에 기여한다.
③ 전통문화는 특정 사회에서 장기간 이어져 온 독특한 문화적 특성을 지닌다.
④ 전통문화 공유는 사회 구성원들 사이의 결속력을 증진시키는 효과가 있다.
⑤ 전통문화의 보존은 각 사회의 고유한 특성을 강화하여 세계적으로 문화의 획일화를 촉진한다.

350

다음 글에서 강조하고 있는 전통문화의 발전 방안으로 가장 적절한 것은?

> 전통문화가 사라진다는 것은 한 사회의 세대 간 단절뿐만 아니라 정체성 약화를 의미한다. 전통문화가 현대에서도 의미를 가지려면 조선 시대 실학자 박지원이 "옛것에만 매달리면 때 묻을 염려가 있고 새로운 것의 창조에만 매달리면 근거가 없어 위험하다."라며 법고창신(法古創新)을 주장하였듯이 전통문화를 새롭게 발전시키기 위해 노력할 필요가 있다.

① 전통문화를 원형 그대로 유지해야 한다.
② 전통문화를 창조적으로 계승하고 발전시켜야 한다.
③ 타문화에 대한 전통문화의 우월성을 강조해야 한다.
④ 이질적인 외래문화를 수용하여 다양성을 강화해야 한다.
⑤ 전통문화의 상업적 요소를 배제하고 예술성을 강화해야 한다.

351

다음 그림은 문화 이해의 태도를 구분한 것이다. A~C에 대한 옳은 설명만을 [보기]에서 고른 것은? (단, A~C는 각각 자문화 중심주의, 문화 사대주의, 문화 상대주의 중 하나이다.)

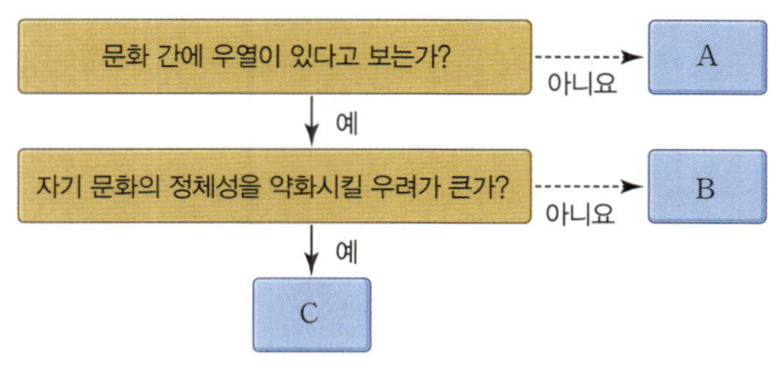

보기

ㄱ. A는 문화의 다양성을 보존하는 데 기여할 수 있다.
ㄴ. A와 달리 B는 문화 제국주의의 모습으로 나타날 수 있다.
ㄷ. 티벳 사람들이 모자를 벗고 혀를 길게 내밀어 인사하는 문화를 보고 기괴하거나 우스꽝스럽다고 생각하는 것은 C의 사례로 볼 수 있다.
ㄹ. A는 국가 간 문화 이해와 협력에 장애가 되어 국제적 고립을 초래할 수 있다.

① ㄱ, ㄴ ② ㄱ, ㄷ ③ ㄴ, ㄷ
④ ㄴ, ㄹ ⑤ ㄷ, ㄹ

352

(가)~(다)의 사례로 설명할 수 있는 문화 이해 태도를 옳게 짝 지은 것은?

> (가) 같은 옷이라도 영어로 표기하면 더 비싸게 인식되는 소비자들의 반응 결과가 나타났다. 소비자들은 '편한 검정 면 바지'보다는 '블랙 코튼 이지 팬츠'를, 또 그보다는 'black cotton easy pants'의 가격을 더 높게 평가하였다.
>
> (나) 과거 중국인들은 자기 민족이 살고 있는 곳을 세계의 중심이라고 믿고, 주변의 민족을 오랑캐라고 부르면서 비하하였다.
>
> (다) ○○ 부족은 가족이 죽으면 장례 비용을 마련할 때까지 오랫동안 시신을 집안에 두었다가 나중에 매장하는 풍습이 있다. 이러한 풍습은 시신이 잘 썩지 않는 □□ 지역의 자연적 조건과 장례를 성대하게 치를수록 내세에 더 좋은 곳으로 간다는 ○○ 부족의 믿음에서 비롯된 것으로 이해할 수 있다.

	(가)	(나)	(다)
①	문화 사대주의	문화 상대주의	자문화 중심주의
②	문화 사대주의	자문화 중심주의	문화 상대주의
③	자문화 중심주의	문화 상대주의	문화 사대주의
④	자문화 중심주의	문화 사대주의	문화 상대주의
⑤	문화 상대주의	자문화 중심주의	문화 사대주의

353

갑의 문화 이해의 태도에 대한 비판으로 가장 적절한 것은?

> 전족은 어린 여자아이의 발가락을 꺾어 발바닥에 붙여 하나로 뭉친 뒤, 발을 천으로 꽁꽁 동여매 일정 크기 이상으로 자라는 것을 막는 중국의 풍습을 말한다. 이러한 풍습에 대해 갑은 모든 문화는 그 사회의 환경과 맥락에서 만들어진 문화이므로 함부로 비난해서는 안 된다고 주장한다.

① 다른 사회의 문화를 배척해서는 안 된다.
② 각 문화가 갖는 특수성을 고려해야 한다.
③ 보편 윤리를 통해 극단적 문화 상대주의를 경계해야 한다.
④ 모든 문화는 고유한 의미와 가치를 가지므로 존중해야 한다.
⑤ 무분별하게 외부 문화를 수용할 경우 자기 문화의 정체성을 상실할 수 있다.

354

갑과 을이 가진 문화 이해 태도에 대한 옳은 설명만을 《보기》에서 고른 것은?

> 갑: 문화를 바르게 이해하려면 문화의 가치를 평가할 수 있다는 생각부터 버려야 해. 모든 문화는 무조건 존중되어야 하거든.
> 을: 해당 사회의 입장을 배제하고 문화를 흑-부로 평가해서는 안 된다는 주장에는 동의해. 하지만 인간의 존엄성이나 생명을 침해하는 문화는 존중받을 가치가 없어.

《 보기 》

ㄱ. 갑의 주장은 극단적 문화 상대주의를 옹호하는 근거가 될 수 있다.
ㄴ. 을의 태도는 문화 상대주의 자체를 부정한다.
ㄷ. 을의 태도는 보편 윤리를 통해 각 문화를 비판적으로 성찰할 것을 강조한다.
ㄹ. 을과 달리 갑의 태도는 문화와 그것이 발생한 맥락을 관련시켜 이해하는 것을 중시한다.

① ㄱ, ㄴ ② ㄱ, ㄷ ③ ㄴ, ㄷ
④ ㄴ, ㄹ ⑤ ㄷ, ㄹ

▼최다 오답

355

다음은 사회 수업 시간에 학생이 작성한 형성 평가지이다. 이 학생이 받을 점수로 옳은 것은?

> **형성 평가**
> 다음 사례에 나타난 문화 이해의 태도에 대한 설명이 맞으면 ○표, 틀리면 ×표를 하시오.
>
> > 같은 옷이라도 우리말인 '줄무늬 바지' 보다는 영어인 '스트라이프 팬츠'로 표기하는 것이 더 세련되고 고급스럽다고 인식한다.

문항 번호	설명	학생 응답
1	문화를 평가의 대상으로 본다.	○
2	자기 문화의 주체성을 높이는 데 유리하다.	×
3	각 사회의 문화는 그 사회의 맥락에서 이해해야 한다고 본다.	×
4	국수주의를 초래할 가능성이 높다.	×
5	타문화 수용에 대하여 소극적이다.	○

(각 문항당 1점)

① 1점 ② 2점 ③ 3점 ④ 4점 ⑤ 5점

356

난이도 **상**

갑과 을이 가진 관점에 대한 설명으로 옳은 것은?

> 갑: 다문화 사회를 이루기 위해서는 서로 다른 문화를 융합하여 새로운 하나의 문화로 발전시킬 필요가 있어.
> 을: 모든 집단이 자신의 문화가 가진 고유한 정체성을 보존할 수 있도록 보장해야 바람직한 다문화 사회를 이룰 수 있어.

① 갑은 주류 집단 문화로 소수 집단 문화를 동화시켜야 한다고 본다.
② 갑은 서로 다른 문화의 보존이 다문화 사회에서 사회 통합을 이루기 위한 필수 조건이라고 본다.
③ 을은 다문화 사회에서는 문화 다양성을 보장해야 한다고 본다.
④ 을은 이민자들의 문화를 우리의 문화로 동화시키는 것이 필요하다고 본다.
⑤ 갑은 샐러드 볼 정책, 을은 용광로 정책을 지지하고 있다.

357

다음은 다문화 사회에 대한 대응 방안과 관련된 글이다. (가)와 (나)에 대한 옳은 설명만을 《보기》에서 고른 것은?

> ☐ (가) ☐ 관점에서는 이주해 온 다양한 특성을 지닌 사람들을 기존의 주류 사회 문화에 동화시키거나 융합시키고자 한다. 한편, ☐ (나) ☐ 관점에서는 사회 내에서 다양성을 유지하고, 집단 간 차이를 존중하며, 모든 구성원이 독특한 정체성을 유지하면서 사회 활동에 참여할 수 있는 권리를 중시한다.

《 보기 》

ㄱ. (가)는 소수 집단 문화의 가치를 경시할 우려가 있다.
ㄴ. (나)는 문화 공존에 긍정적이다.
ㄷ. (가)는 (나)와 달리 단일한 문화 정체성 형성에 불리하다.
ㄹ. (나)는 (가)와 달리 사회 통합 실현에 유리하다.

① ㄱ, ㄴ ② ㄱ, ㄷ ③ ㄴ, ㄷ
④ ㄴ, ㄹ ⑤ ㄷ, ㄹ

358

다음 자료를 보고 물음에 답하시오.

▲ 제우스에게 납치된 유로파의 모습　　▲ 크로아티아의 영토 모습　　▲ 교황 요한 바오로 2세의 모습

　세 동전이 사용되는 지역은 모두 동일한 문화권에 속해 있으며, 동일한 화폐 단위를 사용하고 있다. 이 문화권의 다양한 국가들은 각자의 고유한 역사와 문화를 동전 디자인에 반영하고 있다.

(1) 동전이 사용되고 있는 문화권의 이름을 쓰시오.

(　　　　　　)

(2) 세 동전의 화폐 단위 명칭이 동일하다고 할 때, 그 까닭을 '통합'이라는 단어를 포함하여 서술하시오.

359

난이도 상

다음 자료를 읽고 물음에 답하시오.

　　(가) 를 믿는 세계 신자 수는 2015년 18억 명에서 2060년에는 약 30억 명으로 70% 이상 증가할 것으로 예상된다. 이들은 '쿠란'을 삶의 지침으로 삼아 살아가는데, 이러한 절대적 삶의 지침은 그들의 음식 문화에 그대로 영향을 주었다. 쿠란 6장 145절에서는 "죽은 동물, 피 흘리는 동물, 돼지 등 불결한 것을 먹어서는 안 된다."라고 규정하며, 먹을 수 있도록 허용된 (나) 식품과 허용되지 않은 하람 식품을 구분하고 있다.

(1) (가), (나)에 들어갈 내용을 쓰시오.

(가): (　　　　　　), (나): (　　　　　　)

(2) 우리나라 식품 기업의 입장에서 (나)의 중요성에 대해 서술하시오.

360

다음 자료를 읽고 물음에 답하시오.

　(가) 문자가 없던 아메리카의 체로키족은 백인에게서 전파된 알파벳에 자극을 받아 체로키 문자를 만들었다.
　(나) 재즈는 미국 흑인이 즐기던 아프리카 음악의 감각에, 유럽 전통 음악인 행진곡과 같은 멜로디와 금관 악기 연주 기법 등이 결합한 것이다. 그래서 유럽의 전통 음악과 달리, 재즈는 리듬감의 활용, 그에 따른 즉흥 연주, 연주자의 개성을 살린 연주 등 흑인 음악의 요소가 나타난다.

(1) (가), (나)에 해당하는 문화 변동의 유형을 쓰시오.

(가): (　　　　　　), (나): (　　　　　　)

(2) (가), (나)에 해당하는 문화 변동의 공통점과 차이점을 서술하시오.

361

다음 자료를 읽고 물음에 답하시오.

　이라크의 한 유명 여성 영상 창작자는 자신의 일상을 동영상 플랫폼에 올려 많은 구독자를 확보하며 인기를 끌었다. 가족을 떠나 타국에서 살던 그녀가 이라크를 다시 찾았는데 가족은 그녀를 납치한 뒤 목숨을 빼앗았다. 그녀의 아버지는 "수치스러움을 씻어 내기 위해 딸을 죽였다."라고 진술하였다. 이 죽음에 이라크 사회는 이슬람권에 남아있는 악습인 명예 살인을 규탄하였다. 명예 살인은 일부 보수적인 이슬람 사회에서 집안의 명예를 실추시켰다는 이유로 가족 구성원을 죽이는 관습이다. 이에 일각에서는 ㉠ 이러한 풍습조차 존중과 이해의 대상으로 여겨야 한다고 주장하고 있다.

(1) ㉠에 해당하는 문화 이해의 태도를 쓰시오.

(　　　　　　)

(2) 보편 윤리의 관점에서 ㉠을 반박하는 주장을 서술하시오.

생활공간과 사회

아침나라	지학사	창비	천재교과서
1. 산업화 및 도시화와 우리 생활	1. 산업화와 도시화에 따른 변화	1. 산업화와 도시화에 따른 변화와 문제점의 해결 방안	1. 산업화·도시화에 따른 변화
2. 교통·통신 및 과학 기술의 발달과 우리 생활 ~ 3. 우리 지역의 공간 변화	2. 교통·통신 및 과학기술의 발달에 따른 변화 ~ 3. 우리 지역의 변화와 지역 문제 해결	2. 교통·통신과 과학기술의 발달에 따른 변화와 문제점 ~ 3. 우리 지역의 공간 변화	2. 교통·통신 및 과학기술의 발달에 따른 변화 ~ 3. 우리 지역의 공간 변화

07 산업화와 도시화에 따른 변화

1 산업화와 도시화에 따른 변화

1 산업화와 도시화

(1) 산업화 자료❶

의미	농업 중심의 사회가 공업, 서비스업 중심의 사회로 변화하는 과정
★ 우리나라의 산업화	1960년대에는 1차 산업 중심의 사회였으나, 이후 2차 산업과 3차 산업의 비율 증가

(2) 도시화 자료❶

의미	전체 인구 중에서 도시에 거주하는 인구의 비율이 증가하고 도시적 생활 양식이 확산되는 현상
★ 우리나라의 도시화	1960년대 이후 산업화와 함께 이촌 향도 현상이 나타나면서 빠르게 진행됨

★ 2 산업화와 도시화에 따른 생활 공간의 변화 자료❷

지역 분화	도시 내부가 접근성에 따라 상업·업무 지역, 주거 지역, 공업 지역 등으로 분화됨
집약적 토지 이용	많은 사람과 기능이 집중됨 → 한정된 공간을 효율적으로 이용하기 위해 고층 건물과 아파트가 등장함
대도시권 형성	대도시의 인구과 기능이 주변 지역으로 확대되어 대도시와 주변 지역이 하나의 생활권을 이룸
생태환경의 변화	콘크리트, 아스팔트로 덮인 시가지 면적 증가, 농지 면적 감소와 불투수 면적 증가 → 생물 종 다양성 감소, 토양의 빗물 흡수 능력 저하에 따른 홍수 위험성 증가

★ 3 산업화와 도시화에 따른 생활 양식의 변화 자료❸

직업의 변화	새로운 직업들이 등장하고, 같은 직종 내에서도 직무가 세분화·전문화 됨 → 도시인 간의 이질성 증가
도시성의 확산	효율성과 합리성을 추구하고 익명성을 띠는 도시적 생활 양식인 도시성이 보편화됨
생활 수준 향상	대중교통 수단의 발달과 다양한 상업·여가 시설의 확충으로 도시에서의 생활이 편리해짐
개인주의 가치관의 확산	핵가족과 1인 가구의 비중 증가 → 공동체보다 개인을 강조하는 경향이 커짐

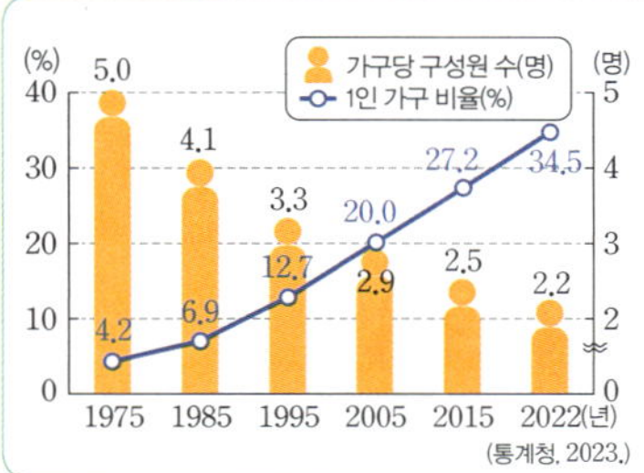

자료 분석 산업화와 도시화로 개인의 가치와 성취, 자유와 권리를 중요시하는 개인주의 가치관이 확산되었다. 또한 보편적인 가족의 형태가 대가족에서 핵가족으로 변화하였으며, 1인 가구의 비중이 점차 증가하고 있다.

2 산업화와 도시화에 따른 문제점과 해결 방안

★ 1 산업화와 도시화에 따른 문제

(1) 주택 문제: 인구 밀집 및 주택 수요의 증가로 주택 부족, 집값 상승, 불량 주택 지역(슬럼) 형성 등의 문제 발생

(2) 교통 문제: 교통량 증가와 교통 시설 부족으로 인한 교통 혼잡, 주차난, 교통사고 증가 등의 문제 발생

(3) 환경 문제

수질 오염	산업 폐수, 생활 하수의 배출 증가
토양 오염	산업 폐기물, 생활 쓰레기의 배출 증가
대기 오염	공장 매연, 자동차 배기가스의 배출 증가, 스모그 현상 초래
열섬 현상	도심의 온도가 주변보다 높게 나타나는 현상

(4) 사회 문제

노동 문제	• 실업, 노사 갈등 발생 • 생산 과정의 자동화로 인간 소외 현상이 발생함
이기주의의 확산	• 주변 사람과의 소통 감소, 타인의 삶에 무관심 • 물질적 가치와 경쟁을 강조하는 사회 구조 → 자신의 이익을 우선으로 추구하는 경향이 강해짐
촌락의 쇠퇴	농어촌 인구가 도시로 이동하면서 촌락에는 빈집이 늘어나고 생활 기반 시설이 부족해짐 → 생활 여건의 악화

2 산업화와 도시화에 따른 문제의 해결 방안

(1) 사회적 차원의 해결 방안 자료❹

주택 문제	• 신도시 건설 • 환경과 조화를 이루는 도시 재개발 사업 추진
교통 문제	• 공영 주차장 확대 등 주차 공간 확보 • 대중교통 수단 및 도로 확충 등 교통 체계 개편
환경 문제	• 생태 환경 복원 노력 • 오염 물질 배출 규제 제도 마련, 친환경적인 도시 개발 계획 수립
사회 문제	• 소외 계층을 위한 사회 복지 제도 강화 • 고용 보험, 비정규직 보호법, 최저 임금제 등의 제도 마련

(2) 개인적 차원의 해결 방안

① 환경 문제: 쓰레기 분리배출, 자원 절약, 대중교통 이용의 생활화등 실천

② 인간 소외 문제: 지나친 개인주의적 태도 지양, 공동체 의식 및 연대 의식 함양, 인간의 존엄성 존중 및 타인에 대한 배려 생활화

다음 자료에 대한 설명이 옳으면 ○표, 틀리면 ×표를 하시오.

자료 **①** 우리나라의 산업화와 도시화

동아, 리베르, 미래엔, 비상, 아침나라, 지학사, 창비, 천재

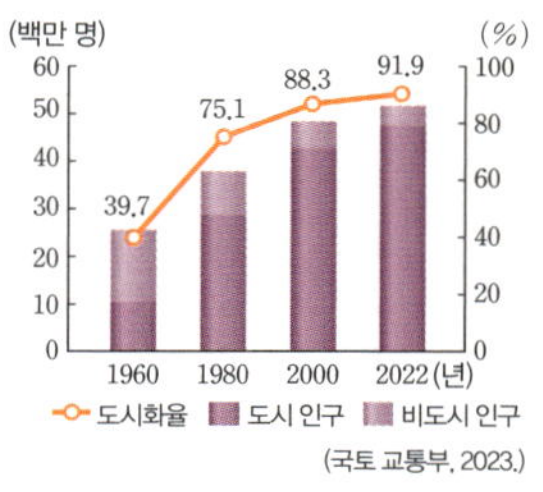

▲ 우리나라 도시화율 변화

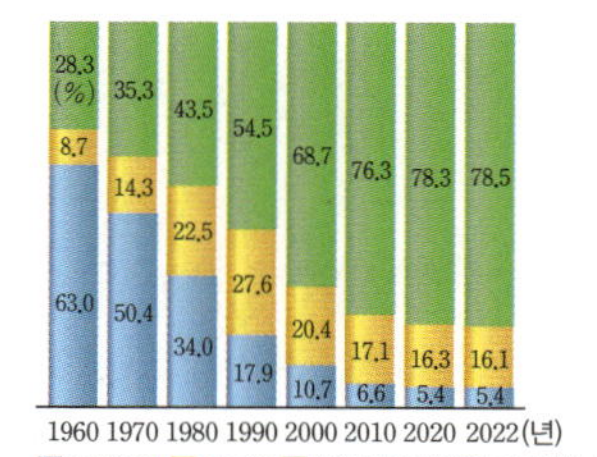

▲ 우리나라 산업 구조의 변화

362 우리나라는 1960년에 1차 산업 종사자 비율이 60% 이상이다. ○/✕

363 우리나라는 1960년대 이후 빠른 속도로 산업화가 진행되었다. ○/✕

364 산업화가 진행될수록 도시화율도 감소한다. ○/✕

365 우리나라는 현재 2·3차 산업보다 1차 산업의 비율이 높다. ○/✕

자료 **②** 산업화와 도시화에 따른 생활 공간의 변화

비상, 천재

	1977년	2022년	
임야	65,660km²	63,427km²	3.4% 감소
논밭	22,144km²	18,487km²	16.5% 감소
대지	1,760km²	3,342km²	89.9% 증가
도로	1,612km²	3,453km²	114% 증가

(국토 교통부, 각 년도)

▲ 우리나라의 토지 이용 변화

366 1977~2022년에 촌락적 토지 이용의 면적은 증가하였다. ○/✕

367 1977~2022년에 대지는 도로보다 많이 증가하였다. ○/✕

368 1977년에 비해 2022년의 교통 혼잡 비용을 증가하였을 것이다. ○/✕

369 1977~2022년의 토지 이용 변화는 산업화와 도시화의 영향 때문이다. ○/✕

자료 **③** 도시적 생활 양식

동아, 리베르, 미래엔, 비상, 아침나라, 지학사, 창비, 천재

도시에 거주하는 사람들은 촌락과는 다른 독특한 생활 양식을 가지고 있으며, 이를 도시성이라고 한다. 산업화는 삶을 한층 더 풍요롭게 만들었다. 특히 도시는 다양한 출신 지역, 가치관, 소득 수준을 가진 많은 사람들이 함께 어우러져 살면서, 그들의 생활 방식 또한 매우 다양해졌다.

370 도시성은 개인보다 공동체를 강조한다. ○/✕

371 도시성은 합리성과 효율성을 추구한다. ○/✕

372 도시화로 개인 간 경쟁보다 협력이 확대되었다. ○/✕

373 산업화와 도시에 거주하는 사람들은 주로 1차적인 인간관계를 맺는다. ○/✕

자료 **④** 공동체 주택

지학사, 천재

최근 이웃 간 소통과 교류를 늘리고 지역 사회를 활성화하기 위한 방안으로 '공동체 주택'이 주목받고 있다. 공동체 주택은 개인이 독립적으로 생활하면서도, 함께 사용하는 커뮤니티 공간을 갖춘 새로운 주거 형태다. 입주자들은 규칙을 정하고 생활 문제를 함께 해결한다. 특히, 주거난이 심화되는 상황에서, 공동체 주택은 대안적 주거 형태로 주목받고 있다.

374 산업화와 도시화로 이웃 간의 소통과 교류가 줄어들었다. ○/✕

375 공동체 주택은 인간 소외 현상을 완화하는 장점이 있다. ○/✕

376 공동체 주택으로 주민들 간의 유대감이 더욱 약화될 것이다. ○/✕

377 도시 지역의 주거난이 심해지면서 공동체 주택에 대한 선호도가 높아지고 있다. ○/✕

산업화와 도시화의 특징

378

(가), (나)에 해당하는 용어를 옳게 짝 지은 것은?

> (가) 란 농업 중심의 사회가 공업과 서비스업 중심의 사회로 변화해 가는 현상을 말한다. 이 과정에서 경제 활동의 기회가 더 많은 도시로 인구가 이동하면서 (나) 가 빠르게 진행된다. 이와 같은 (가) 와 (나) 에 따라 인간의 거주 공간과 생태 환경에는 많은 변화가 나타난다.

	(가)	(나)		(가)	(나)
①	교외화	도시화	②	도시화	교외화
③	도시화	산업화	④	산업화	교외화
⑤	산업화	도시화			

379

우리나라의 산업화와 도시화로 나타난 변화로 옳은 것만을 보기 에서 고른 것은?

> **보기**
> ㄱ. 경지 면적이 감소하였다.
> ㄴ. 도로 길이가 감소하였다.
> ㄷ. 대지 면적이 증가하였다.
> ㄹ. 임야 면적이 증가하였다.

① ㄱ, ㄴ ② ㄱ, ㄷ ③ ㄴ, ㄷ
④ ㄴ, ㄹ ⑤ ㄷ, ㄹ

380

㉠의 영향으로 옳지 않은 것은?

> ㉠ (이)란 농업 중심의 사회가 공업·서비스업 중심의 사회로 변화는 과정이다.

① 인구가 급격히 증가하였다.
② 공장제 기계 공업이 등장하였다.
③ 상품의 대량 생산이 가능해졌다.
④ 산업화 이전보다 생활 수준이 전반적으로 향상되었다.
⑤ 대부분의 인구가 농경이 유리한 곳에 거주하게 되었다.

고빈출
381

유목이 이루어지는 지역에서 다음과 같은 사람이 증가할 때 나타날 변화로 옳은 것은?

① 도시화율이 감소한다.
② 이촌 향도 현상이 감소한다.
③ 직업이 분화되고 전문성이 증가한다.
④ 개인보다는 공동체를 강조하는 경향이 커진다.
⑤ 1차 산업에 종사하는 사람들의 비율이 증가한다.

382

(가)~(다)에 들어갈 말을 옳게 짝 지은 것은?

> 공업과 서비스업은 비교적 좁은 공간에서 이루어지므로 도시의 인구 밀도가 매우 [(가)]. 이와 동시에 제한된 공간을 효율적으로 이용하기 위해 고층 건물이 들어서는 등 토지 이용이 [(나)]으로 이루어지고, 시가지의 면적도 [(다)]. 이처럼 산업화와 도시화에 따라 인간의 거주 공간과 생태 환경에는 많은 변화가 나타난다.

	(가)	(나)	(다)
①	낮아진다	조방적	넓어진다
②	낮아진다	집약적	좁아진다
③	높아진다	조방적	넓어진다
④	높아진다	집약적	좁아진다
⑤	높아진다	집약적	넓어진다

383

다음 그래프는 우리나라의 산업별 종사자 비율 변화를 나타낸 것이다. 이에 대한 추론으로 옳지 **않은** 것은?

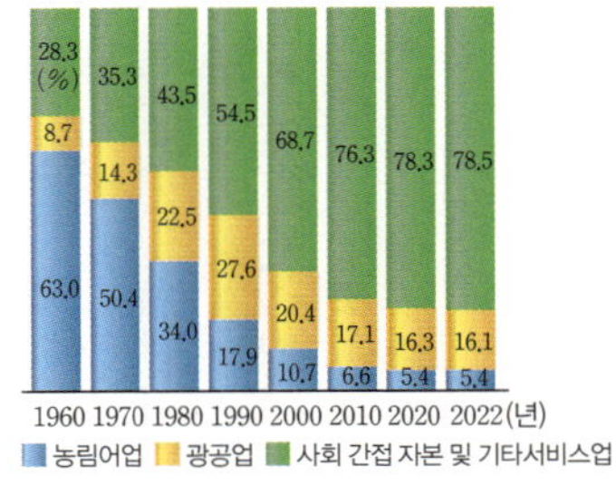

① 도시화율이 높아졌을 것이다.

② 녹지 면적이 감소하였을 것이다.

③ 포장 면적이 증가하였을 것이다.

④ 2차적 인간관계가 감소하였을 것이다.

⑤ 아파트와 같은 공동 주택이 등장하였을 것이다.

384

다음 그래프는 토지 이용 변화를 나타낸 것이다. 이에 대한 옳은 설명만을 〈 보기 〉에서 고른 것은? (단, (가), (나)는 1975년, 2020년 중 하나임.)

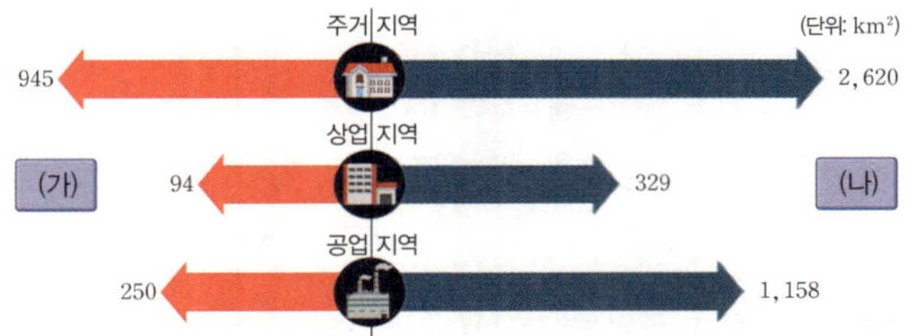

* 도시 지역의 토지 이용을 용도 지역을 기준으로 주거 지역, 상업 지역, 공업 지역으로 세분화한 것임.

> **보기**
>
> ㄱ. (가)는 1975년, (나)는 2020년이다.
> ㄴ. (가) 시기는 (나) 시기보다 자동차 등록 대수가 많다.
> ㄷ. (나) 시기는 (가) 시기보다 우리나라의 전체 아파트 수가 많다.
> ㄹ. 토지 이용 변화의 원인으로 포장 면적의 감소를 들 수 있다.

① ㄱ, ㄴ　　　② ㄱ, ㄷ　　　③ ㄴ, ㄷ

④ ㄴ, ㄹ　　　⑤ ㄷ, ㄹ

385

다음 글에서 파악할 수 있는 내용만을 〈 보기 〉에서 고른 것은?

> 지금 괭이부리말이 있는 자리는 원래 땅보다 갯벌이 더 많은 바닷가였다. 그 바닷가에 '고양이섬'이라는 작은 섬이 있었다. 호랑이까지 살 만큼 숲이 우거진 곳이었다던 고양이섬은 바다가 메워지면서 흔적도 없어졌고, 오랜 세월이 지나면서 그곳은 소나무 숲 대신 공장 굴뚝과 판잣집들만 빼곡히 들어찬 공장 지대가 되었다. 일자리를 찾아 도시로 올라온 이농민들은 돈도 없고 마땅한 기술도 없어 괭이부리말 같은 빈민 지역에 둥지를 틀었다. 집 지을 땅이 없으면 시궁창 위에도 다락집을 짓고, 기찻길 바로 옆에도 집을 지었다.
>
> – 김중미, 『괭이부리말 아이들』 –

> **보기**
>
> ㄱ. 세계화　　　　　　　ㄴ. 정보화
> ㄷ. 이촌 향도 현상　　　　ㄹ. 녹지 면적의 감소

① ㄱ, ㄴ　　　② ㄱ, ㄷ　　　③ ㄴ, ㄷ

④ ㄴ, ㄹ　　　⑤ ㄷ, ㄹ

[386~387] 그래프는 우리나라의 도시화율 변화를 나타낸 것이다. 이를 보고 물음에 답하시오.

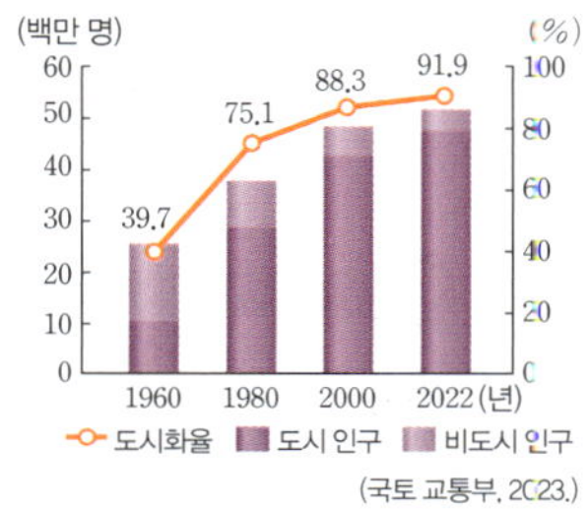

고빈출
386

위의 그래프에 대한 옳은 분석만을 〈보기〉에서 고른 것은? (단, 1960~2022년 총인구는 지속적으로 증가하였음.)

〈보기〉

ㄱ. 도시의 수는 2022년이 1960년보다 많다.
ㄴ. 도시에 거주하는 인구는 지속적으로 증가하였다.
ㄷ. 도시화율의 증가 폭은 2000~2022년에 가장 높다.
ㄹ. 1960년에는 촌락보다 도시에 거주하는 인구가 많았다.

① ㄱ, ㄴ ② ㄱ, ㄷ ③ ㄴ, ㄷ
④ ㄴ, ㄹ ⑤ ㄷ, ㄹ

387

1960년에 비해 2022년에 수치가 증가한 지표만를 〈보기〉에서 고른 것은?

〈보기〉

ㄱ. 직업 수 ㄴ. 1인 가구 수
ㄷ. 생물 종 다양성 ㄹ. 1차 산업 종사자 비율

① ㄱ, ㄴ ② ㄱ, ㄷ ③ ㄴ, ㄷ
④ ㄴ, ㄹ ⑤ ㄷ, ㄹ

388

(가)에 들어갈 용어로 옳은 것은?

도시는 기원전 3500년경 고대 문명의 발달과 함께 티그리스강과 유프라테스강 유역에서 형성되었다. 고대 도시는 큰 강 유역의 비옥한 평야 지대에서 농업 활동을 바탕으로 발달하였다. 이후 고대 그리스의 아테네와 로마와 같은 도시 국가는 정치와 종교의 중심지로 성장하였다. 중세 시대에는 도시를 방어하기 위한 성곽이 건설되면서 성곽 도시가 형성되었고, 16세기 이후 상업이 발달하면서 교역의 중심지가 도시로 성장하였다. 18세기 후반 유럽에서는 (가) 으로 인해 도시는 새로운 모습으로 발전하였다. 공업이 발달하면서 원료 자원이 풍부한 곳에서 도시가 성장하였고, 일자리를 얻기 위해 사람들이 도시로 몰려들었다. 산업화와 도시화가 가속화되면서 인구가 100만 명이 넘는 대도시가 나타났다.

① 교통 혁명 ② 농업 혁명
③ 산업 혁명 ④ 시민 혁명
⑤ 정보 혁명

389

다음 그래프는 우리나라의 1인 가구 비율 변화를 나타낸 것이다. 이와 같은 현상이 나타나게 된 원인으로 가장 적절한 것은?

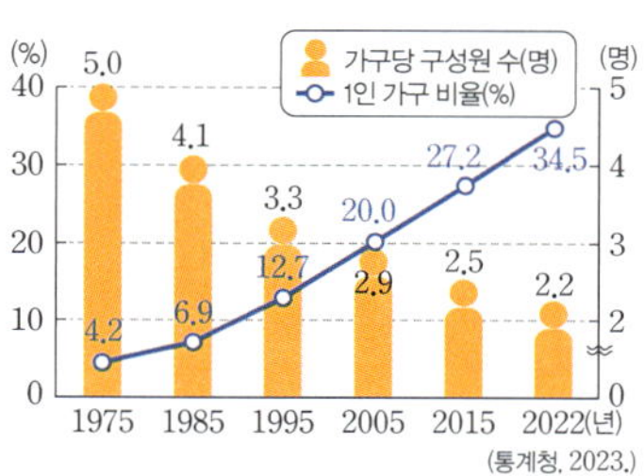

① 개인주의적 가치관의 보편화
② 자동화에 따른 노동 시간의 감소
③ 산업화로 인한 대량 생산 체제의 등장
④ 도시 성장에 따른 도시 내부의 지역 분화
⑤ 도시화로 인한 도시 하천의 생태 환경 악화

390

(가), (나) 두 시기 유럽의 도시 모습을 나타낸 것이다. 이에 대한 옳은 설명만을 보기 에서 고른 것은?

(가)	(나)

보기

ㄱ. (가) 시기는 (나) 시기보다 이른 시기이다.
ㄴ. (가) 시기는 (나) 시기보다 도시의 인구 밀도가 낮다.
ㄷ. (나) 시기는 (가) 시기보다 직업의 종류가 단순하다.
ㄹ. (나) 시기는 (가) 시기보다 가내 수공업이 발달하였다.

① ㄱ, ㄴ   ② ㄱ, ㄷ   ③ ㄴ, ㄷ
④ ㄴ, ㄹ   ⑤ ㄷ, ㄹ

391

다음은 통합사회 수업 장면의 일부이다. 교사의 질문에 옳게 대답한 학생만을 고른 것은?

교사: 산업화와 도시화에 따라 생활 공간에 변화가 나타났어요. 어떤 변화가 나타났는지 발표해 볼까요?
갑: 녹지 면적이 감소하면서 생물의 서식지도 줄어들었어요.
을: 사람들의 주된 거주 공간이 도시에서 촌락으로 변했어요.
병: 제한된 공간을 효율적으로 이용하기 위해 도시에는 고층 건물이 많아졌어요.
정: 환경에 대한 시민들의 의식이 개선되면서 각종 환경 문제가 산업화 이전보다 감소했어요.

① 갑, 을   ② 갑, 병   ③ 을, 병
④ 을, 정   ⑤ 병, 정

392

산업화와 도시화로 나타난 생활 양식의 변화로 옳지 <u>않은</u> 것은?

① 직업 선택의 폭이 넓어졌다.
② 핵가족의 비율이 증가하였다.
③ 주민 간의 이질성이 증가하였다.
④ 개인의 가치와 성취를 중시하는 경향이 커졌다.
⑤ 기계화와 자동화로 근로자의 노동 시간이 증가하였다.

393

다음은 어느 학생의 노트 필기 내용이다. (가), (나)에 해당하는 소매 업태를 옳게 짝 지은 것은?

<도시화에 따라 늘어나는 (가) 과 (나) >

• (가) 의 주요 특징
 - 대체로 24시간 영업함
 - 다양한 생활용품이 갖추어져 있음
• (나) 의 주요 특징
 - 쇼핑과 여가 생활을 한 공간에서 누릴 수 있음
 - 사람들의 다양한 요구를 한꺼번에 만족시킬 수 있음

	(가)	(나)
①	5일장	복합 쇼핑몰
②	편의점	5일장
③	편의점	복합 쇼핑몰
④	복합 쇼핑몰	5일장
⑤	복합 쇼핑몰	편의점

산업화와 도시화에 따른 문제점 및 해결 방안

[394~395] 다음 자료를 보고 물음에 답하시오.

〈서울, 대구, 부산, 광주의 평균 열대야 일수(2011~2015년)〉

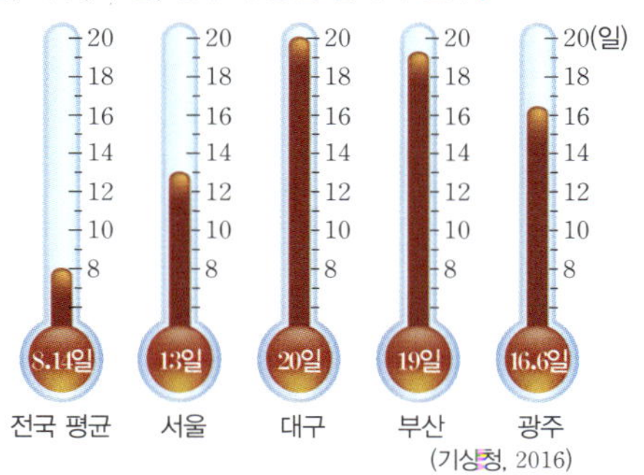

394

위 자료에 대한 옳은 설명만을 〈보기〉에서 고른 것은?

〈보기〉

ㄱ. 열대야는 겨울철에 발생하는 현상이다.
ㄴ. 열대야 일수가 많은 도시일수록 인구가 많다.
ㄷ. 촌락은 주요 대도시보다 평균 열대야 일수가 적다.
ㄹ. 주요 대도시의 평균 열대야 일수는 전국 평균보다 많다.

① ㄱ, ㄴ　　　② ㄱ, ㄷ　　　③ ㄴ, ㄷ
④ ㄴ, ㄹ　　　⑤ ㄷ, ㄹ

고빈출
395

서울, 대구, 부산, 광주 등 대도시에서 위와 같은 현상이 나타난 원인만을 〈보기〉에서 고른 것은?

〈보기〉

ㄱ. 아스팔트와 콘크리트 면적 감소
ㄴ. 도시 내부의 녹지 면적 비율 감소
ㄷ. 도시 지역 고층 건물 증가에 따른 바람 길 형성
ㄹ. 냉난방 시설 등으로부터 방출되는 인공 열의 증가

① ㄱ, ㄴ　　　② ㄱ, ㄷ　　　③ ㄴ, ㄷ
④ ㄴ, ㄹ　　　⑤ ㄷ, ㄹ

396

산업화와 도시화로 인해 도시에서 주로 나타나는 문제점만을 〈보기〉에서 고른 것은?

〈보기〉

ㄱ. 대기 오염　　　　　ㄴ. 주택 부족
ㄷ. 폐교 증가　　　　　ㄹ. 노동력 부족

① ㄱ, ㄴ　　　② ㄱ, ㄷ　　　③ ㄴ, ㄷ
④ ㄴ, ㄹ　　　⑤ ㄷ, ㄹ

397

다음 자료를 통해 추론할 수 있는 도시의 문제점만을 〈보기〉에서 고른 것은?

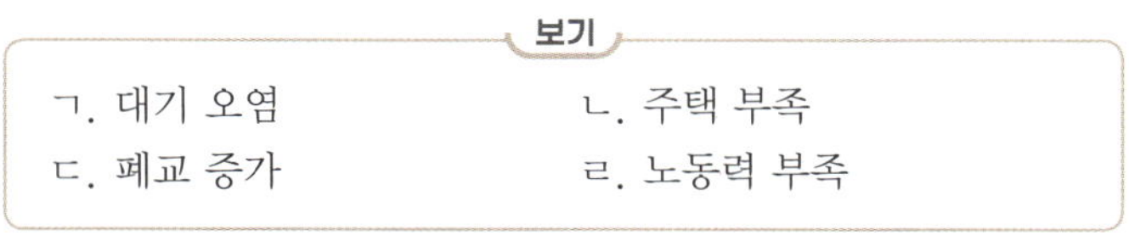

도시인

－ 신해철 －

아침엔 우유 한 잔 점심엔 FAST FOOD
쫓기는 사람처럼
시곗바늘 보면서
거리를 가득 메운 자동차 경적 소리
… (중략) …
구겨진 셔츠 샐러리맨 기계 부품처럼
큰 빌딩 속에 앉아
점점 빨리 가는 세월들
THIS IS THE CITY LIFE!

〈보기〉

ㄱ. 업무의 효율성이 떨어질 수 있다.
ㄴ. 대중교통 수단이 확충될 수 있다.
ㄷ. 인간 소외 현상이 나타날 수 있다.
ㄹ. 주민들 간 1차적 인간관계가 부족해질 수 있다.

① ㄱ, ㄴ　　　② ㄱ, ㄷ　　　③ ㄴ, ㄷ
④ ㄴ, ㄹ　　　⑤ ㄷ, ㄹ

✔최다 오답
398

다음은 통합사회 수업 장면 중 일부이다. (가), (나)에 들어갈 내용만을 보기 에서 골라 옳게 짝 지은 것은?

교사: 산업화 · 도시화로 인구 집중에 따른 문제, 사회 및 공간 불평등, 환경 오염, 인간 소외 등의 문제가 발생하고 있습니다. 따라서 이를 해결하기 위한 노력이 필요한데요, 이 중 개인적 차원의 노력에는 어떤 것들이 있을까요?
갑: [(가)] 등이 있습니다.
교사: 그렇다면 사회적 차원의 노력에는 어떤 것들이 있을까요?
갑: [(나)] 등이 있습니다.

보기
ㄱ. 쓰레기 분리수거 및 대중교통 이용
ㄴ. 타인과 더불어 살아가려는 의식 함양
ㄷ. 대중교통 수단 확충 및 공영 주차장 확대
ㄹ. 지방 도시 육성을 통한 인구의 분산 유도

	(가)	(나)		(가)	(나)
①	ㄱ, ㄴ	ㄷ, ㄹ	②	ㄱ, ㄷ	ㄴ, ㄹ
③	ㄴ, ㄷ	ㄱ, ㄹ	④	ㄴ, ㄹ	ㄱ, ㄷ
⑤	ㄷ, ㄹ	ㄱ, ㄴ			

399

다음은 어느 학생의 수행 평가 과제물이다. (가)~(마)에 들어갈 내용으로 옳지 <u>않은</u> 것은?

〈산업화와 도시화에 따른 문제점과 대책〉

문제점	대책
교통 문제	(가)
노동 문제	(나)
주택 문제	(다)
환경 문제	(라)
생태 환경 변화	(마)

① (가) – 승용차 요일제 시행 및 적극 참여
② (나) – 최저 임금제와 비정규직 보호법 추진
③ (다) – 슬럼 지역의 확대 정책 추진
④ (라) – 기업의 오염 물질 배출 규제법 시행
⑤ (마) – 도시 내 하천 복원 사업 시행

400

밑줄 친 ㉠~㉣에 대한 옳은 설명만을 보기 에서 고른 것은?

산업화와 도시화의 영향으로 우리 생활은 풍요롭고 편리해졌지만, 다양한 문제가 발생하기도 하였다. 각종 ㉠환경 문제뿐만 아니라 ㉡실업과 노사 갈등 등의 노동 문제, ㉢타인에 대한 무관심과 이기주의로 인한 문제도 발생하였다. 뿐만 아니라 ㉣공간 불평등 등의 문제도 발생하였다.

보기
ㄱ. ㉠ 중 스모그는 수질 오염의 사례이다.
ㄴ. ㉡의 대책으로 고용 보험 제도가 있다.
ㄷ. ㉢은 공동체 구성원의 유대감을 결속시킨다.
ㄹ. 인구 유출로 인한 촌락의 노동력 부족 현상은 ㉣의 사례이다.

① ㄱ, ㄴ   ② ㄱ, ㄷ   ③ ㄴ, ㄷ
④ ㄴ, ㄹ   ⑤ ㄷ, ㄹ

401

다음과 같은 활동이 활성화될 때 밑줄 친 '○○ 아파트'에 나타날 수 있는 변화로 가장 적절한 것은?

제가 살고 있는 ○○ 아파트에서는 '공동체 활성화 프로그램'을 운영하고 있습니다. 제가 참여한 프로그램은 에너지 절약 및 관리비 절감을 위해 매월 마지막 주 토요일에 실시하는 소등 운동을 알리는 것입니다. 청소년 봉사 단원들은 아파트 전 세대 주민들에게 나누어 줄 초를 만들고 에너지 절약 캠페인을 벌였습니다. 매달 실시하는 소등 운동 덕분에 아파트의 전기 요금이 줄어들고 있다고 하니 정말 기분이 좋았습니다. 그동안 옆집에 누가 사는지도 몰랐는데, 앞으로 이웃 간에 서로 인사하고 지내면 좋겠습니다.

① 주변의 지가가 상승할 것이다.
② 주민들 간 유대감이 강화될 것이다.
③ 주변의 대기 오염이 심화될 것이다.
④ 주변의 생태 환경이 악화될 것이다.
⑤ 주민들의 교통 혼잡 비용이 증가할 것이다.

402

(가)에 들어갈 내용으로 옳은 것은?

> 대도시에 많은 인구와 기능이 집중하면서 주택 부족 등의 주택 문제가 나타났다. 따라서 대도시의 주택난을 해결하기 위해 대도시 주변에 신도시를 건설하거나 ＿(가)＿을/를 지속적으로 추진해야 한다.

① 도시 농업
② 쓰레기 분리수거
③ 공영 주차장 확대
④ 도시 재개발 사업
⑤ 대중교통 수단 확충

403

(가)에 들어갈 내용으로 옳지 <u>않은</u> 것은?

> 생태 교통 도시를 목표로 하는 창원시는 ＿(가)＿을/를 위해 2008년부터 공영 자전거 제도를 시행하고 있다. 자전거 도로를 만들고 공영 자전거 '누비자' 시스템을 구축하였으며, 시민들을 대상으로 자전거 안전 교육도 실시하고 있다.

① 에너지 절약
② 교통 체증 해소
③ 도시 경관 개선
④ 시민의 건강 증진
⑤ 대기 오염 물질 배출 감소

서술형 문제

404

다음 자료를 읽고 물음에 답하시오.

> ＿(가)＿은/는 전체 인구 중에서 도시에 거주하는 인구의 비율이 증가하고 도시적 생활 양식이 확산되는 현상을 말한다.

(1) (가)에 들어갈 용어를 쓰시오.

(　　　　　　　)

(2) (가)로 인해 나타난 생태 환경의 변화에 대해 두 가지 서술하시오.

405

다음 사진에 나타난 산업화에 따른 문제점과 그 의미에 대해 서술하시오.

406

다음 도시 문제를 해결하기 위한 사회적 차원의 노력을 두 가지 서술하시오.

산업화와 도시화의 특징

⭐고빈출
407

다음 그래프는 우리나라의 산업별 종사자 수 비율 변화를 나타낸 것이다. (가)~(다)에 해당하는 산업을 옳게 짝 지은 것은?

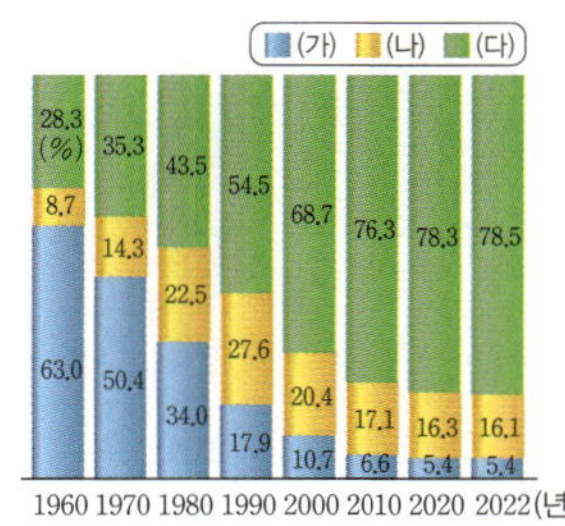

	(가)	(나)	(다)
①	광공업	농림어업	사회 간접 자본 및 서비스업
②	농림어업	광공업	사회 간접 자본 및 서비스업
③	농림어업	사회 간접 자본 및 서비스업	광공업
④	사회 간접 자본 및 서비스업	광공업	농림어업
⑤	사회 간접 자본 및 서비스업	농림어업	광공업

✔최다 오답
408

(가)~(다) 기능을 옳게 짝 지은 것은?

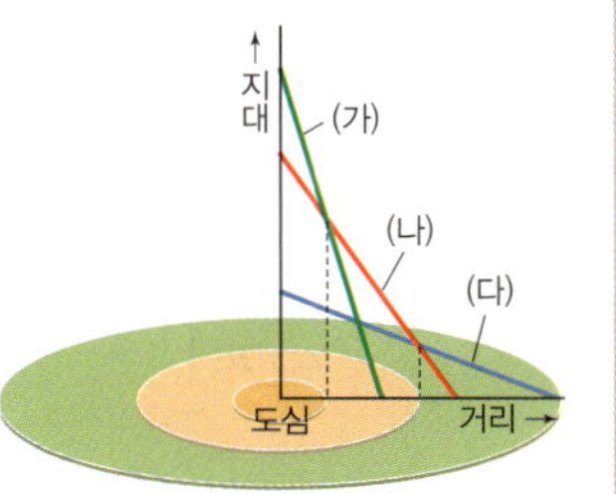

	(가)	(나)	(다)
①	공업 기능	주거 기능	상업 · 업무 기능
②	주거 기능	공업 기능	상업 · 업무 기능
③	주거 기능	상업 · 업무 기능	공업 기능
④	상업 · 업무 기능	공업 기능	주거 기능
⑤	상업 · 업무 기능	주거 기능	공업 기능

409

다음 그래프는 A~C국의 도시화율 변화를 나타낸 것이다. 이에 대한 옳은 분석만을 **보기** 에서 고른 것은?

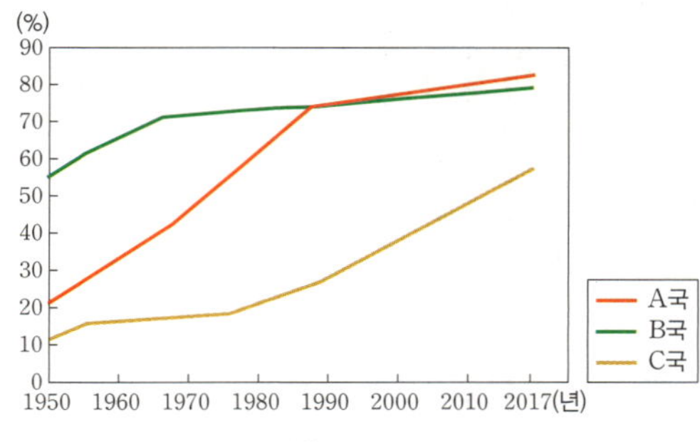

보기

> ㄱ. 1950년 B국은 도시보다 촌락에 거주하는 인구가 많았다.
> ㄴ. 1990년 이후 도시화가 가장 빠르게 진행된 국가는 C국이다.
> ㄷ. 2017년 도시화율이 가장 높은 국가는 A국이다.
> ㄹ. C국은 2000~2010년보다 1960~1970년에 이촌 향도 현상이 뚜렷하다.

① ㄱ, ㄴ ② ㄱ, ㄷ ③ ㄴ, ㄷ ④ ㄴ, ㄹ ⑤ ㄷ, ㄹ

410

다음 자료는 서술형 평가 문제와 학생의 답안이다. ㉠~㉣ 중에서 옳은 내용만을 고른 것은?

서술형 평가

- 문제: 산업화 · 도시화에 따른 변화에 대해 서술하시오.

- 학생 답안
  ㉠: 도시 내부의 토지 이용이 조방적으로 변화하였다.
  ㉡: 국토 면적 중 경지가 차지하는 비율이 감소하였다.
  ㉢: 직업의 종류가 다양해지면서 실업 문제가 해결되었다.
  ㉣: 생산 과정의 자동화 이후 근로자들의 노동 시간이 줄었다.

① ㉠, ㉡ ② ㉠, ㉢ ③ ㉡, ㉢
④ ㉡, ㉣ ⑤ ㉢, ㉣

✗고빈출
411

다음 그래프는 우리나라의 산업 구조와 도시화율 변화를 나타낸 것이다. 이에 대한 설명으로 옳은 것은?

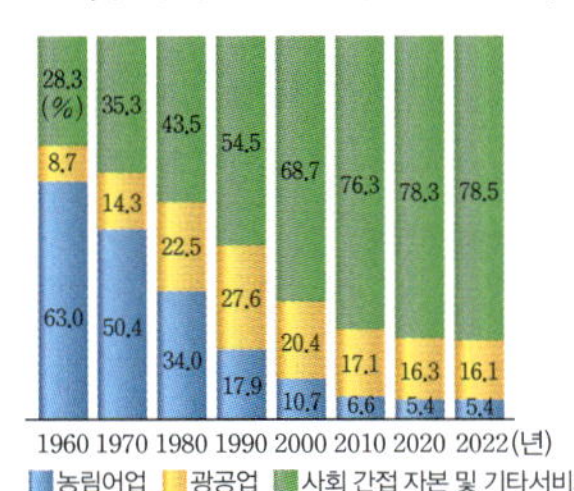

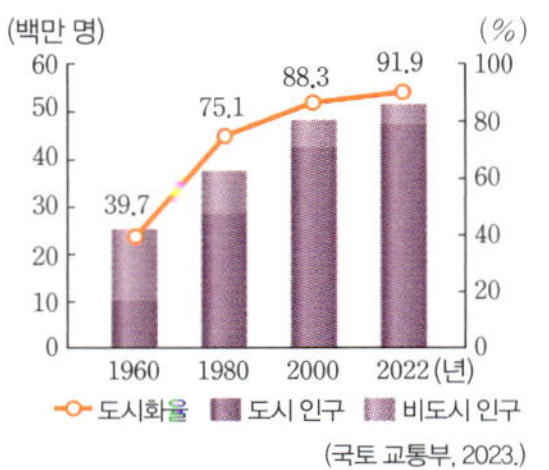

* 산업 구조는 종사자 수 비율 기준임.

① 1960년이 2022년보다 도시 거주 인구 비율이 높다.

② 1960년이 2022년보다 1차 산업 종사자 수 비율이 낮다.

③ 1960~2022년 도시에서 촌락으로의 인구 이동이 활발했다.

④ 1960~2022년 우리나라 토지 이용에서 논, 밭이 차지하는 비율이 낮아졌을 것이다.

⑤ 1960~2022년 주거지와 직장 간 평균 거리가 가까워졌을 것이다.

412

다음 그래프는 도시화 전·후 빗물의 하천 유출량 변화를 나타낸 것이다. 이에 대한 설명으로 옳은 것은? (단, (가), (나)는 각각 도시화 이전과 도시화 이후 중 하나임.)

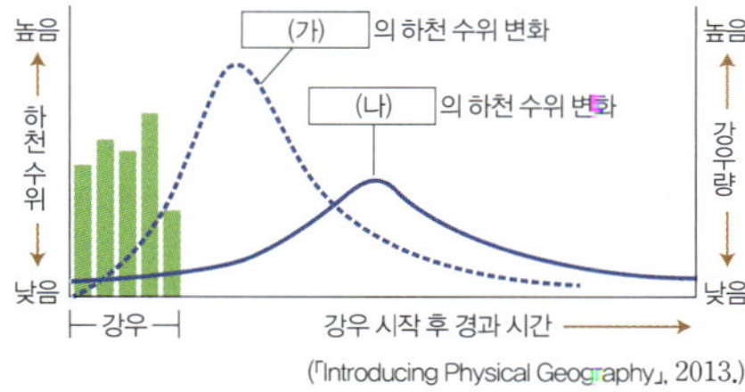

① (가)는 (나)보다 홍수 발생 가능성이 높다.

② (가)는 (나)보다 땅속으로 스며드는 빗물의 비율이 높다.

③ (나)는 (가)보다 열섬 현상 발생 가능성이 높다.

④ (나)는 (가)보다 콘크리트 및 아스팔트 포장 비율이 높다.

⑤ (가)는 도시화 이전, (나)는 도시화 이후에 해당한다.

✓최다 오답
413

다음 그래프는 세계의 인구 규모별 도시 수 변화를 나타낸 것이다. 이에 대한 옳은 추론만을 보기 에서 고른 것은? (단, (가), (나)는 인구 50만 명 미만의 도시군, 1,000만 명 이상의 도시군 중 하나임.)

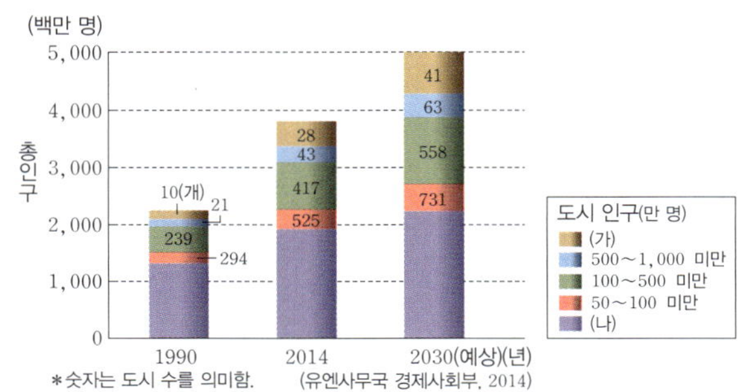

보기

ㄱ. 세계의 도시 인구는 지속적으로 증가하였을 것이다.

ㄴ. (가)는 (나)보다 도시 1개당 인구 규모가 작을 것이다.

ㄷ. 2014년 (가)는 (나)보다 도시의 수가 적을 것이다.

ㄹ. 세계의 도시 인구 증가율은 1990~2014년이 2014~2030년보다 낮을 것이다.

① ㄱ, ㄴ   ② ㄱ, ㄷ   ③ ㄴ, ㄷ

④ ㄴ, ㄹ   ⑤ ㄷ, ㄹ

산업화와 도시화에 따른 문제점 및 해결 방안

414

다음 그래프의 A, B에 들어갈 지표를 옳게 짝 지은 것은?

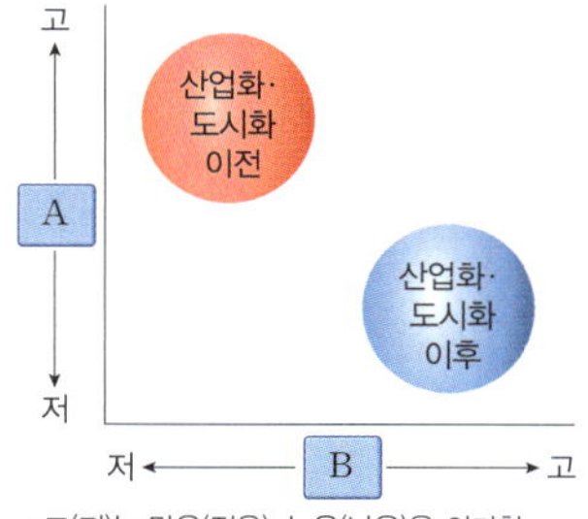

	A	B
①	교통 혼잡 비용	토양의 빗물 흡수율
②	생물 종 다양성	평균 가구원 수
③	평균 가구원 수	생물 종 다양성
④	열대야 발생 일수	교통 혼잡 비용
⑤	토양의 빗물 흡수율	열대야 발생 일수

415

다음 지도는 우리나라의 두 시기 도시 분포와 도시 인구를 나타낸 것이다. 이에 대한 설명으로 옳지 <u>않은</u> 것은? (단, (가), (나)는 각각 1970년과 2020년 중 하나임.)

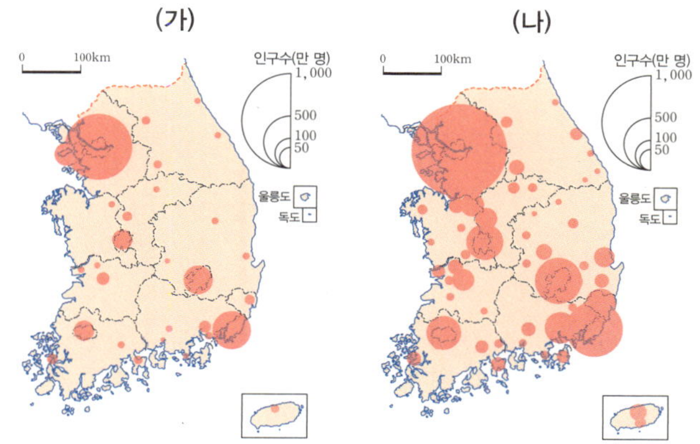

① 수도권의 인구 집중도는 높아졌다.
② 중소도시보다 대도시의 인구 성장률이 높다.
③ (가) 시기는 (나) 시기보다 이르다.
④ (가) 시기는 (나) 시기보다 1차 산업 종사자 비율이 높다.
⑤ (나) 시기는 (가) 시기보다 주민들 간 공동체 의식이 강하다.

416

다음 자료에 나타난 내용으로 완화할 수 있는 도시 문제만을 〈보기〉에서 고른 것은?

> 1970년대부터 유럽 일부 국가에서 세대 공존형 주거 단지라는 개념이 등장하였다. 세대 공존형 주거 단지는 획일적 주거 형태를 반대하고 과거 농경 사회에서의 공동체 문화를 되살리기 위해서 여러 세대가 식사 준비, 세탁, 가사 활동을 이웃과 협력하여 함께 생활할 수 있는 공동 주거 공간으로 계획되었다. 최근에는 여성의 경제활동 증가에 따른 공동 육아, 고령화 시대의 노인 돌봄, 도시 기능 재생 및 활력을 유지하려는 방안으로 주목 받고 있다. 네덜란드 데벤테르시에 위치한 세대 공존형 주거 단지에 거주하는 입주자 160명 중 6명은 젊은 세대인 학생이다. 이들은 월세를 내지 않는 대신 월 30시간 동안 노인 돌봄에 참여하거나 노인을 위한 다양한 일을 돕는다.

〈보기〉

ㄱ. 교통 문제
ㄴ. 주택 부족 문제
ㄷ. 인간 소외 문제
ㄹ. 쓰레기 배출 문제

① ㄱ, ㄴ ② ㄱ, ㄷ ③ ㄴ, ㄷ
④ ㄴ, ㄹ ⑤ ㄷ, ㄹ

417

다음 소설의 일부를 읽고 물음에 답하시오.

> 나는 편의점에 간다. 많게는 하루에 몇 번 적게는 일주일에 한 번 정도 편의점에 간다. 편의점에는 많은 사람들이 오간다. 그러나 ㉠우리는 서로를 알아보지 못한다. ……
> "저 …… 아시죠?" 그가 도시락을 쥔 내 얼굴을 빤히 쳐다보았다. …… 그는 상대를 기억해 내려는 듯 난처한 표정을 지었다. 그러고는 마침내 천천히 입을 열어 답했다. "손님, 죄송하지만 생수랑 김밥은 어느 분이나 사 가시는데요."
> — 김애란, 『달려라, 애비』 중 「나는 편의점에 간다」 수정 —

(1) ㉠에 나타난 현대 도시 지역의 특징을 지칭하는 용어를 세 글자로 쓰시오.

(　　　　　　　　　)

(2) 소설을 통해 작가가 말하고자 하는 내용을 제시된 단어들을 활용하여 서술하시오.

도시화	인간 소외	소통	공동체 의식

418

다음 자료는 2011~2015년 주요 도시의 평균 열대야 일수를 나타낸 것이다. 이를 보고 물음에 답하시오.

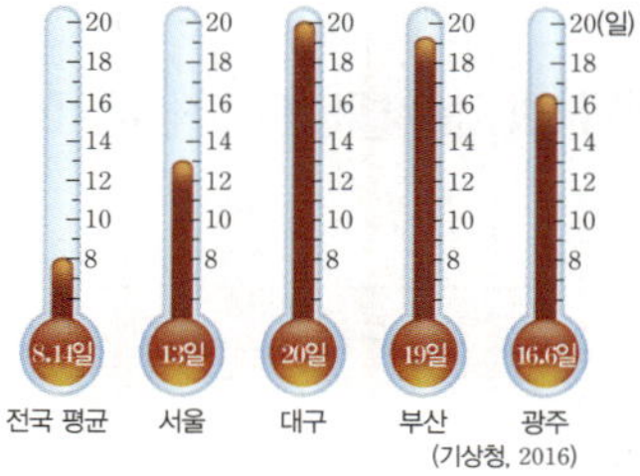

(1) 서울, 대구, 부산, 광주의 열대야 일수 특징을 전국 평균과 비교하여 서술하시오.

(2) (1)과 같은 특징이 나타나는 원인에 대해 다음 단어를 사용하여 서술하시오.

인공 열	포장 면적

08 교통·통신 및 과학기술의 발달에 따른 변화 ~ 우리 지역의 공간 변화

1 교통·통신의 발달과 정보화

1 교통·통신 및 과학기술 발달에 따른 우리 생활의 변화

생활공간의 변화 자료❶	• 이동 시간과 비용의 감소로 이동 가능한 거리가 증가하면서 생활 공간의 범위가 확대됨 • 공간 인식의 범위가 확대되고 가상 공간 활용도가 증가함
생활양식의 변화 자료❷	• 인터넷 쇼핑, 원격 근무 및 학습의 활성화로 여가가 늘어남 • 가상 공간에서 다양한 인간관계가 형성되고, 정보의 생산과 소비가 활발해짐 • 전자 민주주의가 실현됨
생태환경의 변화	• 교통·통신 시설을 만드는 과정에서 녹지 면적이 감소하고 동식물의 서식지가 파괴됨 • 발달한 통신 및 과학기술이 파괴된 생태환경을 복원하거나 안정적으로 유지하는데 도움을 주기도 함

자료 분석 — 교통수단의 발달에 따른 변화

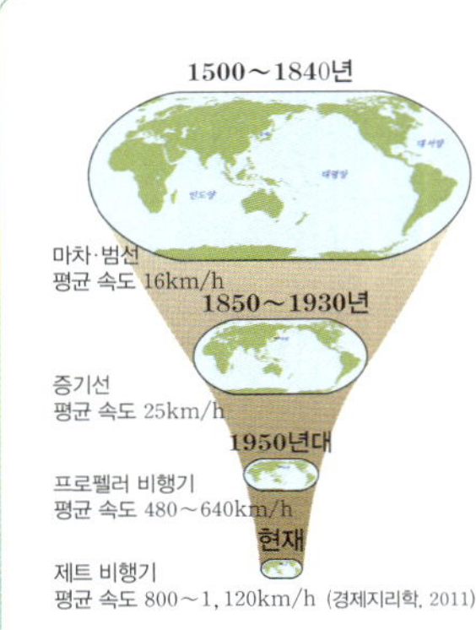

그림은 교통수단의 발달로 세계의 시간적·공간적 거리가 단축되는 과정을 보여준다. 산업 혁명 이후, 새로운 교통수단이 등장하면서 사람과 물자의 이동 시간은 단축되고, 물리적 공간의 제약도 감소하였다. 이에 따라 전 세계적으로 원료, 상품, 자본, 노동력의 이동이 자유로워졌으며, 국가 간 교역이 증가하였다. 또한, 전 세계를 무대로 경제 활동을 펼치는 다국적 기업들이 등장하면서 세계는 빠르게 하나의 경제권으로 통합되고 있다.

2 교통·통신 및 과학기술 발달에 따른 문제점과 해결 방안

(1) 지역 격차 발생

문제점	• 교통 발달의 혜택을 받지 못한 지역은 경제 활동이 위축됨 • 빨대 효과가 발생할 수 있음
해결 방안	• 새로운 교통 기반 시설 구축 • 교통 소외 지역을 배려하는 정책 실시 • 지방 중추 도시권 육성 사업 실시

(2) 생태 환경의 파괴

문제점	• 도로, 철도 노선 등의 건설 과정에서 삼림 훼손 및 생태계 파괴 • 외래 생물 종 전파로 인한 생태계 교란 가능성 • 유조선 충돌 등으로 인한 해양 오염 발생
해결 방안	• 교통로 건설 시 우회 도로나 생태 통로 건설 • 선박 평형수 처리 장치 설치 의무화 • 야생 동물 보호법 제정

★ (3) 정보화에 따른 변화 자료❸

구분	문제점	해결 방안
디지털 중독	대면적 인간관계의 약화로 일상생활에 지장 초래	인터넷 중독 예방 및 치료 프로그램 시행
사생활 침해	• 개인 정보의 유출 우려 • 폐회로 텔레비전(CCTV), 휴대 전화 위치 추적 등을 통한 감시나 통제 가능	개인정보보호법, 국가정보화기 본법 등 법적 장치 강화
사이버 범죄	가상 공간의 익명성을 이용한 다양한 범죄 발생	정보 윤리 교육 강화, 사이버 범죄 관련 법령 강화
노동 시장 양극화	인공 지능(AI)와 로봇이 일부 일자리를 대체하면서 사회적 불안과 갈등이 심화될 수 있음	• 양질의 일자리 생산 • 기존 인력의 교육 지원 및 고용 보험 정비

2 우리 지역의 공간 변화

1 지역과 지역성

지역	지리적 특성이 다른 지역과 구별되는 지표상의 공간 범위
지역성	• 다른 지역과 구분되는 그 지역의 독특한 특성 • 지역의 자연환경과 인문 환경이 결합되어 형성 • 고정된 것이 아니라 시간에 따라 변화함 → 교통과 통신의 발달, 지역 간 교류의 증가로 지역성이 약화되는 추세

2 지역 조사 자료❹

의미	지역에 대해 자료를 수집하고 분석·종합하여 지역성을 파악하는 활동
필요성	더 살기 좋은 공간을 만들기 위함
과정	조사 주제 및 지역 선정 → 지역 정보의 수집(실내 조사, 야외 조사) → 지역 정보의 분석 → 보고서 작성

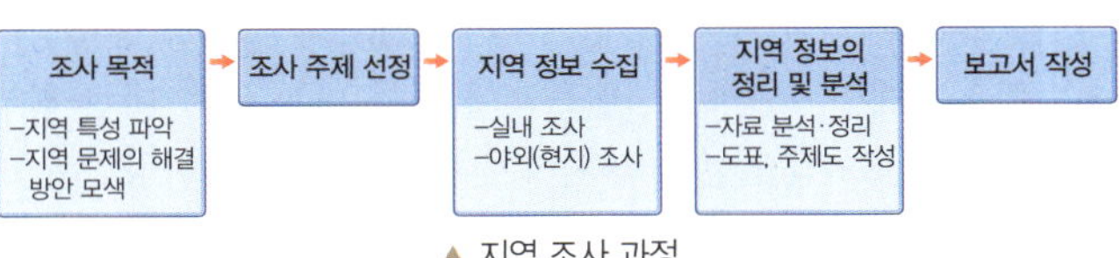

▲ 지역 조사 과정

3 우리 지역의 문제를 해결하기 위한 노력

지역 문제	지역 주민들의 삶에 불편을 주거나 주민들 사이에 갈등을 불러오는 문제
지역 문제 해결을 위한 노력	• 지역 주민은 공동체의 구성원으로서 문제 해결에 적극 참여해야 함 • 지역의 지속가능성을 고려하여 해결 방안을 모색해야 함

다음 자료에 대한 설명이 옳으면 ○표, 틀리면 ✕표를 하시오.

자료 1 수도권의 통근·통학권 확대

미래엔, 천재

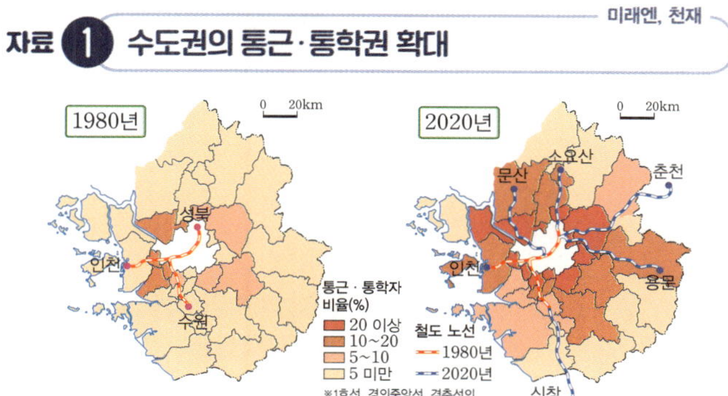

419 경기도 외곽 지역에서 서울로의 접근성은 2020년이 1980년보다 높다. ○/✕

420 수원에서 서울로 통근·통학하는 사람들의 비율은 2020년이 1980년보다 높다. ○/✕

421 철도 노선이 연장되면서 시간 거리가 증가하였다. ○/✕

422 2020년에는 서울과의 거리가 멀수록 서울로 통근·통학하는 사람들의 비율이 높다. ○/✕

자료 2 인터넷 쇼핑 시장 규모의 변화

비상, 지학사

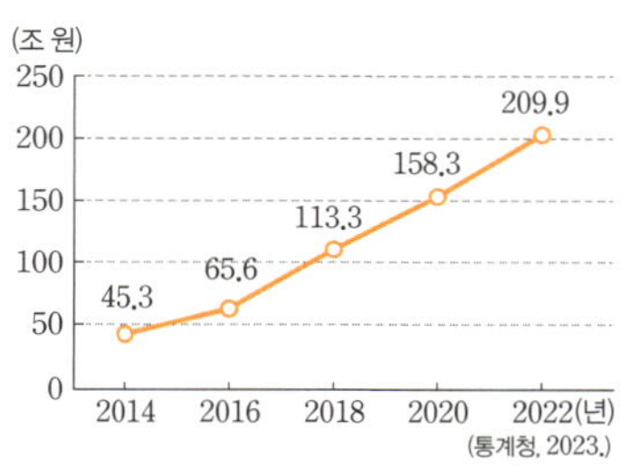

423 인터넷 쇼핑 시장의 규모는 지속적으로 줄어들고 있다. ○/✕

424 인터넷 쇼핑 시장의 규모 변화는 교통·통신의 발달과 관련이 깊다. ○/✕

425 인터넷 쇼핑 시장의 발달은 택배 산업의 발달을 불러온다. ○/✕

426 인터넷 쇼핑 시장의 거래액 증가는 정보화에 따른 사이버 범죄 유형 중 하나이다. ○/✕

자료 3 사이버 범죄의 피해

천재

사이버 범죄 중 가장 많이 발생하는 것은 사이버 사기이며, 주로 중고 거래에서 직거래 사기가 자주 일어난다. 두 번째로 많은 범죄는 사이버 명예 훼손과 모욕으로, 가짜 뉴스와 악성 댓글로 인한 피해가 늘고 있다. 세 번째로는 사이버 금융 범죄로, 인공지능(AI)을 이용해 지인을 가장해 금전을 가로채는 수법이 점점 정교해지고 있다.

427 정보화에 따라 나타나는 문제점이다. ○/✕

428 다른 나라와의 문화적 차이에 의해 발생하는 문제점이다. ○/✕

429 정부의 규제가 강화되면서 나타나는 현상이다. ○/✕

430 이와 같은 문제를 해결하기 위해 관련 법령을 강화해야 한다. ○/✕

자료 4 지역 조사 과정

동아, 리베르, 미래엔, 비상, 아침나라, 지학사, 창비, 천재

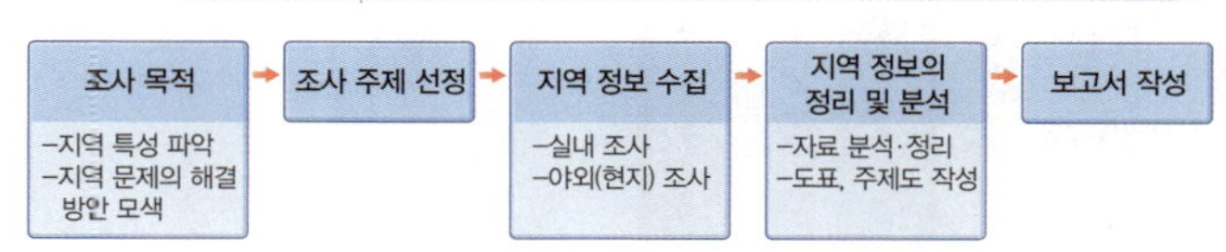

431 지역 문제가 발생하면 이를 조사하기 위한 계획을 수립해야 한다. ○/✕

432 실내 조사와 야외 조사는 지역 정보 수집 단계에서 이루어진다. ○/✕

433 실내 조사 단계에서는 도서관이나 인터넷을 이용하여 자료를 수집할 수 있다. ○/✕

434 지역 조사를 통해 지역의 지속가능한 발전을 위한 방안을 모색할 수 있다. ○/✕

교통·통신 및 과학기술의 발달에 따른 변화

435

교통의 발달에 따라 나타난 변화로 옳은 것은?

① 해외 여행객이 감소하였다.
② 지역 간 접근성이 향상되었다.
③ 대량 화물의 수송 속도가 감소하였다.
④ 다른 지역이나 국가의 문화를 체험할 기회가 줄어들었다.
⑤ 사람과 물자의 이동에 있어 시·공간적 제약이 증가하였다.

436

교통·통신의 발달에 따른 변화만을 보기 에서 고른 것은?

보기
ㄱ. 세계 국가 간 교류가 감소하였다.
ㄴ. 인터넷을 활용한 전자 상거래가 증가하였다.
ㄷ. 여가 공간을 즐길 수 있는 범위가 줄어들었다.
ㄹ. 원거리 통학, 원거리 통근을 하는 사람들이 많아졌다.

① ㄱ, ㄴ   ② ㄱ, ㄷ   ③ ㄴ, ㄷ
④ ㄴ, ㄹ   ⑤ ㄷ, ㄹ

437

다음은 통합사회 수업 장면이다. 교사의 질문에 대해 옳게 대답한 학생만을 고른 것은?

교사: 그래프는 철도 교통의 발달에 따른 서울~부산 간 이동 시간의 변화를 나타낸 것입니다. 이와 같은 변화를 통해 나타날 수 있는 현상으로는 무엇이 있을까요?

갑: 서울~부산 간 시간 거리가 증가할 수 있어요.
을: 서울에서 부산을 찾는 관광객이 많아질 수 있어요.
병: 철도 노선을 건설하면서 생태 환경에 악영향이 나타났을 수 있어요.
정: 고속 철도가 개통되면서 서울~부산 간 항공기 이용객도 증가할 수 있어요.

① 갑, 을   ② 갑, 병   ③ 을, 병
④ 을, 정   ⑤ 병, 정

438

난이도 상

다음 그래프와 같은 변화가 나타나게 된 원인만을 보기 에서 고른 것은?

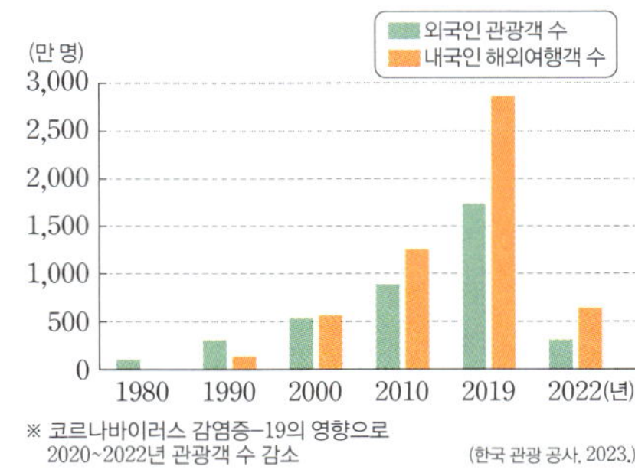

보기
ㄱ. 국내 여행객 증가   ㄴ. 소득 수준의 향상
ㄷ. 출입국 절차의 강화   ㄹ. 항공 교통의 대중화

① ㄱ, ㄴ   ② ㄱ, ㄷ   ③ ㄴ, ㄷ
④ ㄴ, ㄹ   ⑤ ㄷ, ㄹ

439

다음 그래프를 통해 추론할 수 있는 춘천시의 변화 모습으로 옳은 것은?

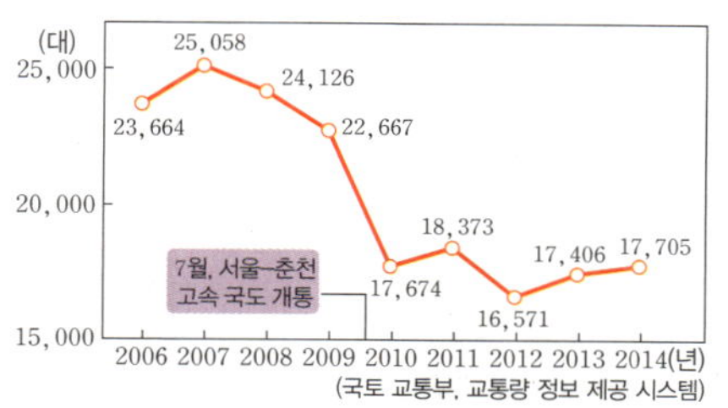

▲ 경춘 국도의 일일 평균 통행량 변화

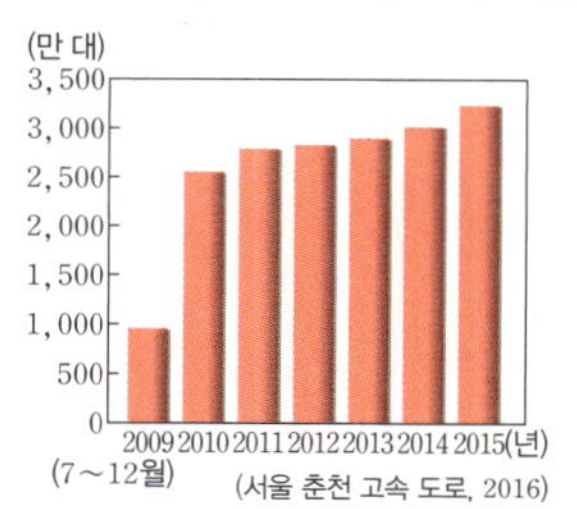 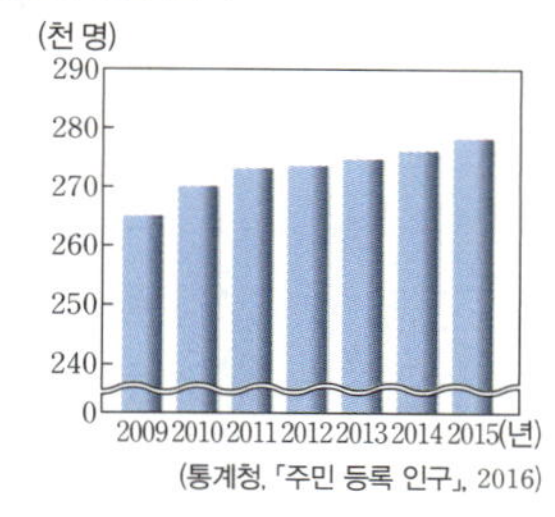

▲ 서울–춘천 고속 국도의 이용 차량 수 변화   ▲ 춘천시의 총인구 수 변화

① 음식 · 숙박업의 매출액이 감소하였을 것이다.
② 기존 경춘 국도 주변의 상권이 위축되었을 것이다.
③ 주어진 기간에 인구 증가 폭은 2009~2010년이 가장 작다.
④ 서울로 출퇴근하는 주민들의 비율이 감소하였을 것이다.
⑤ 쇼핑, 문화 수요의 수도권으로의 집중이 완화되었을 것이다.

440

다음 지도는 거가 대교 개통 전후의 부산~거제 간 소요 시간 변화를 나타낸 것이다. 이로 인해 이 지역에서 나타날 수 있는 변화만을 보기 에서 고른 것은?

보기

ㄱ. 거제와 고성 간 통행량이 증가할 것이다.
ㄴ. 거제와 부산 간 시간 거리가 줄어들 것이다.
ㄷ. 부산으로 통근할 수 있는 범위가 늘어날 것이다.
ㄹ. 부산에 위치한 대기업의 본사가 거제로 대거 이전할 것이다.

① ㄱ, ㄴ   ② ㄱ, ㄷ   ③ ㄴ, ㄷ
④ ㄴ, ㄹ   ⑤ ㄷ, ㄹ

441

빈출 오답

다음 자료는 대도시권의 공간 구조를 나타낸 것이다. A~C에 대한 옳은 설명만을 보기 에서 고른 것은?

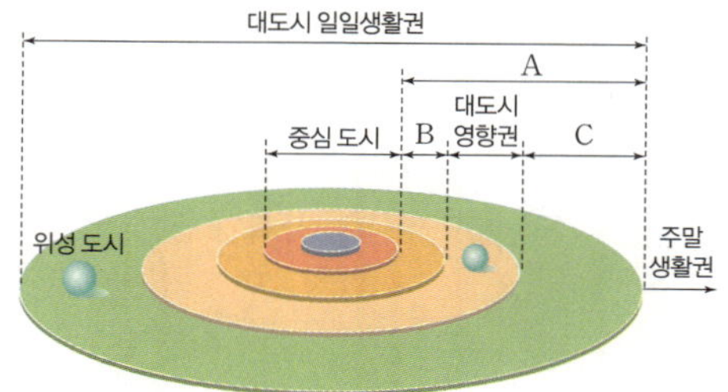

보기

ㄱ. A는 중심 도시로 출퇴근이 가능한 범위이다.
ㄴ. A의 범위는 교통수단이 발달할수록 확대된다.
ㄷ. B는 C보다 중심 도시로의 통근 인구 비율이 낮다.
ㄹ. B는 C보다 지역 내 1차 산업 종사자 비율이 높다.

① ㄱ, ㄴ   ② ㄱ, ㄷ   ③ ㄴ, ㄷ
④ ㄴ, ㄹ   ⑤ ㄷ, ㄹ

442

다음과 같은 변화가 나타나게 된 배경으로 가장 적절한 것은?

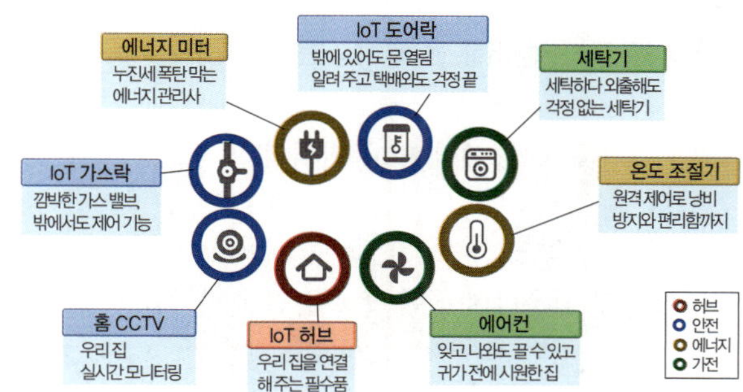

① 교통수단의 발달
② 사이버 범죄의 증가
③ 전자 상거래의 활성화
④ 정보 통신 기술의 발달
⑤ 정치 참여 기회의 증가

443

정보화 사회의 특징에 대한 옳은 설명만을 〈보기〉에서 고른 것은?

〈보기〉

ㄱ. 권위주의적 인간관계가 증가한다.
ㄴ. 소품종 대량 생산 체제가 확산된다.
ㄷ. 상거래 활동의 시간적 제약이 줄어든다.
ㄹ. 개인이 정치적 의견을 제시할 기회가 많아진다.

① ㄱ, ㄴ   ② ㄱ, ㄷ   ③ ㄴ, ㄷ
④ ㄴ, ㄹ   ⑤ ㄷ, ㄹ

444

(가), (나)에 해당하는 용어를 옳게 짝 지은 것은?

- [(가)]을/를 통해 상점 및 주거지의 최적 입지를 분석할 수 있다.
- [(나)]을/를 통해 공간 정보를 편리하게 이용하고, 내비게이션 등을 활용하여 최단 경로를 쉽게 파악할 수 있다.

	(가)	(나)
①	거대 자료(big-data)	위성 위치 확인 시스템(GPS)
②	지리 정보 시스템(GIS)	거대 자료(big-data)
③	지리 정보 시스템(GIS)	위성 위치 확인 시스템(GPS)
④	위성 위치 확인 시스템(GPS)	거대 자료(big-data)
⑤	위성 위치 확인 시스템(GPS)	지리 정보 시스템(GIS)

445

(가) 공간과 비교한 (나) 공간의 상대적 특성만을 〈보기〉에서 고른 것은?

(가)   (나)

〈보기〉

ㄱ. 익명성이 보장된다.
ㄴ. 대면 관계의 비중이 크다.
ㄷ. 행동의 제약을 덜 느낀다.
ㄹ. 인간관계의 시·공간적 제약이 크다.

① ㄱ, ㄴ   ② ㄱ, ㄷ   ③ ㄴ, ㄷ
④ ㄴ, ㄹ   ⑤ ㄷ, ㄹ

446

최고빈출

다음과 같은 생활 양식의 변화가 나타날 때의 이점으로 가장 적절한 것은?

- 매장에 직접 가지 않고 인터넷을 이용하여 필요한 상품을 구입한다.
- 수업 시간에 배운 내용 중 보충이 필요한 부분을 스마트폰을 이용하여 검색한다.
- 스마트폰을 활용해 버스 도착 시간을 미리 파악하여 그 시간에 맞추어 정류장에서 대기한다.

① 생활에 필요한 비용이 줄어든다.
② 정치에 참여할 수 있는 기회가 증가한다.
③ 자동차 구입이 늘어나 관련 산업이 발달한다.
④ 사이버 공간에서 다양한 인간관계를 만들 수 있다.
⑤ 상품 구매, 학습, 이동에 필요한 시간을 줄일 수 있다.

[447~448] 다음 자료를 보고 물음에 답하시오.

〈우리나라의 온라인 및 이동 통신 쇼핑 거래액 변화〉

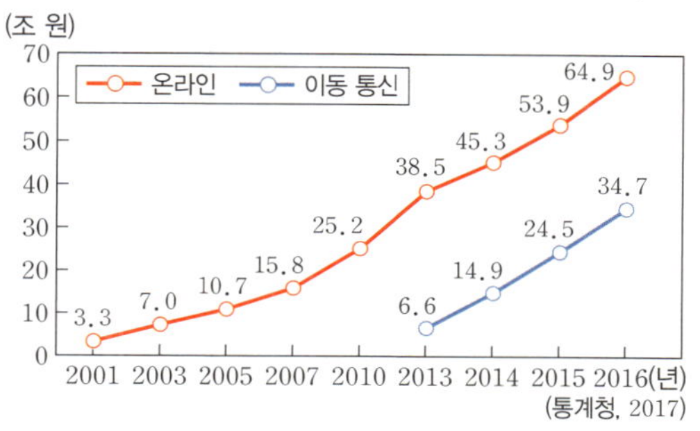

447

위와 같은 현상에 대한 옳은 설명만을 보기 에서 고른 것은?

보기
ㄱ. 정보화를 배경으로 이루어졌다.
ㄴ. 택배 산업의 발달을 촉진하였다.
ㄷ. 기존 도매업 거래액도 함께 증가하였다.
ㄹ. 상거래 활동의 시간적 제약이 증가하였다.

① ㄱ, ㄴ   ② ㄱ, ㄷ   ③ ㄴ, ㄷ
④ ㄴ, ㄹ   ⑤ ㄷ, ㄹ

448

위 그래프에 대한 옳은 분석만을 보기 에서 고른 것은?

보기
ㄱ. 2001년은 2016년보다 전자 상거래가 활성화되었다.
ㄴ. 2001년 이후 온라인 쇼핑 거래액은 지속적으로 증가하였다.
ㄷ. 온라인 쇼핑 거래액 증가 폭은 2001~2003년이 2014~2016년보다 크다.
ㄹ. 2013~2016년 이동 통신 쇼핑 거래액 증가율은 온라인 쇼핑 거래액 증가율보다 높다.

① ㄱ, ㄴ   ② ㄱ, ㄷ   ③ ㄴ, ㄷ
④ ㄴ, ㄹ   ⑤ ㄷ, ㄹ

교통·통신 및 과학기술의 발달에 따른 문제점과 해결 방안

449

다음은 통합사회 수업 장면이다. (가)에 들어갈 내용으로 옳은 것은?

교사: 오늘은 _______(가)_______에 대해 발표해 볼까요?
갑: 교통수단에서 배출되는 각종 오염 물질로 대기·토양·해양 오염 등의 환경 문제가 발생하였습니다.
을: 항공기, 자동차, 선박 등에 의해 외래 동식물이 유입되어 기존의 생태 환경이 악화되거나 파괴되기도 하였습니다.
교사: 두 학생 모두 잘 발표하였습니다.

① 교통 발달의 긍정적인 영향
② 교통의 발달이 불러온 세계화
③ 교통의 발달에 따른 일상생활의 변화
④ 교통의 발달에 따른 대도시권의 범위 변화
⑤ 교통의 발달에 따른 생태 환경의 부정적인 변화

450

다음 글의 제목으로 가장 적절한 것은?

2015년 4월 호남 고속 철도가 개통된 이후 약 1년 동안 호남선과 전라선 고속 철도의 이용객은 약 950만 1천여 명으로, 전년 같은 기간 669만 7천여 명에 비해 42% 증가하였다. 특히 용산역에서 광주송정역까지의 운행 시간이 약 1시간 40분으로 줄어들면서 이용객이 442만 명으로 증가하였다. 광주송정역은 역 이용객이 가장 많이 증가하였고, 이에 따라 상권도 발전하는 등 고속 철도 개통의 최대 수혜역이 되었지만, 호남 고속 철도가 지나가지 않는 광주역과 서대전역 주변은 경제가 침체되고 있다.

① 고속 철도 개통에 따른 이동 시간 감소
② 고속 철도 개통에 따른 지역 격차 발생
③ 고속 철도 노선 건설 시 발생한 환경 파괴
④ 고속 철도 노선 주변 지역 주민들의 소음 피해
⑤ 고속 철도 개통에 따른 다른 교통수단 이용객 수 변화

451

다음과 같은 시설을 설치했을 때 나타날 효과로 가장 적절한 것은?

① 로드킬이 증가한다.
② 철도 교통에 대한 수요가 증가한다.
③ 야생 동물이 이동할 때 겪는 제약이 줄어든다.
④ 차량의 통행이 원활해져 소요 시간이 줄어든다.
⑤ 도로와 인접한 지역의 주민들이 겪는 소음 피해가 줄어든다.

452

다음 그래프는 우리나라의 도로 연장 변화를 나타낸 것이다. 1950년에 비해 2010년에 나타날 수 있는 변화만을 보기 에서 고른 것은?

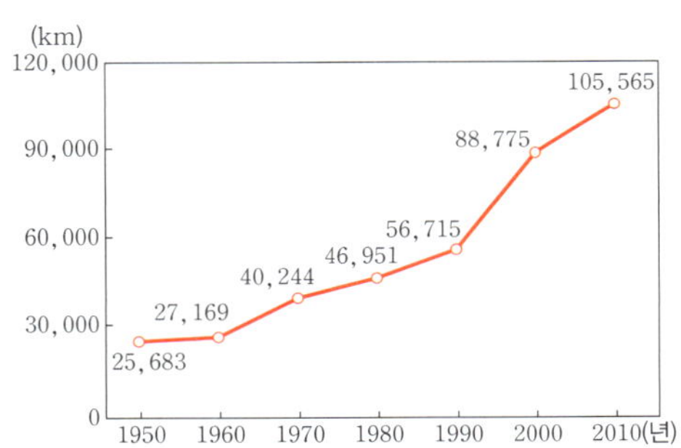

보기

ㄱ. 교통사고가 감소하였을 것이다.
ㄴ. 포장 면적이 감소하였을 것이다.
ㄷ. 녹지 면적 비율이 감소하였을 것이다.
ㄹ. 이산화 탄소 배출량이 증가하였을 것이다.

① ㄱ, ㄴ   ② ㄱ, ㄷ   ③ ㄴ, ㄷ
④ ㄴ, ㄹ   ⑤ ㄷ, ㄹ

453

다음은 어느 학생의 노트 필기 내용 중 일부이다. (가), (나)에 들어갈 내용만을 보기 에서 골라 옳게 짝 지은 것은?

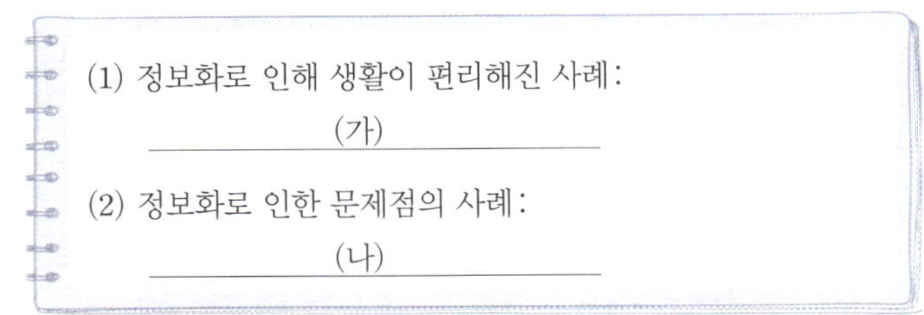

(1) 정보화로 인해 생활이 편리해진 사례:
_______(가)_______

(2) 정보화로 인한 문제점의 사례:
_______(나)_______

보기

ㄱ. 해킹으로 인한 개인 정보 유출
ㄴ. 대면적 인간관계 약화로 인한 일상생활의 지장
ㄷ. 행정 기관을 방문하지 않고도 필요한 민원서류 발급 가능
ㄹ. 원격 근무, 화상 회의 등을 통한 효율적인 업무 수행 가능

	(가)	(나)		(가)	(나)
①	ㄱ, ㄴ	ㄷ, ㄹ	②	ㄱ, ㄷ	ㄴ, ㄹ
③	ㄴ, ㄷ	ㄱ, ㄹ	④	ㄴ, ㄹ	ㄱ, ㄷ
⑤	ㄷ, ㄹ	ㄱ, ㄴ			

454

정보화 사회의 문제점 중 (가), (나)에 해당하는 것을 옳게 짝 지은 것은?

(가)	폐쇄회로 텔레비전(CCTV)과 휴대 전화 위치 추적 기술 등의 발전으로 개인이 감시나 통제를 받을 수 있다.
(나)	가상 공간상의 익명성을 이용한 사이버 폭력이나 해킹, 프로그램 불법 복제, 전자 상거래 사기, 유해 사이트 운영 등과 같은 문제가 발생할 수 있다.

	(가)	(나)
①	정보 격차	사이버 범죄
②	사생활 침해	정보 격차
③	사생활 침해	사이버 범죄
④	사이버 범죄	정보 격차
⑤	사이버 범죄	사생활 침해

455

(가)에 공통으로 들어갈 용어로 옳은 것은?

> 갑: 신상 털기와 해킹 등 개인 정보 유출과 사생활 침해로부
> 터 인권을 보호받으려면 [(가)]이/가 필요하다고 봐.
> 을: 흉악범이 과거 행적을 지우는 신분 세탁에 악용될 수 있
> 기 때문에 나는 [(가)]에 대해 부정적이야.
> 병: 나도 부정적이야. 왜냐하면 [(가)]은/는 국민의 알 권리
> 와 표현의 자유를 심각하게 침해할 소지가 있기 때문이야.
> 정: 나는 [(가)]을/를 통해 개인의 행복 추구권이나 사생활
> 보호를 강화해야 한다고 봐.

① 잊힐 권리　　② 정보 윤리　　③ 유비쿼터스
④ 사이버 불링　　⑤ 셧다운 제도

456

다음 글을 토대로 내린 결론으로 가장 타당한 것은?

> ○○ 지역은 준고속 열차의 개통 이후 지역 경제에 타격을
> 입고 있다. 수도권으로의 통학이 가능해지면서 수도권 지역
> 의 학원을 이용하거나 수도권에서 쇼핑과 여가를 즐기는 등
> 상권 유출 현상이 잇따랐다. 이동 시간과 비용이 줄면서 유명
> 브랜드가 많은 복합 상가 형태의 수도권 대형 의류점으로 소
> 비 인구가 이탈하고 있는 것이다.

① 교통이 발달하면 빨대 효과가 나타난다.
② 교통이 발달하면 환경 오염이 증가한다.
③ 교통이 발달하면 지역 간 교류가 감소한다.
④ 교통이 발달하면 공간 극복 능력이 향상된다.
⑤ 교통이 발달하면 저차 도시의 인구가 늘어난다.

지역의 공간 변화 양상과 문제점 해결 노력

☆고빈출
457

(가)에 대한 설명으로 옳지 **않은** 것은?

> 지역이란 지리적 특성이 다른 지역과 구별되는 지표상의
> 공간 범위를 의미하며, 다른 지역과 구분되는 어느 지역만의
> 독특한 특성을 [(가)](이)라고 한다.

① (가)에는 '지역성'이 들어갈 수 있다.
② 변화하지 않는 성질을 지닌다.
③ 지역 조사를 통해 파악할 수 있다.
④ 지역의 자연환경과 인문 환경의 상호 작용으로 형성된다.
⑤ 어느 지역의 토지 이용, 산업, 인구, 생태 환경 등을 사례로
들 수 있다.

458

다음 사례가 의미하는 내용으로 가장 적절한 것은?

> 에스파냐에 있는 빌바오시는 네르비온강의 수심이 깊어 항
> 구 도시로 발달하였다. 19세기에는 풍부한 철광석 산지를 바
> 탕으로 제철 공업과 조선 공업이 발달하였다. 하지만 1980년
> 대에 제철 및 조선 공업이 쇠퇴하여 일자리를 잃은 사람들은
> 도시를 떠났다. 빌바오시는 도심에 있던 항만 시설을 강 하구
> 로 옮기고, 강변에 생태 공원과 문화 시설을 만들었다. 특히
> 빌바오 구겐하임 미술관은 시의 랜드 마크가 될 정도로 유명
> 해져서 관광객이 증가하였고 새로운 일자리가 늘어났다. 이
> 처럼 빌바오시는 공업 도시에서 문화 도시로 바뀌면서 다시
> 성장하게 되었다.

① 산업화로 인해 환경 문제가 발생할 수 있다.
② 산업화로 인해 인간 소외 현상이 발생할 수 있다.
③ 정보 통신 기술의 발달은 실업 문제를 유발할 수 있다.
④ 이촌 향도 현상으로 도시 과밀화 문제가 발생할 수 있다.
⑤ 산업 구조의 변화에 따라 지역의 특성이 변화할 수 있다.

☆고빈출
459

'석탄 산업의 쇠퇴에 따른 지역 변화'를 주제로 지역 조사를 하려고 한다. (가)~(라) 단계에 해당하는 활동을 보기 에서 골라 옳게 짝 지은 것은?

조사 대상 지역으로 강원도 태백시를 선정함
↓
(가)
↓
(나)
↓
(다)
↓
(라)

보기

ㄱ. 태백시를 방문하여 시청 직원 및 주민들과 면담을 함
ㄴ. 수집한 자료를 바탕으로 통계 지도와 그래프 등을 만듦
ㄷ. 통계청 홈페이지에서 태백시 석탄 탄광의 생산량 변화를 찾아봄
ㄹ. 태백시의 변화와 그에 따른 문제점, 해결 방안 등을 포함한 보고서를 작성함

	(가)	(나)	(다)	(라)
①	ㄱ	ㄴ	ㄹ	ㄷ
②	ㄱ	ㄷ	ㄴ	ㄹ
③	ㄷ	ㄱ	ㄴ	ㄹ
④	ㄷ	ㄱ	ㄹ	ㄴ
⑤	ㄷ	ㄴ	ㄱ	ㄹ

460

밑줄 친 ㉠~㉤의 내용으로 옳지 <u>않은</u> 것은?

㉠ <u>도시는 규모가 커지면서 도심과 상업 지역, 주거 지역, 공업 지역 등으로 기능이 분화되고 있다.</u> 또한, ㉡ <u>도시의 인구가 교외 지역으로 이주하는 인구의 교외화 현상</u>도 나타나고 있다. 도시와 가까운 촌락은 ㉢ <u>도시와의 교류가 활발해 상업 시설, 아파트 등이 들어서면서 주거 환경이 바뀌고, 공장이나 물류 창고 등이 들어서면서 ㉣ 산업 단지가 형성되기도 한다.</u> 도시와의 거리가 먼 촌락은 ㉤ <u>청장년층 인구가 증가하면서 고령화가 도시보다 늦게 진행되고 있다.</u>

① ㉠   ② ㉡   ③ ㉢
④ ㉣   ⑤ ㉤

461

다음 표는 경기도 시흥시의 지역 문제 파악을 위한 조사 내용과 항목이다. 밑줄 친 ㉠~㉤ 중 야외 조사가 필요한 항목으로 옳은 것은?

구분	조사 내용	조사 항목
1모둠	우리 지역의 토지 이용과 경관 변화를 파악한다.	• ㉠ <u>과거 토지 이용이 나타난 사진 자료 수집</u> • 현재의 토지 이용 사진 촬영
2모둠	우리 지역의 인구 성장, 인구이동 등 인구 특징 변화를 파악한다.	• ㉡ <u>연도별 총인구수</u> • 행정 구역별 인구 변화 • 인구 동태 통계
3모둠	우리 지역의 산업 구조 변화와 이주 노동자 현황을 조사한다.	• ㉢ <u>산업별 종사자수</u> • 이주 노동자 수
4모둠	설문 조사를 통해 우리 지역 주민의 다양한 의식을 조사한다.	• ㉣ <u>도시 발전 추진 분야 의견 수렴</u> • 여성과 청년 계층 의견 수렴
5모둠	우리 지역의 생태환경 변화를 조사한다.	• ㉤ <u>경기만 조위 변화</u> • 조류 서식지 탐방

① ㉠   ② ㉡   ③ ㉢   ④ ㉣   ⑤ ㉤

서술형 문제

462

다음 그림은 서울-강릉 간 고속철도(KTX) 개통과 관련된 강릉시 주민들의 의견을 나타낸 것이다. 물음에 답하시오.

(1) (가)~(라) 중 긍정적 변화와 부정적 변화를 골라 쓰시오.

긍정적 변화: (　　　　　), 부정적 변화: (　　　　　)

(2) ㉠의 까닭을 구체적으로 서술하시오.

463

다음 글을 읽고 물음에 답하시오.

> 고속 국도나 광역 철도 등 광역 교통망이 발달한 대도시에서는 도시의 기능과 영향력이 주변 지역까지 확대되면서 [(가)] 을/를 형성하였다. 이에 따라 [(나)]

(1) (가)에 들어갈 용어를 쓰시오.

(   )

(2) (나)에 들어갈 우리 생활의 변화에 대해 서술하시오.

____

____

464

다음은 과학 기술의 발달에 따른 우리 생활의 변화를 나타낸 것이다. 물음에 답하시오.

> 1899년 우리나라에서 처음 ㉠ 기차가 다니기 시작한 이후 철도 교통은 계속 발전하였다. 2004년부터는 ㉡ 고속 철도(KTX)가 개통되면서 전국이 반나절 생활권이 되었고, 이보다 더 빠른 초고속 진공 열차 ㉢ 하이퍼루프(Hyperloop)가 도입될 날도 머지않았다.

A   B   C

 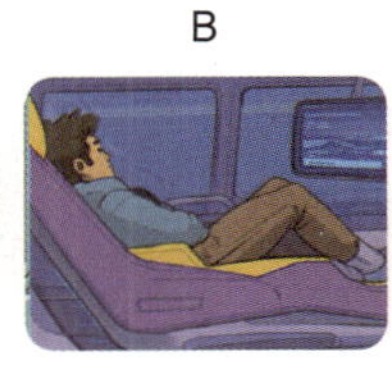 

(1) ㉠~㉢에 해당하는 교통수단을 A~C에서 골라 쓰시오.

㉠: (   ), ㉡: (   ), ㉢: (   )

(2) 다음 글이 ㉠~㉢ 중 어느 교통수단과 관련이 있는지를 그 근거와 함께 서술하시오.

> 비도 안 오는데 천둥소리가 들려서 이상했는데, ○○이/가 내뿜는 소리였어. 창밖을 바라보니 바깥 풍경들이 움직이듯 지나가고, 나는 새보다 빠르게 움직이는구나!

____

____

465

다음 자료를 보고 물음에 답하시오.

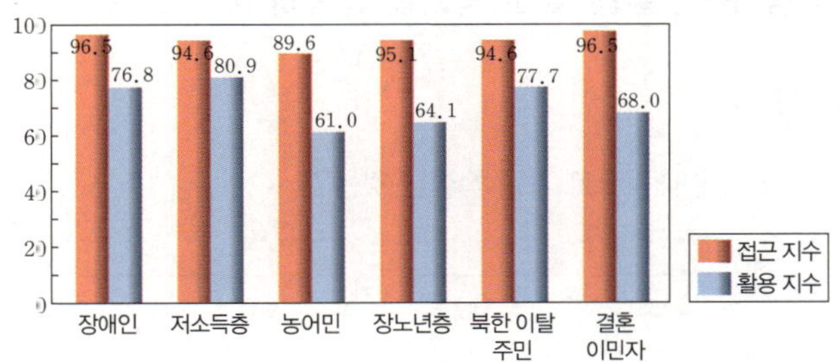

* ﹥치는 일반 국민의 정보화 수준을 100으로 가정했을 때, 일반 국민 대비 소외 계층의 정보화 수준을 의미함.   (한국 정보화 진흥원)

▲ 정보 격차 지수

(1) 자료를 통해 알 수 있는 정보화에 따른 문제점에 대해 서술하시오.

____

(2) 위와 같은 문제점의 해결 방안에 대해 <u>한 가지</u>만 서술하시오.

____

____

466

(가)~(라)에 해당하는 지역 조사 단계의 명칭을 쓰고, 이를 지역 조사의 순서에 맞게 배열하시오.

> (가) : 결론을 담은 보고서를 작성하는 단계
> (나) : 실내 조사와 야외 조사로 구분되는 단계
> (다) : 수집한 정보를 그래프, 통계 지도 등으로 표현하는 단계
> (라) : 조사 목적과 목적에 적합한 지역 및 주제를 선정하는 단계

____

____

교통·통신 발달 및 과학기술 발달에 따른 변화

467

(가)에 들어갈 내용으로 가장 적절한 것은?

> • 주제: __________(가)__________
> • 사례:
> (1) 강경은 조선 후기까지 금강 수운을 따라 상업이 발달하면서 대동강의 평양, 낙동강의 대구와 함께 전국 3대 시장으로 명성을 떨쳤다. 그러나 철도가 개통되면서 수운이 쇠퇴하자 강경의 중심 시가지는 포구에서 강경역으로 옮겨 가면서 줄어들었다.
> (2) 'ITX-청춘'은 하루 평균 이용객은 1만 7,000여 명으로 개통 전의 6,000여 명보다 많이 증가하였다. 경춘선의 대표적 관광 명소인 남이섬은 입장객이 2배 이상 늘었고, 농촌 체험과 안보 관광이 가능한 양구와 산천어 축제의 고장 화천도 새로운 관광 중심지로 떠오르고 있다.

① 교통의 발달로 인한 지역성의 변화
② 광업의 쇠퇴 이후 지역의 발전 방향
③ 철도 노선 연장에 따른 생태계 파괴
④ 수운 교통의 쇠퇴로 인한 지역 상권의 위축
⑤ 철도 교통의 발달에 따른 관광 산업의 활성화

고난출 468

다음 지도는 수도권의 철도 노선 변화를 나타낸 것이다. 이에 대한 옳은 분석만을 보기 에서 고른 것은?

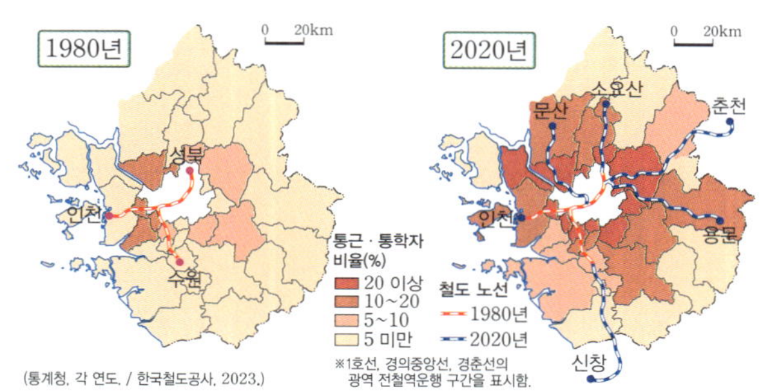

> ─ 보기 ─
> ㄱ. 서울과 춘천 간 시간 거리가 늘어났다.
> ㄴ. 서울 인구의 교외화 현상이 증가하였다.
> ㄷ. 서울의 영향력이 미치는 범위가 넓어졌다.
> ㄹ. 서울로의 통근·통학자 비율은 서울과 먼 지역일수록 높다.

① ㄱ, ㄴ　　② ㄱ, ㄷ　　③ ㄴ, ㄷ
④ ㄴ, ㄹ　　⑤ ㄷ, ㄹ

469

난이도 상

다음 자료에 대한 옳은 설명만을 보기 에서 고른 것은?

> ○○ 연구기관은 정보 취약 계층의 디지털 정보화 수준을 '접근', '역량', '활용' 부문으로 나누어 측정하였다. '접근'은 정보화 기기 보유 및 인터넷 사용 환경 조성 여부를, '역량'은 정보화 기기 기본 이용 능력을, '활용'은 인터넷의 양적·질적 활용 정도를 측정하는 지표이다. 조사한 결과는 다음과 같다.

〈정보 취약 계층의 부문별 디지털 정보화 수준〉

(단위: %)

부문 / 연도 / 정보 취약 계층	접근		역량		활용	
	2014년	2017년	2014년	2017년	2014년	2017년
농어민	68.1	90.4	40.7	53.4	48.6	63.3
장·노년층	67.3	89.9	23.4	41.0	39.7	59.9
평균	72.3	91.0	34.5	51.9	47.7	65.3

* 각 수치는 일반 국민을 100으로 가정했을 때의 비교 수준임.

> ─ 보기 ─
> ㄱ. '접근' 부문의 디지털 정보화 수준은 PC 구비 여부로 파악할 수 있다.
> ㄴ. 2014년에 '역량' 부문에서 일반 국민과 비교한 정보 격차는 농어민이 장·노년층보다 크다.
> ㄷ. 2017년에 PC나 모바일 기기 이용 교육은 농어민보다 장·노년층에게 더욱 필요하다.
> ㄹ. 2017년에 장·노년층은 모든 부문에서 디지털 정보화 수준이 정보 취약 계층의 평균보다 높다.

① ㄱ, ㄴ　　② ㄱ, ㄷ　　③ ㄴ, ㄷ
④ ㄴ, ㄹ　　⑤ ㄷ, ㄹ

교통·통신 및 과학기술의 발달에 따른 문제점과 해결 방안

[470~471] 다음 자료를 보고 물음에 답하시오.

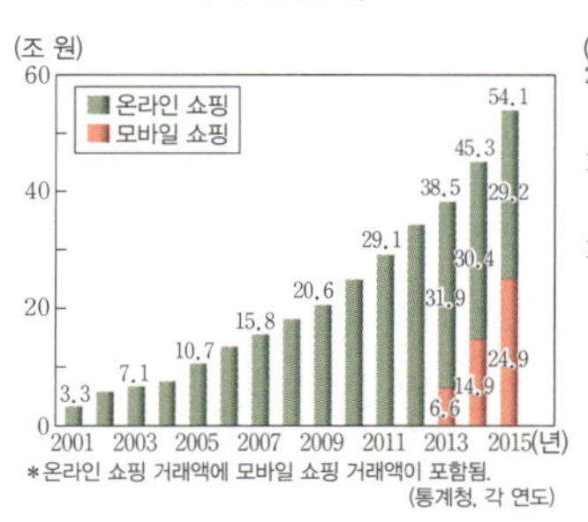

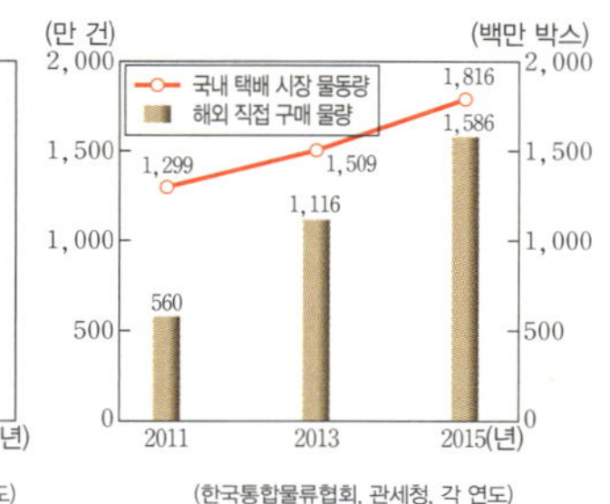

470

위와 같은 변화가 지속될 경우 나타날 수 있는 현상으로 옳은 것은?

① 사기 등의 사이버 범죄가 증가한다.
② 택배 산업 등 물류 산업이 위축된다.
③ 상품의 유통 단계가 더욱 복잡해진다.
④ 상품 구매 시 겪는 시·공간적 제약이 커진다.
⑤ 도매업, 소매업 등 전통적인 유통업이 발달한다.

471

위 자료에 대한 옳은 설명만을 보기 에서 고른 것은?

보기

ㄱ. 온라인 쇼핑은 모바일 쇼핑보다 늦은 시기에 활성화되었다.
ㄴ. 온라인 쇼핑 거래액의 증가는 택배 시장 물동량 변화에 영향을 주었다.
ㄷ. 2011~2015년 국내 택배 시장 물동량과 해외 직접 구매 물량은 모두 감소하였다.
ㄹ. 2013~2015년 모바일 쇼핑 거래액 증가율은 온라인 쇼핑 거래액 증가율보다 높다.

① ㄱ, ㄴ 　② ㄱ, ㄷ 　③ ㄴ, ㄷ
④ ㄴ, ㄹ 　⑤ ㄷ, ㄹ

472

(가), (나)와 같은 문제에 대한 적절한 대책만을 보기 에서 골라 옳게 짝 지은 것은?

(가) 선박에 의해 각종 외래종이 유입되면서 기존 생태계가 교란되고 있다.
(나) 고속 국도의 건설로 야생 동물들의 이동로가 단절되면서 자동차에 치여 목숨을 잃는 야생 동물이 증가하고 있다.

보기

ㄱ. 도로 건설 시 소음벽 설치 강화
ㄴ. 선박 평형수 처리 장치의 의무화
ㄷ. 선박 사고 발생 시 대처 훈련 강화
ㄹ. 도로 건설 시 일정 간격마다 생태 통로 건설

	(가)	(나)		(가)	(나)
①	ㄱ	ㄴ	②	ㄱ	ㄷ
③	ㄴ	ㄷ	④	ㄴ	ㄹ
⑤	ㄷ	ㄹ			

고난출 473

다음 지도는 고양시의 토지 이용 변화를 나타낸 것이다. 1981년에 대한 2016년의 특징으로 옳지 <u>않은</u> 것은?

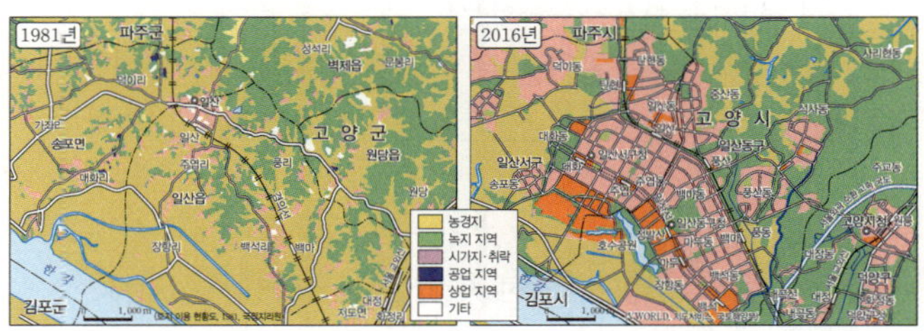

① 인구 밀도가 높다.
② 전업농가의 비율이 높다.
③ 토지 이용의 집약도가 높다.
④ 주민들의 소득원이 다양하다.
⑤ 인접한 대도시와의 접근성이 좋다.

지역의 공간 변화 양상과 문제점 해결 노력

474

'○○군의 축산업 실태'에 대해 지역 조사를 하려고 한다. (가) 단계에 해당하는 활동만을 보기 에서 고른 것은?

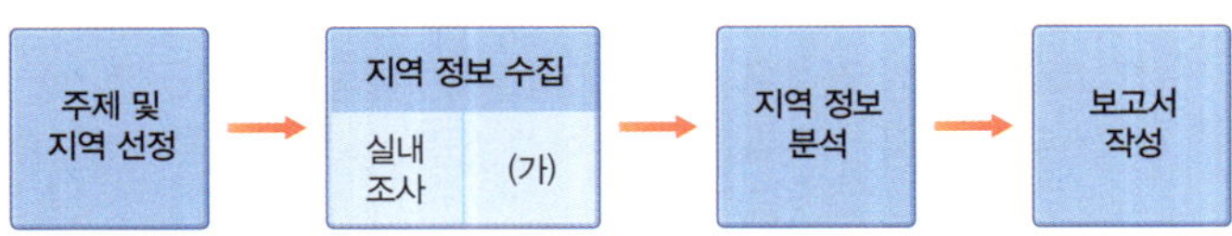

보기
ㄱ. 축산업자와 면담 시 필요한 설문지를 작성한다.
ㄴ. ○○군 홈페이지를 통해 ○○군 내 목장 수를 파악한다.
ㄷ. 목장을 방문하여 분뇨 처리 시설의 설치 여부를 확인한다.
ㄹ. ○○군청 관계자와 과거와 현재 축산업 동향에 대해 인터뷰한다.

① ㄱ, ㄴ　　② ㄱ, ㄷ　　③ ㄴ, ㄷ
④ ㄴ, ㄹ　　⑤ ㄷ, ㄹ

475

다음 글은 태백시의 지역 변화에 대한 것이다. 밑줄 친 ㉠~㉢에 대한 옳은 설명만을 보기 에서 고른 것은?

　　과거 태백 광산 지역 주민들은 ㉠광업에 종사하였다. 그러나 ㉡1980년대 중반 이후 탄광이 하나둘 문을 닫기 시작하였다. 이에 따라 ㉢지역의 경제가 어려워지자 지역 경제를 되살리기 위해 석탄 박물관 등 관광 단지를 조성하게 되었다.

보기
ㄱ. ㉠은 현재 우리나라에서 가장 많은 사람이 종사한다.
ㄴ. ㉡은 태백시의 산업 구조 변화를 유발하였다.
ㄷ. ㉡은 석유나 천연가스의 수요 증가가 주요 원인이다.
ㄹ. ㉢으로 인해 태백시의 3차 산업 종사자 비율은 감소하였다.

① ㄱ, ㄴ　　② ㄱ, ㄷ　　③ ㄴ, ㄷ
④ ㄴ, ㄹ　　⑤ ㄷ, ㄹ

[476~477] 다음 자료를 보고 물음에 답하시오.

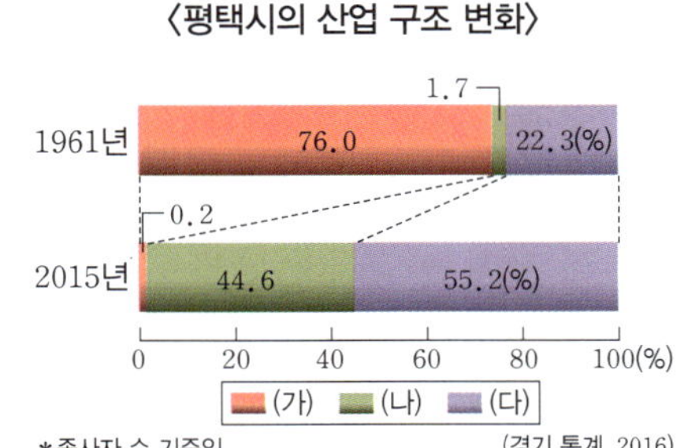

　　경기도 평택시는 예로부터 평야가 발달하였고 바다에 접해 있어 인구의 대부분이 농업이나 어업에 종사하였다. 하지만 중국과의 교류가 증가하여 서해안 개발의 거점 도시로 육성되면서 공업이 발달하기 시작하였다.

476

(가)~(다)에 해당하는 산업을 옳게 짝 지은 것은?

	(가)	(나)	(다)
①	1차 산업	2차 산업	3차 산업
②	1차 산업	3차 산업	2차 산업
③	2차 산업	1차 산업	3차 산업
④	3차 산업	1차 산업	2차 산업
⑤	3차 산업	2차 산업	1차 산업

477

1961년에 비해 2015년에 평택시에서 높게 나타나는 지표만을 보기 에서 고른 것은?

보기
ㄱ. 임야 면적
ㄴ. 거주 외국인 수
ㄷ. 농업 종사자 수
ㄹ. 평택항의 총 처리 화물량

① ㄱ, ㄴ　　② ㄱ, ㄷ　　③ ㄴ, ㄷ
④ ㄴ, ㄹ　　⑤ ㄷ, ㄹ

478

다음 그래프는 서울 어느 지역의 인구 구조 변화를 나타낸 것이다. 이에 대한 옳은 분석만을 보기 에서 고른 것은?

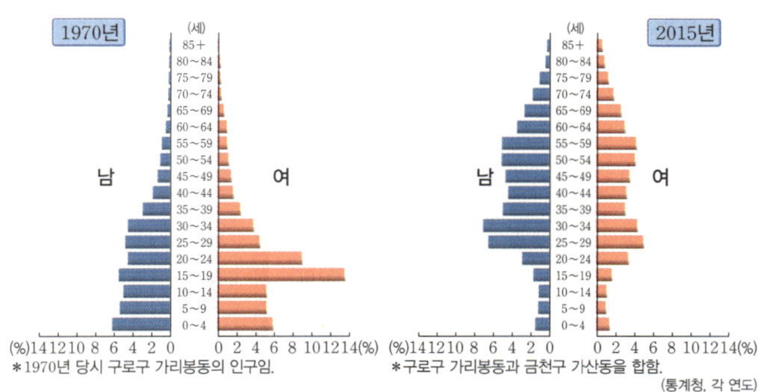

보기

ㄱ. 전체 인구 중 65세 이상 인구의 비율이 낮아졌다.
ㄴ. 전체 인구 중 0~14세 인구가 차지하는 비율이 높아졌다.
ㄷ. 2015년에 비해 1970년에 노동 집약적 공업이 발달하였다.
ㄹ. 1970년에는 15~19세 인구 중 여성의 비율이 남성의 비율보다 높다.

① ㄱ, ㄴ   ② ㄱ, ㄷ   ③ ㄴ, ㄷ
④ ㄴ, ㄹ   ⑤ ㄷ, ㄹ

고빈출

479

다음 자료에 대한 옳은 설명만을 보기 에서 고른 것은?

◎ 지역 조사 주제:　　　　　(가)

〈조사 계획〉

• ㉠ 통계 자료를 통해 거가 대교의 시간대별 차량 통행량을 조사한다.
• 거가 대교 ㉡ 이용객들을 대상으로 이용 빈도에 대해 설문 조사를 한다.

보기

ㄱ. (가)에는 '거가 대교 개통 후 나타난 거제시의 생태 환경 변화'가 들어갈 수 있다.
ㄴ. ㉠은 주로 실내 조사 단계에서 파악할 수 있다.
ㄷ. ㉡은 야외 조사를 통해 파악하는 것이 적절하다.
ㄹ. ㉠과 ㉡을 통해 수집한 지역 정보는 보고서 작성에는 활용되지 않는다.

① ㄱ, ㄴ   ② ㄱ, ㄷ   ③ ㄴ, ㄷ
④ ㄴ, ㄹ   ⑤ ㄷ, ㄹ

480

다음 자료를 보고 물음에 답하시오.

> 1. 귀하는 시흥시의 발전을 위해서 가장 우선적으로 추진해야 할 분야는 무엇이라고 생각합니까?
> ① 쾌적한 도시 환경 조성
> ② 교육 인프라 확충(도로, 대중교통 등)
> ③ 지역 경제 활성화   ④ 교육 환경 개선
> ⑤ 다각적인 행정복지 지원 강화   ⑥ 관광 자원 개발
> ⑦ 사회 안정망 확충으로 안전 도시 구축
> ⑧ 문화 · 체육 시설 확충(공연장, 체육 시설)
> ⑨ 보건 · 의료 서비스 확충   ⑩ 스마트시티 조성
> ⑪ 기타 (　　　　)
> 2. 귀하는 청년에게 가장 필요한 정책은 무엇이라고 생각합니까?
> ① 일자리(일자리 확대 및 창업 지원 등)
> ② 주거(청년 주택 및 전세 대출 이자 지원 등)
> ③ 교육(역량 교육, 학자금 대출 지원 등)
> ④ 복지(심리 상담, 수당, 바우처 등 각종 지원금 등)
> ⑤ 문화(문화 · 예술 및 공연 확대 등)
> ⑥ 시설(청년 공간 확대)
> ⑦ 기타 (　　　　　　)
> 　　　　……

(1) 위와 같은 자료를 무엇이라고 하는지 쓰시오.

(　　　　　　)

(2) 이 자료를 구성하는 시기와 이용 시기를 지역 조사의 단계를 바탕으로 서술하시오.

____

____

481

다음 글을 읽고 물음에 답하시오.

> 서울 춘천 고속 국도, 경춘선 복선 전철, 도시 간 특급 열차(ITX)의 개통으로 이동 시간이 단축되면서 춘천시에 변화가 나타났다. 춘천시에는 　　　(가)　　　 등의 긍정적인 변화가 나타났다. 반면에 쇼핑, 문화, 교육 수요 부분이 수도권으로 집중되면서 ㉠'빨대 효과'라는 부정적인 변화도 함께 나타날 수 있을 것으로 예상된다.

(1) (가)에 들어갈 사례를 두 가지만 쓰시오.

(　　　　　　)

(2) 밑줄 친 ㉠의 의미에 대해 서술하시오.

____

____

단원 종합 문제로 만점 완성하기

482

난이도 **상**

다음 그래프는 우리나라 도시 및 촌락 인구 변화를 나타낸 것이다. 이에 대한 설명으로 옳은 것은? (단, (가), (나)는 각각 도시, 촌락 중 하나임.)

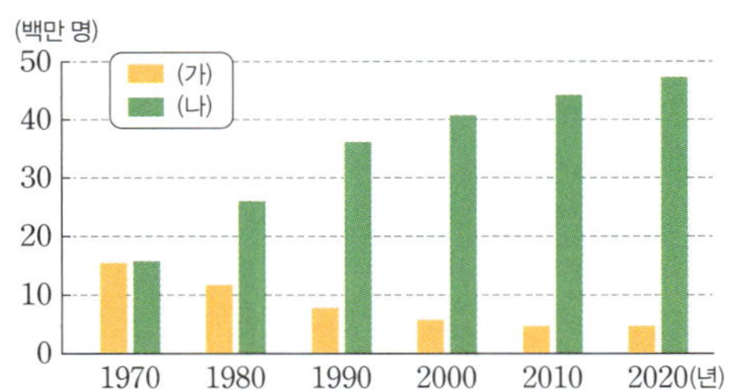

① (가)는 (나)보다 인구 밀도가 높다.
② (나)는 (가)보다 2차 산업 종사자 비율이 낮다.
③ (가)에서 (나)로의 인구 이동을 이촌 향도라고 한다.
④ (가)는 도시, (나)는 촌락이다.
⑤ 우리나라의 도시화율은 1970년이 2020년보다 높다.

483

다음 지도는 우리나라 도시 분포를 나타낸 것이다. (가) 시기와 비교한 (나) 시기의 상대적 특성으로 옳은 것만을 〔보기〕에서 고른 것은? (단, (가), (나)는 각각 1970년과 2020년 중 하나임.)

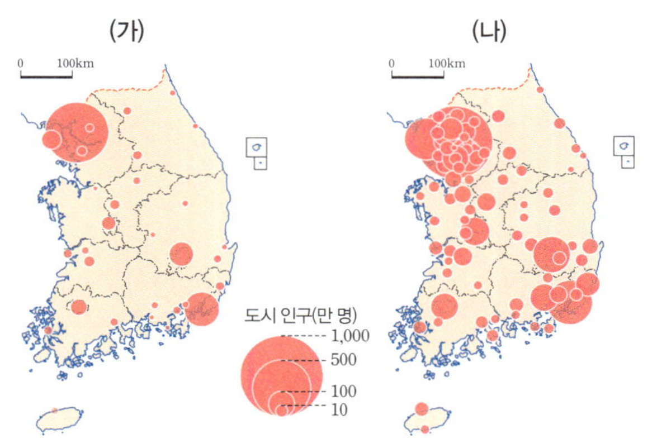

※도시 인구는 해당 연도의 행정 구역을 기준으로 함.

〔보기〕
ㄱ. 농촌 지역의 휴경지가 적다.
ㄴ. 도시 거주 인구 비율이 높다.
ㄷ. 수도권 거주 인구 비율이 낮다.
ㄹ. 서울－부산 간 시간 거리가 가깝다.

① ㄱ, ㄴ 　② ㄱ, ㄷ 　③ ㄴ, ㄷ
④ ㄴ, ㄹ 　⑤ ㄷ, ㄹ

484

난이도 **상**

다음 그래프는 세 국가의 도시 및 촌락 인구 변화를 나타낸 것이다. 이에 대한 설명으로 옳은 것은?

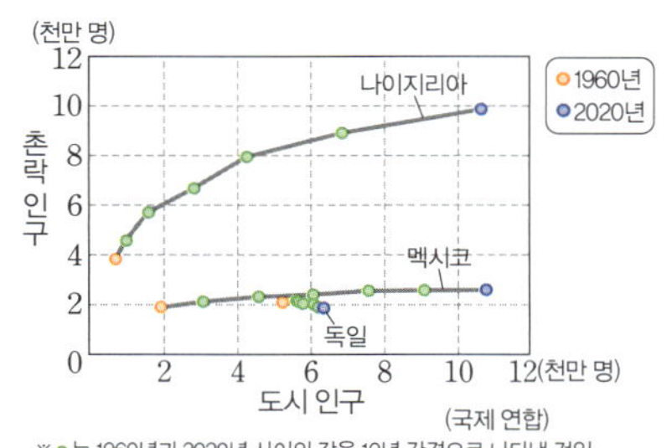

※ ◉◎는 1960년과 2020년 사이의 값을 10년 간격으로 나타낸 것임.

① 2020년 독일은 멕시코보다 촌락 인구가 많다.
② 2020년 나이지리아의 도시화율은 50% 미만이다.
③ 2020년 나이지리아는 멕시코보다 도시화율이 높다.
④ 세 국가 중 2020년의 총인구는 멕시코가 가장 많다.
⑤ 1960~2020년 도시 인구의 증가폭은 나이지리아가 독일보다 크다.

485

(가) 지역과 비교한 (나) 지역의 상대적 특성으로 옳은 것은?

(가)	(나)
• 사람들이 많이 모여 산다. • 높은 건물이 많다. • 물건을 만들거나 편리한 생활을 도와주는 산업이 발달했다.	• 사람들이 적게 산다. • 높은 건물이 많지 않다. • 주로 자연환경을 이용한 산업이 발달했다.

① 직업의 종류가 다양하다.
② 주민들의 평균 연령이 낮다.
③ 토지 이용의 집약도가 높다.
④ 직장과 주거지 간 거리가 멀다.
⑤ 기상 조건이 주민들의 생활에 미치는 영향이 크다.

486

다음 그래프는 지도에 표시된 세 지역의 토지 이용을 비교한 것이다. (가)~(다) 지역에 대한 설명으로 옳은 것은?

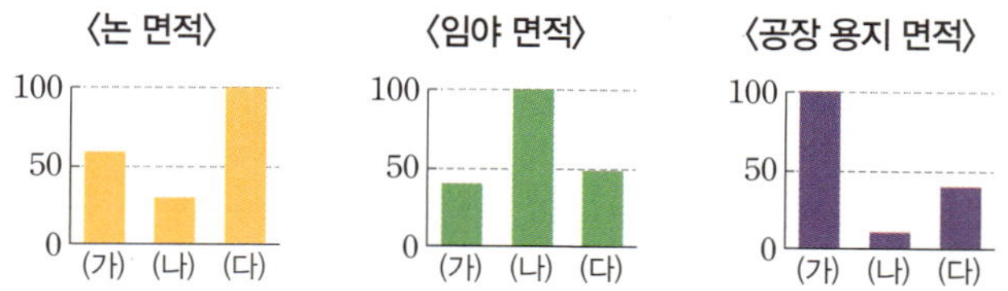

* 임야는 숲, 자갈땅, 모래땅, 황무지 등을 포함하는 토지임.
** 그래프는 최대 지역의 값을 100으로 했을 때의 상댓값을 표현한 것임.(2020년)

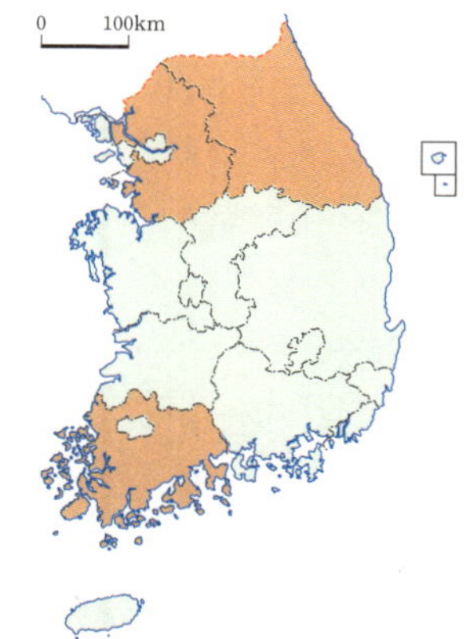

① (나)는 수도권의 일부를 이룬다.
② (가)는 (나)보다 인구 밀도가 낮다.
③ (나)는 (다)보다 산지 비율이 낮다.
④ (다)는 (가)보다 쌀 생산량이 많다.
⑤ (가)와 (다)는 행정 구역 경계를 접하고 있다.

487

다음 자료는 보령 해저 터널 개통과 관련된 것이다. (가)에 들어갈 내용으로 옳지 **않은** 것은?

충청남도 보령군 ○○면에 위치한 □□ 지역이 최근 들어 서해안 최대 해양 관광 단지로 급부상하고 있다. 2019년 □□ 지역은 원산안면대교가 건설되어 태안 안면도와 연결되었고, 2021년 해저 터널이 개통되면서 보령시와의 접근성도 크게 개선되었다. 이에 따라 （가）

① 원산안면대교의 차량 통행량이 감소하였다.
② 원산도 일대의 쓰레기 투기량이 증가하였다.
③ 보령시와 태안군 안면도 간 시간 거리가 짧아졌다.
④ 원산도에 카페, 펜션 등의 관광 편의 시설이 늘어났다.
⑤ 보령과 태안을 연계하는 관광 코스 개발이 확대되었다.

488

다음 그림은 음식 배달 애플리케이션의 사용에 관한 것이다. 이와 같이 음식 배달 산업이 발달한 배경으로 옳은 것만을 보기 에서 있는 대로 고른 것은?

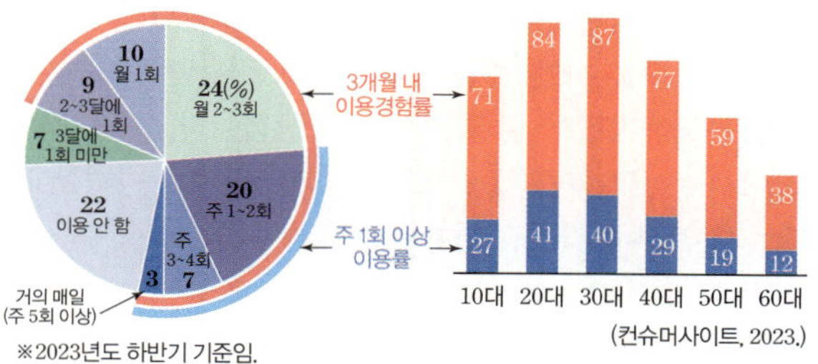

〈보기〉
ㄱ. 1인 가구의 증가
ㄴ. 스마트폰의 보급 확대
ㄷ. 공유 주방 시스템 발달
ㄹ. 인터넷을 통한 요리법 공유 확대

① ㄱ, ㄷ ② ㄱ, ㄹ ③ ㄴ, ㄹ
④ ㄱ, ㄴ, ㄷ ⑤ ㄴ, ㄷ, ㄹ

489

다음 글은 정보화에 따른 생활 변화를 나타낸 것이다. 이에 대한 설명으로 옳은 것만을 보기 에서 고른 것은?

（가） 기술을 활용한 고객 응대 서비스

채팅창이나 음성 비서를 통해 고객의 문의에 실시간으로 응답한다. 재고 확인, 계좌 잔액 조회 등 간단한 요청을 빠르게 처리하며, 복잡한 문의는 필요시 인간 상담사로 연결해 준다.

（나） 기술을 활용한 가구 배치

사용자가 스마트폰이나 태블릿을 통해 가구를 실제 공간에 미리 배치해 볼 수 있게 해 준다. 원하는 가구를 선택하면, 가구가 실물 크기로 나타나 공간과 어울리는지 확인할 수 있다.

〈보기〉
ㄱ. (가)에는 '인공 지능'이 들어갈 수 있다.
ㄴ. (나)에는 '메타 버스'가 들어갈 수 있다.
ㄷ. (가)와 (나) 기술은 모두 일자리 축소를 가져온다.
ㄹ. (가)와 (나) 모두 지리 정보 체계의 원리를 활용한 것이다.

① ㄱ, ㄴ ② ㄱ, ㄷ ③ ㄴ, ㄷ
④ ㄴ, ㄹ ⑤ ㄷ, ㄹ

490

다음 글을 읽고 거점 오피스 이용 확대에 따른 장점만을 〔보기〕에서 고른 것은?

거점 오피스란 통신 기술과 원격 근무를 지원하는 과학기술의 발전으로 본사에 출근하지 않고도 원활한 소통과 업무 처리가 가능해지면서 현실화된 근무 방식이다. 이는 직원들이 굳이 사무실로 출근할 필요 없이, 거주지에서 가까운 편리한 장소를 사무 공간으로 활용하는 형태를 말한다.

〔보기〕

ㄱ. 회사 구성원들 간 협업에 유리하다.
ㄴ. 회사 구성원 간 대면 관계가 확대된다.
ㄷ. 회사 구성원들의 행복 지수가 올라갈 수 있다.
ㄹ. 출퇴근에 따른 화석 에너지 소비량이 줄어든다.

① ㄱ, ㄴ　　　② ㄱ, ㄷ　　　③ ㄴ, ㄷ
④ ㄴ, ㄹ　　　⑤ ㄷ, ㄹ

491

난이도 **상**

다음 지도는 1980년과 2020년의 철도 노선 종점 변화와 통근·통학 비율 변화를 나타낸 것이다. 이에 대한 설명으로 옳지 <u>않은</u> 것은?

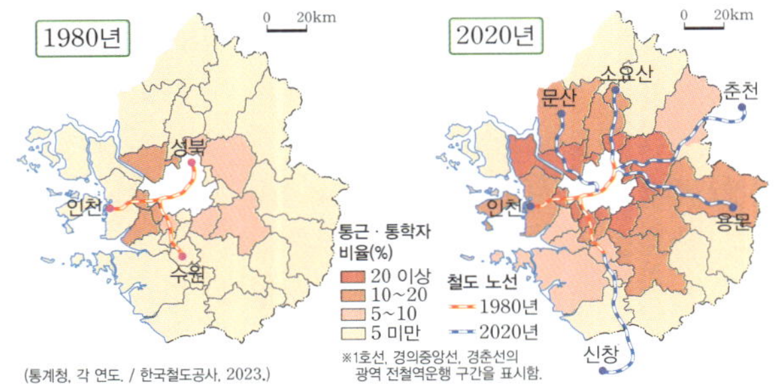

① 서울로의 통근·통학 범위는 2020년이 1980년보다 넓다.
② 수도권 철도 노선 확충으로 서울의 인구가 증가하고 있다.
③ 수도권의 철도 노선 총길이는 2020년이 1980년보다 길다.
④ 서울로의 통근·통학자 비율은 서울과의 거리에 대체로 반비례한다.
⑤ 2020년에는 수도권 전철 노선의 종점이 강원과 충남까지 연장되었다.

492

다음 자료는 학생이 생성형 인공지능과 대화한 내용의 일부이다. ㉠~㉢에 들어갈 내용을 옳게 짝 지은 것은?

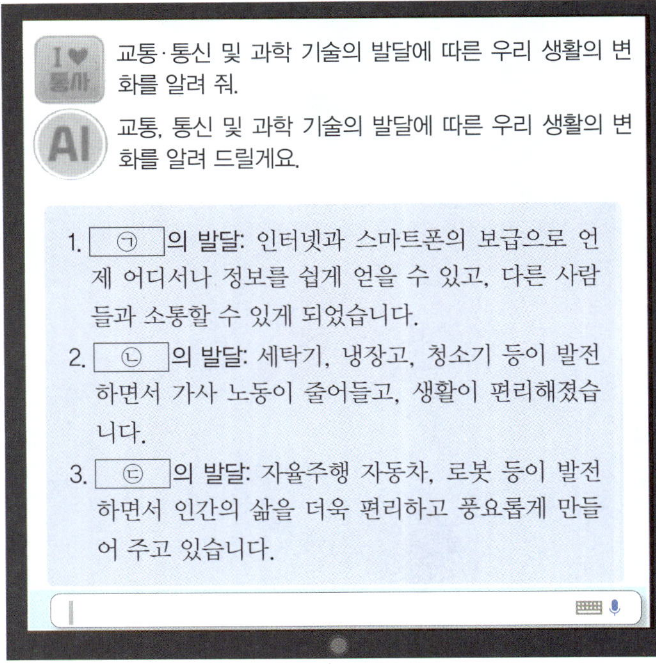

	㉠	㉡	㉢
①	가전제품	통신 기술	인공지능 기술
②	가전제품	인공지능 기술	통신 기술
③	통신 기술	가전제품	인공지능 기술
④	통신 기술	인공지능 기술	가전제품
⑤	인공지능 기술	가전제품	통신 기술

493

다음은 교통·통신 및 과학기술 발달에 따른 생활양식의 변화의 한 사례를 나타낸 것이다. 이와 가장 관련이 깊은 내용으로 옳은 것은?

중앙 선거 관리 위원회의 온라인 투표 시스템은 컴퓨터와 스마트폰 등을 통해 투표와 개표를 할 수 있어, 선거 관리 업무의 효율성을 높일 뿐만 아니라 투표율을 증가시키는 데 기여하고 있다.

① 재택근무의 활성화
② 인터넷 쇼핑의 발달
③ 전자 민주주의의 실현
④ 사회 관계망 서비스(SNS)의 발달
⑤ 사물 인터넷을 통한 전자제품 제어

494

난이도 상

다음 자료는 서울 어느 지역의 변화 모습을 나타낸 것이다. (가) 시기와 비교한 (나) 시기의 특성으로 옳지 <u>않은</u> 것은? (단, (가), (나) 시기는 각각 2013년과 2024년 중 하나임.)

(가)

(나)

① 건물의 평균 층수가 높아졌다.
② 주민의 평균 거주 기간이 길어졌다.
③ 주민의 평균 소득 수준이 높아졌다.
④ 가구당 자동차 보유 대수가 많아졌다.
⑤ 주택 유형 중 아파트 비율이 높아졌다.

495

★교빈출

(가)~(라)에 들어갈 내용을 보기 에서 골라 옳게 짝 지은 것은?

〈과거와 오늘날의 주된 여가 및 소비 생활 비교〉

구분	과거	오늘날
여가 생활	(가)	(나)
소비 생활	(다)	(라)

보기

ㄱ. 스마트폰으로 게임을 한다.
ㄴ. 가족들과 함께 윷놀이를 즐긴다.
ㄷ. 대형 마트에서 식재료를 구입한다.
ㄹ. 5일마다 열리는 시장에서 장을 본다.

	(가)	(나)	(다)	(라)
①	ㄱ	ㄴ	ㄷ	ㄹ
②	ㄱ	ㄹ	ㄴ	ㄷ
③	ㄴ	ㄱ	ㄷ	ㄹ
④	ㄴ	ㄱ	ㄹ	ㄷ
⑤	ㄹ	ㄴ	ㄱ	ㄷ

496

✔최다오답

다음 글에 대한 설명으로 옳은 것은?

> 도로나 철도, 정보 통신망과 같은 (가) 교통·통신 기술이 발달한 지역은 다른 지역과의 연결성이 높아지면서 인구 집중으로 지역 경제가 활성화될 가능성이 커진다. 반대로 (나) 교통·통신 기술이 발달하지 못한 지역은 다른 지역과의 연결성이 낮아지면서 인구 유출로 지역 경제가 침체할 가능성이 커진다. 한편, 새로운 도로나 철도 노선이 만들어지면 접근성이 좋은 대도시 지역이 사람을 끌어들이면서 지역 간 격차가 더 커지는 문제가 발생하기도 하는데, 이를 ___(다)___ (이)라 한다.

① (가)는 (나)는 평균 지가가 낮다.
② (가)는 (나)보다 다른 지역과의 접근성이 낮다.
③ (나)는 (가)보다 인구 밀도가 높다.
④ (나)는 (가)보다 자연환경 훼손이 심하다.
⑤ (다)에는 '빨대 효과'가 들어갈 수 있다.

497

다음 표는 정보화에 따른 문제점과 해결 방안을 나타낸 것이다. (가)~(다)에 들어갈 내용을 옳게 짝 지은 것은?

구분	(가)	(나)	(다)
문제점	대면적 인간관계의 악화로 일상생활에 지장을 초래함.	폐회로 텔레비전(CCTV)과 휴대 전화 위치 추적 장치 등을 통한 감시나 통제가 가능함.	가상공간의 익명성을 이용한 다양한 문제가 발생함.
해결 방안	예방 및 치료 프로그램 시행 등	개인정보보호법 등의 법률 강화 등	정보 윤리 교육 실시 등

	(가)	(나)	(다)
①	인터넷 중독	사이버 범죄	사생활 침해
②	인터넷 중독	사생활 침해	사이버 범죄
③	사이버 범죄	인터넷 중독	사생활 침해
④	사이버 범죄	사생활 침해	인터넷 중독
⑤	상업·업무 기능	인터넷 중독	사이버 범죄

498

(가)에 들어갈 내용으로 옳은 것만을 〈보기〉에서 있는 대로 고른 것은?

서울 성동구 테이크아웃 전문 음식점 아웃나우 성수점. 산업용 로봇 팔이 사람을 대신해 돈가스를 튀기고 있다. 로봇 팔은 1시간 동안 돈가스 최대 70인분을 쉬지 않고 튀겼다. 동시에 각각의 재료를 그릇에 담고, 고기와 버섯을 오븐에서 구워 포케(Poke, 하와이식 덮밥)를 완성했다. 사람 2~3명이 할 수 있는 일을 로봇이 대체하고 있는 것이다. 주방 로봇 스타트업 대표 김 씨는 "로봇의 장점은 ____(가)____ "라고 했다.

– 조선일보, 2023. 1. 2.

〈보기〉
ㄱ. 주방에서의 안전사고 발생을 최소화할 수 있다.
ㄴ. 단순, 반복적인 조리 과정을 효과적으로 처리한다.
ㄷ. 기존 조리법을 바탕으로 새로운 조리법을 개발할 수 있다.
ㄹ. 재료 개량 등이 정확하여 음식의 일정한 맛을 유지할 수 있다.

① ㄱ, ㄷ ② ㄱ, ㄹ ③ ㄴ, ㄷ
④ ㄱ, ㄴ, ㄹ ⑤ ㄴ, ㄷ, ㄹ

499

다음 글은 어느 도시의 변화에 대한 지역 조사 결과 중 일부이다. 이 지역의 특징으로 적절하지 **않은** 것은?

• 산업 발달과 인구 증가로 삼림과 논밭 면적은 줄고, 공장과 건축 용지가 확대되었다. 특히 인근에 신도시와 산업 단지 조성되면서 시가지가 크게 늘어났다.
• 사업체 수와 종사자 수가 계속 증가하며 대부분의 주민이 2·3차 산업에 종사하고 있다. 특히 △△전자, ◇◇자동차, ◎◎제약 등에 다니는 제조업 종사자 수가 많다.
• 2001년 군에서 시로 승격하였으며, 대규모 주거 단지와 산업 단지 조성으로 인구가 급격히 증가하였다. 특히 풍부한 일자리로 젊은 세대가 많이 유입되고 있다.

① 대기업 본사가 많다.
② 청장년층 인구가 많아졌다.
③ 불투수 면적의 비율이 높아졌다.
④ 1차 산업 종사자 비율이 낮아졌다.
⑤ 신도시가 조성되고 인구가 증가하였다.

500

난이도 상

다음 글과 관련된 사회의 변화 모습으로 옳은 것만을 〈보기〉에서 고른 것은?

• 지식 정보 산업과 관련된 직업이 늘어나고, 재택근무가 가능해졌다.
• 사회 관계망 서비스(SNS)를 통해 선거 운동을 하거나 인터넷 게시판을 활용해 의견을 제시할 수 있다.

〈보기〉
ㄱ. 정치 참여의 기회가 확대되었다.
ㄴ. 전자 문서 및 화상 회의가 감소하였다.
ㄷ. 익명성으로 인해 책임감을 적게 느낀다.
ㄹ. 서로 얼굴을 보는 면대면 관계가 주를 이룬다.

① ㄱ, ㄴ ② ㄱ, ㄷ ③ ㄴ, ㄷ
④ ㄴ, ㄹ ⑤ ㄷ, ㄹ

501

다음 그림과 같은 순서로 지역 조사를 실시하고자 할 때, (가)~(다)의 순서를 옳게 나열한 것은? (단, 환류 과정은 고려하지 않음.)

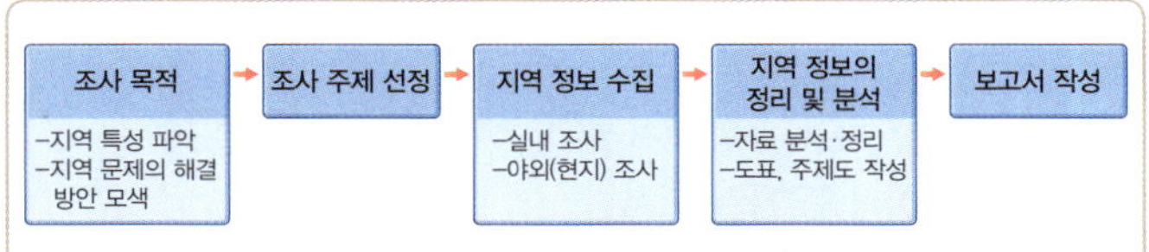

(가) '전통시장의 바람직한 변화'에 대해 현장의 상인들과 토론을 한다.
(나) 경상북도 문경군의 백지도에 전통 시장의 분포를 그려 넣는다.
(다) '전통시장과 대형마트의 공존 방안'이라는 주제를 설정한다.

① (가) – (나) – (다) ② (가) – (다) – (나)
③ (나) – (가) – (다) ④ (다) – (가) – (나)
⑤ (다) – (나) – (가)

502

다음 자료는 찬호 씨와 예지 씨의 하루를 나타낸 것이다. 물음에 답하시오.

찬호 씨의 하루	제가 사는 곳은 초가집과 논밭이 펼쳐진 작은 마을로, 대부분의 주민이 벼농사를 짓고 있습니다. 오늘은 아침 일찍 이웃들과 함께 추월이네 벼를 수확하기 위해 품앗이를 나갔습니다.
예지 씨의 하루	제가 사는 곳은 아파트와 상가가 많은 신도시로, 한 아파트 단지에만 많은 사람이 살고 있습니다. 저는 광역버스를 타고 한 시간 넘게 출근하며, 버스 안에서는 1분짜리 짧은 영상이나 드라마를 보며 시간을 보냅니다.

(1) 두 사람의 하루가 각각 1963년과 2023년의 하루라고 할 때, 연도와 사람의 이름을 연결하여 쓰시오.

　1963년: (　　　　　　　　), 2023년: (　　　　　　　　)

(2) 1963년과 비교한 2023년의 특징을 자료를 근거로 서술하시오.

503

난이도 상

다음은 과학 기술의 발달에 따른 우리 생활의 변화 모습을 나타낸 것이다. 물음에 답하시오.

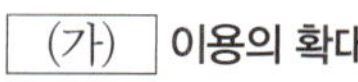

(1) (가), (나)에 해당하는 알맞은 내용을 각각 쓰시오.

　　(가): (　　　　　　　), (나): (　　　　　　　)

(2) (가), (나)에 따른 문제점을 각각 서술하시오.

504

다음은 어느 쇼핑몰의 화면을 나타낸 것이다. 자료의 호신 경보기가 판매되는 까닭을 도시의 특성과 관련지어 설명하시오.

505

다음은 지역 조사를 하는 모습을 나타낸 것이다. 물음에 답하시오.

▲ 경로당을 방문하여 학생들이 면담하는 모습

면담 질문지
1. ○○시에 언제부터 거주하셨나요?
2. 인간관계나 이웃과의 관계가 20여년 전과 어떻게 달라졌나요? 그 이유는 무엇이라고 생각하시나요?
3. ○○시가 해결해야 할 가장 중요한 문제는 무엇이라고 생각하시나요?

(1) 제시된 그림에 나타난 활동이 이루어지는 지역 조사의 단계를 쓰시오.

　　　　　　　　　　　　　　(　　　　　　　)

(2) 학생들이 경로당을 방문하여 면담을 한 이유를 서술하시오.

MEMO

부록

2028 대학입시제도 개편안에 따른 통합사회 예시 문항

- 2022 개정 통합사회 교육과정 및 2028 대입 제도 개편안에 근거하여 출제
- 통합사회의 구성 원리와 체계, 목표를 고르게 반영하여 출제
- 현재 수능 문항의 문항 형식과 틀을 유지하고, 영역 통합적인 내용과 관점이 반영될 수 있도록 출제

삶의 목적으로서 진정한 행복의 의미가 무엇인지를 성찰하기 위해, 제시된 자료를 바탕으로 각 사상가가 아리스토텔레스와 에피쿠로스라는 것을 파악하고, 이 사상가들의 행복에 대한 관점을 이해하고 해석할 수 있는지를 평가하는 문항임.

≫ 행복에 대한 서양 사상가 갑, 을의 입장으로 옳은 것만을 〈 보기 〉에서 있는 대로 고른 것은?

〈 보기 〉

ㄱ. 갑: 행복은 인간의 모든 행위의 궁극적인 목적이다.
ㄴ. 갑: 유덕함이 행복을 증진하지만 행복의 필수 조건은 아니다.
ㄷ. 을: 모든 고통이 제거되면 쾌락은 더 이상 증가하지 않는다.
ㄹ. 갑과 을: 이성의 능력을 발휘해야 행복에 이를 수 있다.

① ㄱ, ㄴ   ② ㄱ, ㄹ   ③ ㄴ, ㄷ   ④ ㄱ, ㄷ, ㄹ   ⑤ ㄴ, ㄷ, ㄹ

통합사회 1 2. 인간, 사회, 환경과 행복

• **내용 요소**
  행복의 의미

• **행동 영역**
  개념 · 원리의 이해

• **주요 평가 및 학습 요소**

1 이 문항에서는 행복에 대한 다양한 관점을 보여 주는 사상가들의 주장을 통해 삶의 목적으로서 행복의 진정한 의미를 이해하고 있는지를 평가하고자 한다.

2 제시된 자료에서 갑은 아리스토텔레스이고 을은 에피쿠로스임을 파악하고 두 사상가가 행복을 어떻게 규정하고 있는지, 그리고 행복을 덕이나 이성과 어떻게 관련짓고 있는지에 관해 이들의 입장을 비교하여 이해할 수 있어야 한다.

정답 ④

비무장 지대(DMZ)가 남북 분단의 역사적 상황이 드러나는 공간임을 이해하고, 자연에 대한 인간의 다양한 관점을 비교하여 각 사상가의 입장에서 인간과 자연의 바람직한 관계를 파악할 수 있는지를 확인하는 문항임.

≫ (가)의 갑, 을 사상가들의 입장에서 (나)의 ㉠ 지역 개발에 대해 제시할 견해로 가장 적절한 것은?

(가)	갑: 인간의 지식이 곧 인간의 힘이다. 우리는 자연을 연구하여 이리저리 방황하는 자연의 자취를 마치 사냥개처럼 추적할 수 있다. 을: 인간은 대지의 구성원이다. 어떤 것이 생명 공동체의 통합성, 안정성, 아름다움의 보존에 이바지한다면 그것은 옳고, 그렇지 않다면 그르다.
(나)	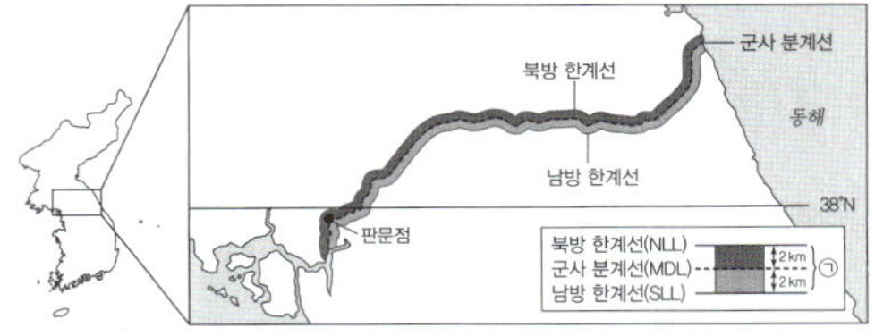

* ㉠ 지역은 1953년 7월 27일 체결된 '한국 군사 정전에 관한 협정'에 따라 무장이 금지된 완충 지대로 군대 주둔과 무기 배치, 군사 시설 설치가 금지되고 있다. 통일 이후 이 지역의 개발에 대해 다양한 견해가 제시되고 있다.

① 갑: 자연에 대한 지식을 이용할 권리가 인간에게 없음을 알아야 한다.
② 갑: 경제적 이익을 위한 개발에 앞서 자연을 도덕적으로 고려해야 한다.
③ 을: 한반도 생태계의 균형 유지를 지역 개발보다 중시해야 한다.
④ 을: 남북한 주민의 경제적 이익 증진을 궁극적 목적으로 삼아야 한다.
⑤ 갑과 을: 현세대와 미래 세대는 생태계의 선(善)을 위해 협력해야 한다.

**통합사회 1 3. 자연환경과 인간,
통합사회 2 4. 세계화와 평화**

• **내용 요소**
  자연관, 평화

• **행동 영역**
  문제 파악 및 인식

• **주요 평가 및 학습 요소**

1 이 문항에서는 비무장 지대(DMZ)가 남북 분단 상황이 드러나는 공간임을 이해하고, 통일 이후 이 지역의 개발에 대한 서로 다른 견해를 파악하는 통합적 사고력을 평가하고자 한다.

2 제시된 자료의 내용이 인간 중심주의와 생태 중심주의를 대표하는 사상인 베이컨과 레오폴드의 견해라는 점을 이해하고, 각각의 관점에서 인간과 자연의 바람직한 관계를 도출하여 실제 사례에 적용할 수 있어야 한다.

정답 ③

서울과의 연평균 기온 차이와 월 강수량 차이 그래프를 통해 열대와 온대에 속한 두 지역의 기후 특성을 파악하고, 이를 통해 각 기후 지역의 기후적 특성 및 주민 생활양식의 특성을 비교할 수 있는지를 평가하는 문항임.

▶ [**3**~**4**] 다음 지도를 보고 물음에 답하시오.

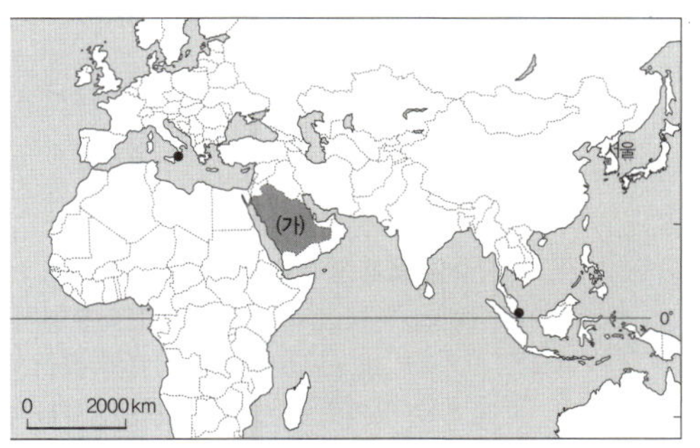

그래프는 지도에 표시된 두 지역과 서울의 기후 값 차이를 나타낸 것이다. 이에 대한 설명으로 옳은 것은? (단, 그래프의 A, B는 각각 지도에 검은 점으로 표시된 두 지역 중 하나임.)

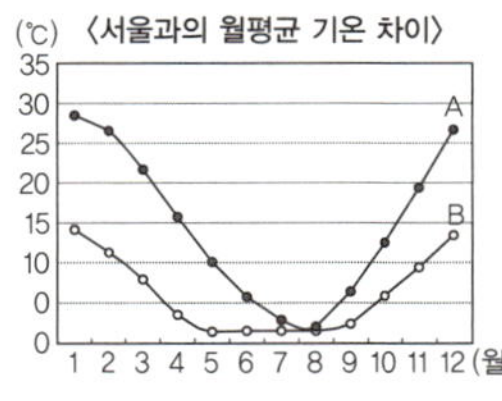
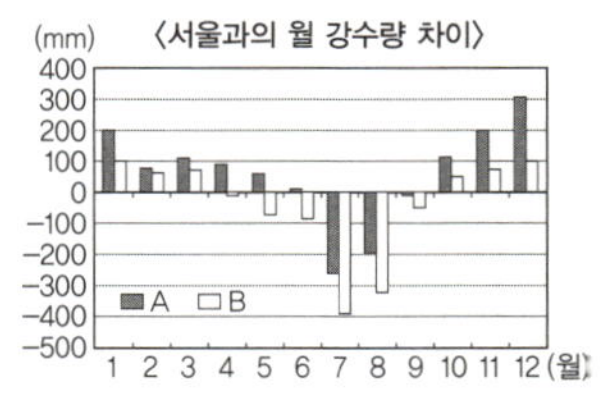

① A에서는 올리브 등을 재배하는 수목 농업이 주로 이루어진다.
② B는 서울보다 여름 강수 집중률이 높다.
③ B에서는 지면의 열과 습기 차단에 유리한 고상 가옥이 발달했다.
④ A는 B보다 여름에 더 건조하다.
⑤ A와 B는 모두 서울보다 연평균 기온이 높다.

통합사회 1 3. 자연환경과 인간

· **내용 요소** 자연환경
· **행동 영역** 자료 분석 및 해석
· **주요 평가 및 학습 요소**
  1 제시된 지도와 그래프를 분석하여 해당 지역에 겨울보다 여름이 상대적으로 건조한 온대 기후(이탈리아 남부)와 연중 고온 다습한 열대 기후(싱가포르)가 나타난다는 점을 파악하고, 이러한 기후 특성으로 인해 두 지역의 주민 생활이 다르게 나타날 수 있음을 이해하는 능력을 평가하고자 한다.
  2 지도에 표시된 두 지역과 우리나라(서울)와의 월평균 기온 및 월 강수량 차이를 나타낸 그래프 분석을 통해, 제시된 두 지역의 기후 특성이 여름이 고온 다습하고 겨울이 한랭 습윤한 우리나라(서울)와 다르다는 점을 파악할 수 있어야 한다.

정답 ⑤

가상의 여행 일지에 나타난 특정 문화권의 자연환경과 인문환경을 이해하고, 해당 문화권의 종교 및 건축 양식에 관한 사례를 통해 문화 변동의 요인 및 양상과 관련된 개념을 파악할 수 있는지를 평가하는 문항임.

▶ 다음은 위 지도의 (가) 국가에 대한 여행 일지이다. 이에 대한 설명으로 옳은 것은?

여행 일지

2000.00.00.

건조 문화권에 속하는 이슬람 국가인 ⎡(가)⎦ 에 도착하였다. 여행 전 조사를 통해 ㉠ 이슬람교가 7세기 초 무함마드에 의해 창시되었고 이슬람교를 믿는 사람들이 기도와 금식, 순례 등을 행한다는 것을 알게 되었다. 입국 수속을 마치고 숙소로 이동하여 짐을 푼 후 식사를 위해 도심으로 들어왔다. 때마침 기도 시간인지, 이동하는 사람들의 행렬을 따라가니 이슬람 사원인 모스크에 당도하게 되었다. 최초의 모스크는 간격을 두고 기둥을 세워 기도하기 위한 그늘을 만들고 바닥에 자갈과 모래를 까는 정도였다고 한다. 이후 ㉡ 비잔티움 제국에서 교회 건축에 사용되었던 돔 양식을 모스크 건축에 도입하였고, 아치와 첨탑, 거대한 돔을 갖춘 모스크 형태가 자리 잡게 되었다. 모스크 내부에는 성지의 방향을 나타내는 화려하게 장식된 미흐랍이라고 부르는 구조물이 있었다. … (하략)

① (가)의 주민들은 주로 침엽수로 지은 목조 가옥에 거주한다.
② (가)에서는 여름 계절풍이 탁월하고 태풍의 발생이 빈번하다.
③ ㉠은 발견에 의한 문화 변동에 해당한다.
④ ㉡에는 서로 다른 문화 요소가 결합하여 새로운 문화가 형성된 문화 변동이 나타나 있다.
⑤ ㉠과 ㉡ 모두에서 기존 문화의 정체성이 상실되었다.

**통합사회 1 4. 문화의 다양성,
통합사회 1 3. 자연환경과 인간**

· **내용 요소** 자연환경, 문화권, 문화 변동
· **행동 영역** 개념 · 원리의 이해
· **주요 평가 및 학습 요소**
  1 이 문항에서는 건조 문화권의 자연환경과 인문환경의 특징을 이해하고, 발견, 발명, 전파, 문화 접변 등 문화 변동의 요인 및 양상에 관련된 개념을 파악하여 이를 다양한 현상에 적용하는 능력을 평가하고자 한다.
  2 건조 기후의 특성과 기후의 영향을 받아 형성된 주거 문화 등을 종합적으로 이해할 수 있어야 한다. 또한 이슬람교의 창시로 인한 문화 변동이 발명에 의해 나타났다는 점과 이슬람 문화의 정체성을 유지하면서 비잔티움 제국의 문화 요소를 도입한 모스크 양식이 문화 융합의 사례라는 것을 학습하도록 한다.

정답 ④

산업화와 도시화로 나타난 생활공간의 변화를 이해하고, 개발도상국과 선진국의 차이점 및 도시화 정도와 산업화의 관계 등을 자료를 통해 분석할 수 있는지를 확인하는 문항임.

≫ 다음은 도시화와 산업화에 대한 자료이다. 이에 대한 설명으로 옳은 것은? (단, 그래프의 A~C는 각각 네팔, 일본, 타이 중 하나임.)

일반적으로 도시화 과정은 초기─가속화─종착의 3단계로 진행되고, 단계마다 도시화율과 도시 인구 증가율이 다르게 나타난다. 반면 도시화의 속도와 구체적 시기는 국가별로 다르다. 따라서 각 국가의 도시화 단계는 도시화율과 도시 인구 증가율을 통해 알 수 있다. 예를 들어 2022년 기준으로 도시화율은 일본, 한국, 타이, 네팔 순으로 높고, 도시 인구 증가율은 반대로 네팔, 타이, 한국, 일본 순으로 높다. 네팔은 도시화율이 21.5%로 가장 낮지만, 연평균 도시 인구 증가율은 3.8%로 가장 높아 가속화 단계에 진입하였음을 알 수 있다.

또한 도시화는 산업화 수준과도 밀접하게 관련되어 있다. 산업화가 고도화될수록 더많은 사람들이 도시에 살게 되기 때문이다. 다음 그래프는 앞에서 언급한 네 나라의 2022년 경제 부문별 국내 총생산(GDP) 비율을 나타낸 것이다. 이 그래프를 통해 각 국가의 산업 부문별 비중을 알 수 있다.

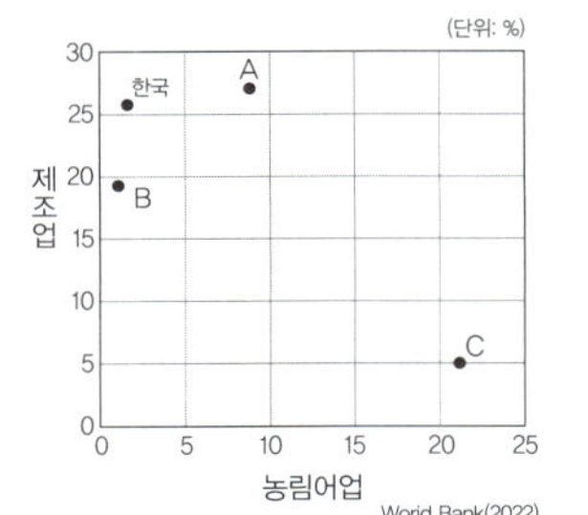
〈4개국의 경제 부문별 국내 총생산 비율〉

① A의 제조업 총부가가치액은 한국보다 많다.
② B는 한국보다 도시 인구수가 많다.
③ C는 도시 인구수가 촌락 인구수보다 많다.
④ A는 B보다 산업화가 시작된 시기가 이르다.
⑤ 타이는 일본보다 국내 총생산에서 서비스업이 차지하는 비율이 높다.

통합사회 1 5. 생활공간과 사회

· **내용 요소**
산업화와 도시화, 생활공간과 생활양식
· **행동 영역**
결론 도출 및 평가
· **주요 평가 및 학습 요소**
1 이 문항에서는 우리나라를 포함한 네 국가의 도시화 관련 정보를 종합하여, 각 국가의 도시화 단계와 산업화 수준 간의 관계를 이해할 수 있어야 한다.
2 자료에 제시된 도시화율과 국내 총생산(GDP) 등의 정보를 바탕으로 국가 간 도시화 정도의 차이를 구분하고 도시화 단계에 따른 산업적 특징을 파악하며, 각 국가의 산업 구조 및 생활 공간상의 특성을 도출하는 능력을 평가하고자 한다.

정답 ②

근대 시민 혁명 이후 확립된 인권의 개념을 이해하고, 역사적 흐름 속에서 확장되어온 인권의 의미와 인권 보장을 위한 제도적 장치, 인권 문제의 해결 방법 등을 파악하고 있는지 평가하는 문항임.

≫ (가)에 해당하는 권리에 대한 설명으로 옳은 것은?

위 그림은 산업 혁명 시기에 나타난 계급 간의 빈부 격차를 풍자한 것이다. 윗부분은 부유한 계급의 편안한 생활을, 아랫부분은 탄광에서 일하는 굶주린 노동자를 표현하였다. 이처럼 산업 혁명 이후 발달한 자본주의는 인간 생활의 물질적 향상을 가져왔지만 자본의 집중에 의한 빈부의 격차를 초래하였다. 궁핍과 빈곤으로 인해 기본적인 생활 수준을 영위하지 못하자 인간다운 생활을 가능하게 하는 물적 토대를 국가에 요구할 수 있는 권리인 ___(가)___ 의 보장이 요구되었다.

① 미국 독립 선언에서 천명되었다.
② 바이마르 헌법에 최초로 명시되었다.
③ 프랑스의 인권 선언에 영향을 주었다.
④ 영국에서는 명예혁명을 계기로 실현되었다.
⑤ 차티스트 운동 당시 인민헌장에 규정되었다.

통합사회 2 1. 인권 보장과 헌법,
3. 시장경제와 지속가능발전

· **내용 요소** 시민 혁명, 인권
· **행동 영역** 문제 파악 및 인식
· **주요 평가 및 학습 요소**
1 이 문항에서는 제시된 자료를 통해 자본주의의 폐해로 나타난 빈부 격차 등의 문제점을 인식하고, 이를 해결하기 위해 인간다운 생활의 보장을 국가에 요구할 수 있는 권리인 사회권이 등장하였음을 파악하는 능력을 평가하고자 한다.
2 인권의 의미를 이해하고, 역사적으로 인권의 개념이 자유권과 참정권, 사회권으로 확장되었음을 통합적 관점에서 분석하여 그 의미를 종합할 수 있어야 한다.

정답 ③

근대 시민 혁명 과정에서 확립된 헌법이 시민 계급의 성장과 자본주의의 전개 과정에 미친 영향을 이해하고, 근대법 체제의 기본 원리와 자본주의 시장경제 체제의 관련성을 분석하도록 함. 시장 실패의 발생 원인인 외부 불경제의 사례로 환경 오염이 있음을 파악하고, 피해 구제를 위한 입법 활동이 이와 같은 시장 실패를 해결하기 위한 조치임을 도출할 수 있는지 확인하는 문항임.

» 밑줄 친 ㉡을 통해 해결하고자 하는 ㉠의 발생 원인에 대한 설명으로 옳은 것은?

미국의 독립 혁명, 프랑스 혁명 등을 거쳐 확립된 근대 입헌주의 헌법은 시민 계급이 자유를 극대화하는 데 필요한 최소한의 질서 유지를 위해서만 국가의 물리적 강제력 행사를 허용하였다. 사적 자치의 원칙을 강조한 근대법 체제하에서는 개인의 자유로운 경제 활동이 최대한 보장되었지만, ㉠ 시장에서 자원이 효율적으로 배분되지 못하는 현상이 나타나게 되었다. 특히 상품의 생산 과정에서 배출되는 오염 물질로 인한 환경 피해의 경우 오염 물질의 방출이 당시의 과학 기술 수준으로 피할 수 없는 경우라면 행위자의 과실이 인정되지 않아 피해자가 구제받을 수 없는 문제가 발생하게 되었다. 이에 왜곡된 시장경제 구조를 바로잡기 위해 국가의 개입을 인정하는 조항 등이 헌법에 자리 잡게 되었고, 환경 오염으로 피해가 발생한 경우 ㉡ 고의나 과실 여부와 관계없이 원인자에게 손해 배상 책임을 인정하는 입법이 이루어졌다.

① 외부 불경제가 발생하여 시장 거래량이 사회적 최적 거래량보다 많아졌다.
② 비경합성과 비배제성을 특성으로 하는 재화에 무임승차자의 문제가 초래되었다.
③ 독과점 형태의 시장 구조로 인하여 부당한 공동 행위와 불공정 거래 행위가 발생하였다.
④ 정보가 제한된 상황에서 정부의 시장 개입이 사회 후생 개선에 실패하는 현상이 나타났다.
⑤ 산업 자본주의 국가들이 자유 방임주의를 근거로 국가의 시장 가입을 최소화하는 작은 정부를 추구하였다.

통합사회 2 1. 인권 보장과 헌법, 3. 시장경제와 지속가능발전

- **내용 요소**
  시민 혁명, 인권

- **행동 영역**
  탐구 설계 및 수행

- **주요 평가 및 학습 요소**
  1 이 문항에서는 근대 시민 혁명 과정에서 확립된 헌법과 시장경제 체제의 관련성을 탐구하고, 제시된 자료에서 시장 실패의 발생 원인과 해결 방안을 탐색할 수 있는 역량을 평가하고자 한다.
  2 제시된 자료를 통해 인권 보장을 위한 헌법의 역할을 파악하고, 자원이 효율적으로 배분되지 못하는 시장의 한계 상황이 발생할 경우 이를 해결하기 위한 정부의 바람직한 역할을 탐색하여 시장 실패에 대한 해결 방안을 제안할 수 있어야 한다.

정답 ①

사회적 소수자 차별 문제로서 청소년 노동권 침해 문제를 인식하고, 사회적 소수자의 의미와 성립 요건, 사회적 소수자 문제의 해결 방안을 파악하도록 함. 청소년의 노동 인권 보장을 위해 마련된 제도적 장치를 이해하고, 근로 기준법상 연소자 보호 규정에 대해 분석할 수 있는 능력을 확인하는 문항임.

≫ (가)~(라)에 들어갈 수 있는 옳은 내용만을 보기 에서 고른 것은?

보기

ㄱ. (가): 친권자 또는 후견인의 미성년자 근로 계약에 대한 대리 금지

ㄴ. (나): 도덕상 또는 보건상 유해·위험한 사업에 사용 금지

ㄷ. (다): 후천적 요인과 수적 열세로 인하여 노동 현장에서 다른 구성원으로부터 차별을 받거나 부당한 처우의 대상이 됨

ㄹ. (라): 근로 시간이 4시간인 경우에는 사용자로 하여금 근로 시간 도중에 30분 이상의 휴게 시간을 주도록 함

① ㄱ, ㄴ ② ㄱ, ㄷ ③ ㄷ, ㄹ
④ ㄱ, ㄴ, ㄹ ⑤ ㄴ, ㄷ, ㄹ

통합사회 2 1. 인권 보장과 헌법,
2. 사회정의와 불평등

- **내용 요소**
  인권, 사회 불평등

- **행동 영역**
  가치 판단 및 의사 결정

- **주요 평가 및 학습 요소**
  1 이 문항에서는 사회적 소수자에 대한 보호와 우선적 배려가 사회 불평등 문제 해결에 기여할 수 있음을 파악하고, 사회적 소수자 차별 문제로서 청소년 노동권 침해 문제를 인식하는 능력을 평가하고자 한다.
  2 제시된 자료가 청소년 노동권 보호를 위한 근로 기준법 관련 내용과 사회적 소수자의 의미와 성립 요건 등에 대해 다루고 있음을 이해해야 하며, 오늘날 우리 사회의 인권 문제로 부각되고 있는 청소년 노동권 침해 문제에 대한 구체적인 해결 방안을 제시할 수 있어야 한다.

정답 ①

개인과 공동체의 관계를 기준으로 다양한 정의의 기준과 관점이 있음을 이해하고, 이를 바탕으로 제시된 자료의 각 사상가의 분배적 정의에 대한 관점을 비교하여 각 입장에서 가치 판단의 기준을 식별할 수 있는지를 평가하는 문항임.

≫ (가)의 갑, 을 사상가들의 입장을 (나) 그림으로 탐구하고자 할 때, A~C에 들어갈 적절한 질문만을 〈 보기 〉에서 고른 것은?

(가)	갑: 한 사람의 소유물은 취득, 이전, 교정의 원리에 의해 권리를 부여받았으면 정당하다. 각 개인의 소유물이 정당하다면 소유물의 전체 집합, 즉 분배도 정당하다. 을: 공정으로서의 정의는 공정한 합의의 관념을 기본 구조 자체로 확장시킨다. 무지의 베일이라 부른 특징을 갖는 원초적 입장이 이러한 관점을 구체화한다.
(나)	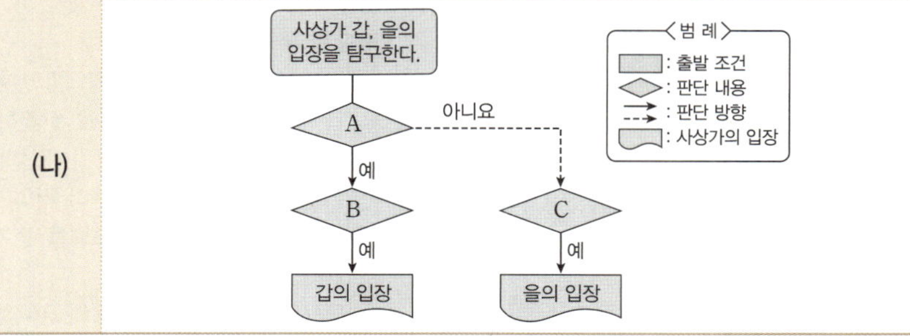

〈 보기 〉

ㄱ. A: 정의로운 사회에서 경제적 불평등이 허용될 수 있는가?
ㄴ. B: 각 개인은 자신의 정당한 소유물에 대한 배타적 사용권을 가지는가?
ㄷ. B: 자신이 직접 노동하지 않더라도 정당하게 소유물을 얻는 것이 허용될 수 있는가?
ㄹ. C: 사회적 약자의 경제적 이익을 증진하는 것을 최우선의 정의 원칙으로 삼아야 하는가?

① ㄱ, ㄴ　　② ㄱ, ㄷ　　③ ㄴ, ㄷ　　④ ㄴ, ㄹ　　⑤ ㄷ, ㄹ

통합사회 2　2. 사회정의와 불평등

- **내용 요소**
  정의의 실질적 기준, 정의관

- **행동 영역**
  가치 판단 및 의사 결정

- **주요 평가 및 학습 요소**

  1 이 문항에서는 제시된 자료를 통해 해당 사상가가 롤스와 노직임을 이해하고, 분배적 정의와 관련된 다양한 탐구 질문에 대해 해당 사상가가 어떤 입장을 취할 수 있을지를 심층적으로 분석하고 적용할 수 있어야 한다.

  2 분배적 정의 문제와 관련한 다양한 쟁점에 대해 롤스와 노직의 정의관이 현실적인 지침을 어떻게 제공할 수 있을지에 대한 통합적 사고력을 평가하고자 한다.

정답 ③

정의로운 사회를 만들기 위한 정의의 실질적 기준을 사회 복지 제도의 재분배 원칙에 적용해 보고, 구체적인 사회 및 공간 불평등 현상의 사례에 적용할 수 있는지를 확인하는 문항임.

➤➤ 다음 자료에 대한 옳은 설명만을 〈보기〉에서 있는 대로 고른 것은?

> 우리나라 사회 복지 제도 중 ㉠ 의료 급여 제도는 생활이 어려운 사람에게 의료 급여를 함으로써 보건과 사회 복지의 증진을 목표로 하는 제도이다. 2022년에는 전국 인구의 약 3%가 이 제도의 수급권자였다. 시도별 의료 급여 수급권자 비율이 가장 낮은 지역은 1.2%, 가장 높은 지역은 4.6%로 차이가 있다. 수급권자 비율이 전국 평균보다 낮은 시도는 서울, 경기, 울산, 충남, 세종이다.

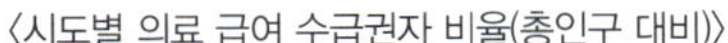

〈시도별 의료 급여 수급권자 비율(총인구 대비)〉

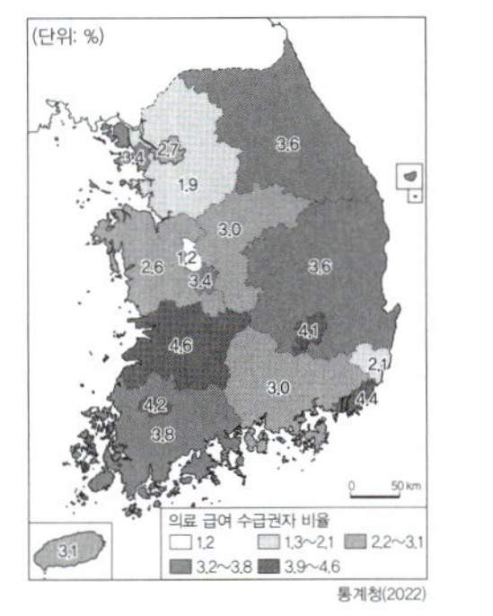

보기

ㄱ. 광역시는 모두 ㉠의 수급권자 비율이 4.0% 이상이다.
ㄴ. ㉠의 수급권자 비율이 가장 낮은 지역은 충청권에 위치한다.
ㄷ. ㉠은 인간의 기본적 필요 충족을 분배적 정의의 기준으로 적용하였다.
ㄹ. ㉠은 공공 부조에 해당하며, 정부 재정으로 비용을 전액 충당하는 것을 원칙으로 한다.

① ㄱ, ㄴ   ② ㄱ, ㄷ   ③ ㄷ, ㄹ   ④ ㄱ, ㄴ, ㄹ   ⑤ ㄴ, ㄷ, ㄹ

통합사회 2 2. 사회정의와 불평등

· **내용 요소**
정의의 실질적 기준, 사회 불평등, 공간 불평등

· **행동 영역**
자료 분석 및 해석

· **주요 평가 및 학습 요소**
1 의료 급여 제도가 사회 정의를 실현하기 위한 제도 중 하나임을 이해하고, 사회 및 공간 불평등 현상의 개선과 관련한 정의의 실질적 기준이 무엇인가를 파악하는 통합적 사고력을 평가하고자 한다.
2 제시된 자료가 사회 계층의 양극화를 해소하기 위한 의료 급여 제도에 관한 것이므로, 정의로운 사회를 만들기 위한 다양한 제도와 실천 방안을 탐색하고 사회 복지 제도인 공공 부조, 사회 보험, 사회 서비스 등에 관한 자료와 정보를 분석 및 해석할 수 있어야 한다.

정답 ⑤

중상주의, 자유 방임주의, 수정 자본주의, 신자유주의 등 자본주의의 역사적 전개 과정을 이해하고, 정부가 시장에 일정 부분 개입하여 경제 문제를 해결하고자 하는 수정 자본주의가 미국의 뉴딜 정책에 반영되었음을 파악하고 있는지를 평가하는 문항임.

➤➤ 밑줄 친 '저'에 대한 설명으로 옳은 것은?

> 친애하는 후버 대통령과 대법원장, 그리고 여러분! 지금 저와 여러분은 공통적인 난국에 직면해 있습니다. 이러한 난국은 다행히 물질적인 것에만 관련된 것입니다. 물가는 믿을 수 없을 정도로 떨어졌습니다. 상업 거래에서는 돈이 돌지 않고, 생산 기업은 말라죽은 잎사귀처럼 여기저기에 흩어져 있습니다. 농민들은 생산물을 팔 시장을 찾을 수가 없고, 수만 가정에 수년 동안 저축해 온 돈은 삽시간에 사라졌습니다. 더욱 중대한 것은 다수의 실업자들이 냉혹한 생존 문제에 직면해 있습니다. …(중략)… '검은 목요일'로부터 시작된 지금의 난국으로 인해 우리 미국 국민들은 좌절한 일이 없습니다. 그들은 지도자가 규율과 방향을 제시해 줄 것을 요구하며 저를 자신들의 소원을 실현시키는 인물로 만들고 있습니다. 저는 이 임무를 소명으로 기꺼이 받아들일 것이며, 대통령으로서의 헌신을 서약함에 있어 겸허하게 신의 축복을 기원하는 바입니다.

① 자본가와 노동자 간의 계급 투쟁을 강조하였다.
② 대규모 공공사업을 벌이는 등 뉴딜 정책을 실시하였다.
③ 신자유주의에 근거하여 노동 시장의 유연성을 강화하였다.
④ 제1차 석유 파동으로 인한 경기 침체를 극복하고자 하였다.
⑤ 국부론을 저술하여 개인의 경제적 자율성 보장을 역설하였다.

통합사회 2 3. 시장경제와 지속가능발전

· **내용 요소**
시장경제와 합리적 선택, 경제 주체의 역할

· **행동 영역**
자료 분석 및 해석

· **주요 평가 및 학습 요소**
1 미국에서 시작된 대공황 이후 나타난 경제적 문제가 제시된 자료에 반영되어 있음을 통합적으로 인식하고, 이와 관련하여 시행된 뉴딜 정책을 시장과 정부의 관계를 중심으로 이해하는 능력을 평가하고자 한다.
2 제시된 자료의 주요 내용을 분석하여 해당 자료가 미국의 대공황 시기에 취임한 루스벨트 대통령의 연설문이라는 것을 파악할 수 있어야 한다. 또한 중상주의, 자유 방임주의, 수정자본주의 등 자본주의의 역사적 전개 과정을 분석하고 그 특징을 종합할 수 있어야 한다.

정답 ②

대표적 금융 자산인 예금, 채권, 주식의 일반적인 특징을 이해하고 있는지를 확인하고, 안전성, 수익성, 유동성과 같은 자산 관리 원칙을 토대로 안정적인 금융 생활을 설계할 수 있는 역량을 갖추고 있는가를 평가하는 문항임.

▶ 다음 자료에 대한 설명으로 옳은 것은? (단, A~C는 각각 예금, 주식, 채권 중 하나임.)

[평가 요소] 금융 자산 A~C의 일반적 특징
[서술형 문항]
　　<1> C와 구별되는 A의 일반적 특징을 1가지만 쓰시오. (1점)
　　<2> C와 구별되는 B의 일반적 특징을 1가지만 쓰시오. (1점)
　　<3> A와 구별되는 C의 일반적 특징을 1가지만 쓰시오. (1점)
[학생 답안지]

서술형 문항	답안	점수
〈1〉	배당 수익을 기대할 수 있다.	1점
〈2〉	예금자 보호 제도의 적용을 받는다.	1점
〈3〉	(가)	㉠

* 각 문항별로 채점하며, 옳은 답안은 1점, 틀린 답안은 0점을 부여함.

① A는 계약 기간 동안 일정한 금액을 매달 납입하여 만기 시에 원금과 이자를 받는 자산이다.
② 일반적으로 A는 C보다 안전성이 높다.
③ 일반적으로 B는 A보다 수익성이 높다.
④ B와 C는 모두 이자 수익을 기대할 수 있다.
⑤ (가)에 '시세 차익을 기대할 수 있다.'가 들어가면, ㉠은 '1점'이다.

통합사회 2　3. 시장경제와 지속가능발전

· **내용 요소**
　금융 생활
· **행동 영역**
　탐구 설계 및 수행
· **주요 평가 및 학습 요소**
　1 이 문항에서는 제시된 자료를 통해 대표적 금융 자산인 예금, 채권, 주식의 일반적 특징과 자산 관리 원칙, 금융 생활 설계에 관해 이해하는 능력을 평가하고자 한다.
　2 제시된 자료를 바탕으로 금융 자산의 일반적인 특징을 안전성, 수익성, 유동성과 같은 자산 관리의 원칙과 연계하여 종합적으로 탐구하고, 생애 주기를 고려한 금융 생활을 자신의 미래와 연관 지어 설계하는 데 적용할 수 있어야 한다.

정답 ④

평화의 관점에서 행위 주체의 바람직한 역할과 실천 방안을 탐색하기 위해, 세계평화를 위한 행위 주체의 역할을 이해하고 평화적 수단에 의한 평화를 주장하는 입장을 파악할 수 있는지를 확인하는 문항임.

▶ 다음 강연자가 지지할 견해로 적절하지 않은 것은?

① 적극적 평화를 실현하는 것이 폭력에 대한 최선의 방어이다.
② 폭력은 소극적 평화를 실현하는 수단으로서만 허용될 수 있다.
③ 직접적 폭력과 간접적 폭력은 서로 유기적으로 연결되어 있다.
④ 폭력은 의도하지 않아도 생길 수 있으며 또 다른 폭력으로 이어질 수 있다.
⑤ 국제 사회의 행위 주체인 국제기구는 갈등 해결을 위해 평화적 수단을 활용해야 한다.

통합사회 2　4. 세계화와 평화

· **내용 요소** 국제 분쟁, 평화
· **행동 영역** 문제 파악 및 인식
· **주요 평가 및 학습 요소**
　1 이 문항에서는 제시된 강연자가 평화주의 사상가인 갈퉁의 입장을 취하고 있다는 점을 파악하고, 평화와 폭력 등 갈퉁이 제시하는 주요 개념의 의미와 이와 관련된 실천적 견해를 이해하고 있는지를 평가하고자 한다.
　2 강연자가 제시하고 있는 내용에 기초하여, 갈퉁의 평화 이론에서 평화와 폭력의 특성 및 관계를 파악하고, 세계 평화를 위한 행위 주체들의 바람직한 역할은 무엇인지를 통합적 관점에서 이해할 수 있어야 한다.

정답 ②

다음 자료는 출생률과 경제 수준에 관한 것이다. 이에 대한 설명으로 옳은 것은? (단, 그래프의 A, B는 각각 지도에 표시된 두 국가 중 하나임.)

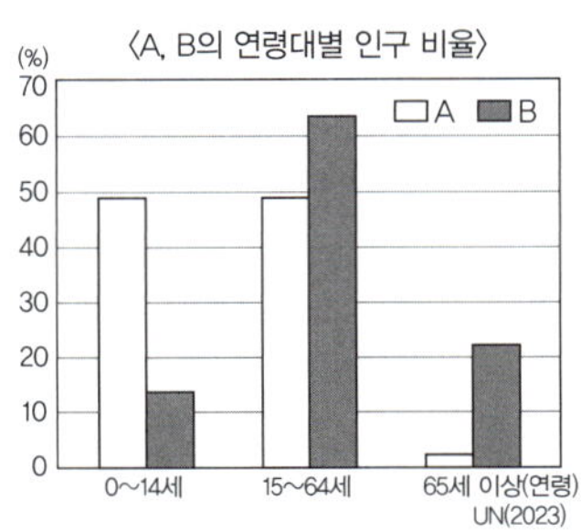

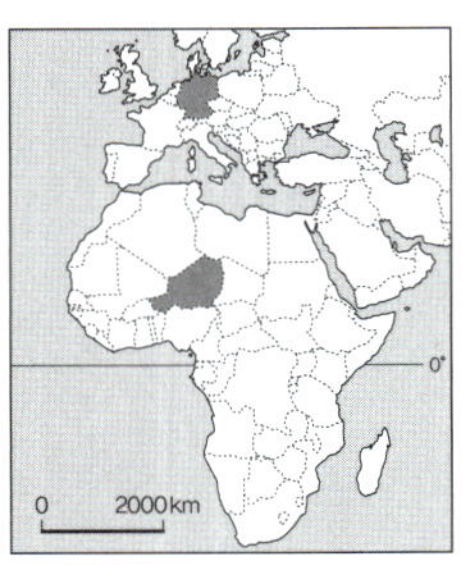

전 세계적으로 출생률과 사망률이 낮아지는 경향을 보이고 있다. 사망률은 이미 1986년부터 10‰ 미만으로 충분히 낮아져 안정적으로 유지되고 있는 반면, 출생률은 국가에 따라서 상황이 다르다. 여전히 ㉠ 높은 출생률 문제를 겪고 있는 국가는 경제 수준에 비해 인구 증가율이 높아 인구를 부양하기 쉽지 않으며, ㉡ 낮은 출생률 문제에 당면한 국가는 현재 경제 수준이 높지만 해당 문제가 지속될 경우 국가 유지에 어려움을 겪을 수 있다.

국가별 경제 수준 차이는 결국 이민자의 문제라는 전혀 다른 방향의 인구 문제로 이어진다. 많은 인구로 인해 국민들을 부양하기 어려운 국가에서는 사람들이 일자리를 찾아 선진국으로 이주하려 하고, 자국인 노동력의 부족을 경험하는 선진국에서는 몰려드는 이민자들의 문화적 차이와 자국민과의 일자리 갈등이라는 새로운 문제를 떠안고 있다.

① 유럽에는 인구 문제 ㉠을 겪는 나라가 ㉡을 겪는 나라보다 많다.

② A는 경제 수준에 비해 출생률이 낮은 국가에 해당한다.

③ B는 이민자의 문화적 정체성을 유지하기 위해 용광로 이론에 기반한 정책을 강화해 왔다.

④ A는 초고령 사회에 도달한 국가로 B보다 중위 연령이 높다.

⑤ B는 A보다 총부양비(인구 부양비)가 낮다.

정답 ⑤

통합사회 2 5. 미래와 지속가능한 삶
통합사회 1 4. 문화와 다양성

- **내용 요소**
  인구 문제, 다문화 사회

- **행동 영역**
  결론 도출 및 평가

- **주요 평가 및 학습 요소**
  1 이 문항에서는 제시문을 통해 높은 출생률과 낮은 출생률을 보이는 국가의 특성을 이해하고, 이를 바탕으로 제시된 그래프의 연령대별 인구 비율을 통해 선진국과 개발도상국을 추론한 다음, 해당 지역의 인구 문제가 무엇인가를 파악하는 통합적 사고력을 평가하고자 한다.

  2 제시된 연령대별 인구 비율이 선진국을 대표하는 유럽의 독일과 개발도상국을 대표하는 아프리카의 니제르에 대한 것임을 확인하고, 각 지역별로 나타나는 인구 특성과 문제점을 제시문을 통해 파악할 수 있어야 한다.

메가스터디 N제

통합사회1 505제

정답 및 해설

I 통합적 관점~
II 인간, 사회, 환경과 행복

01 통합적 관점~인간, 사회, 환경과 행복

STEP 1 O/X 문제로 8종 교과서 핵심 자료 보기 9쪽

001 O	002 X	003 O	004 X	005 X	006 O
007 O	008 O	009 O	010 O	011 X	012 X
013 O	014 X	015 O			

STEP 2 학교 기출 문제로 내신 대비하기 10~15쪽

016 ②	017 ①	018 ③	019 ①	020 ③	021 ④
022 ③	023 ③	024 ②	025 ④	026 ①	027 ②
028 ⑤	029 ⑤	030 ③	031 ①	032 ⑤	033 ③
034 ⑤	035 ③	036 ④	037 ⑤		

서술형 문제 038~039 해설 참조

---

016 공간적 관점의 이해 답 ②

알짜풀이

② 지도는 지구 온난화로 인한 대륙별, 지역별 영향을 나타낸 것으로 이는 지구 온난화의 영향을 공간적 관점에서 분석한 것이다.

오답넘기

①, ③, ④, ⑤는 지도에서 나타나지 않는 관점이므로 거리가 멀다.

---

017 시간적 관점의 이해 답 ①

알짜풀이

제시문은 독도 문제에 대해 시간적 관점을 가지고 쓴 글이다.
①은 시간적 관점에 해당한다.

오답넘기

②는 사회적 관점, ③은 공간적 관점, ④는 윤리적 관점, ⑤는 통합적 관점이다.

---

018 공간적 관점과 사회적 관점의 이해 답 ③

알짜풀이

ㄴ. 갑은 공간적 맥락에서 고령화 현상을 바라보고 있으므로 공간적 관점에 해당한다. ㄷ. 을은 사회 구조나 제도의 측면에서 고령화 현상을 바라보는 사회적 관점에 해당한다.

오답넘기

ㄱ. 고령화 현상의 시대적 배경을 살펴보는 것은 시간적 관점이다.
ㄹ. 우리 사회가 어떤 가치나 규범을 지향해야 하는지를 살펴보는 것은 윤리적 관점이다.

---

019 시간적 관점과 공간적 관점의 이해 답 ①

알짜풀이

ㄱ은 시대적 맥락에 따른 시간적 관점으로, ㄴ은 장소와 같은 공간 정보에 대한 이해를 바탕으로 하는 공간적 관점으로 지구 온난화 문제를 탐구하고 있다.

오답넘기

ㄷ. 사회 제도를 통해 정책 대안을 마련하는 것은 사회적 관점에 해당한다.
ㄹ. 도덕적 가치 판단과 성찰을 통해 사회 방향을 찾는 것은 윤리적 관점에 해당한다.

---

020 사회적 관점과 윤리적 관점의 이해 답 ③

알짜풀이

사회 현상이 나타나게 된 배경을 사회 제도, 정책, 구조의 영향력 등의 측면에서 분석하고 예측하는 것은 사회적 관점이고, 다양한 사회 현상을 규범적 차원에서 살펴보고 바람직한 사회를 실현하기 위한 방안을 도덕적 가치의 관점에서 살펴보는 것은 윤리적 관점이다.

오답넘기

ㄱ. 화장장 건설에 적합한 입지 조건은 공간적 관점으로 알아본다.
ㄹ. 유교 문화의 쇠퇴가 우리나라 장례 문화의 변화에 미치는 영향은 시간적 관점으로 알아본다.

---

021 공간적 관점의 이해 답 ④

알짜풀이

④ (가) 관점은 공간적 관점이다. 지구 온난화에 따른 기후 변화를 전 지구적 차원의 문제로 바라보는 것은 공간적 관점에 해당한다.

오답넘기

① 시간적 관점에서의 서술이다.
②, ③ 윤리적 관점에서의 서술이다.
⑤ 사회적 관점에서의 서술이다.

문제 속 개념

인간, 사회, 환경을 바라보는 다양한 관점

시간적 관점	현재의 모습이 존재하기 까지 변해 온 과정을 통해 시대적 배경과 맥락에 대한 이해를 바탕으로 사회 현상을 살펴보는 것
공간적 관점	현상이 나타나는 위치와 장소, 분포 양상과 이동, 지역 간 네트워크 등 공간적 맥락에서 살펴보는 것
사회적 관점	사회 현상이 나타나게 된 배경을 사회 제도, 정책, 구조의 영향력 등의 측면에서 분석하고 예측하는 것
윤리적 관점	다양한 사회 현상을 규범적 차원에서 살펴보고 바람직한 사회를 실현하기 위한 방안을 도덕적 가치의 관점에서 살펴보는 것

022 공간적 관점의 이해 답 ③

알짜풀이

③ 갑은 자연환경 등 지역의 특성이 사회 모습에 미치는 영향을 파악하는 공간적 관점을, 을은 시간적 맥락을 통해 사회 모습을 파악해야 한다는 시간적 관점을 드러내고 있다.

오답넘기

① 사회적 관점에 해당하는 내용이다.
② 사회적 관점에 해당하는 내용이다.
④ 윤리적 관점에 해당하는 내용이다.
⑤ 시간적 관점에 해당하는 내용이다.

023 통합적 관점의 이해 답 ③

알짜풀이

ㄴ, ㄷ. A는 통합적 관점이다. 하나의 사회 현상에도 여러 분야가 긴밀하게 얽혀 있으며, 사회 구성원 간의 상호 작용과 이해관계가 복잡하게 전개된다는 것은 통합적 관점이 필요한 이유이다.

오답넘기

ㄱ. 사회적 관점에 해당한다.
ㄹ. 다양한 사실과 가치가 얽힌 문제를 하나의 문제로 단순화하지 않고 다각도로 파악할 수 있는 것이 통합적 관점이 필요한 이유이다.

024 에피쿠로스의 행복론 이해 답 ②

알짜풀이

② 제시문은 에피쿠로스의 입장이다. 에피쿠로스는 심신의 고통이 없는 상태, 즉 육체에 고통이 없고 마음에 불안이 없는 상태를 행복이라고 보았다.

오답넘기

① 중세 서양 그리스도교에서 추구한 행복이다.
③ 에피쿠로스의 행복과 관련이 없는 내용이다.
④ 칸트가 말하는 도덕적 행위에 대한 설명이다.
⑤ 고대 서양 헬레니즘 시대의 스토아학파에서 추구한 행복이다.

025 서양의 행복론 파악 답 ④

알짜풀이

④ 칸트는 결과론자가 아니라 의무론자이기 때문에 좋은 결과가 행복을 가져온다고 보지 않았다. 칸트는 행위의 동기로서 보편적 도덕 법칙을 실천할 때 행복을 누릴 만한 자격을 지닐 수 있다고 보았다.

오답넘기

① 고대 그리스의 소크라테스, 플라톤, 아리스토텔레스와 같은 사상가들은 행복을 철학이라는 지적인 활동을 통하여 얻는 지혜와 덕의 결과물이라고 보았다.
② 헬레니즘 시대의 대표적 학파인 에피쿠로스학파와 스토아학파는 마음의 평안을 얻는 것을 행복이라고 보았다.
③ 중세 시대의 신학자들은 신에 의해 구원을 받는 것을 행복이라고 보았다.
⑤ 공리주의는 쾌락주의에 해당하기 때문에 쾌락과 행복을 동일한 것으로 보았다.

서양 근대 사상가의 행복론

칸트	의무론적 윤리 사상가로, 도덕적 행위가 행복한 삶으로 이어지는 것은 아니지만, 인간으로서 마땅히 지켜야 할 보편 타당한 도덕 법칙을 실천하는 사람은 행복을 누릴 만한 자격이 있다고 주장함
벤담과 밀	공리주의 사상가들로, 쾌락이 곧 행복이라고 주장하였으며 최대 다수의 최대 행복을 강조함

026 행복의 요소 파악 답 ①

알짜풀이

① 제시문에는 남을 돕고 난 뒤에 즐거움을 느끼게 하는 엔도르핀 분비가 3배 이상 상승한다는 내용이 있다. 이를 통해 다른 사람을 도와주는 데서 사람들이 행복감을 느낄 수 있음을 추론 가능하다.

오답넘기

② 신문 기사에 장수 부부들 이야기가 나오지만 장수가 행복의 절대 기준이라는 내용은 없다.
③ 신문 기사에는 안정된 주거와 소득에 대한 내용이 없다.
④ 신문 기사에는 경제적 안정에 대한 내용이 없다.
⑤ 신문 기사에는 사회적 약자를 위한 제도 마련에 대한 내용이 없다.

027 시대별 행복의 기준 파악 답 ②

알짜풀이

② 종교적인 실천을 통해 신의 구원을 얻는 것을 행복이라고 본 것은 헬레니즘 시대가 아니라 중세 시대의 행복론의 입장이다.

오답넘기

① 고대 동양의 유교 사상에서는 타고난 도덕적 본성을 실천함으로써 행복한 삶이 가능하다고 보았고, 도교 사상에서는 자연적 본성에 따라 살아갈 때 행복한 삶이 가능하다고 보았다.
③ 서양의 근대에는 자유주의 이념이 확산되면서 인간의 기본적 권리를 강조하고 자유와 평등이 실현되는 삶을 행복한 삶이라고 보는 입장이 등장하였다.
④ 일제 식민 지배를 받던 시대에 우리 민족은 일본의 압제로 인해 행복한 삶을 누리기 어려웠다. 따라서 나라의 독립이 우리 민족의 행복의 기준이 되었다.
⑤ 산업화 시대에는 대량 생산 소비 체제가 확산되면서 물질적인 풍요를 중시하는 경향이 나타났다.

028 유교의 행복론 이해 답 ⑤

알짜풀이

⑤ 유교에서는 타고난 도덕적 본성을 잘 보존하고 함양하면서 다른 사람과 더불어 살아가며 도덕적 덕인 인(仁)을 실현할 때 행복할 수 있다고 보았다.

오답넘기

① 아리스토텔레스의 행복론이다.
② 에피쿠로스의 행복론이다.

③ 불교의 행복론이다.
④ 도교의 행복론이다.

029 소득과 행복의 관계 파악　　　　답 ⑤

알짜풀이

ㄷ. 제시된 그래프는 소득이 높을수록 삶에 대한 만족도 지수가 올라가지만, 소득이 일정 수준 이상이 되면 삶에 대한 만족도 지수가 높아지지 않는다는 것을 보여 준다.
ㄹ. 일정 수준 이상의 소득자에게는 행복이 소득 이외의 요소에 영향을 받을 가능성이 높다는 것을 보여 준다.

오답넘기

ㄱ. 제시된 그래프는 가구의 소득과 행복감이 어느 정도 수준까지는 비례 관계를 유지하지만 소득이 일정 수준을 넘어서면 그렇지 않다는 것을 보여 준다. 따라서 제시된 그래프가 가구의 소득과 행복감이 반비례함을 보여 주는 것은 아니다.
ㄴ. 제시된 그래프는 어느 정도까지는 가난한 사람보다 부자의 행복 지수가 높다고 추론할 수 있다.

030 맹자의 행복론 이해　　　　답 ③

알짜풀이

제시문은 유교 사상가인 맹자의 주장이다.
③ 맹자는 백성들에게 항산, 즉 경제적 안정을 마련해 주는 것을 통치자가 가장 먼저 해야 할 일이라고 보았다. 맹자는 백성들이 경제적으로 안정되면 도덕적인 삶을 살 수 있다고 보았다.

오답넘기

① 맹자는 백성들의 생계유지가 선행되어야 도덕적 삶이 가능하다고 보고, 통치자는 백성들의 안정을 우선적으로 기울여야 한다고 보았다.
② 맹자의 정치 사상은 민본주의이며, 개인들의 정치 참여가 가능한 민주주의와는 다른 개념이다.
④ 자유주의의 입장에서 제시할 견해이다.
⑤ 맹자는 가장 먼저 백성들이 경제적으로 안정될 수 있도록 해야 하며, 그 다음에 도덕적으로 실천하는 삶을 강조해야 한다고 보았다.

031 행복의 조건 파악　　　　답 ①

알짜풀이

제시문은 아프리카 한 부족의 아이들의 사례를 통해 진정한 행복의 조건에 대해 설명하고 있다.
① 사례의 아이들은 다른 사람들이 슬픈데 혼자만 행복해질 수 없다고 말하면서 공동체 속에서 함께 공존하는 삶이 행복한 삶임을 보여 주고 있다.

오답넘기

② 제시문에서는 한 명이 다 차지하는 것이 행복한 것이 아니라고 본다. 이는 물질적 욕망 충족이 행복한 삶으로 이어지는 것은 아니라는 점을 보여 준다.
③ 제시문에는 자유와 행복의 관계에 대한 내용이 없다.
④ 제시문에는 객관적 조건과 행복한 삶의 관계에 대한 내용이 없다.
⑤ 제시문에는 자신의 능력을 최대한 발휘하는 것이 행복한 삶이라는 언급이 없다.

032 행복의 조건 파악　　　　답 ⑤

알짜풀이

제시된 만화는 이중환의 『택리지』의 내용이다.
⑤ 이중환은 사람이 살 수 있는 질 높은 정주 환경의 조건으로 지리, 생리, 인심, 산수를 들었다.

오답넘기

① 만화의 내용에는 소득과 관련된 내용이 없다.
② 만화의 내용에는 경제적 불평등 해소에 대한 언급이 없다.
③ 만화의 내용에는 민주적 정치 체제에 대한 언급이 없다.
④ 만화의 내용에는 도덕적 삶에 대한 언급이 없다.

033 행복의 조건 파악　　　　답 ③

알짜풀이

제시문은 인간의 기본적인 삶을 위해 위생적인 주거지와 다양한 주거 환경이 필요함을 언급하고 있다. 이것은 정주 환경과 관련된 내용이다.
③ 정주 환경이란 우리가 자리 잡고 살아가는 터전을 둘러싼 환경으로, 좁게는 주거 환경에서부터 넓게는 문화, 여가, 자연환경 등의 영역을 말한다.

오답넘기

①, ②, ④, ⑤ 행복의 조건에 해당하지만 제시문의 내용과는 관련이 없다.

034 행복의 조건 파악　　　　답 ⑤

알짜풀이

제시문은 독재 정권으로 인해 사람들의 삶이 어려워지고 불행해진 사례를 제시하고 있다.
⑤ 일반적으로 민주적인 정치 체제가 보장되는 사회일수록 사람들의 행복 지수가 높다.

오답넘기

① 사회 복지 정책 조성, ② 공동체에 대한 배려, ③ 안정적인 정주 환경, ④ 기본적 생계 유지를 위한 경제 체제 마련 등은 행복의 조건에 해당하지만 제시문의 내용과는 직접적인 관련이 없다.

035 다양한 행복의 조건 파악　　　　답 ③

알짜풀이

제시된 자료의 왼쪽은 경제적 안정을, 가운데는 가족과 함께 하는 충분한 여가를, 오른쪽은 정치적 자유의 실현을 행복의 조건으로 제시하고 있다.
③ 행복의 조건은 각 사회가 처한 상황에 따라 달라질 수 있음을 보여 주고 있다.

오답넘기

① 자료 중 첫 번째 그림에만 해당하는 내용이다.
② 자료는 모든 사회를 관통하는 보편적 행복의 조건이 존재함을 보여 주는 것이 아니라 각 사회마다 처한 상황에 따라 행복의 조건이 달라질 수 있음을 보여 주고 있다.
④ 자료 중 세 번째 그림에만 해당하는 내용이다.
⑤ 제시된 자료와 관련 없는 내용이다.

036 다양한 행복의 조건 파악 답 ④

알짜풀이

④ A씨는 자신이 하고 싶은 일을 하고 있어 행복하다고 주장한다. 즉 A씨는 자신이 원하는 일을 함으로써 얻는 만족감을 통해 행복을 느끼고 있다.

오답넘기

① A씨는 예전 직장에 다니던 때에 비해 소득이 절반 정도 밖에 안 되지만 원하는 일을 함으로써 행복하다고 주장한다. 따라서 물질적 풍요로움을 행복의 가장 중요한 요소로 보지 않는다.

② A씨는 경제적 안정보다는 자신이 원하는 일을 선택하여 행복함을 느끼고 있다.

③ A씨는 대기업 직원이라는 타인들이 인정하는 직업을 포기하고 자신이 원하는 일을 선택하였다.

⑤ A씨는 높은 사회적 지위와 상관없이 자신이 원하는 일을 함으로써 행복함을 느끼고 있다.

037 바람직한 삶의 모습 파악 답 ⑤

알짜풀이

ㄴ. 제시문에서는 자신의 욕망을 줄이고 수양을 통해 절제하는 삶을 살아야 한다고 본다.

ㄷ. 제시문에서는 곤경에 빠진 약자나 불행에 처한 사람에게 자비심을 베풀 줄 아는 사람이 되어야 한다고 본다.

ㄹ. 제시문에서는 최소한의 도의나 양심을 지킬 줄 알아야 한다고 본다.

오답넘기

ㄱ. 제시문에서는 동물처럼 본능에 따라 행동하지 말고 이성에 따라 행동할 것을 주장한다.

서술형 문제

038 사회적 관점과 윤리적 관점의 이해

(1) **답** 사회적 관점

(2) **답** 윤리적 관점

해설

사회적 관점은 사회 현상을 사회 제도 및 사회 구조의 측면에서 이해하는 것이고, 윤리적 관점은 도덕적 가치 판단을 통해 인간의 행위를 평가하고 규범적 방향성을 고려하여 사회 현상을 살펴보는 것이다.

039 소득과 행복의 상관관계 파악

(1) **답** 이스털린의 역설

(2) **✔모범답안** 소득이 행복과 관련이 있다는 측면에서는 (가)와 (나)의 입장이 동일하다. 하지만 (가)는 소득이 일정 수준에 도달하면 소득이 증가해도 행복에 큰 영향을 미치지 않는다고 보는 반면, (나)는 소득이 늘어날수록 행복이 증가한다고 본다.

채점 기준	수준
소득과 행복에 관한 (가)와 (나)의 입장을 모두 서술한 경우	상
소득과 행복에 관한 (가)와 (나)의 입장 중 하나만 서술한 경우	중
소득과 행복에 관한 (가)와 (나)의 입장을 서술하지 못한 경우	하

해설

이스털린은 가난한 국가에서 행복 지수가 높게 나타나고, 선진국에서 오히려 행복 지수가 낮게 나타나는 조사 결과를 바탕으로 '이스털린의 역설'을 주장하였다.

STEP 3 수능 유형 문제로 만점 도전하기   16~19쪽

040 ③	041 ③	042 ①	043 ②	044 ②	045 ④
046 ①	047 ④	048 ④	049 ③	050 ③	051 ⑤
052 ⑤	053 ⑤	서술형 문제	054~055 해설 참조		

040 공간적 관점의 이해 답 ③

알짜풀이

③ 판서된 관점은 공간적 관점에 해당한다. 인권 침해 사례를 자연 재해와 연관시켜 지역별로 조사해 보는 것은 공간적 관점에 해당하므로 학생 병의 응답이 적절하다.

오답넘기

① 시간적 관점에 해당한다.

② 사회적 관점에 해당한다.

④, ⑤ 윤리적 관점에 해당한다.

041 윤리적 관점과 사회적 관점의 이해 답 ③

알짜풀이

글에는 윤리적 관점과 사회적 관점이 포함되어 있다.

ㄱ. 사회적 관점이다. 사회 구조와 사회 제도에 따라 사회 현상을 살피는 것이다.

ㄹ. 윤리적 관점이다. 규범적 방향성과 가치를 고려하는 것이다.

오답넘기

ㄴ. 시간적 관점이다. 시대적 배경 및 맥락에 따라 파악하는 것이다.

ㄷ. 공간적 관점이다. 공간 정보에 대한 이해를 바탕으로 하는 것이다.

042 시간적 관점의 이해 답 ①

알짜풀이

① ㉠ – '급속한 산업화와 유교 문화의 쇠퇴는 우리나라 장례 문화의 변화에 어떤 영향을 미쳤는가?'는 현재의 모습이 존재하기까지 변해 온 과정을 통해 시대적 배경과 맥락에 대한 이해를 바탕으로 사회 현상을 살펴보는 것이므로 시간적 관점에 해당한다.

오답넘기

②는 시간적 관점, ③은 윤리적 관점, ④는 공간적 관점, ⑤는 사회적 관점에 해당한다.

043 인간, 사회, 환경을 바라보는 다양한 관점 답 ②

알짜풀이

〈문항 2〉법과 제도의 변화에 따라 개인의 선택도 변할 수 있다는 견해는 사회적 관점이므로 응답은 ×가 되어야 하며, 문항 2에 대한 응답만 옳게 답했으므로 학생 갑이 받을 점수는 총 1점이다.

오답넘기

〈문항 1〉공간 정보는 공간적 관점의 이해를 위해 필요하므로 정답은 ×이나 응답은 ○이므로 점수 없음
〈문항 3〉과거와 현재를 비교하는 것은 시간적 관점에 해당하여 정답은 ×이나 응답은 ○이므로 점수 없음
〈문항 4〉의 정답은 사회적 관점인데 공간적 관점으로 기입했으므로 점수 없음

044 통합적 관점의 이해 답 ②

알짜풀이

제시문은 통합적 관점에 해당한다. 통합적 관점에서는 사회 현상과 관련된 다양한 영역의 내용을 개별 학문의 경계를 넘어 종합적으로 이해하고 시간적, 공간적, 사회적, 윤리적 관점의 다양한 측면에서 분석할 것을 강조한다. 이렇게 함으로써 어떤 사회 현상과 관련한 여러 해결책 중에서 가장 적절한 방안을 찾을 수 있다. 따라서 ㄱ, ㄷ은 통합적 관점에 부합하는 옳은 진술이다.

오답넘기

ㄴ. 사회 현상을 어느 하나의 관점만으로만 심층적인 연구를 하는 것은 적절하지 않다.
ㄹ. 복잡한 사회 현상을 여러 가지 측면으로 분석하는 것이 바람직하며 실제로 이러한 분석이 불가능할 이유는 없다.

045 아리스토텔레스의 행복론 이해 답 ④

알짜풀이

제시문은 인간의 궁극적 목적은 행복이며, 행복은 도덕적 삶을 통해 얻을 수 있다고 본다.
ㄱ. 행복은 도덕성이 바탕이 될 때 가능하다고 본다. 즉 행복은 선한 삶을 통하여 실현될 수 있다고 본다.
ㄴ. 인간의 목적은 행복이며, 행복은 도덕성이 바탕이 될 때 가능하다고 본다. 이는 도덕적인 삶이 행복한 삶의 필수 조건임을 말해 준다.
ㄷ. 선한 행위가 언제나 혹은 곧바로 행복을 가져다주지 않을 수 있다고 본다. 즉 도덕적 행위가 즉각적으로 행복을 가져오는 것은 아니라고 본다.

오답넘기

ㄹ. 완전한 행복은 도덕성이 바탕이 될 때 가능하다고 보며, 물질적 욕망의 충족으로만 실현이 가능하다고 보지 않는다.

046 아리스토텔레스의 행복론 이해 답 ①

알짜풀이

제시문은 아리스토텔레스의 행복론이다.
ㄱ, ㄴ. 아리스토텔레스는 인간 행위의 궁극적인 목적은 행복이며, 행복이란 덕(탁월성)에 따르는 영혼 혹은 정신의 활동이라고 주장하였다.

오답넘기

ㄷ. 심신의 불안이 없는 평온한 상태는 에피쿠로스가 주장한 행복이다.
ㄹ. 신과 하나가 될 때 행복할 수 있다고 본 것은 중세 서양 사상의 입장이다.

047 헬레니즘 시대의 행복론 답 ④

알짜풀이

갑은 헬레니즘 시대의 에피쿠로스학파, 을은 스토아학파의 사상이다. 에피쿠로스학파는 쾌락을 추구하고 고통을 제거하는 것에서 행복을 찾았으며, 스토아학파는 이성의 명령에 따라 '자연＝신을 따르는 삶'을 행복한 삶이라고 하였다.

오답넘기

ㄱ. 칸트의 사상이다. 칸트는 인간으로서 마땅히 지켜야 할 도덕 법칙을 실천하는 사람은 행복을 누릴만한 자격이 있다고 하였다.
ㄷ. 에피쿠로스학파의 주장이다. 스토아학파는 금욕주의을 내세웠다.

048 행복의 기준 파악 답 ④

알짜풀이

(가)는 1970년대와 현재의 행복의 기준이 다르다고 본다. (나)는 사막 지역과 부유럽 지역은 자연환경의 차이로 인해 행복의 기준이 다르다는 사실을 보여 준다.
④ (나)는 자연환경에 따라 행복의 기준이 달라질 수 있다고 본다.

오답넘기

① (가)는 시대에 따라 행복의 기준이 달라질 수 있다고 본다.
② (가)는 현재에는 경제적 가치보다 삶을 의미 있고 풍요롭게 만드는 것에 더 큰 행복을 느끼는 경우가 많다고 본다.
③ (나)는 행복의 기준이 자연환경에 따라 달라짐을 보여 주는 사례로 도덕적 실천에 대한 내용과는 관련이 없다.
⑤ (가)는 시대적 관점에서, (나)는 공간적 관점에서 행복의 기준을 제시하고 있다.

049 행복의 조건 파악 답 ③

알짜풀이

ㄴ. 제시문에서는 행복한 삶을 위해서는 안전한 삶의 공간이 갖추어져야 한다고 본다. 따라서 '주장 2'는 '예'에 표시가 되어야 한다.
ㄷ. 제시문에서는 행복한 삶을 위해서는 사회 구성원들이 올바른 가치관을 가지고 실천하는 풍토가 조성되어야 한다고 본다. 이는 도덕적 가치의 실현과 관련되는 내용이다. 따라서 '주장 3'은 '예'에 표시가 되어야 한다.

오답넘기

ㄱ. 제시문에서는 행복한 삶을 위해서는 기본적인 경제적 조건이 갖추어져야 한다고 본다. 따라서 '주장 1'은 '아니요'에 표시가 되어야 한다.

ㄹ. 제시문에서는 민주적 절차와 참여가 보장되어야 한다고 본다. 따라서 '주장 4'는 '예'에 표시가 되어야 한다.

050 동양의 행복론 이해
답 ③

알짜풀이

1번은 ×, 2번은 ○, 3번은 ○, 4번은 ×이므로 4점이 정답이다. 1번의 경우, 고대 중국에서는 개인주의적 사고방식이 아니라 공동체주의적 사고방식을 강조하였다. 4번의 경우, 도교에서는 인위적인 사회 제도나 규범에서 벗어나 자연 그대로의 모습으로 살아가는 것을 행복이라고 보았다.

（문제 속 개념）

동양의 행복론

유교	하늘로부터 부여받은 도덕적 본성을 갖추고 다른 사람과 더불어 살아가며 인(仁)을 실현하는 것
불교	타고난 불성(佛性)을 바탕으로 고통받는 중생을 구제하는 실천을 통해 해탈의 경지에 이르는 것
도교	타고난 본성에 따라 인위적인 것이 더해지지 않은 자연 그대로의 모습으로 살아가는 것

051 소득과 행복의 관계 파악
답 ⑤

알짜풀이

ㄱ. 제시된 그래프는 소득과 행복의 관계가 정비례하지 않지만 소득이 행복에 어느 정도 영향을 미친다는 것을 보여 준다.

ㄷ. 제시된 그래프는 연간 소득과 행복감이 어느 정도 상관관계를 지니지만 소득이 일정 수준을 넘어서면 소득이 증가해도 행복에는 큰 영향을 미치지 않는다는 것을 보여 준다. 이는 행복이 소득 이외의 요소에 영향을 받는다는 것을 보여 준다.

ㄹ. 제시된 그래프는 연간 소득과 행복감이 어느 정도 상관관계를 지니지만 소득이 일정 수준을 넘어서면 소득이 증가해도 행복이 증가하지 않는다는 것을 보여 준다. 이것은 저소득 계층보다 고소득 계층에서 소득과 행복감의 상관관계가 낮다는 것을 보여 준다.

ㅁ. 제시된 그래프를 보면 소득이 8,000만 원을 넘어서면 소득이 행복에 큰 영향을 미치지 않는다. 이는 연간 소득과 행복감이 어느 정도 상관관계를 지니지만 소득이 일정 수준을 넘어서면 소득이 증가해도 행복이 증가하는 것은 아님을 보여 준다.

오답넘기

ㄴ. 제시된 그래프를 보면 소득이 8,000만 원을 넘어서면 소득이 행복에 큰 영향을 미치지 않는다. 이는 소득이 행복에 미치는 영향에는 한계가 있음을 보여 준다.

052 행복의 조건 파악
답 ⑤

알짜풀이

(가)에서 이중환은 행복의 조건으로 지리, 생리, 인심, 산수 등의 질 높은 정주 환경의 조건을 제시하였다. (나)에서는 사람들이 거주지를 선택할 때 깨끗한 자연환경, 의료 시설 등의 질 높은 정주 환경을 고려한다고 본다. ⑤ (가), (나)는 행복한 삶을 위해서는 모두 주거 환경이나 자연환경 등 질

높은 정주 환경이 마련되어야 한다고 본다.

오답넘기

①, ② (가)는 일정 수준 이상의 소득 보장에 대한 언급이나 사회 복지 정책에 대한 언급이 없다.

③, ④ (나)에는 도덕적 행위 실천이나 경제적 안정 등에 대한 언급이 없다.

（문제 속 개념）

질 높은 정주 환경의 내용

편안한 주거 환경	쾌적하고 살기 좋은 주거 환경(주택과 상하수도 시설 등)
교육과 의료 시설	좋은 교육 서비스외 의료 혜택
교통, 문화, 복지 시설	• 도로, 지하철, 철도 등의 교통 시설 • 도서관, 영화관, 체육관 등의 문화 예술 시설 • 노인 복지 시설, 아동 복지 시설 등의 복지 시설
깨끗한 생태 환경	개인이나 여러 집단이 기본으로 삼는 가치관, 이념 또는 추구하는 목표 등이 서로 다를 수 있음을 인정하는 태도

053 에피쿠로스의 행복론과 행복의 조건 이해
답 ⑤

알짜풀이

⑤ 제시문은 에피쿠로스의 입장이다. 에피쿠로스는 불필요한 욕구를 충족하려 하지 말고 육체와 정신의 고통에서 벗어나 마음의 평안을 얻을 때 행복할 수 있다고 보았다.

오답넘기

① 에피쿠로스는 물질적 욕구는 불필요한 욕구라고 보고 이러한 욕구는 추구하려 해서는 안 된다고 보았다.

② 에피쿠로스는 경제적 부에 대한 성취 욕구도 불필요한 욕구라고 보았다. 에피쿠로스는 생명을 유지하기 위해 필요한 기본적이고 필수적인 욕구만을 최소한으로 충족해야 한다고 보았다.

③ 에피쿠로스는 육체적 쾌락을 추구하기보다는 마음의 평안을 얻을 수 있는 정신적 쾌락을 추구해야 한다고 보았다.

④ 에피쿠로스는 금욕적인 삶을 살아야 한다고 주장하지 않았다. 그는 최소한의 욕구를 충족하면서 정신적인 쾌락을 추구해야 한다고 주장하였다.

서술형 문제

054 시간적 관점의 이해

(1) **답** 시간적 관점

(2) **✓모범답안** 과거의 사실과 사건, 제도나 가치 등을 통해 현재를 이해하여 당면한 문제 해결에 도움을 준다.

채점 기준	수준
과거를 돌아봄으로써 현재 나타나고 있는 현상이나 문제를 이해하게 한다는 내용과 이를 통해 해결 방안을 찾는 데 도움을 준다는 맥락의 내용을 모두 옳게 서술한 경우	상

| 과거를 돌아봄으로써 현재 나타나고 있는 현상이나 문제를 이해하게 한다는 내용과 이를 통해 해결 방안을 찾는 데 도움을 준다는 맥락의 내용 중 한 가지를 옳게 서술한 경우 | 중 |
| 과거를 돌아봄으로써 현재 나타나고 있는 현상이나 문제를 이해하게 한다는 내용과 이를 통해 해결 방안을 찾는 데 도움을 준다는 맥락의 내용을 부적절하게 서술한 경우 | 하 |

해설

시대적 배경과 시기, 맥락에 대한 이해를 바탕으로 아동 노동 실태를 살펴보려는 계획을 세우고 있으므로 시간적 관점에 해당한다.

055 고대 그리스인과 고대 중국인의 행복론 비교

✔**모범답안** 고대 그리스인은 개인주의적 사고방식에 입각한 행복관을 가지고 있었던 반면, 고대 중국인은 공동체주의적 사고방식에 입각한 행복관을 가지고 있었다. 고대 그리스인은 자신이 원하는 대로 자유롭게 자신의 능력을 최대한 발휘하는 것을 행복이라고 생각한 반면, 고대 중국인은 다른 사람들과의 조화로운 인간관계를 맺고 평범하게 사는 것을 행복이라고 생각하였다.

채점 기준	수준
고대 그리스인의 행복의 기준과 고대 중국인의 행복의 기준을 모두 옳게 서술한 경우	상
고대 그리스인의 행복의 기준과 고대 중국인의 행복의 기준 중에서 한 가지만 서술한 경우	중
고대 그리스인의 행복의 기준과 고대 중국인의 행복의 기준을 모두 서술하지 못한 경우	하

해설

행복에 대한 기준이나 평가는 시대나 장소에 따라 다르게 나타난다.

STEP 4 단원 종합 문제로 만점 완성하기 20~23쪽

056 ⑤	057 ②	058 ④	059 ③	060 ②	061 ③
062 ①	063 ④	064 ③	065 ④	066 ①	067 ②

서술형 문제 068~071 해설 참조

056 인간, 사회, 환경을 바라보는 다양한 관점 답 ⑤

알짜풀이

ㄷ. 법, 제도, 정책 등 사회 구조와 관련되어 사회 현상을 이해하는 관점이 사회적 관점이다.
ㄹ. 도덕적 가치와 규범을 고려하여 사회 구성원들의 삶의 방향성을 모색하는 관점이 윤리적 관점이다.

오답넘기

ㄱ. 지역별 산부인과 의원 수의 차이를 탐구하고자 하는 것은 공간적 관점에 해당한다.
ㄴ. 우리나라의 시기별 합계 출산율을 탐구하고자 하는 것은 시간적 관점에 해당한다.

057 시간적 관점과 사회적 관점 답 ②

알짜풀이

ㄱ. 시간적 관점은 역사적 배경과 시대적 맥락을 파악하는 관점이다.
ㄷ. 공동체의 문제를 해결하기 위해 사회 제도의 개선을 도모하고자 하는 관점은 사회적 관점이다.

오답넘기

ㄴ. 쓰레기 매립지 선정을 둘러싼 가치관의 대립 분석하기는 윤리적 관점에 해당한다.
ㄹ. 쓰레기 매립지 조성에 필요한 입지 조건 파악하기는 공간적 관점에 해당한다.

058 인간, 사회, 환경을 바라보는 다양한 관점 답 ④

알짜풀이

ㄴ. '커피 생산 과정에서의 인권 침해 논란과 공정 무역 탐구'는 윤리적 관점에 해당하는 진술이므로 1점이다.
ㄹ. (나)에는 틀린 진술이 들어가야 하므로 맞는 진술인 '서구 생활 양식의 보편화와 커피 소비와의 상관관계 탐구'가 들어갈 수 없다.

오답넘기

ㄱ. ㉠은 1점이다.
ㄷ. (가)에는 맞는 진술이 들어가야 하므로 '커피의 생산국과 수입국의 분포'가 들어갈 수 있다.

059 시간적 관점과 사회적 관점 답 ③

알짜풀이

(가)에 나타난 관점은 공간적 관점이다. 공간적 관점은 사회현상과 관련이 있는 위치나 장소, 분포, 이동 등을 고려하는 관점이다.

오답넘기

① 시간적 관점에 해당한다.
② 윤리적 관점에 해당한다.
④ 사회적 관점에 해당한다.
⑤ 사회적 관점에 해당한다.

060 아리스토텔레스와 에피쿠로스학파의 행복론 답 ②

알짜풀이

사상가 갑은 아리스토텔레스, 을은 에피쿠로스학파이다. 아리스토텔레스는 행복한 삶을 실현하기 위해 이성을 탁월하게 발휘하고 좋은 습관을 형성해야 한다고 강조하였다. 헬레니즘 시대의 에피쿠로스학파는 고통의 부재와 심리적 평온을 행복으로 보고 이를 위해 소박하게 살 것을 주장하였다.

오답넘기

① 공자의 행복론에 대한 설명이다.
③ 고대의 쾌락주의 학파 중 키레네 학파에 대한 설명이다.
④ 불교에서 추구하는 행복에 대한 설명이다.
⑤ 도교에서 추구하는 행복에 대한 설명이다.

061 행복의 조건 파악   답 ③

알짜풀이

제시된 글의 저자는 가진 것에 만족하는 것이 원하는 것을 더 많이 가지는 것보다 행복이다라고 주장하고 있으며, 행복은 객관적인 조건과 주관적 기대 사이의 상관 관계에 의해 결정된다고 보고 있다.

오답넘기

① 저자는 객관적 조건이 최고로 좋아져도 행복하지 못할 수 있다고 말하고 있다.

② 저자는 행복이 객관적 조건에 의해 결정된다고 보지 않는다.

④ 제시된 자료와 관련 없는 진술이다.

⑤ 저자는 외적 조건을 갖추는 것 자체를 부정하지는 않는다.

062 시대와 지역에 따른 행복의 기준   답 ①

알짜풀이

행복의 기준은 시대적 상황에 따라 다르게 나타날 수 있고 자연환경과 인문환경 등 지역적 여건에 따라 달라질 수 있다.

오답넘기

② 공자의 행복론이다.

③ 도교에서의 행복관이다.

④, ⑤ 진술들은 맞지만 제시문과 관련이 없는 내용이다.

063 아리스토텔레스의 행복   답 ④

알짜풀이

아리스토텔레스는 행복이란 덕에 일치하는 정신의 활동이며, 참된 행복은 인간의 고유한 기능인 이성을 아주 잘 실현할 때 이루어진다고 하였다.

오답넘기

① 제시된 글과 관련 없다.

② 좋은 품성은 반복적 실천에 의해 길러진다.

③ 인간 행위의 최고 목적은 행복이라고 주장하고 있다.

⑤ 도가·도교의 행복론에 대한 설명이다.

064 질 높은 정주 환경의 요건   답 ③

알짜풀이

(가)는 옳은 진술, (나)는 틀린 진술, (다)는 틀린 진술, (라)는 옳은 진술이다. 따라서 $A-B-A-D-B$ 순으로 이동하게 된다.

오답넘기

(나) 정주 환경은 인간의 지각, 태도, 감정 등에 영향을 미친다.

(다) 질 높은 정주 환경을 만들기 위해서는 쾌적하고 깨끗한 환경뿐만 아니라 치안, 교육, 문화 등의 혜택을 제대로 누릴 수 있어야 한다.

065 민주주의의 발전을 위한 조건   답 ④

알짜풀이

민주 국가에서는 시민이 정치적 의사를 자유롭게 표출하고 이러한 의사를 반영한 정책을 시행한다.

을: 정부 정책에 반대해도 안전을 보장받을 수 있는 나라가 민주주의가 발전된 나라이다.

정: 정당 설립과 가입의 자유는 민주주의의 필수 요건이다.

오답넘기

갑: 정부의 정책에 국민이 얼마나 찬성해야 하는가는 민주주의의 기준이 아니다.

병: 대의제를 실시하는 대부분의 나라에서 선거를 통한 정권 교체만이 정권의 정당성을 인정할 수 있다.

066 행복의 조건 파악   답 ①

알짜풀이

제시된 자료는 18세기 이중환의 택리지에 나오는 내용으로 택리지에서는 지리, 생리, 인심, 산수의 네 가지 조건을 제시하였다. 지리는 마을 주변의 모습, 생리는 생업을 영위하기 위한 여건, 인심은 마을 사람들의 성향, 산수는 풍광을 의미한다.

067 행복한 삶의 조건과 도덕적 실천   답 ②

알짜풀이

(가)는 선을 행하는 것, (나)는 상대에 대한 배려를 강조하고 있다. 행복한 삶을 살기 위해선 사회 공동체의 선을 실현하고 자신과 타인의 행복을 함께 추구하여야 하는 도덕적 실천이 강조된다.

오답넘기

①, ③, ④, ⑤ 제시된 자료와 직접적인 관련이 없는 진술이다.

서술형 문제

068 인간, 사회, 환경을 바라보는 다양한 관점

✔ 모범답안 현세대의 무분별한 자원 낭비와 환경오염으로 인해 후손은 깨끗하고 풍요로운 삶을 누릴 수 없으므로 현세대가 도덕적 책임과 의무를 져야 한다. 또한 환경 보호에 힘을 더 쓰자는 선진국과 경제 성장을 위해 선진국과 같은 규모의 정책 시행이 어렵다는 개발도상국 간의 입장 차이를 조율하는 것이 중요해지고 있다.

채점 기준	수준
미래 세대에 대한 책임 문제와 세대 간 윤리 또는 선진국과 개발도상국간의 입장 차이를 언급	상
지속가능한 발전을 바라보는 윤리적 관점에 대해 서술하지 못한 경우	하

069 인간, 사회, 환경을 바라보는 다양한 관점

✔ 모범답안 (가) 관공서, 회사, 은행, 상가 등의 시설이 도심에 모여 있어 사람들이 많이 몰리기 때문이다.

(나) 복잡화된 도시 구조에 맞는 도시 체계 관리 정책이 미흡하다.

(다) 윤리적 관점

채점 기준	수준
공간적 관점과 사회적 관점에 대한 내용을 모두 서술한 경우	상
공간적 관점과 사회적 관점에 대한 내용 중 한 가지만 서술한 경우	중
공간적 관점과 사회적 관점에 대한 내용을 모두 서술하지 못한 경우	하

070 아리스토텔레스와 도교의 행복론 비교

✔ **모범답안** 아리스토텔레스의 행복론이 이성과 덕성의 실천을 통한 적극적인 행복 추구를 강조한다면, 도교의 행복론은 자연과의 조화와 욕망의 절제를 통한 소극적이고 순응적인 행복 추구를 강조한다.

채점 기준	수준
아리스토텔레스와 도교의 차이점이 대비되게 서술한 경우	상
아리스토텔레스와 도교 중 하나의 특징만 제대로 서술한 경우	중
아리스토텔레스와 도교의 특징을 제대로 서술하지 못한 경우	하

071 행복한 삶과 도덕적 실천

✔ **모범답안** 공동체의 구성원으로서 남과 더불어 살아가려고 노력하고 타인을 배려하는 도덕적 실천이 중요하다.

채점 기준	수준
타인을 배려하는 행동이 행복감을 증진시킬 수 있다는 점을 언급하고 도덕적 실천을 언급한 경우	상
타인을 배려하는 행동이 행복감을 증진시킬 수 있다는 점을 언급하지 않은 경우	하

III 자연환경과 인간

02 자연환경과 인간 생활

STEP 1 O/X 문제로 8종 교과서 핵심 자료 보기   27쪽

072 O	073 O	074 X	075 X	076 O	077 X
078 O	079 X	080 X	081 O	082 O	083 O
084 X	085 O	086 X	087 O		

STEP 2 학교 기출 문제로 내신 대비하기   28~34쪽

088 ④	089 ③	090 ②	091 ①	092 ③	093 ④
094 ④	095 ③	096 ①	097 ①	098 ③	099 ⑤
100 ⑤	101 ③	102 ④	103 ⑤	104 ③	105 ④
106 ①	107 ⑤	108 ①	109 ①	110 ②	111 ④
112 ①	113 ①	서술형 문제 114~115 해설 참조			

088 자연환경이 인간 생활에 주는 영향 이해   답 ④

알짜풀이

기후, 지형 등의 자연환경은 의식주를 비롯한 인간 생활에 큰 영향을 미친다.
ㄴ. 인간은 자연으로부터 생존에 필요한 토대를 마련하였다.
ㄹ. 지역마다 자연환경의 특성이 달라 생활 양식 역시 지역마다 다르다.

오답넘기

ㄱ, ㄷ. 과학 기술의 발달로 과거에 비해 인간에 대한 자연환경의 영향은 작아졌고, 이에 따라 전통적인 의식주 문화에 주는 영향도 작아졌다.

089 위도대에 따른 기후 분포 파악   답 ③

알짜풀이

적도 근처의 저위도에서 극지방 근처의 고위도로 갈수록 단위 면적당 일사량이 적어져 기온이 낮아지는 경향이 나타난다.
③ 일반적으로 저위도에서 고위도로 가면서 열대, 건조, 온대, 냉대, 한대 기후가 나타난다.

090 열대 기후 지역의 음식 문화 이해   답 ②

알짜풀이

열대 기후 지역에서는 기름에 볶거나 튀기는 요리, 향신료를 많이 사용한 요리가 발달한다.
② 열대 기후 지역은 기온이 높고 습도가 높아 음식물이 쉽게 상할 우려가 있어 기름에 볶거나 튀기는 요리, 향신료를 많이 사용하는 요리가 발달하였다.

오답넘기

① 기온의 연교차는 최난월 평균 기온에서 최한월 평균 기온을 뺀 값이다. 열대 기후는 일 년 내내 기온이 높기 때문에 기온의 연교차가 작다.
③ 열대 기후 지역은 음식물의 보온을 중시하지 않는다.
④ 열대 기후 지역을 곡물이 자라기 어려운 지역으로 보기는 어렵다.

⑤ 돼지고기를 금기시하는 문화와는 관련이 없다.

091 몽골 유목민들의 생활 양식 이해 답 ①

알짜풀이

몽골의 초원 지대에서는 농경이 불리하다.
① 몽골의 초원 지대에서는 유목이 발달하였으며, 몽골의 유목민들은 이동 시 편리한 '게르'라는 전통 가옥을 짓고 산다.

오답넘기

'이목'은 지중해 연안의 산지 지역에서 여름에는 고지대, 겨울에는 저지대에서 가축을 기르는 방식이다. '이글루'는 한대 기후 지역에 사는 이누이트가 사냥용 임시 거처로 짓는 얼음집이다.

> **┌ 문제 속 개념 ┐**
>
> **게르**
>
> 나무로 된 뼈대에 동물의 털로 짠 천이나 가죽을 덮어서 만든 이동식 천막을 의미한다. 조립과 분해가 쉽기 때문에 유목 생활에 적합한 전통 가옥 형태이다.

092 열대 기후 지역의 특징 파악 답 ③

알짜풀이

제시된 전통 가옥은 지붕의 경사가 급하고 창문이 크며 바닥이 지면으로부터 띄워져 있는 것을 통해 열대 기후 지역의 고상 가옥임을 알 수 있다.
③ 열대 우림 기후 지역은 연중 고온 다습한 날씨가 나타난다.

오답넘기

① 온대 기후 중 지중해성 기후의 특징이다.
② 열대 우림 기후는 일 년 내내 기온이 높기 때문에 기온의 연교차가 작다.
④ 사계절의 변화가 뚜렷한 기후는 온대, 냉대 기후이다.
⑤ 열대 우림 기후는 강수량이 많아 식생이 성장하기에 유리하다.

093 지중해성 기후 지역의 전통 가옥 이해 답 ④

알짜풀이

지역마다 서로 다른 기후에 적응한 다양한 전통 가옥이 나타난다.
④ 지중해 연안은 여름철에 강한 햇볕과 열기가 나타나기 때문에 이 지역의 가옥은 햇빛을 반사시키기 위해 흰색으로 칠해져 있고, 열기를 막기 위해 벽은 두껍고 창문은 작게 만들었다. 또한, 그늘을 확보하기 위해 집들의 간격이 좁다.

오답넘기

① 지중해성 기후 지역의 겨울은 온난 습윤하다.
② 모래바람이 강하게 부는 지역은 사막이 대표적이다.
③ 넓은 초원이 펼쳐진 지역으로는 건조 기후 지역의 스텝이 대표적이다.
⑤ 기온의 일교차가 매우 큰 지역은 사막이 대표적이다.

094 냉대 기후 지역의 특성 이해 답 ④

알짜풀이

지도는 세계의 기후 지역을 나타낸 것이다. 지도의 A는 열대 기후 지역,

B는 건조 기후 지역, C는 온대 기후 지역, D는 냉대 기후 지역, E는 한대 기후 지역을 나타낸 것이다.
④ 냉대 기후 지역 중 '타이가'라고 불리는 침엽수림 지대가 분포하는 곳에서는 주로 통나무집을 짓고 침엽수를 이용한 임업이 발달하였다.

095 건조 기후 지역과 열대 기후 지역의 전통 의복 파악 답 ③

알짜풀이

각 기후 지역마다 기후 특성을 반영한 전통 의복이 서로 다르게 나타난다.
③ (가) 건조 기후 지역은 기온의 일교차가 크기 때문에 주민들은 얇은 천으로 만든 온몸을 감싸는 옷을 주로 입는다. (나) 열대 기후 지역의 주민들은 덥고 습한 기후 특성 때문에 얇고 간편한 옷을 입는다.

오답넘기

온대 기후 지역은 계절의 변화가 뚜렷하기 때문에 계절별로 의복이 달라지는 것이 특징이다.

096 건조 기후 지역의 농업 이해 답 ①

알짜풀이

건조 기후 지역은 연 강수량이 적어 농경에 불리하지만 물을 많이 필요로 하지 않는 작물을 소규모로 재배하는 농업이 이루어지기도 한다.
① 건조 기후 지역의 사막에서는 물을 구할 수 있는 곳에서 소규모로 밀, 대추야자, 목화 등을 재배하는 오아시스 농업과 관개 농업이 발달하였다.

오답넘기

쌀은 자랄 때 많은 양의 물을 필요로 하기 때문에 건조 기후 지역에서 재배하기에 적합하지 않다.

097 냉대 기후 지역의 생활 파악 답 ①

알짜풀이

냉대 기후 지역은 겨울철이 길고 춥다.
① 캐나다의 몬트리올은 냉대 기후가 나타나 겨울철이 길며 혹독한 추위가 나타나고 많은 눈이 내린다. 이에 대비하여 '언더그라운드 시티'라는 지하 시설을 건설한 것이다.

오답넘기

②, ③, ④, ⑤ 언더그라운드 시티라는 지하 시설을 건설한 이유와 관련이 없다.

098 온대 및 냉대 기후 지역의 특징 이해 답 ③

알짜풀이

온대 기후나 냉대 기후는 사계절의 변화가 뚜렷하다.
③ 일체형 냉난방 시스템은 여름에는 에어컨으로, 겨울에는 난방기로 사용할 수 있어 더운 여름과 추운 겨울에 모두 대비할 수 있는 시스템이다. 즉, 계절의 변화가 뚜렷한 것을 배경으로 개발된 것이라고 볼 수 있다.

오답넘기

① 연중 기온이 높으면 난방 시설은 필요 없다.
②, ④, ⑤ 냉난방 시스템과 관련이 없다.

알짜풀이

제시된 생활 양식은 한대 기후 지역의 전통적인 생활 양식이다.
⑤ 기온이 매우 낮은 한대 기후 지역은 불을 피울 연료가 부족하고 음식이 잘 상하지 않아 주로 날고기를 먹는다. 이를 통해 열량이 높은 지방질과 비타민을 얻을 수 있다.

100 각 기후 지역의 주민 생활 이해   답 ⑤

알짜풀이

지도의 A는 열대 기후 지역, B는 건조 기후 지역, C는 온대 기후 지역, D는 냉대 기후 지역, E는 한대 기후 지역이다.
⑤ 한대 기후 지역은 기온이 낮아 농사를 짓기 어렵기 때문에 주민들은 전통적으로 순록을 유목하거나 수렵 생활을 하는 경우가 많다.

오답넘기

① 건조 기후 지역의 특징이다.
② 건조 기후 지역에서는 벼농사가 이루어지기 어렵다.
③ 이동식 화전 농업은 열대 기후 지역에서 주로 나타난다.
④ 건조 기후 지역의 특징이다.

101 각 기후 지역의 주민 생활 이해   답 ③

알짜풀이

냉대 기후 지역(D)에 비해 열대 기후 지역(A)에서 나타나는 특징에 대해 생각해 본다.
ㄴ, ㄷ. 열대 기후 지역은 일 년 내내 기온이 높기 때문에 냉대 기후 지역보다 연평균 기온이 높고 기온의 연교차가 작다.

오답넘기

ㄱ. 냉대 기후 지역은 겨울이 길고 춥다. 열대 기후 지역은 연중 기온이 높다.
ㄹ. 냉대림은 냉대 기후 지역에서 잘 자라는 식생이다. 열대 기후 지역에는 열대림이 분포한다.

102 각 지역의 의복 문화 파악   답 ④

알짜풀이

(가)는 고산 기후가 나타나는 지역의 전통적인 옷차림, (나)는 열대 기후가 나타나는 지역의 전통적인 옷차림을 나타낸 것이다.
④ (가)는 해발 고도가 높아 고산 기후가 나타나는 지역의 옷차림이므로 B, (나)는 덥고 습한 열대 기후가 나타나는 지역의 옷차림이므로 C에 해당한다.

오답넘기

A 지역은 건조 기후가 나타난다. 건조 기후 지역의 전통적인 의복은 얇은 천으로 만들어졌고 온몸을 감쌀 수 있는 형태이다.

> **문제 속 개념**
>
> **판초**
>
> 고산 지역은 기온의 일교차가 크고 햇빛이 강하여 사람들이 모자를 쓰는 경우가 많으며, 안데스 산지에서는 '판초'라는 겉옷이 발달하였다.

103 산지 지역의 주민 생활 파악   답 ⑤

알짜풀이

제시문은 산지 지역의 특성과 그에 따른 주민 생활, 지형적 특성이 인간 생활에 주는 영향에 대해 다루고 있다.
ㄷ 산지 지역에서는 최근 아름답고 독특한 산지 경관을 활용한 관광 산업이 발달하였다.
ㄹ 지형적 특성은 기후적 특성과 마찬가지로 인간 생활에 영향을 준다.

오답넘기

ㄱ 산지 지역은 해발 고도가 높고 경사가 급하기 때문에 전통적으로 인간 생활에 불리한 편이다.
ㄴ 산지 지역은 교통이 불편하고 경사가 완만한 넓은 면적을 확보하기 어려워 대규모 산업 단지가 들어서기에 불리하다.

104 카르스트 지형의 특징 이해   답 ③

알짜풀이

제시된 사진은 터키 파묵칼레 지역의 카르스트 지형을 나타낸 것이다.
③ 석회암이 용식 작용을 받으면 카르스트 지형이 형성된다. 카르스트 지형은 독특하고 아름다운 경관이 나타나기도 하여 관광지로 개발되기도 한다.

오답넘기

①, ②, ④, ⑤ 빙하 지형과 화산 지형도 독특한 경관이 나타나 관광 산업에 활용되지만 석회암과 관련이 없다. 현무암은 화산 지형을 형성한다.

> **문제 속 개념**
>
> **카르스트 지형**
>
> 석회암의 주성분인 탄산칼슘이 이산화 탄소를 포함한 빗물이나 지하수에 녹는 용식 작용을 받아 형성된 지형을 말한다.

105 지형이 정치에 준 영향 파악   답 ④

알짜풀이

제시문은 고대 그리스 아테네의 지형 특성과 정치에 대해 언급하고 있다.
④ 산지 지형이 발달한 고대 그리스의 아테네 시민들은 평지에 위치한 아고라에 모여 정치 활동을 하였다는 내용을 통해 지형이 정치 분야에 영향을 준 사례를 파악할 수 있다.

오답넘기

①, ② 제시문에 고대 그리스 아테네의 기후 환경에 대한 언급은 없다.
③ 제시문에 고대 그리스 아테네의 경제 활동에 대한 언급은 없다.
⑤ 자연환경이 인간의 전통적인 의식주 생활 양식에 영향을 주지만, 제시문에는 전통적인 의식주 생활 양식에 대한 언급이 없다.

106 지형에 따른 전통적 산업 파악   답 ①

알짜풀이

과거 자연환경을 극복할 수 있는 기술이 본격적으로 개발되기 이전에는 산지 지역, 평야 지역, 해안 지역 등 각 지역의 특성을 반영한 산업이 발달하였다.
① (가) 대규모 농경이 어려운 산지 지역에서는 밭농사, 임업, 목축업 등

위주의 산업이 발달하였고, (나) 하천 중·하류의 평야 지역에서는 농업 위주의 산업이 발달하였다.

오답넘기

해안 지역은 전통적으로 어업, 양식업 등이 발달하였다.

107 자연환경을 극복한 사례 파악   답 ⑤

알짜풀이

과학 기술이 발달하면서 인간은 자연환경의 제약을 극복하고 자연환경을 이용하며 생활하게 되었다.
⑤ 산지의 낙차를 수력 발전에 활용하고, 바닷물을 담수로 바꾸어 각종 용수로 활용하며, 건조 지역에서 대규모 관개 농업이 이루어지는 것은 과학 기술을 활용하여 기후적·지형적 제약을 극복한 사례에 해당한다.

오답넘기

①, ②, ③, ④ 제시된 자료와 직접적인 관련이 없는 내용이다.

108 발생 원인에 따른 자연재해의 구분 이해   답 ①

알짜풀이

자연재해는 발생 원인에 따라 기후적 요인에 의한 자연재해와 지형(지질)적 요인에 의한 자연재해로 구분할 수 있다.
① 가뭄, 폭설, 홍수 등은 기후적 요인에 의한 자연재해, 지진, 화산 활동, 지진 해일(쓰나미) 등은 지형(지질)적 요인에 의한 자연재해에 해당한다.

109 지진 해일(쓰나미)의 특성 파악   답 ①

알짜풀이

제시문의 (가)는 지진 해일(쓰나미)이다. 지진 해일(쓰나미)은 해저에서 발생한 지진이나 화산 활동에 의해 발생하는 높은 해일이다.
ㄱ. 지진 해일(쓰나미)은 지각이 불안정한 판의 경계부에서 주로 발생한다.
ㄴ. 지진 해일(쓰나미)은 지형(지질)적 요인에 의한 자연재해이다.

오답넘기

ㄷ. 화산 활동에 대한 설명이다.
ㄹ. 태풍에 대한 설명이다.

110 태풍으로 인한 피해 이해   답 ②

알짜풀이

제시문의 (가)로 인해 우리나라의 남부 지방에 많은 양의 비와 해일로 인한 피해가 나타났음을 알 수 있다. 따라서 (가)는 태풍이다.
② 태풍은 많은 양의 비와 강한 바람을 동반하여 풍수해를 입힌다.

오답넘기

① 가뭄이 심해지면 농작물이 말라 죽어 식량이 부족해지고 식수와 각종 용수가 부족해지는 피해가 나타난다.
③ 폭염은 무더위가 나타나는 현상이다.
④ 홍수는 일시에 많은 양의 비가 내릴 때 발생하며, 농경지 침수나 산사태 등을 유발하지만 해일을 유발하지는 않는다.
⑤ 지진 해일(쓰나미)도 높은 해일로 인한 피해를 유발하지만 많은 양의 비를 동반하지는 않는다.

111 태풍의 특징   답 ④

알짜풀이

(가)는 태풍이다.
ㄴ. 태풍의 이동 경로는 지도의 형태로 제시할 수 있다.
ㄹ. 국가의 예방 및 복구 대책이 잘 마련되어 있지 않으면 태풍 등 자연 재해의 피해가 커질 수 있다.

오답넘기

ㄱ. 태풍은 적도 부근 해상에서 발생하여 고위도로 이동한다.
ㄷ. 시민은 안전하고 쾌적한 환경에서 살아갈 권리가 있으므로, 국가는 이를 보장하기 위해 적극적인 역할을 해야한다. 따라서 재해의 위험이 우려될 때는 국가에 안전 조치를 요청할 권리가 있다.

112 지진 발생 시 대응 요령 파악   답 ①

알짜풀이

제시된 사진은 지진이 자주 발생하는 일본의 모습이다. 전봇대를 'ㅅ'자 모양으로 설치하여 붕괴를 막고, 아파트 베란다에 유리를 없애 지진 발생 시 유리가 땅으로 떨어지는 것을 방지한 모습이다.
ㄱ. 지진이 발생하면 테이블 밑으로 들어가 머리와 몸을 보호해야 한다.
ㄴ. 지진 대피 시에는 건물과의 거리를 유지하여 낙하물로부터 몸을 보호해야 한다.

오답넘기

ㄷ. 엘리베이터를 이용하면 정전으로 고립되거나 추락할 수 있으므로 계단을 통해 대피해야 한다.
ㄹ. 가스 밸브를 열어 두면 화재와 같은 2차 피해가 발생할 수 있으므로 가스 밸브는 잠가야 한다.

113 안전하고 쾌적하게 살 권리를 보장하기 위한 국가의 역할 이해   답 ①

알짜풀이

제시문을 통해 아이티 정부의 재해 관련 정책이 미흡하여 허리케인으로 피해가 더욱 커졌음을 알 수 있다.
① 국가는 자연재해에 대한 예보 체계를 구축하고 피해 발생 시 복구와 지원을 함으로써 안전하고 쾌적하게 살아갈 시민의 권리를 보장해야 한다.

오답넘기

② 필요에 따라 외국의 원조를 받을 수 있지만 제시문과 직접적인 관련이 없다.
③ 시민들은 재해 발생 시 적극적이고 능동적인 태도를 유지해야 한다.
④, ⑤ 제시문은 재해 발생 시 국가의 역할에 대한 것이다.

서술형 문제

114 열대 우림 기후, 건조 기후 지역의 전통 가옥 구조 파악

(1) **답** (가) 열대 기후(열대 우림 기후), (나) 건조 기후(사막 기후)

(가) 지역의 전통 가옥은 고상 가옥이다. 지붕의 경사가 급하고 바닥을 지면에서 띄운 고상 가옥은 강수량이 많은 열대 기후(열대 우림 기후) 지역에서 발달하였다. (나) 지역의 전통 가옥은 평평한 지붕과 작은 창문이 나타나는 흙집으로서 건조 기후(사막 기후) 지역에서 발달하였다.

(2) ✔️**모범답안** (가)는 비가 많이 내리는 지역이기 때문에 이에 대비하여 지붕의 경사가 급하지만, (나)는 비가 매우 적게 내리는 지역이기 때문에 지붕이 평평하다.

채점 기준	수준
(가), (나) 지역 모두 옳게 서술한 경우	상
(가), (나) 지역 중 한 지역만 옳게 서술한 경우	중
두 지역 모두 옳게 서술하지 못한 경우	하

해설

일 년 내내 강수량이 많은 열대 기후(열대 우림 기후) 지역의 전통 가옥은 많은 비에 대비하여 지붕의 경사를 급하게 지었다. 반면, 연 강수량이 매우 적은 건조 기후(사막 기후) 지역은 지붕을 경사지게 지을 필요가 없어 평평한 지붕 형태가 나타난다.

115 화산 활동과 지진 해일(쓰나미)의 발생 지역 이해

✔️**모범답안**

대부분 지각판의 움직임이 활발한 곳으로 지각이 불안정하다.

채점 기준	수준
지각판의 움직임과 지각의 안정 여부를 옳게 서술한 경우	상
지각판의 움직임과 지각의 안정 여부 중 한 가지만 옳게 서술한 경우	중
두 가지 모두 옳게 서술하지 못한 경우	하

해설

사진은 화산 활동과 지진 해일(쓰나미)의 모습을 나타낸 것이다. 화산 활동, 지진, 지진 해일(쓰나미)은 지형적 요인에 의한 자연재해이다. 지형적 요인에 의한 자연재해는 환태평양 조산대와 알프스—히말라야 조산대 등 지각판의 움직임이 활발하여 지각이 불안정한 지역에서 주로 발생한다.

STEP 3 수능 유형 문제로 만점 도전하기 35~37쪽

| 116 ④ | 117 ⑤ | 118 ⑤ | 119 ② | 120 ④ | 121 ④ |
| 122 ③ | 123 ③ | 124 ① | 125 ④ | | |

서술형 문제 126~127 해설 참조

116 온대 기후 지역과 한대 기후 지역의 음식 문화 이해 답 ④

알짜풀이

지도에 표시된 A는 한대 기후 지역, B는 건조 기후 지역, C는 온대 기후 중 계절풍의 영향을 받는 지역이다.

④ C. 베트남은 계절풍의 영향으로 여름철이 고온 다습하여 벼농사가 발달하였다. 따라서 주민들은 쌀국수를 즐겨 먹는다. A. 한대 기후 지역은 기온이 낮아 과일과 채소를 재배하기 어려워 주민들은 전통적으로 날고기를 통해 비타민을 섭취하였다.

오답넘기

건조 기후 지역에서는 강수량이 적어 벼농사가 이루어지기 어렵고, 날고기를 먹지 않는다.

117 열대 기후 지역과 냉대 기후 지역의 특징 비교 답 ⑤

알짜풀이

(가)는 열대 기후 지역의 열기와 습기를 피하기 위한 고상 가옥이다. (나)는 냉대 기후 지역에 분포하는 타이가의 침엽수를 이용한 통나무집이다.
ㄷ. 열대 기후 지역은 냉대 기후 지역보다 저위도에 위치한다.
ㄹ. 냉대 기후 지역은 계절의 변화가 나타나기 때문에 열대 기후 지역보다 기온의 연교차가 크다.

오답넘기

ㄱ. 건조 기후 지역의 초원 지대에서 유목이 발달하였다.
ㄴ. 올리브, 포도 등을 재배하는 수목 농업은 온대 기후 지역 중 지중해 연안에서 발달하였다.

118 기후와 지형의 영향 파악 답 ⑤

알짜풀이

지도에 표시된 지역은 북위 60°가 넘는 노르웨이의 한 지역이고, 글은 이 지역에 대한 가상의 여행기이다.
ㄷ. 피오르는 빙하기에 두꺼운 빙하로 덮여 있던 깊은 골짜기에 후빙기 이후 빙하가 녹고 해수면이 상승하면서 바닷물이 내륙 깊숙이 들어와 만들어진 지형이다.
ㄹ. 백야 현상은 밤에도 해가 지지 않는 현상으로 여름철에 북극과 가까운 고위도 지방에서 나타난다.

오답넘기

ㄱ. 지도의 위선이나 글에 나타난 백야 현상을 단서로 표시된 지역은 우리나라보다 고위도에 위치함을 파악할 수 있다.
ㄴ. 보온을 중시한 가옥 구조이다.

119 대규모 하천이 인간 생활에 준 영향 이해 답 ②

알짜풀이

지도에 표시된 지역은 이집트 문명, 인더스 문명, 메소포타미아 문명, 황허 문명의 세계 4대 문명 발상지를 나타낸 것이다.
② 지도에 표시된 지역은 대규모 하천이 범람하면서 비옥한 평야가 발달하여 농업에 유리하였고, 이를 토대로 일찍부터 문명이 발생한 공통점이 있다.

오답넘기

① 적도 주변의 고산 지대에 대한 설명이다.
③ 지도에 표시된 지역은 해발 고도가 낮은 평야 지역이다.

④ 열대 기후 지역에 대한 설명이다.
⑤ 냉대 기후 지역에 대한 설명이다.

120 건조 기후 지역의 주민 생활   답 ④

알짜풀이

건조 기후 중 사막 기후 지역에서는 사진에서와 같은 흙집을 짓는다. 이 지역의 주민들은 뜨거운 햇볕과 모래바람을 막고자 길고 헐렁하며 온몸을 감싸는 옷을 입는다.

121 화산 지형을 이용한 주민 생활 파악   답 ④

알짜풀이

자료는 지열 발전소와 그 옆에서 온천욕을 즐기는 사람들 및 간헐천을 관광 자원으로 활용하는 모습을 나타낸 것이다.
④ 아이슬란드는 두 개의 서로 다른 판이 갈라지는 경계에 위치하여 화산 활동이 활발하고 지열이 풍부하며, 이러한 특성을 활용한 생활 양식이 나타난다.

122 온대 기후 지역의 주민 생활   답 ③

알짜풀이

온대 기후 중 여름에 고온 건조하고, 겨울에 한랭 건조한 기후가 나타나는 곳은 온대 겨울 건조 기후 지역에 해당한다. 온대 겨울 건조 기후가 나타나는 일본에서는 여름 더위와 겨울 추위를 극복하기 위해 다다미와 코다츠를 사용하였다.
ㄴ. 온대 겨울 건조 기후 지역에서는 여름철 고온 다습한 기후를 이용하여 벼농사를 짓는다.
ㄷ. 온대 기후 지역에서는 사계절의 변화가 뚜렷하게 나타난다.

오답넘기

ㄱ. 백야 현상은 극지방에서 나타나는 현상이다.
ㄹ. 연중 스콜이라고 불리는 소나기가 내리는 곳은 열대 기후 지역 중 열대 우림 기후 지역이다.

123 지진의 특성 파악   답 ③

알짜풀이

환태평양 조산대에 위치한 칠레는 지진이 자주 발생하여, 이에 2016년 내진 설계를 의무화하였다. 내진 설계란 그림처럼 지진이 발생했을 때 횡압력을 버틸 수 있도록 건물을 설계하는 방식이다. 따라서 (가) 자연재해는 지진이다.
ㄴ. 지진은 환태평양 조산대, 알프스ー히말라야 조산대 등 지각판의 경계부에서 자주 발생한다. 이 중 환태평양 조산대를 '불의 고리'라고도 한다.
ㄷ. 지진은 지형(지질)적 요인에 의해 발생하는 자연재해이다.

오답넘기

ㄱ. 지진은 특정 계절에 집중적으로 발생하지 않는다. 우리나라에서 겨울철에 집중하여 발생하는 자연재해로는 폭설이 있다.
ㄹ. 태풍에 대한 설명이다.

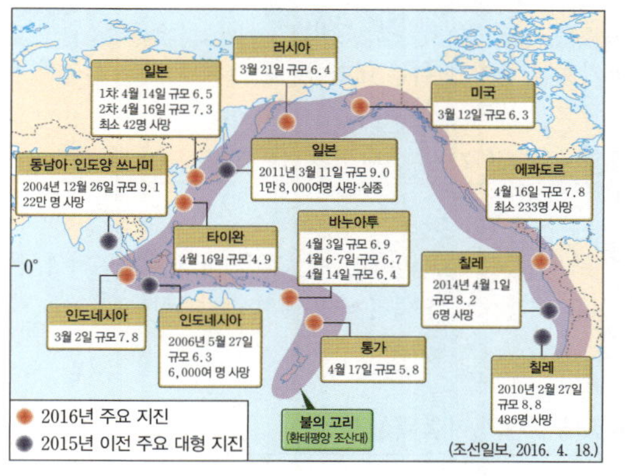

지진과 화산 활동이 빈번한 환태평양 조산대를 '불의 고리'라고도 한다.

124 폭설과 태풍의 특징 파악   답 ①

알짜풀이

(가)는 폭설에 대한 행동 요령, (나)는 태풍에 대한 행동 요령을 나타낸 것이다.
① 적도 주변은 연중 기온이 높기 때문에 많은 눈이 내리기 어렵다. 따라서 폭설은 적도 주변보다 우리나라에서 발생 빈도가 높다.

오답넘기

② 열대 저기압은 우리나라를 비롯한 동아시아에서는 태풍, 아메리카 일대에서는 허리케인으로 불린다.
③ 우리나라는 폭설로 인한 피해액보다 태풍으로 인한 피해액이 많다.
④ 폭설과 태풍 모두 기후적 요인에 의한 자연재해이다.
⑤ 국가는 자연재해로 인한 피해를 예방하기 위해 재난에 대한 예보 체계를 구축해야 한다.

125 화산 폭발과 폭염의 영향   답 ④

알짜풀이

(가)는 2018년 인도네시아에서 발생한 화산 폭발을 나타낸 것이고, (나)는 2023년 이탈리아에서 발생한 폭염을 나타낸 것이다.
④ 인도네시아는 지진과 화산 폭발이 자주 발생하는데, 이는 인도네시아가 판 경계부 가까이에 위치하기 때문이다.

오답넘기

① 화산 폭발(가)은 지형 관련 자연재해이다.
② 폭염(나)은 태풍과 무관하다. 태풍이 발생하면 대체로 기온이 내려간다.
③ 폭염(나)은 화산 폭발(가)보다 인명 피해 규모가 대체로 작다.
⑤ 이탈리아(ⓒ)에서는 여름에 고온 건조하고, 겨울에 온난 습윤한 지중해성 기후가 나타난다.

서술형 문제

126 홍수와 가뭄

(1) **답** (가): 홍수, (나): 가뭄

(2) ✔모범답안 홍수와 가뭄을 줄이기 위해서는 산에 나무를 심고, 댐이나 저수지를 건설해야 한다.

채점 기준	수준
홍수와 가뭄을 줄이기 위한 대책 중 두 가지를 모두 서술한 경우	상
홍수와 가뭄을 줄이기 위한 대책 중 한 가지만 서술한 경우	하

해설

(가)는 홍수, (나)는 가뭄이다. 홍수는 많은 비가 내리면서 발생하는 현상이며, 가뭄은 장기간 비가 내리지 않는 현상이다.

127 지중해 일대의 기후 특성 이해

(1) ✔모범답안 외벽을 하얗게 칠하고 창문이 작은 가옥이 발달하였다.

채점 기준	수준
가옥 구조의 특징 두 가지를 옳게 서술한 경우	상
가옥 구조의 특징 한 가지를 옳게 서술한 경우	중
가옥 구조의 특징을 서술하지 못한 경우	하

해설

지중해 연안의 전통 가옥은 외부의 열기가 집 안으로 들어오는 것을 막기 위해 가옥의 벽을 하얗게 칠하고 창문을 작게 만든다.

(2) ✔모범답안 여름철에 기온이 높고 건조하다.

채점 기준	수준
여름철 기후 특징을 옳게 서술한 경우	상
여름철 기후 특징을 옳게 서술하지 못한 경우	하

해설

온대 기후 지역 중 지중해 연안 지역은 여름철에 기온이 높고, 다른 지역과는 다르게 여름철에 강수량이 적어 건조한 것이 특징이다.

03 인간과 자연의 관계~ 환경 문제 해결을 위한 다양한 노력

STEP 1 O/X 문제로 8종 교과서 핵심 자료 보기 39쪽

128 O	129 O	130 O	131 X	132 X	133 O
134 O	135 X	136 O	137 X	138 X	139 O
140 X	141 X	142 O	143 O		

STEP 2 학교 기출 문제로 내신 대비하기 40~46쪽

144 ③	145 ⑤	146 ②	147 ③	148 ③	149 ③
150 ④	151 ③	152 ④	153 ③	154 ④	155 ②
156 ④	157 ④	158 ③	159 ③	160 ⑤	161 ①
162 ①	163 ③	164 ③	165 ②	166 ⑤	167 ②
168 ③	169 ③	서술형 문제 170~171 해설 참조			

144 인간 중심주의 자연관의 특징 이해   답 ③

알짜풀이

갑은 아리스토텔레스, 을은 베이컨이다.

③ 두 사상가 모두 인간 중심주의 자연관을 주장한 사상가로, 자연을 인간의 욕구 충족을 위한 도구로 보았다.

오답넘기

① 인간 중심주의 자연관에서는 자연이 본질적 가치를 지니지 않으며 인간을 위한 도구적 가치만을 지닌다고 본다.

② 인간 중심주의 자연관에서는 오직 인간만을 도덕적으로 배려해야 한다고 본다.

④ 인간 중심주의 자연관에서는 자연을 착취와 정복의 대상으로 간주한다.

⑤ 인간 중심주의 자연관에서는 동물을 도덕적 고려의 대상으로 간주하지 않는다.

145 인간 중심주의 자연관의 특징 이해   답 ⑤

알짜풀이

ㄷ. 인간 중심주의 자연관에서는 자연이 도구적 가치만을 지닌다고 보기 때문에 자연을 평가할 때 자연이 인간의 이익에 얼마나 기여하는가를 기준으로 삼는다.

ㄹ. 인간 중심주의 자연관에서는 이성적 능력을 지니고 있는 인간을 다른 자연 존재들보다 고귀하고 우월한 존재로 간주한다.

오답넘기

ㄱ. 인간 중심주의 자연관에서는 자연의 도덕적 가치를 인정하지 않는다.

ㄴ. 인간 중심주의 자연관이 아니라 생태 중심주의 자연관의 입장이다.

146 생태 중심주의 자연관의 특징 이해   답 ②

알짜풀이

ㄱ. 생태 중심주의 자연관에서는 인간과 자연이 분리되어 있지 않고 서로 유기적으로 연결되어 있다고 본다.

ㄷ. 생태 중심주의 자연관에서는 인간을 생태계의 지배자로 보지 않고 생태계의 일부분에 지나지 않는다고 본다.

오답넘기

ㄴ, ㄹ. 인간 중심주의 자연관에 대한 설명이다.

147 베이컨의 자연관 이해   답 ③

알짜풀이

제시문은 베이컨의 입장이다.

③ 베이컨은 인간 중심주의자로 자연에 대한 지식을 바탕으로 자연을 정복하여 인간이 풍요로운 삶을 누려야 한다고 주장하였다.

오답넘기

①, ②, ④, ⑤ 생태 중심주의 자연관의 입장에 해당한다.

148 생태 중심주의 자연관과 인간 중심주의 자연관 비교   답 ③

알짜풀이

(가)는 생태 중심주의 자연관의 입장이고, (나)는 인간 중심주의 자연관의 입장이다.

③ 생태 중심주의 자연관에서는 인간과 자연을 분리하여 바라보는 인간

중심주의 자연관에 대해, 인간은 자연의 일부분이며 인간과 자연은 상호 의존적인 관계를 이루고 있다고 비판한다.

오답넘기

①, ② 인간 중심주의 자연관의 입장에서 생태 중심주의 자연관을 비판하는 내용이다.
④ 인간 중심주의 자연관을 주장한 베이컨의 입장이다.
⑤ 인간 중심주의 자연관을 주장한 데카르트의 입장이다.

149 동양의 자연관 이해   답 ③

알짜풀이

(가)는 유교, (나)는 불교, (다)는 도가의 자연관이다.
③ 도가에서는 자연을 인간을 위한 도구로 보지 않으며, 인간을 자연의 일부분으로 보며 인간과 자연이 조화를 이루는 삶을 강조한다.

오답넘기

① 유교에서는 만물이 그 자체로 가치를 지니고 있다고 본다. 즉 만물이 본래적 가치를 지니고 있다고 본다.
② 불교에서는 만물이 상호 연결되어 있다는 연기설에 바탕을 둔 만물의 상호 의존성을 강조한다.
④ (가)는 유교, (나)는 불교, (다)는 도가의 자연관이다.
⑤ 유교, 불교, 도가에서는 인간과 자연이 분리되어 있다고 보지 않고 유기적인 관계를 맺고 있다고 본다.

150 인간 중심주의 자연관과 생태 중심주의 자연관 비교   답 ④

알짜풀이

(가)는 생태 중심주의, (나)는 인간 중심주의 입장이다.
④ X축(이분법적 세계관을 강조하는 정도)은 (나)가 강하므로 ㉢, ㉣, ㉤이 이에 해당한다. Y축(인간의 이익 증진을 강조하는 정도)도 (나)가 강하므로 ㉠, ㉡, ㉢, ㉣이 이에 해당한다. Z축(자연의 본질적 가치를 강조하는 정도)은 (나)가 약하므로 ㉢, ㉣, ㉤이 이에 해당한다. 따라서 세 조건에 공통되는 ㉣이 답이다.

151 생태 중심주의 자연관의 문제점 파악   답 ③

알짜풀이

③ 생태 중심주의 자연관은 전체로서의 생태 공동체를 위하여 개별 생명체의 희생을 요구할 수 있다는 점에서 환경 파시즘이라는 비판을 받는다.

오답넘기

①, ②, ④, ⑤ 인간 중심주의 자연관의 문제점에 해당한다.

152 인간 중심주의 자연관의 특징 이해   답 ④

알짜풀이

제시문은 인간 중심주의 자연관의 입장이다.
ㄱ. 인간 중심주의 자연관은 자연을 생명이 없는 기계로 보며, 인간의 편의를 위하여 복잡한 자연 현상을 단순한 원리로 환원하는 기계론적인 환원론적인 입장을 취한다.
ㄴ. 인간 중심주의 자연관은 인간을 자연의 일부분으로 보지 않고 인간을 자연으로부터 독립된 존재이자 우월한 존재로 본다.

ㄹ. 인간 중심주의 자연관은 자연의 인간의 풍요로운 삶을 위한 개발의 대상으로 간주한다.

오답넘기

ㄷ. 인간 중심주의 자연관은 자연의 본래적 가치를 인정하지 않고, 자연의 도구적 가치만을 인정하여 인간의 삶에 유용할 때만 자연이 가치를 지닌다고 본다.

153 생태 중심주의 자연관의 특징 이해   답 ③

알짜풀이

제시문은 생태 중심주의 자연관의 입장이다.
ㄴ. 생태 중심주의 자연관에서는 자연의 내재적 가치를 인정하여 자연은 인간의 이익과 별개로 스스로 가치를 지닌다고 본다.
ㄷ. 생태 중심주의 자연관에서는 인간 중심주의의 이분법적 세계관에 반대하여 인간과 자연이 서로 유기적으로 연결되어 있다고 본다.

오답넘기

ㄱ. 인간 중심주의 자연관의 입장이다.
ㄹ. 인간 중심주의 자연관을 주장한 데카르트의 입장이다.

154 인간 중심주의 자연관과 생태 중심주의 자연관의 특징 비교   답 ④

알짜풀이

번호 '1'은 인간 중심주의에 대한 옳은 설명이므로 응답은 '○'이고 학생도 '○'라고 답했다.(1점)
번호 '3'은 인간 중심주의에 대한 틀린 설명이므로 응답은 '×'이고 학생도 '×'라고 답했다. 자연의 본질적 가치를 인정하는 것은 인간 중심주의가 아니라 생태 중심주의이다.(1점)
번호 '4'는 생태 중심주의에 대한 옳은 설명이므로 응답은 '○'이고 학생도 '○'라고 답했다.(1점)
번호 '5'는 인간 중심주의와 생태 중심주의에 대한 옳은 설명이므로 응답은 '○'이고 학생도 '○'라고 답했다.(1점)
따라서 학생이 받을 점수는 4점이다.

오답넘기

번호 '2'는 생태 중심주의에 대한 옳은 설명이므로 응답은 '○'여야 하는데, 학생은 '×'라고 답했다.(0점)

155 환경 문제의 원인과 특징 파악   답 ②

알짜풀이

제시문은 환경 문제의 발생 원인과 특징에 대한 것이다.
㉠ 인구 증가에 따른 자원 소비량의 급증은 환경 문제의 원인이 된다.
㉢ 자연환경이 오염되면 복원하는 데 많은 시간과 비용이 필요하다.

오답넘기

㉡ 생태계의 자정 능력이 약화되면서 환경 문제가 발생하였다.
㉣ 대부분의 환경 문제는 발생 지역을 넘어 다른 지역이나 국가에 영향을 주므로 단일 국가의 노력만으로는 해결이 어렵다.

> **문제 속 개념**
>
> **자정 능력**
> 자연환경이 대기와 해양의 순환 과정을 통해 스스로 오염 정도를 낮추어 정화하는 능력이다.

156 지구 온난화 현상의 영향 이해 답 ④

알짜풀이

제시된 자료는 환경 문제를 다룬 가상의 신문 기사 제목이다.
④ 해수면 상승, 빙하 면적 축소, 영구 동토층이 녹는 현상 등은 지구 온난화와 관련이 크다.

오답넘기

①, ②, ③, ⑤ 해수면 상승, 빙하 면적 축소, 영구 동토층이 녹는 현상 등을 직접적으로 유발한다고 보기는 어렵다.

157 지구 온난화 현상의 원인 파악 답 ④

알짜풀이

(가)는 지구 온난화이다.
④ 이산화 탄소와 같은 온실가스의 배출량 증가는 지구 온난화를 유발한다.

오답넘기

① 사막화 현상의 원인이다.
② 교토 의정서는 지구 온난화 현상을 완화하기 위한 국제 협약이다.
③ 메탄가스도 지구 온난화 현상을 유발하는 물질이다. 메탄가스의 배출량이 줄어들면 지구 온난화 현상이 완화된다.
⑤ 질소 산화물은 산성비의 원인 물질이다.

158 산성비와 오존층 파괴의 원인 이해 답 ③

알짜풀이

다양한 환경 문제 중 제시된 자료는 산성비와 오존층 파괴의 원인에 대해 설명하고 있다.
③ (가) 산성비는 공장 매연, 자동차 배기가스 등에서 배출된 산성 물질(황산화물과 질소 산화물 등)이 비에 섞여 내리는 현상이고, (나) 오존층 파괴는 염화 플루오린화 탄소(CFCs)의 사용 증가로 인해 오존층이 파괴되는 현상이다.

오답넘기

사막화는 사막 주변 지역의 오랜 가뭄, 과도한 경작과 방목 등으로 인해 발생한다.

159 산성비와 오존층 파괴의 영향 파악 답 ③

알짜풀이

산성비와 오존층 파괴에 따른 문제점을 생각해 본다.
③ (가) 산성비는 각종 구조물과 건축물을 부식시키고 산림 고사, 호수의 산성화 등을 유발한다. (나) 오존층 파괴는 사람들의 피부암 및 안과 질환을 초래하고 식물의 성장을 저해한다.

오답넘기

ㄱ. 사막 면적의 확대와 가장 관련이 있는 환경 문제는 사막화 현상이다.
ㄴ. 빙하 면적의 축소와 가장 관련이 있는 환경 문제는 지구 온난화 현상이다.

160 미세 먼지 문제의 특징 파악 답 ⑤

알짜풀이

사진에 제시된 환경 문제는 미세 먼지 문제이다. 미세 먼지는 눈으로 식별하기 어려운 가늘고 작은 먼지이다.
⑤ 화력 발전을 통해 전력을 생산하면 대기 오염 물질이 배출되기 때문에 미세 먼지가 완화되지 않고 심해질 수 있다.

오답넘기

① 중금속과 각종 화학 물질 등 유해 물질이 포함된 미세 먼지는 호흡기 질환 외에도 심혈관 질환, 피부 질환 등을 유발한다.
② 미세 먼지는 바람이 강할 때는 흩어지지만, 바람이 약할 때는 흩어지지 않고 대기 중에 정체한다.
③, ④ 미세 먼지 문제는 우리나라에서 배출된 자동차 배기가스를 비롯한 대기 오염 물질과 중국에서 유입된 오염 물질 등이 복합적으로 유발한다.

161 지구 온난화 현상의 영향 이해 답 ①

알짜풀이

그림은 지구 온난화로 인해 빙하가 녹고 해수면이 상승하는 것을 나타내고 있다.
ㄱ. 지구 온난화 현상은 특정 지역이나 국가에서 나타나는 문제가 아닌 전 지구적 환경 문제이다.
ㄴ. 지구 온난화 현상은 기후 변화를 유발하여 동식물의 서식 환경 변화에도 영향을 준다.

오답넘기

ㄷ. 아프리카의 사헬 지대에서 뚜렷하게 나타나는 환경 문제는 사막화 현상이다.
ㄹ. 열대림이 파괴되면 이산화 탄소 흡수량이 줄어들어 지구 온난화 현상이 심화된다.

162 사막화와 열대림 파괴 발생 지역 파악 답 ①

알짜풀이

지도에서 (가) 환경 문제는 세계의 주요 사막 주변 지역에서, (나) 환경 문제는 적도 주변에서 나타나는 것을 알 수 있다.
① 아프리카의 사헬 지대와 중앙아시아, 중국, 몽골의 사막 주변에서 나타나는 (가)는 사막화, 적도 주변에 분포하는 열대 기후 지역에서 나타나는 (나)는 열대림 파괴이다.

오답넘기

오존층 파괴는 주로 남극 상공에서 나타나고 있는 환경 문제이다.

(문제 속 개념)

사헬 지대

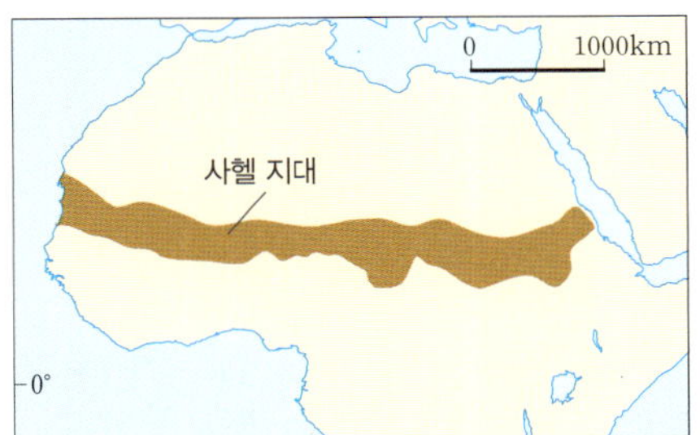

사헬 지대는 아랍어로 '가장자리'라는 뜻으로, 아프리카 사하라 사막 남쪽 가장자리 지역을 의미한다.

163 사막화와 열대림 파괴의 특징 이해　　답 ③

알짜풀이

(가) 환경 문제는 사막화, (나) 환경 문제는 열대림 파괴이다.

ㄴ. 열대림 파괴 문제는 주로 열대 기후 지역에서 나타난다.

ㄷ. 사막화와 열대림 파괴 문제 모두 식량 생산을 늘리기 위해 농경지를 조성한 것과 가축의 방목지를 늘린 것이 원인이 된다.

오답넘기

ㄱ. 제네바 협약은 산성비 문제의 해결을 위해 국경을 넘어 이동하는 대기 오염 물질의 감축 및 통제를 목적으로 체결된 국제 협약이다. 사막화와 관련된 국제 협약은 사막화 방지 협약이다.

ㄹ. 건물 부식, 삼림 파괴, 호수의 산성화 등은 산성비로 인해 나타나는 문제점이다.

164 환경 영향 평가 제도 이해　　답 ③

알짜풀이

자료를 통해 (가) 제도 시행 전에는 나타날 수 있는 환경 문제를 고려하지 않고 무분별한 개발이 이루어졌지만, (가) 제도가 있을 때는 환경 문제를 최소화하고 개발이 이루어졌음을 알 수 있다.

③ (가)에 해당하는 제도는 환경 영향 평가 제도이다. 환경 영향 평가 제도는 각종 개발 사업이 시행되기 전에 환경에 미치게 될 영향을 예측하고 평가하여 환경에 끼칠 부정적 영향을 줄이는 방안을 마련하는 제도이다.

오답넘기

① 쓰레기 종량제는 폐기물의 처리 비용을 부과함으로써 배출량을 줄이고 재활용품을 분리 배출하도록 유도하는 제도로서 쓰레기를 버리는 양에 따라 처리 비용이 달라진다.

② 환경 성적 표지 제도는 제품 및 서비스의 원료 채취, 생산, 수송·유통, 사용, 폐기 등의 모든 과정에서 배출되는 오염 물질이 지구 환경에 미치는 환경 영향을 계량적으로 표시하는 제도이다.

④ 온실가스 배출권 거래 제도는 정부에서 기업에 온실가스의 배출 허용량을 정해 주고, 기업에서는 그 범위 내에서 온실가스 감축을 하되 남거나 모자랄 때 사고팔 수 있도록 하는 제도이다.

⑤ 에너지 소비 효율 등급 표시 제도는 에너지 소비 효율 또는 에너지 사용량에 따라 효율 등급을 1~5등급으로 나누어 표시하고, 에너지 소비 효율의 하한선인 최저 소비 효율 기준을 표시하도록 하는 제도이다.

165 사막화 방지 사례 이해　　답 ②

알짜풀이

제시문은 우리나라 산림청이 몽골에서 실시하고 있는 조림 사업에 대한 것이다.

ㄱ. 몽골 그린벨트 조림 사업은 몽골의 건조 지역에 나무를 심는 사업이다. 이는 사막화 방지에 도움을 준다.

ㄷ. 고비 사막, 중국 내륙의 사막 지역은 우리나라에 영향을 주는 황사 발원지이다.

오답넘기

ㄴ. 몽골 그린벨트 조림 사업의 추진 주체는 산림청이다. 산림청은 정부 기관에 해당한다.

ㄹ. 열대림 파괴가 일어나고 있는 지역은 열대 기후 지역이다.

166 환경 문제를 해결하기 위한 시민 단체와 정부의 노력 이해　　답 ⑤

알짜풀이

환경 문제를 해결하기 위해 정부, 시민 단체, 기업, 개인 등 다양한 주체가 노력하고 있다.

⑤ (가) 환경 관련 시민 단체는 환경 문제를 사회적으로 쟁점화하고, 시민의 참여와 관심을 촉구하기 위한 홍보 활동과 서명 운동 등의 시민운동을 전개하고 있다. (나) 정부는 환경 문제를 해결하기 위해 다양한 제도 및 정책을 수립하여 시행하고 있다.

오답넘기

기업은 생산 활동의 주체로서 제품의 생산, 유통, 소비에 이르는 전 과정에서 환경에 큰 영향을 주며, 환경 정화 시설을 정비하고 환경친화적 제품을 생산하는 등의 노력을 기울이고 있다.

167 환경 문제를 해결하기 위한 다양한 주체의 노력 파악　　답 ②

알짜·풀이

환경 문제를 해결하기 위해 정부, 시민 단체, 기업, 개인 등 다양한 주체가 노력하고 있다.

ㄱ. 개인은 일회용품 사용 줄이기 등을 통해 환경 문제 해결에 기여할 수 있다.

ㄷ. 시민 단체는 정부와 기업의 활동에 대한 비판과 감시를 함으로써 환경 문지 해결에 도움을 줄 수 있다.

오답넘기

ㄴ. 기업은 에너지 고효율 생산 설비를 도입하여 생산 과정에서 에너지 소비를 줄임으로써 환경 문제를 개선할 수 있다.

ㄹ. 정부는 환경과 관련한 다양한 국제 협약에 가입하고 협약 내용을 준수함으로써 환경 문제 해결에 기여할 수 있다.

168 생태 시민의 행동　　답 ③

알짜풀이

제시된 글의 주인공은 자전거 이용, 화석 연료 사용 줄이기, 지역 생산품 소비 등을 통해 에너지 절약과 지역 경제 활성화에 기여하는 생태 시민성을 실천하고 있다.

③ 채식보다 육식을 늘리는 행동은 주인공이 제시된 생활 방식과 반대되는 내용으로 환경 부담을 줄이는 행동으로 보기 어렵다.

오답넘기

① 텔레비전과 엘리베이터 사용 중단은 에너지를 절약하고 자원을 보존한다.

② 자전거와 킥보드 사용은 교통 혼잡과 대기 오염을 줄인다.

④ 화석 연료 사용 감소는 탄소 배출 감소에 기여한다.

⑤ 지역 식품 소비는 식품 이동 중에 발생하는 온실가스를 줄이고, 전통 시장 활성화와 지역 경제 촉진에 도움을 준다.

169 습지 보호를 위한 국제 협약 파악　　답 ③

알짜풀이

국제 사회는 환경 문제를 해결하기 위해 다양한 협약을 체결하였다.

③ 1971년에 습지의 보호와 지속 가능한 이용을 목적으로 체결된 국제 협약은 람사르 협약이다.

① 런던 협약은 폐기물 투기에 의한 해양 오염을 방지하기 위한 협약이다.
② 바젤 협약은 유해 폐기물의 국가 간 이동 및 처리를 통제하는 협약이다.
④ 제네바 협약은 산성비 문제 해결을 위한 국제 협약이다.
⑤ 몬트리올 의정서는 오존층 파괴 물질의 생산 및 사용 감축을 명시한 협약이다.

서술형 문제

170 생태 중심주의 자연관의 입장에서 인간 중심주의 자연관 비판

(1) **답** ㉠ 인간, ㉡ 생태
(2) **모범답안** 포 씨 아들은 천지 만물이 우리와 같은 동료라고 주장한다. 즉 인간과 자연이 동등한 입장에서 조화로운 관계를 유지해야 한다고 본다. 반면에 전 씨는 동식물이 인간을 위해 존재한다고 본다. 포 씨 아들의 입장에서 볼 때 전 씨의 주장은 자연 존재들의 가치를 부정하는 것이며 인간의 이익만을 지나치게 강조하고 있다.

채점 기준	수준
포 씨 아들과 전 씨의 입장을 쓰고, 포 씨 아들의 입장에서 전 씨의 입장을 비판한 경우	상
포 씨 아들과 전 씨의 입장만 쓴 경우	하

해설
생태주의적 관점은 자연이 인간에게 주는 유용성과 관계없이 자연 그 자체로 존중받을 수 있다는 것이다.

171 산성비의 원인과 문제점 파악

모범답안 제시문에 나타난 환경 문제는 산성비이다. 산성비는 공장 매연, 자동차 배기가스 등에서 배출된 산성 물질 등으로 발생한다. 토양과 호수가 산성화된다. 삼림이 파괴된다. 농작물이 말라 죽는다. 건축물이 부식된다.

채점 기준	수준
산성비의 원인과 피해 두 가지를 옳게 서술한 경우	상
산성비의 원인과 피해 한 가지를 옳게 서술한 경우	중
산성비의 원인과 피해를 서술하지 못한 경우	하

해설
산성비는 황산화물, 질소 산화물 등 도시나 공업 지역에서 발생한 대기 오염 물질이 빗물과 결합한 것이다. 산성비는 토양과 호수를 산성화하여 삼림을 파괴시키고 농경지의 농작물을 말라 죽게 하며, 호수의 물고기를 죽게 한다. 아울러 산성 물질이 도시의 건축물과 조각상들을 부식시키기도 한다.

STEP 3 수능 유형 문제로 만점 도전하기 47~51쪽

172 ①	173 ①	174 ①	175 ②	176 ②	177 ⑤
178 ⑤	179 ③	180 ④	181 ②	182 ③	183 ⑤
184 ③	185 ⑤	186 ⑤	187 ④		

서술형 문제 188~191 해설 참조

172 생태 중심주의 자연관의 특징 이해   답 ①

알짜풀이
제시문은 생태 중심주의 자연관의 입장이다.
ㄱ. 생태 중심주의 자연관에서는 인간과 자연을 분리시켜 보지 않고 인간을 자연에 포함된 존재로 본다. 제시문의 '인간이 오히려 대지에 속해 있다.'는 표현에서 추론 가능하다.
ㄴ. 생태 중심주의 자연관에서는 인간과 자연이 서로 유기적인 관계를 맺고 있는 공동체라고 본다. 제시문의 '들꽃은 우리의 누이이고 순록과 말과 독수리는 우리의 형제이다.'라는 표현에서 인간과 자연이 상호 유기적인 관계를 맺고 있음을 추론 가능하다.

ㄷ, ㄹ. 인간 중심주의 자연관의 입장이다.

173 인간 중심주의 자연관과 생태 중심주의 자연관의 특징 비교   답 ①

알짜풀이
갑은 인간 중심주의 자연관을, 을은 생태 중심주의 자연관을 주장하고 있다.
ㄱ. 갑은 자연이 스스로 가치를 지니지 않으며 인간이 자연을 이용할 때 자연의 가치가 극대화될 수 있다고 본다. 즉 갑은 자연의 본래적 가치를 지니지 않는다고 보며 도구적 가치만을 지닌다고 본다.
ㄴ. 을은 인간도 자연에 일부에 불과하며 자연에 남긴 상처는 인간에게 돌아오게 된다고 본다. 즉 을은 인간과 자연이 상호 의존적인 관계를 맺고 있다고 본다.

ㄷ. 이성적인 기능을 지닌 존재란 인간을 의미한다. 인간만을 도덕적으로 존중해야 한다는 것은 인간 중심주의 자연관의 입장이다.
ㄹ. 생태 중심주의자인 을은 자연의 본래적 가치를 인정하지만, 인간 중심주의자인 갑은 인정하지 않는다.

174 레오폴드와 베이컨의 자연관 비교   답 ①

알짜풀이
갑은 레오폴드이고, 을은 베이컨이다.
① 레오폴드는 생태 중심주의자로서 인간이나 다른 개별 존재의 이익보다 생태계의 조화와 균형 유지를 우선적으로 고려해야 한다고 본다.

② 레오폴드는 물, 흙, 공기와 같은 무생물도 도덕적 고려 대상에 포함시켜야 한다고 본다.
③ 베이컨은 자연이 내재적 가치를 지니지 않고 도구적 가치만을 지닌다고 본다.
④ 베이컨은 인간과 자연을 분리하여 보는 이분법적 세계관을 주장한다.
⑤ 인간의 이익에 부합하는 경우에만 자연이 가치를 지닌다는 주장은 자연의 도구적 가치만을 인정하는 주장이다. 베이컨의 입장에만 해당한다.

175 레오폴드의 자연관 이해   답 ②

알짜풀이
제시된 설문지의 대상이 되는 사상가는 레오폴드이다.
ㄱ. (가)에는 레오폴드가 긍정의 대답을 할 질문이 들어가야 한다. 레오폴드는 동식물과 무생물도 도덕적 공동체에 포함되어야 한다고 본다.

ㄹ. (나)에는 레오폴드가 부정의 대답을 할 질문이 들어가야 한다. 이분법적 세계관은 인간과 자연을 분리시켜 보는 관점으로 레오폴드가 아니라 인간 중심주의의 입장에 해당한다.

ㄴ. 자연을 인간의 풍요로운 삶을 위한 도구로 보는 것은 인간 중심주의 자연관에 해당한다.

ㄷ. 자연이 스스로 가치를 지닌다고 보는 것은 생태 중심주의 자연관의 입장이다.

176 데카르트와 베이컨의 자연관 이해   답 ②

갑은 데카르트, 을은 베이컨이다. 두 사상가 모두 인간 중심주의 자연관을 주장하였다.

② 데카르트는 일원론적 사고방식이 아니라 이분법적 사고방식을 바탕으로 사상을 전개하였다.

① 데카르트는 인간과 자연을 분리하여 인간을 자연으로부터 독립된 존재로 보았다.

③ 베이컨은 자연이 스스로 가치를 지니지 않으며 인간에 의해 부여된 도구적 가치만을 지닌다고 보았다.

④ 베이컨은 자연을 인간의 삶을 위한 수단으로 간주하였다.

⑤ 데카르트와 베이컨은 인간 중심주의자로서 인간만을 도덕적 고려의 대상으로 간주하였다.

177 인간과 자연의 공존 방안 파악   답 ⑤

㉠은 인간 중심주의적 관점에 해당하며, ㉡은 인간과 자연의 공존을 모색하는 관점에 해당한다.

ㄴ. 제시문에 의하면 ㉠의 과거의 패러다임은 인간 중심주의에 기반을 두고 있다. 따라서 ㉠은 자연을 인간의 이익을 위한 이용과 지배의 대상으로 간주한다.

ㄷ. ㉡은 녹색 성장과 지속 가능한 발전과 같은 새로운 패러다임이다. 녹색 성장과 지속 가능한 발전은 자연 보전과 사회 발전을 함께 모색하는 방안이다. 따라서 ㉡은 인간과 자연의 공생을 중시한다.

ㄹ. ㉡의 녹색 성장과 지속 가능한 발전은 인류와 자연에 대한 책임 의식을 바탕으로 인류와 자연이 함께 공존하는 발전을 추구한다.

ㄱ. ㉠은 인간과 자연을 유기적인 관계로 보지 않고 인간과 자연이 분리되어 있다고 본다.

178 레오폴드의 자연관 이해   답 ⑤

제시문은 레오폴드의 입장이다.

⑤ B에는 레오폴드가 긍정의 대답을 할 질문이 들어가야 하는데, '개별 생명체의 이익이 생태계 전체의 이익보다 우선되어야 한다고 보는가?'는 레오폴드가 부정의 대답을 할 질문이다. 레오폴드는 생태계 전체의 이익이 개별 생명체의 이익보다 우선한다고 보았다.

① A에는 레오폴드가 부정의 대답을 할 질문이 들어가야 한다. 레오폴드는 인간과 자연이 유기적인 관계를 이룬다고 보았고, 인간과 자유의 상호 의존적 관계를 중시하였다.

② 레오폴드가 부정의 대답을 할 질문이다. 레오폴드는 살아있는 생명체뿐만 아니라 물, 흙, 공기와 같은 무생물도 도덕적 존중의 대상이라고 보았다.

③ 레오폴드가 부정의 대답을 할 질문이다. 레오폴드는 자연을 단순히 인간을 위한 도구로만 보지 않고 자연을 도덕적 존중의 대상으로 보았다.

④ 레오폴드가 긍정의 대답을 할 질문이다. 레오폴드는 생태계 전체를 도덕적 존중의 대상으로 보았다.

179 지구 온난화 현상의 영향 이해   답 ③

갑은 동물 중심주의, 을은 생태 중심주의, 병은 인간 중심주의 중에서도 칸트의 입장이다.

③ 칸트는 인간성 실현을 저해한다는 점에서 동물 학대에 반대하였다.

① 생태계의 선이 개체의 선보다 우선하는 것이 아니라는 것은 인간 중심주의의 입장이다.

② 동물 중심주의의 입장이다.

④ 생태 중심주의의 입장이다.

⑤ 동물 중심주의의 입장이다.

180 지구 온난화 현상의 영향 이해   답 ④

자료는 해수면 상승으로 자유의 여신상도 바닷물에 잠길 수 있다는 것을 보여 줌으로써 지구 온난화 현상에 대한 경각심을 유발하는 것이다.

ㄴ. 지구 온난화가 지속되면 빙하가 녹아 해수면이 상승하여 남태평양에 위치한 섬나라들은 수몰 위기에 처할 수 있다.

ㄹ. 지구 온난화로 기온이 상승함에 따라 우리나라의 여름 기간은 길어지고 겨울 기간은 짧아질 것이다.

ㄱ. 지구 온난화로 빙하가 녹은 담수가 북극해에 유입되면 북극해의 염도는 낮아질 것이다.

ㄷ. 지구 온난화로 지구의 평균 기온이 상승함에 따라 냉대 기후가 나타나는 지역의 범위는 좁아질 것이다.

181 다양한 환경 문제의 원인과 영향 이해   답 ②

자료는 오존층 파괴, 사막화, 지구 온난화 현상 등의 환경 문제의 원인과 영향에 대한 것이다.

ㄱ. 염화 플루오린화 탄소(CFCs)의 증가로 나타나는 환경 문제는 오존층 파괴이다.

ㄷ. 식량 생산을 목적으로 이루어지는 과도한 개간과 방목은 사막화를 유발한다.

ㄴ. 건물의 부식을 일으키는 환경 문제는 산성비이다. 오존층 파괴는 지

구로 들어오는 자외선의 양을 증가시켜 피부암, 백내장 등의 질병을 유발한다.
ㄹ. 열대림이 증가하면 대기 중의 이산화 탄소를 잘 흡수하여 지구 온난화가 완화된다.

182 산성비의 특징 이해 답 ③

알짜풀이

사진은 시간이 지나면서 부식된 조각상의 모습을 나타낸 것이다. 조각상이나 건물을 부식하고 호수를 산성화하는 환경 문제는 산성비이다.
ㄴ. 대기 오염 물질은 한 지역에 머무르는 것이 아니라 바람을 타고 이동하여 다른 지역에까지 영향을 미친다.
ㄷ. 산성비는 산업화 이후 공업이 발달하면서 발생한 대기 오염 물질이 원인이 되어 나타나는 환경 문제이다.

오답넘기

ㄱ. 지구 온난화의 영향과 관련된 탐구 주제이다.
ㄹ. 사막화의 원인과 관련된 탐구 주제이다.

183 환경 문제 해결을 위한 개인적 차원의 노력 파악 답 ⑤

알짜풀이

환경 문제 해결에 도움을 줄 수 있는 개인적 차원의 노력에 대해 생각해 본다.
⑤ 에어컨 사용 시 희망 온도를 최저 온도로 설정하면 그만큼 많은 양의 전기를 소모하게 되어 전력 생산에 필요한 에너지가 많아지므로 환경에 부정적인 영향을 준다.

오답넘기

①, ②, ③, ④ 환경 문제를 해결하기 위한 개인적 차원의 노력에 해당한다.

> **문제 속 개념**
>
> **녹색 소비**
>
> 제품을 구매하고 사용한 후 폐기할 때까지 전 과정에 걸쳐 친환경적인 행동을 하는 것이다.

184 신·재생 에너지 파악 답 ③

알짜풀이

제시문은 신·재생 에너지의 사용을 늘려 환경 문제 해결에 도움을 주는 기업의 행동을 나타낸 것이다.
ㄴ, ㄷ. 수력, 태양광은 신·재생 에너지에 해당한다.

오답넘기

ㄱ, ㄹ. 석유와 천연가스는 신·재생 에너지가 아닌 화석 연료이다.

> **문제 속 개념**
>
> **신·재생 에너지**
>
> • 화석 연료 사용에 따른 문제를 극복할 수 있는 에너지를 가리킨다.
> • 태양광, 태양열, 풍력, 수력, 해양, 폐기물, 지열 등의 재생 에너지와 연료 전지, 수소 에너지 등의 신 에너지가 있다.

185 각국의 생태 도시 파악 답 ⑤

알짜풀이

생태 도시란 사람과 자연 혹은 환경이 조화를 이루며 공생할 수 있는 도시를 말하는데, 제시문은 브라질의 생태 도시인 (가), 미국의 생태 도시인 (나)에 대해 설명하고 있다. (가)는 세계 최초로 재활용 분리수거를 하고 버스 전용 차로를 도입한 것이 특징이고, (나)는 시내 이동 시 전기 순환 버스 탑승을 의무화한 것이 특징이다.
⑤ 브라질의 생태 도시인 (가)는 쿠리치바, 미국의 생태 도시인 (나)는 채터누가이다.

오답넘기

예테보리는 스웨덴의 생태 도시이다.

186 환경 문제 해결을 위한 정부의 노력 파악 답 ⑤

알짜풀이

환경 문제 해결을 위한 정부, 기업, 개인, 시민 사회의 노력 중 정부의 노력에 대해 파악해 본다.
ㄷ, ㄹ. 환경 보호와 관련된 제도를 만들거나 사업체에 세제 혜택을 주는 것은 환경 문제를 해결하기 위한 정부의 노력이다.

오답넘기

ㄱ, ㄴ. 환경 문제 해결을 위한 기업의 노력에 해당한다.

187 전 지구적 환경 문제의 특징 파악 답 ④

알짜풀이

A. 런던 협약은 폐기물 투기에 의한 해양 오염을 방지하기 위한 협약, B. 사막화 방지 협약은 심각한 가뭄 및 사막화의 영향을 받는 국가들의 사막화를 방지하기 위한 협약, C. 람사르 협약은 습지 보호를 위한 협약, D. 교토 의정서는 지구 온난화를 완화하기 위해 온실가스 감축 목표치를 규정한 협약, E. 몬트리올 의정서는 오존층 파괴 물질의 생산 및 사용을 감축하기로 한 협약이다.
④ 지구 온난화 현상의 주요 원인은 온실가스 배출량 증가이다.

오답넘기

① 오존층 파괴와 관련된 피해이다.
② 사막화는 연 강수량이 매우 적은 사막 주변에서 나타나는 현상이다.
③ 산성비와 관련된 피해이다.
⑤ 우리나라 주변국의 사막화와 관련된 현상이다.

서술형 문제

188 생태 중심주의

(1) **답** 생태 중심주의
(2) **모범답안** 생태 중심주의에서는 인간을 자연의 평범한 구성원으로 인식하며 인간을 포함한 자연 전체를 하나로 본다.

채점 기준	수준
생태 중심주의의 특징을 옳게 쓴 경우	상
생태 중심주의만 쓴 경우	하

해설
쌀(벼)은 성장기인 여름철에 높은 기온과 많은 강수량을 필요로 한다. 따라서 쌀(벼)이 잘 재배되는 지역(동아시아의 온대 기후 지역, 동남 및 남부 아시아의 열대 기후 지역)은 공통적으로 여름철이 고온 다습하다는 특징이 나타난다.

189 인간 중심주의 자연관과 생태 중심주의 자연관의 문제점 파악

✓모범답안

(가): 인간의 이익만을 위해 자연을 이용함으로써 환경 파괴를 가져왔다.

(나): 생태계의 안정과 보전을 최우선적으로 고려하기 때문에 개별 생명체의 희생을 정당화한다.

채점 기준	수준
인간 중심주의 자연관과 생태 중심주의 자연관이 지닌 문제점을 모두 옳게 서술한 경우	상
인간 중심주의 자연관과 생태 중심주의 자연관이 지닌 문제점 중 한 가지만 서술한 경우	중
인간 중심주의 자연관과 생태 중심주의 자연관이 지닌 문제점을 서술하지 못한 경우	하

해설

인간 중심주의 자연관은 인간과 자연과의 관계에서 인간의 이익이나 행복을 우선적으로 고려하는 관점이고, 생태 중심주의 자연관은 자연은 그 자체로 존중받을 가치가 있다고 여기는 관점이다.

190 파리 기후 변화 협약(파리 협정)에 대한 이해

(1) **답** 파리 기후 변화 협약(파리 협정), 지구 온난화

해설

교토 의정서, 파리 기후 변화 협약(파리 협정) 등은 지구 온난화를 해결하기 위한 국제 협약에 해당한다.

(2) **✓모범답안** 온실가스 감축 의무를 선진국과 개발 도상국 모두에게 부여하였다. 기후 변화에 따른 피해에 취약한 국가를 돕는 내용이 포함되었다.

채점 기준	수준
차이점 두 가지를 옳게 서술한 경우	상
차이점 중 한 가지를 옳게 서술한 경우	중
차이점을 서술하지 못한 경우	하

해설

지구 온난화를 해결하기 위해 기존의 교토 의정서는 선진국에만 온실가스 감축 의무를 부여하였지만, 파리 기후 변화 협약(파리 협정)에서는 개발 도상국에도 온실가스 감축 의무를 부여하였다. 또한, 기후 변화에 따른 피해에 취약한 국가를 돕고자 하는 내용도 포함한다.

191 탄소중립을 위한 노력

✓모범답안 건물 에너지 자립 강화(제로 에너지 건축물 확대), 친환경 이동 수단 확산(전기차, 수소차, 하이브리드차 등), 산림·습지 조성 등 탄소 흡

수원 확충을 위해 노력하고 있다.

채점 기준	수준
환경 문제 해결을 위한 국가의 노력을 두 가지 모두 쓴 경우	상
환경 문제 해결을 위한 국가의 노력을 한 가지만 쓴 경우	하

해설

탄소중립이란 온실 기체 배출량과 흡수량을 균형 있게 유지하여 대기 중 탄소 증가량을 '0'으로 만드는 정책으로, 우리 정부는 탄소중립 녹색 성장 정책을 통해 제로 에너지 건축물 확대, 친환경 이동 수단 보급, 산림과 습지 복원을 통한 탄소 흡수원 확충 등 다양한 방안을 추진하고 있다.

STEP 4 단원 종합 문제로 만점 완성하기 52~57쪽

192 ⑤	193 ①	194 ③	195 ③	196 ②	197 ④
198 ③	199 ②	200 ②	201 ③	202 ④	203 ②
204 ③	205 ③	206 ⑤	207 ⑤	208 ②	209 ①
210 ②	211 ①	서술형 문제	212~215 해설 참조		

192 세계의 기후 분포   답 ⑤

알짜풀이

지드의 A는 열대 기후, B는 건조 기후, C는 온대 기후, D는 냉대 기후, E는 한대 기후이다.

⑤ A~E 중 연 강수량은 건조 기후(B)가 가장 적다. 건조 기후는 연강수량이 500 mm 이하이다.

오답넘기

① 열대 기후(A)는 저위도에 분포하므로 기온의 일교차가 연교차보다 크다.

② 온대 기후(C)에 대한 설명이다.

③ 건조 기후(B) 중 사막 기후에 해당한다. 사막 기후 지역에서는 모래 언덕인 사구를 볼 수 있다.

④ 냉대 기후(D)는 북반구에서는 넓게 분포하지만, 남반구에서는 거의 분포하지 않는다. 해당 기후대가 나타나야 할 곳에 육지가 거의 없기 때문이다.

193 인도 북서부의 기후 특색과 계단식 우물   답 ①

알짜풀이

제시된 자료는 인도 라자스탄주 자이푸르에 위치한 찬드 바오리(Chand Baori)이다. 9세기경에 만들어진 계단식 우물은 무려 13층에 해당하는 높이에 계단 수는 모두 3,500개에 달하며, 세계에서 가장 깊은 우물로 유명하다. 이 지역에 찬드 바오리와 같은 계단식 우물이 많은 것은 일 년 중 서너 달 동안은 비가 많이 내리는 반면, 나머지 시기에는 비가 많이 내리지 않기 때문이다.

① 계단식 우물이 만들어진 것은 우기와 건기가 뚜렷하기 때문이다.

오답넘기

② 인도에서는 화산 활동이 활발하지 않다.

③ 지도로 볼 때 내륙에 위치하므로 대하천의 하류 지역에 해당한다고 보기 어렵다.

④ 건조 기후 지역이 아니므로, 연 강수량보다 연 증발량이 적다.
⑤ 저위도 지역이므로 기온의 일교차가 연교차보다 크다.

194 마다가스카르의 지리적 특색   답 ③

알짜풀이

지도의 A는 영국, B는 이집트, C는 마다가스카르, D는 몽골, E는 그린
란드이다. 바오바브나무는 열대 기후 지역 중 사바나 기후 지역에서 자라
는 키가 큰 나무로, 꽃잎, 열매, 줄기에 함유된 수분은 조류와 박쥐, 여우
원숭이, 코끼리 등의 생명을 유지하는 데 도움을 준다.
③ 바오바브나무가 자라고 여우원숭이와 코끼리를 볼 수 있는 나라는 아
프리카 동남부에 위치한 섬나라인 마다가스카르(C)이다. 참고로, 여우원
숭이는 오직 마다가스카르에서만 서식한다.

오답넘기

① 영국(A)에서는 온대 기후 중 서안 해양성 기후가 나타난다. 온대 기후
지역에서는 바오바브나무가 자라지 않는다.
② 이집트(B)에서는 건조 기후 중 사막 기후가 주로 나타난다. 사막 기후
지역에서는 바오바브나무가 자라지 않는다.
④ 몽골(D)에서는 건조 기후 중 스텝 기후가 주로 나타난다. 스텝 기후 지
역에서는 바오바브나무가 자라지 않는다.
⑤ 그린란드(E)에서는 주로 한대 기후가 나타나 식생이 자라기 어렵다.

195 러시아 툰드라 기후 지역의 주민 생활   답 ③

알짜풀이

러시아 야말반도는 북극해 연안에 위치한 곳으로 툰드라 기후가 나타나는
곳이다. 이 지역에서는 자원 개발과 기후 변화에 따라 삶의 모습이 달라지
고 있다.
③ 야말반도 일대에서 날이 따뜻해지는 현상은 지구 온난화에 따른 것이
다. 사막화 현상은 사막 주변의 스텝 기후 지역에서 주로 발생한다.

오답넘기

① 야말반도(㉠)는 북극해 연안에 위치한다.
② 야말반도의 주민들은 주로 순록을 유목하므로, ㉡에는 순록이 들어갈
수 있다.
④ 툰드라 지역의 경우 가장 더운 달의 기온이 0℃~10℃로 땅이 녹는 짧
은 여름 동안 이끼류 등이 자란다.
⑤ 야말반도가 북극해 연안에 위치하므로, 도시는 야말반도보다 대체로
저위도에 위치한다.

196 라오스와 캐나다의 전통 가옥   답 ②

알짜풀이

(가)는 열대 기후 지역에서 볼 수 있는 고상 가옥, (나)는 냉대 기후 지역의
통나무집이다.
ㄱ. 열대 기후 지역에서는 음식이 쉽게 상하는 것을 막고자 요리 시 향신
료를 많이 사용하거나, 음식을 기름에 볶거나 튀긴다.
ㄹ. 냉대 기후는 열대 기후보다 고위도에 위치한다. 열대 기후는 대체로
적도 부근에서 나타난다.

ㄴ. 올리브와 포도는 주로 온대 기후 중 지중해성 기후 지역에서 재배한다.
ㄷ. (가)는 열대 기후 지역으로 사계절의 변화가 잘 나타나지 않지만, (나)
는 냉대 기후가 나타나는 곳으로 사계절의 변화가 뚜렷하다.

197 빙하 지형과 카르스트 지형   답 ④

알짜풀이

(가)는 빙하가 침식한 U자형 골짜기가 해수면 상승으로 형성된 피오르 해
안이고, (나)는 탄산칼슘이 녹아있는 물이 흘러나온 후 굳어져 계단 모양
의 지형을 이룬 석회화 단구이다.
ㄴ. 석회화 단구는 카르스트 지형의 한 종류인데, 카르스트 지형의 주된
기반암은 석회암이다.
ㄹ. 피오르 해안과 카르스트 지형은 모두 생긴 모습이 독특하여 관광 자원
으로 활용된다.

오답넘기

ㄱ. (가)는 피오르 해안이다. 리아스 해안은 하천이 침식한 V자형 골짜기
가 해수면 상승으로 형성된 해안에 해당한다.
ㄷ. 피오르 해안은 고위도 지역에서 볼 수 있으므로, 노르웨이(A)에 위치
한다. 파묵칼레라고 불리는 석회화 단구는 튀르키예(B)에 위치한다.

198 서안 해양성 기후와 지중해성 기후 비교   답 ③

알짜풀이

(가)는 영국 런던을 배경으로 그려진 작품이고, 영국에서는 서안 해양성
기후가 나타난다. (나)는 프랑스 남부 지역을 배경으로 그려진 작품이고,
프랑스 남부에서는 지중해성 기후가 나타난다.
ㄴ. 지중해성 기후가 나타나는 프랑스 남부 지역(나)은 포도와 오렌지 생
산이 활발한 반면, 영국(가)에서는 이들 작물의 생산이 활발히 이루어지지
않는다.
ㄷ. 지중해성 기후가 나타나는 프랑스 남부 지역(나)이 서안 해양성 기후
가 나타나는 영국(가)보다 가장 더운 달의 평균 기온이 높다.

오답넘기

ㄱ. 지중해성 기후는 여름에 고온 건조하므로, 프랑스 남부 지역(나)은 영
국(가)보다 6~8월 강수량이 적다.
ㄹ. 상대적으로 저위도에 위치한 프랑스 남부 지역(나)이 영국(나)보다 일
년 중 낮과 밤의 길이 차가 작다.

199 열대 기후, 건조 기후, 온대 기후 비교   답 ②

알짜풀이

세 지역 중 연중 고온 다습한 (가)는 열대 우림 기후가 나타나는 지역이고,
연 강수량이 매우 적은 (다)는 건조 기후 중 사막 기후가 나타나는 지역이
다. (나)는 온대 기후 중 연중 강수량이 고른 편인 온난 습윤 기후가 나타
나는 지역이다.
② 온대 기후 지역(나)은 건조 기후 지역(다)보다 계절 변화가 뚜렷하다.

오답넘기

① 열대 기후 지역(가)은 온대 기후 지역(나)보다 기온의 연교차가 작다.
③ 건조 기후 지역(다)은 열대 기후 지역(가)보다 나무가 자라기 어렵다.
④ 1월 평균 기온이 7월 평균 기온보다 높은 (나)는 남반구에 위치하고,

7월 평균 기온이 1월 평균 기온보다 높은 (다)는 북반구에 위치한다.
⑤ 세 지역 중 막대 그래프의 길이 합이 가장 긴 (가)의 연 강수량이 가장 많다.

200 툰드라 기후 지역의 지리적 특색　　답②

알짜풀이

지면에서 띄운 송유관, 두툼한 털옷을 입은 유목민을 통해 그림에 나타난 지역이 한대 기후 중 툰드라 지역임을 알 수 있다.
② 툰드라 기후 지역에서는 순록의 날고기를 말린 육포를 맛볼 수 있다. 날고기를 말린 육포는 땔감을 구하기 어려운 환경을 반영한다.

오답넘기

① 돼지고기로 만든 소시지는 온대 기후 지역 중 서안 해양성 기후에 속하는 독일의 전통 음식이다.
③ 스시(초밥)는 일본의 전통 음식이다.
④ 옥수수 전병에 고기와 채소를 넣어 만든 타코는 멕시코의 전통 음식이다.
⑤ 여러 채소에 올리브유와 레몬즙을 뿌린 샐러드는 온대 기후 중 지중해성 기후 지역의 전통 음식이다.

201 열대 고산 기후와 열대 우림 기후　　답③

알짜풀이

(가)는 열대 고산 기후가 나타나는 에콰도르 키토의 기후 그래프이고, (나)는 열대 우림 기후가 나타나는 브라질 마나우스의 기후 그래프이다.
③ 연중 우리나라의 봄과 같은 날씨가 나타나는 열대 고산 기후 지역(가)이 연중 고온 다습한 열대 우림 기후 지역(나)보다 인간 거주에 유리하다.

오답넘기

① 열대 우림 기후(나)가 나타나는 아마존 저지의 주민들은 주로 고상 가옥에 거주한다.
② 라마와 알파카는 열대 고산 기후 지역(가)의 주된 가축이다.
④ 스콜은 매일 기온이 크게 상승하는 열대 우림 기후 지역(나)에서 자주 내린다.
⑤ 두 지역 간 기후 차이는 해발 고도의 차이에서 비롯되었다.

202 자연재해 발생 시의 행동 요령　　답④

알짜풀이

(가)는 지진, (나)는 폭염, (다)는 산사태, (라)는 호우(홍수)와 관련된 경보 또는 주의보를 나타낸 것이다.
ㄴ. 폭염이 발생했을 때는 야외활동을 최대한 자제하고 탈수가 되지 않도록 물을 많이 마셔야 한다.
ㄹ. 호우(홍수)가 발생했을 때는 지하 주차장이나 지하차도가 빠르게 침수될 수 있으므로 들어가지 않아야 한다.

오답넘기

ㄱ. 지진(가) 발생 시 흔들림이 멈추고 나면 야외로 대피해야 하는데, 이때 엘리베이터보다는 계단으로 이동하는 것이 좋다. 엘리베이터가 멈출 수 있기 때문이다.
ㄷ. 산사태(다)가 발생하고 있으면, 산사태 방향과 멀어지는 곳으로 이동해야 한다.

203 인간 중심주의의 특징　　답②

알짜풀이

제시된 주장은 인간 중심주의의 내용으로, 인간이 자연을 지배하고 이용해야 한다는 관점을 담고 있다.
ㄱ, ㄷ. 인간 중심주의는 인간을 자연보다 우월한 존재로 보며, 인간의 풍요로운 삶을 위해 자연을 이용해야 한다고 본다.

오답넘기

ㄴ, ㄹ. 생태 중심주의에 해당한다.

204 레오폴드의 대지 윤리　　답③

알짜풀이

레오폴드의 대지 윤리는 자연을 인간의 이용 대상으로만 보지 않으며, 인간 또한 자연의 일부로 여긴다. 이 관점에서는 인간을 자연과 분리된 관리자가 아닌 자연의 한 구성원으로 간주하며, 인간과 자연이 조화롭게 공존해야 한다고 본다.

205 생태전환적 사고　　답③

알짜풀이

자연과 인간이 조화를 이루며 공존하기 위해서는 자연의 한계를 존중하고, 환경을 보호하면서 발전하는 것이 중요하다.
ㄴ. 자연의 한계를 고려한 지속 가능한 성장은 자연을 보존하면서 발전하려는 접근을 의미한다.
ㄷ. 개발은 자연이 스스로 회복할 수 있는 범위 내에서 개발해야 한다.

206 지구 온난화에 따른 영향　　답⑤

알짜풀이

그린란드 지역에서 농사가 가능해진 것과 킬리만자로산의 빙하가 녹은 것은 모두 지구 온난화에 따른 기온 상승에서 비롯된 것이다.
⑤ 지구 온난화로 기온이 상승하면서 사과 재배의 적합 지역이 북쪽으로 이동하고 있다.

오답넘기

① 여름이 길어지고 가을이 늦어지면서 설악산의 단풍 드는 시기는 늦어진다.
② 겨울이 짧아지면서 스키장에서 인공 눈 의존도는 높아진다.
③ 동해의 수온이 높아지면서 동해의 한류성 어족의 어획량은 줄어든다.
④ 여름이 길어지고 가을이 늦어지면서 중부 지역의 김장 담그는 시기는 늦어진다.

207 환경 문제 해결을 위한 기업의 역할　　답⑤

알짜풀이

의류 기업인 ○○사는 재생 소재를 사용하며, 버려진 페트병에서 얻은 원단을 옷의 소재로 사용하고 있다.
ㄴ. 페트병에서 얻은 원단으로 옷을 만들기 때문에 재킷을 구입함으로써 해양 쓰레기를 줄일 수 있다.
ㄷ. ○○사는 기업의 이익과 더불어 친환경적인 옷을 만듦으로써 환경 보

전을 추구하고 있다.

ㄹ. 친환경적인 재킷이라고 하더라도, 재킷을 생산하는 데는 많은 자원이 이용되므로, 해당 문구를 통해 자원 절약의 중요성을 깨우칠 수 있다.

오답넘기

ㄱ. 버려진 페트병에서 얻은 원단을 사용하므로 재킷의 소재가 천연 섬유라고 할 수는 없다.

208 사막화와 산성비

답 ②

알짜풀이

A는 사막 주변의 스텝 기후 지역을 중심으로 발생하고 있으므로 사막화 현상이고, B는 적도와 그 주변 지역을 중심으로 발생하고 있으므로 열대림 파괴이며, C는 서부 유럽과 동아시아 지역을 중심으로 발생하고 있으므로 산성비이다.

② 열대림 파괴(B)가 발생하고 있는 대표적인 지역으로 아마존 분지가 있다.

오답넘기

① 호수의 산성화나 건축물 부식을 가져오는 것은 산성비(C)이다.

③ 오존층 파괴 지역은 극지방 일대이다.

④ 열대림 파괴(B)보다 산성비(C)가 산업이 발달한 지역에서 잘 발생한다.

⑤ 사막화(A) 문제를 해결하기 위해 사막화 방지 협약이 체결되었고, 산성비(C)와 관련된 국제 협약은 제네바 협약(대기 오염 물질의 장거리 이동에 관한 협약)이다.

209 생태시민의 친환경적 생활 방식 실천

답 ①

알짜풀이

쓰지 않는 전기 플러그 뽑기, 자전거나 대중교통 이용하기는 모두 자원 및 에너지 절약을 도모하는 생태시민의 친환경적 생활 방식 실천에 해당한다.

ㄱ. 다회용 컵을 사용하면 일회용 컵을 사용할 때보다 종이, 석유 등의 자원을 아낄 수 있다.

ㄴ. 쓰레기 분리배출을 잘 하면 자원 재활용을 확대할 수 있다.

오답넘기

ㄷ. 푸드 마일리지는 식품이 생산지에서 소비자의 식탁에 오르기까지 이동하는 거리를 말하는 것으로, 푸드 마일리지가 긴 외국산 과일을 먹으면 에너지 자원을 낭비할 우려가 있다.

ㄹ. 에어컨 사용 시 설정 온도를 높여야 에어컨 가동에 드는 에너지를 절약할 수 있다.

210 환경 문제 해결 주체

답 ②

알짜풀이

세계의 환경 문제를 해결하기 위해서는 정부, 시민 단체, 기업, 생태시민이 모두 나서야 한다.

② 첨단 기술을 활용하여 친환경 선박을 만드는 친환경적 기술 개발(가)은 기업의 역할에 해당하고, 환경 정책 표시가 된 제품을 소비하는 친환경적 제품 소비(나)는 생태 시민의 역할에 해당하며, 공해(오염) 유발 등을 차단하는 환경 영향 평가 제도 시행(다)은 정부의 역할에 해당한다. 따라서 (가)—기업, (나)—생태시민, (다)—정부의 연결이 옳다.

211 주요 국제 환경 협약(협정)

답 ①

알짜풀이

1972년 영국 런던에서 체결된 런던 협약은 폐기물의 해양 투기 방지를 위한 국제 협약이고, 1989년 스위스의 바젤에서 체결된 바젤 협약은 유해 폐기물의 국가 간 이동과 교역 규제를 위한 협약이며, 2015년 프랑스 파리에서 체결된 파리 협정은 기후변화 협약의 하나로 선진국과 개발 도상국에 모두 온실 기체 감축 의무를 부여한 국제 협약이다. 따라서 (가)—ㄱ, (나)—ㄴ, (다)—ㄷ의 연결이 옳다.

서술형 문제

212 키르기스스탄의 기후와 전통 가옥

(1) **답** 스텝 기후

(2) **✔ 모범답안** 키르기스스탄은 스텝 기후가 나타나는 곳으로 일찍부터 가축을 이끌고 물과 풀을 찾아다니는 유목이 발달했다. 이에 따라 키르기스스탄에서는 이동식 가옥이 발달하였다.

채점 기준	수준
물, 풀, 유목, 이동 등의 요소를 모두 갖추어 서술한 경우	상
물, 풀, 유목, 이동 등의 요소들 중 두 가지만 갖추어 서술한 경우	하

해설

키르기스스탄은 강수량이 적고 초원이 넓게 펼쳐진 스텝 기후가 나타나는 지역으로 예로부터 가축을 키우며 이동하는 유목 생활이 발달하였다. 이 때문에 이동이 쉬운 유르트와 같은 이동식 가옥이 널리 사용되었다.

213 열대 우림 기후 지역의 전통 농업

(1) **답** 이동식 화전 농업

(2) **✔ 모범답안** 이동식 화전 농업은 불을 질러 경지를 개간하므로 개간 시에 큰 불이 날 가능성이 있으며, 매연을 유발하기도 한다. 또한 농사를 짓고 나면 지력을 잃어 경지가 황폐화되기 때문에 숲이 파괴될 가능성도 높다. 따라서 인간의 이익을 위해서 환경을 파괴하는 것이다.

채점 기준	수준
불을 질러 경지를 개간하는 것과 지력을 잃어 경지가 황폐화된다는 요소를 모두 언급하면서 서술한 경우	상
불을 질러 경지를 개간하는 것과 지력을 잃어 경지가 황폐화된다는 것 중 한 가지만 서술한 경우	하

해설

이동식 화전 농업은 산림이나 초지를 불로 태워 경작지를 만든 후, 일정 기간 동안 작물을 재배하다가 토양의 비옥도가 떨어지면 다른 지역으로 이동해 새로운 경작지를 만드는 농업 방식이다. 이는 주로 열대 지역의 열악한 토양 조건에서 발생하며, 경작 후에는 휴경 기간을 통해 자연적으로 토양을 회복시키는 것이 특징이다.

(1) **답** 태풍

(2) **✔모범답안** 태풍이 불 때 바다의 만조와 겹치면 해일이 발생할 가능성
이 높다. 해일이 발생하면 해안가가 침수될 수 있으므로 해안 지대에
접근하면 안 된다.

채점 기준	수준
해일의 개념을 이용하여 해안 지대 접근 금지의 까닭을 서술한 경우	상
해안 지대 접근 금지의 까닭을 서술하였으나 해일의 개념을 활용하지 못한 경우	하

해설

태풍이 발생하면 강한 바람과 폭우로 인한 피해를 막기 위해 정부는 긴급
재난 문자를 통해 신속하게 정보를 전달한다. 긴급 재난 문자는 태풍의 위
치, 예상 경로, 강도, 그리고 주민들의 안전 대피 요령을 포함하며, 신속한
대처를 통해 피해를 최소화하는 데 중요한 역할을 한다.

215 지구 온난화 현상과 생태시민의 역할

(1) **답** 지구 온난화

(2) **✔모범답안** 지구 온난화 현상이 심화되는 것을 막기 위해서는 화석 에
너지의 사용량을 줄여야 하므로 가까운 거리를 이동할 때는 걷거나
자전거를 이용하고, 먼 거리를 이동할 때는 지하철, 버스 등 대중교통
을 이용한다.

채점 기준	수준
단거리 이동과 장거리 이동 두 가지 측면에서 잘 서술한 경우	상
단거리 이동과 장거리 이동 중 한 가지 측면에서만 잘 서술한 경우	하

해설

지구 온난화는 대기 중 온실가스 농도의 증가로 인해 지구의 평균 기온이
상승하는 현상이다. 지구 온난화로 극지방의 빙하가 녹고, 해수면이 상승
하며, 이상 기후 현상이 빈번해지고 있다. 이처럼 지구 온난화는 생태계와
인간 사회에 다양한 영향을 미치며, 이를 완화하기 위해 온실가스 배출 감
축과 지속 가능한 에너지 사용이 강조되고 있다.

Ⅳ 문화와 다양성

04 다양한 문화권의 특징과 삶의 방식

STEP 1	O/X 문제로 8종 교과서 핵심 자료 보기				61쪽
216 O	217 X	218 X	219 O	220 O	221 X
222 X	223 O	224 X	225 X	226 O	227 O
228 X	229 O	230 O	231 O		

STEP 2	학교 기출 문제로 내신 대비하기				62~66쪽
232 ③	233 ⑤	234 ②	235 ④	236 ②	237 ①
238 ③	239 ④	240 ②	241 ②	242 ⑤	243 ④
244 ①	245 ②	246 ④	247 ④		

서술형 문제 248~251 해설 참조

232 문화권의 특징 파악 　　　　답 ③

알짜풀이

문화적 특성이 비교적 넓은 지표 공간에 걸쳐 유사하게 나타나는 범위를
의미하는 문화권은 자연환경과 인문 환경의 영향을 받아 형성된다.

ㄴ. 기후, 지형, 토양 등은 문화권의 형성에 영향을 주는 자연환경 요인
이다.

ㄷ. 언어, 종교, 산업 등은 문화권의 형성에 영향을 주는 인문 환경 요인
이다.

오답넘기

ㄱ. 문화권의 경계와 국가의 경계(국경)가 일치하지 않는 경우도 많다.

ㄹ. 동일한 문화권에 속하더라도 민족과 언어의 분포는 다르게 나타날 수
있다.

233 문화와 문화권의 특징 이해 　　　　답 ⑤

알짜풀이

문화권은 고정된 것이 아니라 변화하는 특성을 지니고 있다.

⑤ 문화권은 고정된 것이 아니고 인구가 이동하거나 다른 문화권의 문화
가 전파되면서 변화하기도 한다.

오답넘기

① 사회 구성원들이 공유하고 있는 사회 전반의 생활 양식 혹은 인간이 환
경과 상호 작용하면서 형성된 의식주, 언어, 종교, 풍습 등의 생활 양식을
문화라고 한다.

② 의식주, 종교, 민족, 언어, 전통적인 산업 등의 문화 요소가 비슷하게
분포하는 공간적 범위를 문화권이라고 한다.

③ 문화권은 자연환경 요소와 인문 환경 요소의 영향을 받아 만들어진다.

④ 동일한 문화권이더라도 다양한 삶의 방식이 나타날 수 있다.

234 기후에 따른 의복 문화의 차이 이해 　　　　답 ②

알짜풀이

기후는 의복 문화에 가장 큰 영향을 주는 요인이다.

② 연중 고온 다습한 환경이 나타나는 열대 우림 지역(A)의 주민들은 가벼운 옷차림을 하고, 햇빛이 강하고 모래바람이 부는 건조 지역(B)의 주민들은 긴 옷을 입어 몸을 보호한다.

오답넘기
① A는 열대 우림 지역, B는 건조 지역이다.
③, ④ 지형도 생활 양식에 영향을 주는 요인이지만 제시된 글과 직접적인 관련이 없다.
⑤ 유목 문화가 발달한 지역에서는 가축의 가죽이나 털로 만든 옷을 입기도 한다.

문제 속 개념

기후에 따라 다른 의복 문화

열대 기후 지역	통풍이 잘되는 옷
건조 기후 지역	얇은 천으로 만든 온몸을 감싸는 옷
한대 기후 지역	동물의 털이나 가죽으로 만든 옷

---

235 건조 기후 지역과 열대 우림 기후 지역의 생활 양식 비교　　답 ④

알짜풀이

(가)는 이동식 천막집으로 유목이 이루어지는 건조 기후 지역에서 볼 수 있고, (나)는 고상 가옥으로 기온과 습도가 높고 비가 많이 내리는 열대 우림 기후 지역의 전통 가옥이다.
ㄴ. 열대 우림 기후 지역은 연중 덥고 습하기 때문에 주민들은 통풍이 잘되는 얇은 옷을 입는다.
ㄹ. 유목 생활을 하는 주민들의 비율은 건조 기후 지역이 열대 우림 기후 지역보다 높다.

오답넘기
ㄱ. 일반적으로 쌀을 주식으로 먹는 기후 지역은 아시아의 계절풍 기후 지역이다.
ㄷ. 연 강수량은 열대 우림 기후 지역이 건조 기후 지역보다 많다.

236 불교, 이슬람교, 힌두교 문화 이해　　답 ②

알짜풀이

(가)는 강에서 하는 목욕을 통해 자신의 죄를 씻는다고 생각하는 힌두교, (나)는 스님들이 탁발하는 모습을 나타낸 것으로 불교, (다)는 경전인 쿠란을 읽는 것으로 이슬람교와 관련된 것이다.
② 힌두교를 믿는 사람들은 힌두교에서 신성하게 여기는 갠지스강에서 목욕을 통해 죄를 씻을 수 있다고 생각한다. 탁발은 스님들의 수행 방식으로 불교와 관련이 있다. 쿠란은 이슬람교의 경전이다.

237 크리스트교와 이슬람교의 특징 분석　　답 ①

알짜풀이

(가)는 쾰른 대성당으로 크리스트교의 종교 경관, (나)는 이슬람교의 성지인 메카이다. 지도의 A는 크리스트교, B는 이슬람교, C는 힌두교, D는 불교이다.
① 크리스트교(A) 문화권에서는 십자가를 세운 성당이나 교회를 볼 수 있

고, 이슬람교(B)는 성지(메카)를 순례하는 것을 의무로 여긴다.

오답넘기
힌두교(C)는 여러 신을 숭배하는 다신교이고, 소를 신성시하여 쇠고기를 금기시하는 것과 갠지스강에서의 목욕 의식 등이 특징이다. 불교(D) 문화권에서는 불교 사원, 불상, 탑 등을 볼 수 있다.

238 산업을 기준으로 한 문화권 파악　　답 ③

알짜풀이

산업의 발달 정도, 발달한 산업의 종류가 지역마다 다르기 때문에 산업도 문화권을 분류하는 기준이 될 수 있다.
③ 상공업이 중심을 이루는 문화권은 대체로 인구가 많기 때문에 건물의 밀집도가 높고 토지 이용이 집약적으로 나타나는 편이다.

오답넘기
① 농경이 발달한 문화권에서는 농사를 위한 협동 노동이 필요하다.
② 상공업이 발달한 문화권에서는 주거지와 생산 활동을 하는 곳이 분리되어 있어 출퇴근 문화가 형성되었다.
④ 유목이 발달한 문화권의 유목민들은 의복, 음식, 가옥의 재료 대부분을 가축으로부터 얻는다.
⑤ 농경 문화권에서는 정착 생활과 협동 노동이 이루어지는 과정에서 공동체 문화가 발달하였다.

239 앵글로아메리카 문화권과 건조 문화권의 특징 이해　　답 ④

알짜풀이

아메리카 문화권 중 리오그란데강 이북 지역은 앵글로아메리카 문화권에 해당하고, 북부 아프리카와 서남아시아 지역은 건조 문화권이다.
④ (가)는 앵글로아메리카 문화권, (나)는 건조 문화권에 해당한다.

오답넘기
① 오세아니아 문화권에 속하는 지역은 오스트레일리아, 뉴질랜드, 남태평양의 도서 지역 등이다.
②, ③, ⑤ 라틴 아메리카 문화권은 리오그란데강 이남 지역의 문화권이다.

240 북극 문화권의 원주민 이해　　답 ②

알짜풀이

자료와 같은 특징이 나타나는 문화권은 북극 문화권이다.
ㄱ, ㄷ. 북극 문화권에 거주하는 원주민으로는 네네츠족, 라프족, 이누이트 등이 있다.

오답넘기
ㄴ, ㄹ. 마오리족은 뉴질랜드, 애버리지니(아보리진)는 오스트레일리아의 원주민이다. 뉴질랜드와 오스트레일리아는 오세아니아 문화권에 속한다.

241 불교와 이슬람교　　답 ②

알짜풀이

수양을 통해 깨달음을 추구하는 것을 중시하며, 이른 아침에 승려에게 음식을 공양하기도 하는 (가)는 불교이고, 쿠란의 가르침에 따라 돼지고기와

술을 먹지 않는 (나)는 이슬람교이다.
② 이슬람교(나)는 알라신을 믿는 유일신교이다.

오답넘기

① 여성들이 차도르, 히잡 등을 착용하는 종교는 이슬람교(나)이다.
③ 세계 신자 수는 크리스트교＞이슬람교(나)＞힌두교＞불교(가) 순으로 많다.
④ 종교의 발생 시기는 힌두교＞불교(가)＞크리스트교＞이슬람교(가) 순으로 이르다.
⑤ 불교(가)는 남부 아시아에서 기원하였으나, 이슬람교(나)는 서남아시아에서 기원하였다.

242 라틴 아메리카 문화권의 특성 파악 답 ⑤

알짜풀이

(가)는 브라질 리우 카니발의 모습, (나)는 브라질 리우데자네이루의 거대 예수상이다.
⑤ 라틴 아메리카 문화권에서는 원주민과 아프리카인, 유럽인 간의 문화가 융합되어 나타나 카니발이 열리고, 크리스트교(가톨릭교)를 믿는 사람들의 비율이 높아 거대 예수상을 볼 수 있다.

오답넘기

① 건조 문화권은 이슬람교의 비율이 높아 거대 예수상을 보기 어렵다.
②, ③, ④ 남부 유럽 문화권, 북서 유럽 문화권, 오세아니아 문화권도 크리스트교의 영향을 많이 받았지만, 사진의 예수상이 있는 브라질은 라틴 아메리카 문화권에 속한다.

243 라틴 아메리카 문화권의 언어와 종교 파악 답 ④

알짜풀이

아메리카 문화권은 북서 유럽의 식민 지배 영향을 받은 앵글로아메리카 문화권과 남부 유럽의 식민 지배 영향을 받은 라틴 아메리카 문화권으로 구분할 수 있다.
④ 과거 남부 유럽의 식민 지배를 받았던 라틴 아메리카 문화권에서는 대부분 에스파냐어와 포르투갈어(브라질)를 사용하고 가톨릭교의 비율이 높다.

오답넘기

①, ②, ③ 앵글로아메리카 문화권에서 영어와 개신교의 비율이 높다.
⑤ 그리스 정교는 동부 유럽 문화권에서 비율이 높다.

문제 속 개념

아메리카 문화권의 언어와 종교

앵글로아메리카 문화권	북서 유럽의 영향 → 주로 영어를 사용하고, 개신교의 비율이 높음
라틴 아메리카 문화권	남부 유럽의 영향 → 주로 에스파냐어와 포르투갈어(브라질)를 사용하고, 가톨릭교의 비율이 높음

244 세계의 문화권 이해 답 ①

알짜풀이

지도의 (가)는 유럽 문화권, (나)는 건조 문화권, (다)는 남부 아시아 문화

권, (라)는 오세아니아 문화권, (마)는 앵글로아메리카 문화권이다.
① 유럽 문화권은 크리스트교가 생활 양식과 사회 제도 등 생활 전반에 큰 영향을 주었다.

오답넘기

② 쇠고기를 먹지 않는 것은 힌두교의 영향이 많은 남부 아시아 문화권의 특징으로 볼 수 있다.
③ 아프리카 문화권의 특징이다.
④ 플랜테이션 농업이 이루어지는 문화권으로는 아프리카 문화권, 동남아시아 문화권 등이 있다.
⑤ 앵글로아메리카 문화권은 영어를 사용하는 주민들의 비율이 가장 높다.

문제 속 개념

유럽 문화권 내의 크리스트교

북서 유럽 문화권	개신교의 비율이 높음
남부 유럽 문화권	가톨릭교의 비율이 높음
동부 유럽 문화권	그리스 정교의 비율이 높음

245 건조 문화권의 특징 파악 답 ②

알짜·풀이

제시된 특징은 이슬람교의 생활 모습이다.
② 이슬람교가 생활 전반에 큰 영향을 준 문화권은 건조 문화권이다. 따라서 건조 문화권에서는 천으로 얼굴과 몸 등을 가리고 생활하는 여성들의 모습과 이슬람교의 성지인 메카를 향해 기도하는 모습 등을 볼 수 있다.

오답넘기

①, ④, ⑤ 유럽 문화권, 오세아니아 문화권, 앵글로아메리카 문화권은 크리스트교가 중심인 문화권이다.
③ 남부 아시아 문화권은 힌두교를 중심으로 이슬람교, 불교, 토착 종교 등이 섞여 있다.

246 아프리카 문화권과 오세아니아 문화권의 특성 파악 답 ④

알짜풀이

지도의 (가)는 북극 문화권, (나)는 아프리카 문화권, (다)는 동부 아시아 문화권, (라)는 오세아니아 문화권, (마)는 라틴 아메리카 문화권이다.
④ A는 아프리카 문화권, B는 오세아니아 문화권에 대한 설명이다.

247 세계의 문화권 이해 답 ④

알짜풀이

ㄴ. 아프리카 문화권에서는 전통적으로 이동식 화전 농업이 이루어지지만, 일부 지역에서는 식민 지배의 영향으로 플랜테이션이 발달하였다.
ㄹ. 라틴 아메리카 문화권은 남부 유럽의 영향을 받아 가톨릭교의 비율이 높고, 오세아니아 문화권은 영국을 중심으로 한 유럽 문화가 전파되어 개신교의 비율이 높다.

오답넘기

ㄱ. 북극 문화권에서는 사냥, 어로, 순록 유목 등의 생활 양식이 나타난다.
ㄷ. 힌두교의 영향으로 쇠고기를 먹지 않는 것은 남부 아시아 문화권의 특징이다.

248 이슬람교 문화권의 특징 이해

(1) 답 이슬람교

해설

서남아시아, 북부 아프리카 등의 건조 기후 지역에서 주로 믿는 종교는 이슬람교이다.

(2) 모범답안 이슬람교에서는 돼지고기를 금기시한다.

채점 기준	수준
이슬람교 문화권의 음식 문화에 대해 옳게 서술한 경우	상
이슬람교 문화권의 음식 문화에 대해 서술하지 못한 경우	하

해설

돼지를 기르기 위해서는 많은 물과 그늘이 필요한데, 이슬람교를 믿는 지역은 대부분 건조 기후 지역에 해당하기 때문에 돼지 사육이 어려워 돼지고기를 금기시한다.

249 동양 문화권의 특징 파악

모범답안 여름철에 기온이 높고 강수량이 많기 때문이다.

채점 기준	수준
여름철 기후 특징 두 가지를 옳게 서술한 경우	상
여름철 기후 특징 한 가지를 옳게 서술한 경우	중
여름철 기후 특징을 서술하지 못한 경우	하

해설

동양 문화권은 여름철에 바다로부터 불어오는 계절풍의 영향으로 고온 다습한 기후 환경이 나타난다. 쌀(벼)은 성장기에 높은 기온과 많은 물을 필요로 하기 때문에 아시아의 계절풍 기후 지역은 벼농사가 이루어지기에 적합하다.

250 문화와 문화권의 특징 이해 답 ⑤

(1) 답 북극 문화권

해설

한대 기후 지역에서 발달하며 네네츠족, 이누이트, 라프족이 거주하는 문화권은 북극 문화권이다.

(2) 모범답안 순록을 유목하거나 수렵 및 어로 활동에 종사하였다.

채점 기준	수준
북극 문화권 원주민의 전통 생활 양식을 옳게 서술한 경우	상
북극 문화권 원주민의 전통 생활 양식을 서술하지 못한 경우	하

해설

북극 문화권에서는 연중 기온이 낮은 한대 기후가 나타나기 때문에 이 문화권의 원주민은 전통적으로 순록을 유목하거나 수렵 및 어로 활동에 종사하였다. 하지만 최근 현대 문명이 전파되면서 전통적인 생활 양식이 사라지고 있는 추세이다.

251 아프리카 문화권

(1) 답 아프리카 문화권

(2) 모범답안 아프리카 문화권에서는 전통적으로 이동식 화전 농업이 주로 이루어지지만 교통이 편리한 곳에서는 플랜테이션도 행해진다.

채점 기준	점수
이동식 화전 농업과 플랜테이션 모두를 서술한 경우	5점
이동식 화전 농업과 플랜테이션 중 한 가지만 서술한 경우	2점

STEP 3 수능 유형 문제로 만점 도전하기 67~69쪽

252 ④	253 ②	254 ②	255 ⑤	256 ⑤	257 ②
258 ⑤	259 ④	260 ⑤	261 ①	262 ⑤	

서술형 문제 263 해설 참조

252 크리스트교와 힌두교 답 ④

알짜풀이

십자가 앞에 모여 찬송가를 부르는 (가)는 크리스트교이고, 신자들이 영혼을 정화하기 위해 강에서 목욕하는 (나)는 힌두교이다.
④ 크리스트교(가)는 힌두교(나)보다 아메리카 문화권에서 신자 수가 많다.

오답넘기

① 힌두교(나)에 대한 설명이다.
② 크리스트교(가)에 대한 설명이다. 힌두교(나)는 민족 종교이며, 크리스트교와 이슬람교보다 세계 신자 수가 적다.
③ (다)에는 '갠지스강'이 들어가야 한다.
⑤ 힌두교(나)는 다신교이고, 크리스트교(가)는 유일신교이므로, 힌두교(나)는 크리스트교(가)보다 신봉하는 신의 수가 많다.

253 세계의 다양한 문화 답 ②

알짜풀이

지도에 표시된 A는 이탈리아이고, B는 몽골이며, C는 멕시코이다.
② 핵심어에 '밀농사', '지중해', '올리브유'가 들어가는 (가)는 이탈리아이고, 핵심어에 '옥수수의 원산지', '토르티야'가 들어가는 (나)는 멕시코이다. 따라서 (가)-A, (나)-C의 연결이 옳다.

오답넘기

B. 몽골을 대표하는 음식은 허르헉이다. 뜨겁게 달군 돌로 고기(주로 양고기)와 감자, 채소 등을 넣어 익힌 음식으로, 뜨겁게 달군 돌을 이용하는 것은 적은 양의 연료로 조리를 하기 위함이다.

254 문화와 문화권의 의미 파악 답 ②

알짜풀이

제시문은 문화와 문화권, 문화권의 형성에 영향을 주는 요인에 대한 설명이다.

② 문화권은 문화적 특성이 비교적 넓은 지표 공간에 걸쳐 유사하게 나타나는 범위를 말한다.

오답넘기

① 문화는 한 사회의 구성원들이 만들어 낸 공통의 생활 양식 혹은 사회 구성원들이 공유하는 사회 전반의 생활 양식을 의미한다.
③ 의복, 주식, 가옥 등은 문화를 구성하는 유형적인 요소이다.
④ 언어, 종교, 풍습 등은 문화를 구성하는 무형적인 요소이다.
⑤ 문화권은 기후, 지형, 토양 등의 자연환경과 언어, 종교, 산업 등의 인문 환경의 영향을 받아 형성된다.

255 중국의 지역별 주식 문화 이해   답 ⑤

알짜풀이

중국은 국토 면적이 넓어 지역별로 다양한 지형과 기후가 나타난다. 이러한 자연환경의 차이로 인해 잘 재배되는 농작물이 달라 지역마다 서로 다른 주식 문화권이 형성된다.
⑤ (가) 지역은 시짱(티베트) 고원 지역으로 고도가 높고 지형이 험준하여 농경에 불리하므로 주민들은 야크를 사육하여 말린 야크 고기와 야크 젖으로 만든 유제품을 먹는다. (나) 지역은 중국 남부 지역으로 상대적으로 여름철이 고온 다습하여 벼농사에 유리하므로 주민들은 쌀을 이용한 음식을 주로 먹는다. (다) 지역은 남부 지역보다 기온이 낮고 강수량이 적은 편이어서 밀을 많이 재배하고, 밀로 만든 음식을 주로 먹는다.

256 건조 기후 지역의 특성 이해   답 ⑤

알짜풀이

얇은 천으로 만든 온몸을 감싸는 옷을 입는다는 점, 전통 가옥은 지붕이 평평하고 창문이 작다는 점, 오아시스 농업이나 관개 농업이 이루어진다는 점을 통해 (가) 기후 지역은 건조 기후 지역임을 알 수 있다.
병. 건조 기후 지역의 주민들은 대부분 이슬람교를 믿는다.
정. 건조 기후 지역의 주민들은 양이나 염소를 유목하며 생활하기도 한다.

오답넘기

갑. 사계절의 변화가 뚜렷한 것은 온대와 냉대 기후 지역의 특징이다.
을. 플랜테이션 농업은 열대 우림 기후 지역에서 발달하였다.

257 유목 문화권의 이해   답 ②

알짜풀이

사진은 몽골 유목민들이 기르는 가축의 모습과 가축의 젖을 짜는 유목민의 모습을 나타낸 것이다.
ㄱ. 강수량이 적어 곡물을 재배하기에는 불리하지만 풀이 잘 자라는 지역에서는 유목 문화가 발달하였다.
ㄷ. 유목민들은 계절에 따라 풀이 자라는 지역을 찾아 이동 생활을 한다.

오답넘기

ㄴ. 농경 문화권의 특징에 해당한다.
ㄹ. 상공업 중심의 문화권에 대한 설명이다.

258 돼지고기를 기준으로 한 문화권 구분 파악   답 ⑤

알짜풀이

지도는 돼지고기의 소비 정도를 기준으로 문화권을 구분한 것이다.
⑤ 돼지를 사육하기 위해서는 한 지역에 정착해야 하고, 많은 물과 그늘이 필요하다. 따라서 유목 생활을 하며 강수량이 적은 건조 지역에서는 돼지 사육이 어렵고 돼지고기 소비도 적다.

오답넘기

①, ③ 밀과 닭고기는 특별히 기피하는 지역이 두드러지지 않는다.
② 쌀은 아시아 지역에서 소비가 많이 이루어진다.
④ 양고기는 대체로 건조 기후 지역에서 많이 소비된다.

259 이슬람교의 특성 파악   답 ④

알짜풀이

자료는 왼쪽 상단부터 시계 방향 순으로 알제리, 리비아, 터키, 모리타니의 국기이다. 이들 국기에는 달과 별이 그려져 있는데, 이것은 이슬람교의 창시자인 무함마드가 신의 계시를 받던 날 밤에 달과 별이 나란히 떠 있었다는 것에서 유래되었다.
ㄴ. 이슬람교의 영향을 받은 국가에서는 이슬람교의 사원인 모스크가 많이 분포한다. 모스크는 첨탑과 둥근 지붕이 특징이다.
ㄹ. 이슬람교를 믿는 주민들은 하루에 다섯 번씩 성지인 메카를 향해 기도한다

오답넘기

ㄱ. 이슬람교는 유일신교이다. 다양한 신을 믿는 종교는 힌두교가 대표적이다
ㄷ. 에스파냐어와 포르투갈어를 사용하는 문화권은 라틴 아메리카 문화권이다

260 다양한 문화권의 특징 파악   답 ⑤

알짜풀이

지도의 A는 유럽 문화권, B는 건조 문화권, C는 남부 아시아 문화권, D는 오세아니아 문화권, E는 라틴 아메리카 문화권이다.
⑤ 라틴 아메리카 문화권에서는 기존의 원주민, 유럽에서 건너온 백인, 아프리카에서 노예로 끌려온 흑인, 이들 사이의 혼혈족이 만든 다양한 문화가 나타난다.

오답넘기

① 유럽 문화권 중 북서 유럽 문화권은 게르만족과 개신교, 남부 유럽 문화권은 라틴족과 가톨릭교, 동부 유럽 문화권은 슬라브족과 그리스 정교의 비율이 높다.
② 건조 문화권에서는 석유 자원을 개발하는 과정에서 분쟁이 발생하기도 하였다.
③ 유교 사상의 영향을 받은 문화권은 동양 문화권 중 동부 아시아 문화권이다.
④ 라프족, 네네츠족 등의 원주민이 거주하는 문화권은 북극 문화권이다. 오세아니아 문화권에서는 애버리지니(아보리진), 마오리족 등의 문화가 소멸할 위기에 있다.

알짜풀이

D는 오세아니아 문화권, E는 라틴 아메리카 문화권이다.

ㄱ, ㄴ. 오세아니아 문화권과 라틴 아메리카 문화권 모두 유럽 문화권과 크리스트교의 영향을 받았기 때문에 십자가를 세운 종교 건물(교회나 성당)을 쉽게 볼 수 있다.

오답넘기

ㄷ. 오세아니아 문화권은 라틴 아메리카 문화권보다 개신교의 비율이 높다.

ㄹ. 라틴 아메리카 문화권은 오세아니아 문화권보다 에스파냐어와 포르투갈어 사용 인구 비율이 높다.

262 종교를 기준으로 한 문화권의 구분 이해   답 ⑤

알짜풀이

종교에 따라 문화권을 구분할 수 있다.

⑤ 지도는 크리스트교, 이슬람교, 힌두교, 불교 등 종교를 기준으로 구분한 문화권을 표현한 것이다.

오답넘기

① 열대 기후, 건조 기후, 온대 기후, 냉대 기후, 한대 기후 등 기후에 따라 문화권을 구분할 수는 있지만 제시된 지도와는 관련이 없다.

② 농업, 유목, 상공업 등 주로 발달한 산업을 기준으로 문화권을 구분할 수는 있지만 제시된 지도와는 관련이 없다.

③ 영어, 중국어, 에스파냐어, 아랍어 등 주로 사용하는 언어를 기준으로 문화권을 구분할 수는 있지만 제시된 지도와는 관련이 없다.

④ 쌀, 밀, 감자류, 옥수수 등 주식을 기준으로 문화권을 구분할 수는 있지만 제시된 지도와는 관련이 없다.

서술형 문제

263 앵글로아메리카 문화권과 라틴 아메리카 문화권의 특성 분석

✔**모범답안** (가) 앵글로아메리카 문화권, (나) 라틴 아메리카 문화권. 앵글로아메리카 문화권은 주로 영어를 사용하고 개신교의 비율이 높으며, 라틴 아메리카 문화권은 주로 에스파냐어와 포르투갈어를 사용하고 가톨릭교의 비율이 높다.

채점 기준	수준
두 문화권의 명칭과 언어 · 종교 특징을 모두 옳게 서술한 경우	상
두 문화권의 명칭과 한 문화권의 언어 · 종교 특징을 옳게 서술한 경우	중
두 문화권의 명칭만 옳게 쓰고, 언어 · 종교 특징을 서술하지 못한 경우	하

해설

아메리카 문화권 중 리오그란데강 북쪽은 앵글로아메리카 문화권, 남쪽은 라틴 아메리카 문화권이다. 앵글로아메리카 문화권은 북서 유럽의 식민 지배 영향으로 주로 영어를 사용하며, 라틴 아메리카 문화권은 남부 유럽의 식민 지배 영향으로 에스파냐어와 포르투갈어(브라질)를 주로 사용한다. 아메리카 문화권은 크리스트교의 비율이 높은데, 이 중 앵글로아메리카 문화권은 개신교, 라틴 아메리카 문화권은 가톨릭교의 비율이 높다.

---

05 문화 변동과 전통문화

STEP 1   O/X 문제로 8종 교과서 핵심 자료 보기   71쪽

264 X	**265** X	**266** O	**267** O	**268** X	**269** O
270 O	**271** O	**272** O	**273** X	**274** X	**275** X
276 O	**277** X	**278** O	**279** O		

STEP 2   학교 기출 문제로 내신 대비하기   72~75쪽

280 ③	**281** ④	**282** ⑤	**283** ①	**284** ⑤	**285** ⑤
286 ④	**287** ⑤	**288** ②	**289** ②	**290** ④	**291** ④
292 ⑤	**293** ⑤	서술형 문제	294~295 해설 참조		

280 문화 변동의 요인   답 ③

알짜풀이

③ (가)에 들어갈 문화 변동의 요인은 교류를 통해 직접적으로 문화가 전파되어 다른 사회의 변화를 이끌어 내는 것으로 직접 전파이다.

오답넘기

①, ②, ④, ⑤ 제시문에서 파악할 수 있는 문화 변동의 요인에 해당하지 않는다.

281 문화 변동의 요인   답 ④

알짜풀이

④ 갑은 2, 3, 4, 5번 문항에 옳게 답하였다. 새로운 문화 요소를 만들어 내는 것은 발명, 알려지지 않았던 문화 요소를 찾아내는 것은 발견이라고 한다.

오답넘기

발명과 발견은 문화 변동의 내재적 요인에 해당한다.

282 문화 변동의 요인   답 ⑤

알짜풀이

⑤ 외재적 요인으로, 전파된 문화 요소에 자극을 받아 새로운 문화 요소를 만들어 내는 것은 자극 전파이다.

오답넘기

①, ②, ③, ④ (가)에 들어갈 질문으로 적절하지 않다.

(문제 속 개념)

문화 변동의 외재적 요인

직접 전파	서로 다른 문화를 향유하는 사람 간의 직접적인 접촉에 의한 전파
간접 전파	인쇄물, 텔레비전, 인터넷 등과 같은 매개체를 통해 이루어지는 전파
자극 전파	다른 사회에서 전파된 문화 요소에 자극을 받아 새로운 발명이 일어나는 것

283 문화 변동의 요인
답 ①

알짜풀이

제시된 내용에 나타난 문화 변동의 요인은 내재적 요인인 발명이다.

ㄱ, ㄴ. 발명에 해당하는 사례이다.

오답넘기

ㄷ. 외재적 요인인 직접 전파에 의한 문화 변동의 사례에 해당한다.

ㄹ. 발견에 의한 문화 변동의 사례에 해당한다.

284 문화의 수용
답 ⑤

알짜풀이

⑤ 13세기 고려의 금속 활자 발명과 15~16세기 유럽의 금속 활자 발명이 다른 결과를 낸 것은 새로운 문화 요소에 대한 적극적인 수용 여부 때문이다. 13세기 고려에서는 적극적인 수용이 나타나지 않아 발명으로 인한 사회 변동이 거의 일어나지 않았지만, 15~16세기 유럽에서는 발명된 문화 요소를 적극적으로 수용하여 다양한 방면에서 활용하였기 때문에 커다란 사회 변동으로 이어진 것이다.

285 문화 변동의 요인
답 ⑤

알짜풀이

(가)에는 발명에 의한 직접 전파가, (나)에는 간접 전파가 나타나 있다.

오답넘기

ㄱ. (가)는 발명에 의한 직접 전파의 사례에 해당한다.

ㄴ. (가)는 상인에 의해, (나)는 인터넷이라는 매개체에 의해 문화 요소가 전파되었다.

286 문화 변동의 양상
답 ④

알짜풀이

④ (가)는 전통문화가 사라지고 외래문화로 대체되었으므로 문화 동화에 해당하고, (나)는 새로운 문화 요소가 등장하였으므로 문화 융합에 해당하며, (다)는 외래문화와 전통문화가 나란히 존재하므로 문화 병존에 해당한다.

287 문화 변동의 양상
답 ⑤

알짜풀이

ㄷ. 차이나타운은 한국 안에 중국의 문화가 존재하고 있으므로 이는 문화 병존의 사례에 해당한다.

ㄹ. 문화 병존, 문화 동화, 문화 융합은 모두 외재적 요인에 의한 문화 변동의 양상에 해당한다.

오답넘기

ㄱ. 자발적으로 문화를 수용하였을 때에도 문화 동화가 일어날 수 있다.

ㄴ. 문화 융합의 경우 전통문화 요소가 사라지지 않고 남아 있다.

288 문화 변동의 양상
답 ②

알짜풀이

문화 융합은 서로 다른 두 문화 요소가 결합하여 새로운 제3의 문화로 탄생하는 것이다.

ㄱ, ㄹ. 밥을 이용한 햄버거는 우리나라의 밥과 서양의 햄버거가 융합되어 새로운 문화가 나타난 것이고, 사찰의 산신각은 불교와 토착 신앙이 융합되어 새로운 문화가 나타난 것이다.

오답넘기

ㄴ, ㄷ. 문화 병존의 사례에 해당한다.

> **(문제 속 개념)**
>
> **문화 융합**
>
> | 의미 | 서로 다른 문화 요소들이 결합하여 기존 문화 요소들이 녹아 있으면서도 기존 문화 요소들과 다른 성격을 지닌 제3의 문화를 형성하는 현상 |
> | --- | --- |
> | 특징 | 다른 사회의 문화 요소를 받아들이면서도 자신의 문화적 정체성을 상실하지 않음 |

289 문화 변동의 양상
답 ②

알짜풀이

제시된 문화 변동의 양상은 문화 병존이다.

ㄱ. 필리핀 사람들이 미국에서 전파된 영어와 자국의 필리핀어를 공용어로 사용하는 것은 문화 병존의 사례에 해당한다.

ㄹ. 한국에 사는 중국인들이 한국의 생활 양식을 받아들이면서도 중국의 음식이나 의복 등 중국의 고유문화를 함께 유지하는 모습은 문화 병존의 사례에 해당한다.

오답넘기

ㄴ. 문화 융합의 사례에 해당한다.

ㄷ. 문화 동화의 사례에 해당한다.

290 문화 변동의 양상
답 ④

알짜풀이

ㄴ, ㄹ. 제시된 사례는 에스파냐의 문화 요소가 나바호족에게 전파되어 자발적으로 새로운 문화를 받아들인 자발적 문화 접변의 사례에 해당한다.

오답넘기

ㄱ, ㄷ. 문화 동화와 강제적 문화 접변은 나타나 있지 않다.

> **(문제 속 개념)**
>
> **문화 동화(문화 대체)**
>
> | 의미 | 한 사회의 문화가 다른 사회의 문화 체계 속에 흡수되어 소멸되면서 정체성을 상실하는 현상 |
> | --- | --- |
> | 특징 | 한 사회의 문화적 정체성의 상실을 가져올 수 있음 |

291 전통문화의 의의
답 ④

알짜풀이

ㄱ, ㄴ, ㄹ. 전통문화는 한 사회가 단절되지 않고 세대를 이어가며 지속되는 데 다리 역할을 하며, 한 사회가 갖는 고유한 정체성을 보여 주는 대표적인 요소로서 작용한다.

ㄷ. 전통문화의 고수만을 주장할 경우 서로 다른 집단 간의 갈등을 유발하여 사회 통합에 방해가 될 수 있다.

292 전통문화의 창조적 계승　　답 ⑤

알짜풀이

⑤ 제시문에서 한글 디자인이 해외에서도 아름다움을 인정받고 있다는 것은 전통문화를 현대적으로 재평가하면 현대의 다양한 문화와도 잘 어울릴 수 있다는 점을 시사한다.

오답넘기

①, ②, ③, ④ 전통문화의 창조적 계승 방법으로 적절하지 않다.

293 민족 문화의 특징　　답 ⑤

알짜풀이

⑤ 우리 민족 문화는 토착적인 문화 요소에 외래문화 요소들을 결합하는 방식을 통해 새로운 것들을 만들어 내는 과정에서 독자적인 문화로 발달하였다.

서술형 문제

294 문화 전파

(1) **답** 직접 전파
(2) **✔모범답안** 라틴아메리카 지역은 에스파냐의 식민 지배를 받았기 때문에 시에스타 문화가 전파되었다.

채점 기준	수준
라틴아메리카 지역에서 시에스타 문화가 나타나는 이유를 정확히 서술한 경우	상
라틴아메리카 지역에서 시에스타 문화가 나타나는 이유를 문화 전파와 관련하여 서술하지 않은 경우	중
시에스타 문화에 대해 서술한 경우	하

295 문화 변동의 양상

(1) **답** 문화 융합
(2) **✔모범답안** 문화 융합을 통해 다양한 문화가 창조된다.

채점 기준	수준
문화 융합의 장점을 옳게 서술한 경우	상
문화 융합의 의미에 대해 서술한 경우	중
일반적인 문화 변동에 대해 서술한 경우	하

STEP 3 수능 유형 문제로 만점 도전하기　76~77쪽

296 ③　297 ③　298 ①　299 ⑤　300 ③　301 ④
302 ④　서술형 문제 303 해설 참조

296 문화 변동의 요인　　답 ③

알짜풀이

③ 문항 1, 문항 2, 문항 5에 대한 응답이 옳으므로 갑이 얻을 점수는 3점이다.

오답넘기

문항 3. 전기는 발견의 사례에 해당하고, 전구는 발명의 사례에 해당한다.
문항 4. 매개체를 통해 나타나는 문화 요소의 전파는 간접 전파를 의미한다.

297 문화 변동의 요인　　답 ③

알짜풀이

(가)에는 A만의 특징, (나)에는 B만의 특징, (다)에는 A와 B의 공통적인 특징이 연결되어야 한다.

ㄴ. 매개체를 통해 문화 요소가 전달되는 것은 간접 전파만의 특징이다.
ㄷ. 발명과 발견은 둘 다 문화 변동의 내재적 요인이다.

오답넘기

ㄱ. 발명과 자극 전파 모두 새로운 문화 요소가 등장한다.
ㄹ. 발견은 내재적 변동이고, 외래 문화를 자발적으로 수용했는지 여부는 자극 전파의 특징이 아니다.

298 문화 변동의 요인과 양상　　답 ①

알짜풀이

ㄱ. 철기 제작 방법을 교역하는 과정에서 자발적으로 받아들였다.
ㄴ. 교역하는 과정에서 철기 제작 방법을 배운 것은 직접 전파에 해당한다.

299 문화 변동의 양상　　답 ⑤

알짜풀이

제시문에 부각된 문화 변동의 양상은 문화 융합이다.
⑤ 문화 융합의 사례에 해당한다.

오답넘기

① 문화 병존의 사례에 해당한다.
②, ④ 문화 동화의 사례에 해당한다.
③ 문화 전파의 사례에 해당한다.

(문제 속 개념)

문화 융합

의미	서로 다른 문화 요소들이 결합하여 기존 문화 요소들이 녹아 있으면서도 기존 문화 요소들과 다른 성격을 지닌 제3의 문화를 형성하는 현상
특징	다른 사회의 문화 요소를 받아들이면서도 자신의 문화적 정체성을 상실하지 않음

300 문화 변동의 요인과 양상 답 ③

알짜풀이

(가)는 발명, (나)는 문화 융합, (다)는 자극 전파의 사례에 해당한다.
③ (다)는 전파된 것에 착안하여 발명이 일어난 것이므로 자극 전파의 사례이다.

오답넘기

① (가)에서는 발명이 일어났다.
② (나)에서는 을국의 문화 요소가 남아 있다.
④ (나)는 외재적 요인에 의해 문화 변동이 나타났다.
⑤ 문화 융합은 자기 문화의 정체성이 상실되지 않는다.

301 문화 병존(문화 공존) 답 ④

알짜풀이

외래문화와 전통문화가 독립성을 갖고 고유한 정체성을 유지하면서 한 사회의 생활 양식으로 나란히 존재하는 문화 변동의 양상을 문화 병존이라고 한다.
ㄴ, ㄹ. 문화 병존이 나타나면 한 사회의 문화적 정체성이 보존되면서 문화적 다양성이 실현될 수 있다. 하지만 병존하는 두 문화 중 하나의 문화만을 중시하는 사람들에 의해 갈등이 발생할 수 있다.

오답넘기

ㄱ. 문화 융합에 대한 설명이다.
ㄷ. 문화 동화에 대한 설명이다.

302 전통문화의 창조적 계승 답 ④

알짜풀이

④ 밑줄 친 '판타스틱'은 한국의 전통음악인 국악을 현실에 맞게 창조적으로 발전시켜 다양한 영상 기술을 활용함으로써 국악이 익숙하지 않은 젊은 세대나 외국인도 한국의 전통음악을 쉽게 즐길 수 있도록 한 것이다. 이처럼 전통문화를 창조적으로 계승·발전시키기 위해서는 현실적인 여건에 맞게 전통문화를 재해석하고 새로운 문화 콘텐츠로 발전시켜 세계화 시대에 전통문화의 가치를 높이고 더욱 발전시켜 나가야 한다.

서술형 문제

303 문화 변동의 양상

✔모범답안 (가)는 문화 동화, (나)는 문화 융합, (다)는 문화 병존이다. (가)의 사례로는 아프리카 원주민들이 자신의 언어를 쓰지 않고 유럽인들의 언어를 사용하는 것을 들 수 있다. (나)의 사례로는 전통적 온돌 문화와 서양식 아파트 문화가 합쳐져 새롭게 형성된 온돌식 아파트 문화를 들 수 있다. (다)의 사례로는 우리나라에 한의학과 별도로 서양 의학이 함께 자리 잡은 것을 들 수 있다.

채점 기준	수준
(가)~(다)에 해당하는 문화 변동의 양상과 그 사례를 정확히 서술한 경우	상
(가)~(다) 중 두 가지만 적절하게 서술한 경우	중
(가)~(다)에 해당하는 문화 변동의 양상만을 쓴 경우	하

06 문화 상대주의와 보편 윤리~ 다문화 사회와 문화적 다양성 존중

STEP 1 O/X 문제로 8종 교과서 핵심 자료 보기 79쪽

| 304 X | 305 O | 306 O | 307 O | 308 X | 309 O |
| 310 X | 311 O | 312 X | 313 O | 314 X | |

STEP 2 학교 기출 문제로 내신 대비하기 80~83쪽

315 ④	316 ②	317 ④	318 ②	319 ④	320 ③
321 ②	322 ②	323 ①	324 ①	325 ⑤	326 ③
327 ⑤	328 ⑤	서술형 문제 329~330 해설 참조			

315 문화 이해 태도 답 ④

알짜풀이

④ (가)는 미국과 서부 유럽 사회의 우월한 문화를 수용하는 것이 더 가치 있다고 보고 있으므로 이는 문화 사대주의에 해당한다. (나)는 한국 문화가 더 좋다고 보고 있으므로 이는 자문화 중심주의에 해당한다.

316 문화 이해 태도 답 ②

알짜풀이

갑의 태도는 자문화 중심주의, 을의 태도는 문화 사대주의에 해당한다.
ㄱ. 자문화 중심주의는 사회 통합과 자문화 정체성 유지에 유리하다.
ㄷ. 자문화 중심주의와 문화 사대주의는 모두 문화 간에 우열을 가릴 수 있다고 보는 문화 절대주의에 해당한다.

오답넘기

ㄴ. 자문화 중심주의에 대한 설명이다.
ㄹ. 문화의 다양성 보존에 기여하는 태도는 문화 상대주의이다.

(문제 속 개념)

문화 절대주의

구분	자문화 중심주의	문화 사대주의
의미	자기 문화만을 우수한 것으로 인정하고 타문화를 평가 절하하는 태도	타문화를 우수하다고 동경 및 추종하고 숭상하며 자문화를 경시하는 태도
순기능	• 문화적 주체성 확립 • 사회 통합과 안정에 기여 • 집단 내 일체감 강화	• 타문화의 수용 용이 • 자문화의 낙후성 개선
역기능	• 국제적 고립을 초래할 가능성 존재 • 국수주의의 위험성 • 제국주의 침략을 정당화함	• 자문화의 주체성 상실 우려 • 외래문화의 비판적 수용이 어려움 • 전통문화 발전에 장애

317 문화 이해 태도　　　　　　　　답 ④

알짜풀이

④ 갑은 야만적인 문화를 금지해야 한다고 보고 있으므로 이는 자문화 중심주의에 해당한다. 을과 병은 애벌레를 먹는 문화를 그 사회의 관점에서 바라보고 있으므로 이는 문화 상대주의에 해당한다.

(문제 속 개념)

문화 상대주의

의미	문화를 우열 평가가 아닌 이해의 대상으로 간주하며, 각 문화가 해당 사회의 맥락에서 갖는 고유한 의미를 존중하는 태도
전제	문화 간에 열등하거나 우월한 것을 평가할 수 없으며, 문화에 대한 평가는 그 문화 자체의 기준에 따라 이루어져야 함
순기능	타문화를 올바로 이해함으로써 문화적 다양성을 보존하는 데 기여할 수 있음
역기능	극단적 상대주의로 치우칠 경우 보편적 가치의 실현과 문화의 질적 발전을 저해할 수 있음

318 문화 이해 태도의 문제점　　　　　　　　답 ②

알짜풀이

제시된 사례에서 선교사의 태도는 자문화 중심주의에 해당한다.
ㄱ, ㄷ. 자문화 중심주의는 다른 민족이나 인종, 문화에 대한 차별을 불러올 수 있고, 타문화와 갈등을 빚을 수 있다.

오답넘기

ㄴ, ㄹ. 문화 사대주의에 대한 설명이다.

319 보편 윤리　　　　　　　　답 ④

알짜풀이

④ 제시문은 보편 윤리(평등)에 어긋나는 현상이라면 그것이 관습일지라도 허용될 수 없다고 판단한 인도 대법원의 판결에 관한 내용이다. 이는 극단적 문화 상대주의를 경계하는 태도와 관련 있다.

오답넘기

①, ③ 문화 상대주의와 관련 있는 진술이다.
② 제시문과 관련 없는 진술이다.
⑤ 인도 대법원은 탈라크를 외치는 관습이 과거와 현재 모두에서 보편 윤리에 맞지 않는다고 보고 있다.

320 극단적 문화 상대주의의 경계　　　　　　　　답 ③

알짜풀이

③ 문화 상대주의의 태도로 문화를 이해한다는 것은 그 사회의 맥락에서 고유한 의미와 가치를 이해하고 존중하기 위한 것이지 보편적인 윤리에 대한 상대성을 인정하는 것은 아니다. 제시된 사례와 같이 인권을 침해하고 인간에게 고통을 주는 문화까지도 허용하는 극단적 문화 상대주의는 인정하지 않는 것이 바람직하다.

321 보편 윤리　　　　　　　　답 ②

알짜풀이

② 각 사회의 문화를 고유한 의미와 가치가 있는 것으로 이해하고 인정하는 문화 상대주의는 모든 경우에 인정되는 것이 아니다. 사회 구성원의 인권을 침해하고 생명을 해치는 문화는 그 문화가 형성된 사회적 · 역사적 배경이 특수하다 할지라도 인정되기 어렵다. 왜냐하면 이러한 문화는 '모든 사람의 생명을 소중히 여겨야 한다.'와 같이 시대와 장소를 초월하여 언제나 존중되어야 하는 보편적 윤리 가치를 훼손하고 있기 때문이다.

(문제 속 개념)

보편 윤리

의미	시대와 장소를 초월하여 모든 사람이 존중하고 따라야 할 윤리 원칙
내용	인간의 존엄성 및 생명, 자유와 평등 등과 같은 기본적 인권을 존중해야 한다는 원칙 등
필요성	· 극단적 문화 상대주의를 방지할 수 있음 · 자기 문화와 다른 문화의 문제점을 발견하고 개선함으로써 문화의 질적 발전을 실현할 수 있음

322 극단적 문화 상대주의　　　　　　　　답 ②

알짜풀이

극단적 문화 상대주의는 인간의 존엄성을 해치고 인권을 침해하는 문화나 관습까지도 그 국가, 사회의 풍습이므로 존중해야 한다고 보는 태도를 말한다.
② 극단적 문화 상대주의는 인간의 기본적 인권과 생명을 해치는 문화까지도 존중하므로 경계해야 할 태도이다.

오답넘기

①, ③, ④, ⑤ 보편 윤리를 고려하면서 극단적 문화 상대주의를 방지할 수 있는 바람직한 문화 이해 태도이다.

323 다문화 사회　　　　　　　　답 ①

알짜풀이

① 제시된 사례는 다문화 사회로의 변화가 우리 사회의 문화적 다양성을 증대시켜 우리 문화를 더욱 풍요롭게 함을 보여 주고 있다.

오답넘기

②, ③, ④, ⑤ 다문화 사회의 긍정적 측면에 해당하지만, 제시된 사례를 통해서는 알 수 없다.

324 다문화 정책　　　　　　　　답 ①

알짜풀이

① (가)는 동화주의로 주류 사회로의 동화를 강조하는 입장이므로 용광로 정책에 해당한다. (나)는 다원주의로 다양한 문화의 공존과 조화를 추구하므로 샐러드 볼 정책에 해당한다.

오답넘기

③, ④, ⑤ 모자이크 정책은 다양한 배경을 가진 사람들이 각자의 문화적

배경을 잘 유지하며 사는 것을 지향하는 다원주의 정책이다.

325 다문화 정책의 변화 답 ⑤

알짜풀이

⑤ (나)는 서로 다른 문화의 공존을 통해 역동적인 사회를 형성할 수 있다.

오답넘기

①, ②, ③, ④ 각 시기별 다문화 캠페인에 대한 옳은 진술이다.

〔문제 속 개념〕

다문화 정책

동화주의	· 기존 문화에 이주민 문화를 흡수시키는 정책 · 이주민 문화와 주류 문화의 문화적 동질성을 추구함 · 관련 이론: 용광로 이론(*melting pot theory*)
다원주의	· 기존 문화와 이주민 문화의 공존을 추구하는 정책 · 문화적 이질성을 존중하여 이주민의 문화를 인정하고 보호함 · 관련 이론: 모자이크 이론(*mosaic theory*), 샐러드 볼 이론(*salad bowl theory*)

326 다문화 사회 답 ③

알짜풀이

③ 제시된 사례는 다문화 가정의 구성원들이 문화적 차이(이슬람 문화와 우리나라 문화의 차이)와 의사소통의 어려움 등으로 우리 사회에 적응하는 데 어려움을 겪는 모습을 보여 준다.

327 다문화 사회의 문제점 답 ⑤

알짜풀이

⑤ 제시된 자료에서는 한국인의 배타적 태도를 엿볼 수 있다. 따라서 다문화 수용성을 향상시키기 위해 다문화 이해 교육이 필요하다.

오답넘기

① 문화 사대주의는 문화의 다양성을 증대시키지 않는다.

②, ③, ④ 제시된 자료에 나타나 있는 문제는 우리나라 국민들의 태도로 인해 발생한 것이다.

328 다문화 사회의 문제점 답 ⑤

알짜풀이

⑤ 제시된 신문 기사는 일부 업종에서 내국인과 외국인이 일자리를 구하는 과정에서 나타날 수 있는 문제를 보여 준다.

오답넘기

①, ②, ③, ④ 다문화 사회의 문제점에 해당하지만, 제시된 신문 기사를 통해서는 파악할 수 없다.

<hr>

서술형 문제

329 문화 상대주의 태도

✔도범답안 문화 상대주의로, 다른 문화의 고유한 가치를 상대방의 입장에서 이해하고 존중하는 태도를 의미한다.

채점 기준	수준
문화 상대주의와 그 의미를 옳게 서술한 경우	상
문화 상대주의의 의미만 정확하게 서술한 경우	중
문화 상대주의라고만 쓴 경우	하

330 다문화 정책

✔모범답안 다양한 문화를 최대한 보장함으로써 서로 다른 문화가 각각의 정체성을 유지하면서 조화를 이루는 국가를 만들기 위한 정책이다.

채점 기준	수준
샐러드 볼 정책의 의미를 바르게 서술한 경우	상
샐러드 볼 정책의 의미를 비교적 적절하게 서술한 경우	중
다문화 정책의 의미를 서술한 경우	하

STEP 3 수능 유형 문제로 만점 도전하기 84~85쪽

331 ④	332 ②	333 ⑤	334 ②	335 ②	336 ⑤

서술형 문제 337 해설 참조

331 문화 이해 태도 답 ④

알짜풀이

갑의 태도는 자문화 중심주의, 을의 태도는 문화 상대주의이다.

ㄴ, ㄹ. 문화 상대주의는 문화를 이해할 때 그것이 생겨난 사회의 맥락을 고려하며, 문화의 우열을 판단하지 않는다.

오답넘기

ㄱ. 자기 문화의 정체성을 약화시킬 우려가 있는 문화 이해 태도는 문화 사대주의이다.

ㄷ. 문화의 다양성 보존에 기여하는 문화 이해 태도는 문화 상대주의이다.

332 문화 이해 태도 답 ②

알짜풀이

A는 자문화 중심주의, B는 문화 상대주의이다.

② 문화 상대주의는 각 사회의 문화가 나름의 의미를 지닌다고 본다.

오답넘기

① 문화의 다양성을 추구하는 것은 문화 상대주의이다.

③ 국제적 고립을 초래할 가능성이 있는 것은 자문화 중심주의이다.

④ 집단 내의 일체감과 자부심을 높이는 것은 자문화 중심주의이다.

⑤ 문화의 우열을 평가할 수 있다고 보는 태도는 자문화 중심주의와 문화 사대주의이다.

문화 상대주의

의미	문화를 우열 평가가 아닌 이해의 대상으로 간주하며, 각 문화가 해당 사회의 맥락에서 갖는 고유한 의미를 존중하는 태도
전제	문화 간에 열등하거나 우월한 것은 평가할 수 없으며, 문화에 대한 평가는 그 문화 자체의 기준에 따라 이루어져야 함
순기능	타문화를 올바로 이해함으로써 문화적 다양성을 보존하는 데 기여할 수 있음
역기능	극단적 상대주의로 치우칠 경우 보편적 가치의 실현과 문화의 질적 발전을 저해할 수 있음

333 문화 이해 태도　　답 ⑤

알짜풀이

문화의 우열을 가릴 수 있는 기준이 있다고 보는 문화 이해 태도는 자문화 중심주의와 문화 사대주의이다. 중국을 세계의 중심에 놓고 가장 크게 그린 혼일강리역대국도는 조선인의 문화 사대주의적 태도를 엿볼 수 있는 지도이다. 따라서 (나)에 들어갈 태도는 문화 사대주의이고, (가)에는 문화 사대주의에 해당하지 않는 진술이 들어갈 수 있다.
ㄴ. 국제적 고립 가능성이 있는 태도는 자문화 중심주의이다.
ㄷ. 문화 제국주의를 정당화하는 근거가 될 수 있는 태도는 자문화 중심주의이다.
ㄹ. 문화 사대주의는 무분별하게 외래문화를 수용하여 문화적 정체성을 상실할 우려가 있다.

오답넘기

ㄱ. 문화 사대주의는 타문화 수용에 유리하다.

334 보편 윤리　　답 ②

알짜풀이

보편 윤리는 시대와 사회를 초월하여 모든 사람이 존중하고 따라야 할 행위의 원칙이다. 인간의 존엄성 및 생명, 자유, 평등과 같은 기본적인 인권을 존중해야 한다는 것이 보편 윤리에 해당한다.
② 기본적인 인권을 존중하지 않는 사회 관습을 지키고 따르는 것은 보편 윤리라고 할 수 없다.

보편 윤리

의미	시대와 장소를 초월하여 모든 사람이 존중하고 따라야 할 윤리 원칙
내용	인간의 존엄성 및 생명, 자유와 평등 등과 같은 기본적 인권을 존중해야 한다는 원칙 등
필요성	• 극단적 문화 상대주의를 방지할 수 있음 • 자기 문화와 다른 문화의 문제점을 발견하고 개선함으로써 문화의 질적 발전을 실현할 수 있음

335 다문화 정책　　답 ②

알짜풀이

ㄱ, ㄷ. 샐러드 볼 정책을 지지하는 사람들은 문화의 이질성을 존중하고, 외국인과 내국인 모두에 대한 다문화 이해 교육이 필요하다고 볼 것이다.

오답넘기

ㄴ. 샐러드 볼 정책을 지지하는 사람은 새로운 문화와 기존 문화를 동등하게 볼 것이다.
ㄹ. 동화주의 입장을 가진 사람이 긍정의 대답을 할 질문이다.

336 다문화 정책　　답 ⑤

알짜풀이

⑤ 갑과 을이 발표한 내용은 각각 다문화 사회에서 진정한 통합을 이루기 위해 가져야 할 태도나 시행해야 할 정책의 방향에 대한 것이다.

오답넘기

①, ②, ③, ④ 제시된 자료의 발표 주제로 적절하지 않다.

다문화 정책

동화주의	• 기존 문화에 이주민 문화를 흡수시키는 정책 • 이주민 문화와 주류 문화의 문화적 동질성을 추구함 • 관련 이론: 용광로 이론(*melting pot theory*)
다원주의	• 기존 문화와 이주민 문화의 공존을 추구하는 정책 • 문화적 이질성을 존중하여 이주민의 문화를 인정하고 보호함 • 관련 이론: 모자이크 이론(*mosaic theory*), 샐러드 볼 이론(*salad bowl theory*)

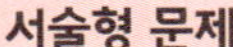

서술형 문제

337 문화 이해 태도

(1) **답** 문화 사대주의
(2) **✔모범답안** 자기 사회의 문화를 제대로 인식하지 못해 자기 문화의 정체성을 상실할 우려가 있고 공동체의 결속력을 약화시킬 수 있다.

채점 기준	수준
문화 사대주의의 문제점을 옳게 서술한 경우	상
문화 사대주의의 문제점을 비교적 적절하게 서술한 경우	중
문화 사대주의의 문제점을 이해하고 있으나, 서술이 정확하지 않은 경우	하

338 ④	339 ②	340 ①	341 ②	342 ⑤	343 ①
344 ⑤	345 ②	346 ③	347 ①	348 ③	349 ⑤
350 ②	351 ①	352 ②	353 ③	354 ②	355 ④
356 ③	357 ①	서술형 문제	358~361 해설 참조		

338 인도네시아의 전통 음식 나시고렝 답 ④

알짜풀이

'나시고렝', '덥고 습한 기후', '인디카쌀', '삼발' 등을 통해 나시고렝은 인도네시아의 볶음밥임을 알 수 있다.

④ 나시고렝은 인도네시아(D)의 국민 음식 중 하나로 여겨지며, 비슷한 유형의 음식을 말레이시아, 브루나이, 싱가포르 등에서도 접할 수 있다.

오답넘기

① A는 인도로, 인도를 대표하는 음식은 커리이다.

② B는 중국으로 중국에서는 지역마다 특징적인 음식이 발달했다. 마라탕, 베이징오리 등이 유명하다.

③ C는 일본이다. 일본의 대표적인 음식은 스시(초밥)이다.

⑤ D는 오스트레일리아이다. 오스트레일리아에서는 캥거루고기, 악어고기를 맛볼 수 있다.

339 건조 문화권의 특색 답 ②

알짜풀이

제시된 화폐에 담긴 내용은 '모스크', '파라오', '피라미드', '파운드' 등이다. 이러한 화폐를 사용하는 국가는 이집트이다. ② 이집트는 북부 아프리카에 위치하며, 건조 문화권(나)에 속한다.

오답넘기

① (가)는 아프리카 문화권이다. 아프리카 문화권의 주된 종교는 크리스트교와 토속 종교이다.

③ (다)는 아시아(동양) 문화권 중 동아시아 문화권이다. 유교와 불교 문화가 두드러진다.

④ (라)는 오세아니아 문화권이다. 오세아니아 문화권의 주된 종교는 크리스트교이다.

⑤ (마)는 라틴 아메리카 문화권이다. 라틴 아메리카 문화권의 주된 종교는 크리스트교이다.

340 유럽 문화권(북서 유럽 문화권)의 특색 답 ①

알짜풀이

그림은 프랑스 화가 밀레가 그린 '만종'이다. 파리 근교의 바르비종이라는 지역이 배경이 되었으며, 원경에 있는 성당에서 들려오는 종소리를 듣고 오후 6시경 기도를 올리는 모습을 나타낸 것이다. 따라서 밀레 '만종'의 배경이 된 문화권은 유럽 문화권(또는 북서 유럽 문화권)이다.

① 유럽 문화권(또는 북서 유럽 문화권)에는 산업 혁명이 시작된 나라인 영국이 포함된다.

오답넘기

② 원주민과 백인 간 혼혈 인구가 많은 곳은 라틴 아메리카 문화권이다.

③ 세계 경제 중심지인 뉴욕이 위치한 곳은 앵글로아메리카 문화권이다.

④ 크리스트교와 이슬람교가 기원한 곳은 건조 문화권이다.

⑤ 직선 형태의 국경선은 아프리카 일대에서 볼 수 있다. 아프리카는 건조 문화권과 아프리카 문화권으로 이루어져 있다.

341 라틴 아메리카 문화권의 특색 답 ②

알짜풀이

(가)는 브라질 리우데자네이루의 거대 예수상이고, (나)는 멕시코의 멕시코시티에 위치한 과달루페 대성당에 있는 원주민의 모습을 한 성모상이다. 따라서 (가), (나)가 위치한 문화권은 라틴 아메리카 문화권이다. ② 라틴 아메리카 문화권에서는 에스파냐어와 포르투갈어를 주로 사용한다.

오답넘기

① 혼합 농업과 낙농업이 발달한 곳은 유럽 문화권 중 북서 유럽 문화권이다.

③ 부족 중심의 공동체 생활은 아프리카 문화권의 특징에 해당한다.

④ 애버리지니는 오스트레일리아, 마오리족은 뉴질랜드의 원주민이므로, 오세아니아 문화권에 해당한다.

⑤ 동물의 털이나 가죽으로 만든 옷은 북극 문화권의 특징에 해당한다.

342 인도의 문화적 특색 답 ⑤

알짜-풀이

라씨, 탄두리 치킨, 난, 커리 등은 인도를 비롯한 남부 아시아 지역에서 맛볼 수 있는 음식들인데, 갠지스강을 성스럽게 여긴다고 하였으므로 (가) 국가는 인도에 해당한다.

ㄷ. 인도는 식사 때 손을 이용하는 수식 문화권에 속한다.

ㄹ. 인도는 히말라야산맥을 경계로 중국과 국경을 접하고 있다.

오답넘기

ㄱ. 인도는 남부 아시아 문화권에 속한다.

ㄴ. 인도에는 힌두교 신자가 가장 많다.

343 문화 변동의 요인과 양상 답 ①

알짜풀이

갑국에서는 직접 전파로 을국의 문화 요소가 전달되었고 이후 문화 동화가 나타났다. 을국에서는 직접 전파로 종교가 전달되었고 이후 문화 융합이 나타났다. 문화 동화는 기존 문화가 흡수 또는 대체되나, 문화 융합은 기존 문화의 정체성을 상실하지 않으면서 새로운 문화를 창조한다.

오답넘기

② 두 사례에 나타난 내용만 가지고 강제성 여부를 판단할 수 없다.

③ 두 사례 모두 외재적 요인인 직접 전파에 의해 문화 변동이 발생하였다.

④ 두 사례에 나타난 내용만 가지고 단기간인지 장기간인지 여부를 판단할 수 없다.

⑤ 대개체를 통해 다른 사회의 문화 요소가 전파되는 것은 간접 전파이다.

344 문화 변동의 요인과 양상 답 ⑤

알짜풀이

'문화 변동의 외재적 요인인가?'라는 질문으로 A와 C를 구분할 수 없으므로 B는 문화 변동의 내재적 요인인 발명이다. '자국 내에서 새로운 문화 요소를 만들어내는가?'라는 질문으로 B와 C를 구분할 수 없으므로 A는 새로운 문화 요소를 만들지 않는 직접 전파이다. 따라서 C는 자극 전파이다.
⑤ 갑국에서는 자극 전파, 병국에서는 간접 전파가 일어났다. 자극 전파와 간접 전파 모두 문화 변동의 외재적 요인이다.

① 갑국에서는 자극 전파가 나타났다.
②, ③ 병국에서는 간접 전파로 문화 요소가 전해졌고 문화 융합이 나타났다.
④ 갑국은 을국과 전쟁을 하던 중 아이디어를 얻었을 뿐, 강제적으로 문화 요소가 전달된 것은 아니다.

345 문화 변동의 다양한 양상   답 ②

A는 문화 융합이고, B와 C는 문화 동화 또는 문화 병존 중 하나에 해당한다.
② 사라지는 문화 요소도 없고 새롭게 창조되는 문화 요소도 없는 문화 변동은 문화 병존이다.

① 문화 융합은 기존 문화의 정체성이 유지된다.
③ (가)가 '사회 구성원들에게 정체성의 혼란을 초래하고 문화적 다양성이 훼손되는 문제가 발생할 수 있는가?'라면 B가 문화 동화에 해당한다.
④ (가)가 '자기 문화의 기존 정체성을 상실하는가?'라면 B는 문화 동화이고, 산신각은 문화 융합의 사례이다.
⑤ 아메리카의 나바호 족의 사례는 문화 융합에 해당하는 사례이다.

346 문화 변동의 다양한 양상   답 ③

ㄴ. 전통 문화의 정체성이 유지되는 문화 변동의 양상은 문화 병존과 문화 융합이다. 따라서 A가 문화 동화이다.
ㄷ. '전통문화를 바탕으로 외래문화를 해석하여 재구성한 결과입니까?'라는 질문에는 문화 융합만 해당할 수 있으므로 (나)에 이 질문이 들어갈 수 없다.

ㄱ. (가)가 '기존과 다른 새로운 문화가 만들어집니까?'라면 A가 문화 융합이다.
ㄹ. (가)에 '문화 다양성의 약화를 초래합니까?'가 들어가면 A는 문화 동화에 해당한다.

347 문화 변동의 요인과 양상   답 ①

ㄱ. 부대찌개의 재료인 햄, 소시지, 베이컨은 미군 부대로부터 전해졌다.
ㄴ. 기존 문화 요소와 외래 문화 요소가 결합하여 각각의 문화적 특성을 모두 담고 있는 제3의 문화가 나타나는 현상을 문화 융합이라고 한다. 세계 각지의 식자재와 조리법 등이 창의적으로 결합하여 새로운 맛과 모양으로 탄생한 퓨전 요리는 문화 융합의 대표적인 사례이다.

ㄷ. 부대찌개의 사례는 강제적 문화 접변의 사례에 해당하지 않는다.

ㄹ. 외국인이 부대찌개를 즐겨 먹는 걸 자기 문화의 정체성이 상실되는 문화 동화로 볼 수 없다.

348 문화 변동의 요인과 양상   답 ③

A는 발명, B는 발견, C는 자극 전파, D는 간접 전파, E는 직접 전파이다.
③ 한자에서 아이디어를 얻어 이두 문자를 만든 사례는 자극 전파에 해당한다.

① 바이러스의 존재를 확인한 것은 발견에 해당한다.
② 종이를 창조한 것은 발명에 해당한다.
④ 문익점이 목화씨를 가져온 것은 직접 전파에 해당한다.
⑤ 전파는 자발적 문화 접변에 의해서도 나타날 수 있다.

349 전통문화의 창조적 계승과 발전   답 ⑤

다양한 전통문화가 공존하면 인류 문화의 다양성이 증진된다.

① 전통문화는 문화 산업 육성에 이바지할 수 있다.
② 전통문화가 세대 간 전달되면 문화 정체성이 유지된다.
③ 전통문화는 그 사회의 고유한 가치를 담고 있다.
④ 전통문화는 사회 구성원의 유대를 강화하고 통합에 기여한다.

350 전통문화의 창조적 계승과 발전   답 ②

법고창신은 옛것을 본받아 새로운 것을 창조한다는 뜻으로, 옛것에 토대를 두되 그것을 변화시킬 줄 알고 새것을 만들어 가되 근본을 잃지 않아야 한다는 뜻이다.

①, ③, ④, ⑤ 제시문과 관련 없는 진술들이다.

351 문화 이해의 태도   답 ①

A는 문화 상대주의, B는 자문화 중심주의, C는 문화 사대주의이다.
ㄱ. 문화 상대주의는 각 문화가 지닌 고유한 가치를 인정하며, 문화 간 우열을 가리지 않는 태도로 문화의 다양성을 보존하는 데 기여한다.
ㄴ. 자문화 중심주의는 다른 민족·인종·문화를 차별하여 갈등을 유발할 수 있고, 타문화를 무시하고 자국의 문화만 전파하는 현상인 문화 제국주의로 이어질 우려가 있다.

ㄷ. 자신이 속한 사회의 문화만을 우수하다고 여기고 다른 사회의 문화를 열등하다고 여기는 태도는 자문화 중심주의이다.
ㄹ. 문화적 차이로 인한 갈등을 방지하며 문화 다양성을 유지하기 위해서는 문화 상대주의 태도를 유지하여야 한다.

알짜풀이

(가)는 자신이 속한 사회의 문화를 열등한 것으로 여기고 다른 사회의 문화를 맹목적으로 추종하는 태도인 문화 사대주의, (나)는 자신이 속한 사회의 문화만을 우수하다고 여기고 다른 사회의 문화를 열등하다고 여기는 태도인 자문화 중심주의이다. (다)는 다른 사회의 문화를 그 사회가 가진 역사적 배경과 독특한 사회적 상황을 고려하면서 이해하려는 태도인 문화 상대주의이다.

353 문화 상대주의와 보편 윤리   답 ③

알짜풀이

전족에 대해 허용적인 자세를 취하는 것은 극단적 문화 상대주의의 입장이다. 극단적 문화 상대주의란 문화의 특수성을 근거로 인류의 보편적인 가치를 훼손하는 문화도 존중해야 한다는 것이다.

오답넘기

인간의 존엄성을 침해하는 문화를 그 문화가 형성된 사회적·역사적 배경을 근거로 인정하는 것은 바람직하지 않다. 따라서 우리는 시대와 장소를 초월하여 모든 사람이 따라야 할 행위의 원칙인 보편 윤리에 근거하여 문화를 성찰해야 한다.

354 문화 상대주의와 보편 윤리   답 ②

알짜풀이

갑은 문화 상대주의의 입장을 넘어 극단적 문화 상대주의의 입장을 취하고 있다. 을은 문화의 다양성을 인정한다고 해서 인간 존엄성을 훼손하고 인권을 침해하는 문화까지도 인정해야 하는 것은 아니라며 극단적 문화 상대주의를 경계하고 있다.

ㄱ. 극단적 문화 상대주의 관점은 모든 문화를 그 나름대로 가치 있는 것으로 보고 이해해야 한다고 주장하기 때문에 인류가 보편적으로 받아들이기 어려운 문화까지도 인정한다.

ㄷ. 인간 존엄성, 생명 존중, 자유와 평등, 평화와 정의 등의 도덕적 가치를 보편적으로 추구해야 한다고 보는 것이 보편 윤리이다.

오답넘기

ㄴ. 극단적 상대주의를 경계한다고 해서 상대주의를 부정하는 것은 아니다.

ㄹ. 을도 해당 사회의 입장을 배제하고 문화를 함부로 평가해서는 안 된다는 주장에 동의한다고 했으므로 문화 상대주의 관점에 입각하고 있다.

355 문화 이해의 태도   답 ④

알짜풀이

사례에 나타난 문화 이해의 태도는 문화 사대주의이다. 학생이 받을 점수는 다음과 같다.

문항	답안	점수
⑴ 문화를 평가의 대상으로 본다.	○	1점
⑵ 자기 문화의 주체성을 높이는 데 유리하다.	×	1점
⑶ 각 사회의 문화는 그 사회의 맥락에서 이해해야 한다고 본다.	×	1점
⑷ 국수주의를 초래할 가능성이 높다.	×	1점
⑸ 타문화 수용에 대하여 소극적이다.	○	0점
총점		4점

356 다문화 사회를 바라보는 관점   답 ③

알짜풀이

갑은 서로 다른 문화를 새로운 하나의 문화로 융합하자는 입장, 을은 각각의 다문화가 가지는 정체성을 보존하자는 입장이다.

오답넘기

① 갑은 다른 문화를 주류 문화로 동화시키자는게 아니라 새로운 문화로 발전시키자는 입장이다.

② 을의 입장이다.

④ 갑과 을 모두 동화에 대해 언급하고 있지 않다.

⑤ 을의 입장은 다양한 문화가 조화를 이루고 공존해야 한다는 샐러드 볼 정책과 일맥상통한다.

357 다문화 사회를 바라보는 관점   답 ①

알짜풀이

(가)는 기존 사회의 문화와 가치 속에 다양한 문화권에서 온 이민자들을 융화하거나 흡수해야 한다고 보는 동화주의 관점, (나)는 한 국가 안에서 주류 문화의 중요성을 부각하기보다는 다양한 문화가 평등하게 인정되어야 함을 강조하는 다문화주의 관점이다. 동화주의는 공통의 문화 형성으로 소통이 원활해지고 사회 통합의 정도가 매우 높은 장점이 있는 반면, 이주민의 정체성과 그들의 문화를 무시한다는 단점이 있다. 다문화주의는 다양한 문화가 상호 공존하면서 서로 조화를 이루어 새로운 문화를 창출해 낼 수 있다는 장점이 있는 반면, 사회적 연대감이나 결속력이 약해질 수 있다는 단점이 있다.

오답넘기

ㄷ. (가)는 단일한 문화 정체성 형성에 유리하다.

ㄹ. (가)는 사회 통합 실현에 유리하다.

서술형 문제

358 유럽 문화권과 유로화

(1) **답** 유럽 문화권

(2) **✔모범답안** 세 동전의 화폐 단위가 동일한 이유는 유럽 연합[EU]이 경제적 통합을 위해 유로화(Euro)를 도입했기 때문이다. 유럽 문화권의 여러 국가들은 유럽 연합을 결성한 이후 단일 통화를 채택하여 경제 협력과 통합을 강화하고 있다.

채점 기준	수준
유럽 문화권, 유로, 단일 통화 등의 내용을 모두 활용하여 서술한 경우	상
유럽 문화권, 유로, 단일 통화 중 두 가지 이상의 개념을 활용하여 서술한 경우	하

359 이슬람교와 음식 문화

(1) **답** (가) 이슬람교, (나) 할랄

(2) **✔모범답안** 세계의 이슬람 인구가 증가하고 있으므로, 우리나라 식품 기업의 경우 할랄 식품을 개발하여 새로운 시장을 확보할 필요가 있다.

<table>
<tr><th>채점 기준</th><th>수준</th></tr>
<tr><td>이슬람 인구 증가와 이슬람 식문화의 특수성을 모두 서술한 경우</td><td>상</td></tr>
<tr><td>이슬람 인구 증가와 이슬람 식문화의 특수성 중 한 가지만 서술한 경우</td><td>하</td></tr>
</table>

360 문화 변동의 양상

(1) **답** (가) 자극 전파, (나) 문화 융합

(2) **✔모범답안**

- 공통점: 문화 변동이 외재적 요인에 의해 나타난다 또는 새로운 문화 요소가 나타난다.
- 차이점: 자극 전파는 타문화에서 아이디어를 얻어 기존에 없던 새로운 문화 요소가 만들어지는 현상이고, 문화 융합은 외래문화와 기존의 문화가 결합되어 새로운 문화가 형성되는 현상이다.

<table>
<tr><th>채점 기준</th><th>수준</th></tr>
<tr><td>자극 전파와 문화 융합의 공통점과 차이점을 모두 서술한 경우</td><td>상</td></tr>
<tr><td>자극 전파와 문화 융합의 공통점과 차이점 중 하나만 서술한 경우</td><td>중</td></tr>
<tr><td>자극 전파와 문화 융합의 공통점과 차이점을 모두 서술하지 못한 경우</td><td>하</td></tr>
</table>

361 극단적 문화 상대주의와 보편 윤리

(1) **답** 극단적 문화 상대주의

(2) **✔모범답안** 인간의 존엄성, 생명 존중, 자유, 평등, 정의 등과 같은 보편 윤리를 바탕으로 문화를 바라보아야 인간의 기본적인 권리를 존중할 수 있다. 문화 상대주의적 태도를 바탕으로 각 문화의 고유한 가치를 인정하면서도 보편 윤리 차원에서 자문화와 타문화를 비판적으로 성찰해야 한다.

<table>
<tr><th>채점 기준</th><th>수준</th></tr>
<tr><td>보편 윤리의 관점에서 극단적 문화 상대주의를 반박하는 주장을 옳게 서술한 경우</td><td>상</td></tr>
<tr><td>보편 윤리의 관점에서 극단적 문화 상대주의를 반박하는 주장을 비교적 적절하게 서술한 경우</td><td>중</td></tr>
<tr><td>보편 윤리의 관점에서 극단적 문화 상대주의를 반박하는 주장을 서술하지 못한 경우</td><td>하</td></tr>
</table>

V 생활 공간과 사회

07 산업화와 도시화에 따른 변화

STEP 1 O/X 문제로 8종 교과서 핵심 자료 보기   **95쪽**

362 O	363 O	364 X	365 X	366 X	367 X
368 O	369 O	370 X	371 O	372 X	373 X
374 O	375 O	376 X	377 O		

STEP 2 학교 기출 문제로 내신 대비하기   **96~102쪽**

378 ⑤	379 ②	380 ⑤	381 ③	382 ⑤	383 ④
384 ②	385 ⑤	386 ①	387 ①	388 ③	389 ①
390 ①	391 ②	392 ⑤	393 ③	394 ⑤	395 ④
396 ①	397 ⑤	398 ①	399 ③	400 ④	401 ②
402 ④	403 ③	서술형 문제 404~406 해설 참조			

378 산업화와 도시화의 의미 파악   답 ⑤

알짜풀이

농업 중심의 사회가 공업과 서비스업 중심의 사회로 변화해 가는 현상을 산업화라고 하며, 한 국가 내에서 도시에 거주하는 인구의 비율이 높아지는 현상 또는 도시적 삶의 방식이 확산되는 현상을 도시화라고 한다. ⑤ (가)는 산업화, (나)는 도시화이다.

오답넘기

교외화는 도시의 인구가 교외 지역으로 이주하는 현상을 의미한다.

(문제 속 개념)

산업화와 도시화의 의미

산업화	농림어업(1차 산업) 중심 사회에서 광공업(2차 산업), 서비스업(3차 산업) 중심 사회로 변화하는 과정
도시화	전체 인구 중에서 도시에 거주하는 인구의 비율이 높아지고 도시적 생활 양식이 확대되는 현상

379 산업화와 도시화로 인한 변화 파악   답 ②

알짜풀이

산업화와 도시화로 인해 토지 이용에 변화가 나타났다. ㄱ, ㄷ. 산업화와 도시화로 인해 논과 밭을 의미하는 경지의 면적은 감소하고, 건물을 지을 수 있는 땅을 의미하는 대지의 면적은 증가하였다.

오답넘기

ㄴ. 산업화와 도시화로 인해 도로의 길이는 증가하였다.
ㄹ. 산업화와 도시화로 인해 임야의 면적은 감소하였다.

380 산업화의 영향 이해   답 ⑤

알짜풀이

⑤ 대부분의 인구가 농경이 유리한 곳에 거주하던 시기는 산업화 이전의

농업 중심 사회이다.

①, ④ 산업화로 인류의 생산력은 늘어났으며, 전반적인 생활 수준의 향상에 따라 인구도 급격히 증가하였다.

②, ③ 산업 혁명 이후 공장제 기계 공업으로 상품의 대량 생산이 가능해졌다.

381 산업화와 도시화에 따른 변화 파악　　　　답 ③

알짜풀이

자료는 산업화와 도시화에 대한 것이다. 산업화와 도시화에 따라 생활 공간과 생활 양식에 다양한 변화가 나타났다.

③ 산업화로 인해 분업화와 기계화가 이루어지고 2차 산업과 3차 산업이 발달하면서 직업이 분화되고 전문성이 증가하게 된다.

오답넘기

① 도시화율은 전체 인구 중 도시에 거주하는 인구의 비율을 의미한다. 도시화가 진행되면서 도시화율은 높아진다.

② 이촌 향도 현상은 촌락의 인구가 도시로 이주하는 현상이다. 도시화가 진행되면 이촌 향도 현상이 나타난다.

④ 도시화가 진행되면 공동체보다는 개인을 강조하는 경향이 증가한다.

⑤ 산업화와 도시화가 진행되면 1차 산업 종사자 비율은 줄어들고 2 · 3차 산업 종사자 비율은 증가한다.

382 산업화와 도시화에 따른 도시 공간의 변화 파악　　　　답 ⑤

알짜풀이

산업화와 도시화는 도시 공간의 변화에 많은 영향을 주었다.

⑤ 도시에 많은 사람들이 거주하게 되면서 도시의 인구 밀도는 높아지고, 고층 건물의 수가 많아지면서 토지 이용은 집약적으로 이루어지게 된다. 아울러 시가지의 면적도 넓어지게 된다.

383 산업화와 도시화에 따른 변화 파악　　　　답 ④

알짜풀이

그래프를 통해 1960년대 이후 2, 3차 산업 종사자 비율이 증가하였음을 알 수 있는데, 이는 산업화가 진행되었음을 의미한다. 산업화가 진행되면서 촌락의 인구가 일자리가 많은 도시로 이동하여 도시화가 촉진되었다.

④ 도시화가 진행되면서 도시성이 확산됨에 따라 2차적 인간관계가 증가하였다.

오답넘기

① 산업화가 진행되면서 도시화율도 함께 높아졌다.

②, ③ 산업화와 도시화로 녹지 면적은 감소하고 포장 면적은 증가하였다.

⑤ 많은 인구가 거주하는 도시는 아파트와 같은 공동 주택이 등장하여 토지 이용의 집약도가 상승하였다.

384 산업화와 도시화에 따른 토지 이용 변화 분석　　　　답 ②

알짜풀이

그래프는 (가), (나) 두 시기의 주거 지역, 상업 지역, 공업 지역 면적을 나

타내고 있다. 산업화와 도시화가 진행되면서 세 용도 지역의 면적이 모두 증가하였다.

ㄱ. 주거 지역, 상업 지역, 공업 지역의 면적이 모두 좁은 (가) 시기는 1975년, 세 용도 지역의 면적이 모두 증가한 (나) 시기는 2020년이다.

ㄷ. 우리나라의 아파트 수는 인구가 증가하고 도시화가 더욱 진행된 2020년이 1975년보다 많다.

오답넘기

ㄴ. 자동차 등록 대수는 2015년이 1975년보다 많다.

ㄹ. 1975~2020년의 토지 이용 변화는 산업화와 도시화가 원인이며, 산업화와 도시화로 포장 면적은 증가하였다.

385 문학 작품에 나타난 산업화와 도시화 파악　　　　답 ⑤

알짜풀이

소설 속에는 산업화로 인한 도시의 변화 모습이 잘 나타나 있다.

ㄷ. 일자리를 찾아 도시로 올라온 이농민들이라는 표현을 통해 이촌 향도 현상이 나타난 것을 알 수 있다.

ㄹ. 숲이 우거졌던 고양이섬의 흔적이 없어지고, 소나무 숲 대신 공장 굴뚝과 판잣집이 들어찼다는 부분에서 녹지 면적의 감소를 파악할 수 있다.

오답넘기

ㄱ, ㄴ. 소설 속에 세계화와 정보화에 대한 내용은 드러나 있지 않다.

386 우리나라의 도시화율 변화 분석　　　　답 ①

알짜풀이

그래프를 통해 1960년 이후 2022년까지 도시화율이 지속적으로 높아졌음을 알 수 있다.

ㄱ. 도시의 수는 도시화가 더 진행된 2022년이 1960년보다 많다.

ㄴ. 1960년 이후 총인구가 증가하고 도시화율이 지속적으로 높아졌기 때문에 도시에 거주하는 인구 역시 지속적으로 증가하였다.

오답넘기

ㄷ. 도시화율의 증가 폭은 1970~1980년에 가장 높다.

ㄹ. 1960년의 도시화율은 39.1%이기 때문에 촌락에 거주하는 인구가 도시에 거주하는 인구보다 많았다.

387 산업화와 도시화에 따른 생활 양식의 변화 파악　　　　답 ①

알짜풀이

일반적으로 도시화는 산업화와 함께 진행되며, 이로 인해 생활 양식에 변화가 나타난다.

ㄱ. 산업화와 도시화가 진행되면서 직업이 분화되었기 때문에 직업 수는 증가하였다.

ㄴ. 산업화와 도시화로 개인주의적 가치관을 중시하는 경향이 커지면서 1인 가구 수가 증가하였다.

오답넘기

ㄷ. 산업화와 도시화로 녹지 면적이 줄어들면서 생태 환경이 악화되고 생물 종 다양성은 줄어들었다.

ㄹ. 산업화와 도시화로 2 · 3차 산업 종사자 비율이 늘어나면서 1차 산업 종사자 비율은 줄어들었다.

388 산업 혁명과 도시화의 관계 파악   답 ③

알짜풀이

유럽에서는 산업 혁명 이후 산업화가 진행되면서 도시화가 본격적으로 진행되었다.
③ 18세기 후반 산업 혁명이 나타나면서 공업 도시가 성장하였고, 도시화 진행 속도가 빨라지면서 대도시가 출현하게 되었다.

오답넘기

①, ②, ④, ⑤ 제시문과는 관련이 없다.

389 산업화와 도시화에 따른 1인 가구의 증가 원인 파악   답 ①

알짜풀이

산업화와 도시화에 따라 도시 주민들은 다양한 직업을 갖게 되었고, 주민 간 이질성이 증가하면서 개인주의적 가치관이 확산되었다.
① 산업화가 진행되면서 가족의 형태는 핵가족화되었고, 개인주의적 가치관이 보편화되면서 1인 가구의 비율이 증가하였다.

오답넘기

②, ③, ④, ⑤ 산업화와 도시화로 인해 나타난 현상이지만 1인 가구의 증가 원인으로 보기는 어렵다.

문제 속 개념

개인주의와 다원주의

개인주의	국가나 공동체보다 개인을 우선시하면서 전통과 규범에 얽매이기보다는 자신의 신념이나 생활 방식을 선택하는 가치관
다원주의	개인이나 여러 집단이 기본으로 삼는 가치관, 이념 또는 추구하는 목표 등이 서로 다를 수 있음을 인정하는 태도

---

390 중세와 산업 혁명 이후 유럽의 도시 성격 비교   답 ①

알짜풀이

(가)는 산업 혁명 이전 중세 유럽의 도시, (나)는 산업 혁명 이후 유럽의 도시 모습을 나타낸 것이다.
ㄱ, ㄴ. (가) 시기는 (나) 시기보다 이른 시기이며, 도시의 인구 밀도가 낮다.

오답넘기

ㄷ. 산업 혁명 이후 산업화가 진행되면서 직업의 종류가 다양해졌다.
ㄹ. 산업화가 진행되면서 기계화된 공장이 등장하는 등 가내 수공업보다 공장제 기계 공업이 발달하였다.

391 산업화와 도시화에 따른 생활 공간의 변화 분석   답 ②

알짜풀이

산업화와 도시화가 진행되면서 생활 공간에 변화가 나타났다.
갑. 자연 상태의 녹지 면적이 줄어 생물의 서식지도 감소하였다.
병. 도시에는 효율적인 공간 이용을 위한 고층 건물이 증가하였다.

오답넘기

을. 산업화와 도시화로 인해 사람들의 주된 거주 공간은 촌락에서 도시로 변화

하였다.
정. 대기 오염, 수질 오염, 토양 오염 등의 환경 문제는 산업화 이전보다 심해졌다.

392 산업화와 도시화에 따른 생활 양식의 변화 파악   답 ⑤

알짜풀이

산업화와 도시화에 따라 여러 분야의 생활 양식에서 변화가 나타났다.
⑤ 산업화에 따른 기계화와 자동화로 인해 근로자의 노동 시간은 줄어들었다.

오답넘기

① 직업의 수가 많아지면서 직업 선택의 폭도 넓어졌다.
② 개인주의적 가치관이 확산되면서 핵가족의 비율이 증가하였다.
③ 직업이 다양해지면서 주민 간의 이질성이 증가하였다.
④ 공동체 문화가 약해지고 개인주의적 가치관이 확산되었다.

393 도시화에 따라 등장한 소매 업태 이해   답 ③

알짜풀이

도시에는 편의점이나 복합 쇼핑몰과 같이 바쁜 도시 주민들의 생활 양식이 잘 반영된 소매 업태가 나타난다.
③ (가) 편의점은 대체로 24시간 영업하고, 과자, 음료 등의 간식에서부터 안전 의약품에 이르기까지 다양한 생활용품이 갖추어져 있다. (나) 복합 쇼핑몰은 백화점, 대형 마트, 음식점 등의 쇼핑 공간과 영화관, 공연장, 문화 센터, 스포츠 센터 등의 여가 · 문화 공간이 함께 갖추어져 있다.

오답넘기

5일장은 정해진 장소에서 5일에 한 번 열리는 시장으로, 주로 산업화 이전 농업 중심 사회에서 볼 수 있는 시장이다.

394 주요 대도시의 열대야 일수 분석   답 ⑤

알짜풀이

자료를 통해 2011~2015년 전국 평균 열대야 일수와 서울, 대구, 부산, 광주의 평균 열대야 일수를 알 수 있다.
ㄷ. 대도시의 열대야 일수가 전국 평균보다 많으므로 촌락은 대도시에 비해 평균 열대야 일수가 적음을 알 수 있다.
ㄹ. 전국 평균 열대야 일수는 8.14일이지만 서울, 대구, 부산, 광주의 평균 열대야 일수는 이보다 많다.

오답넘기

ㄱ. 열대야는 여름철에 발생하는 현상이다.
ㄴ. 네 도시 중 서울은 열대야 일수가 가장 적지만 인구는 가장 많다.

395 도시의 열섬 현상 원인 파악   답 ④

알짜풀이

도시 내부는 열섬 현상이 나타나 주변 지역보다 기온이 높게 나타난다.
ㄴ, ㄹ. 도시 내부의 녹지 면적 비율이 감소하고 냉난방 시설 등으로부터 인공 열이 많이 배출될수록 도시의 기온이 높아지는 현상이 나타난다.

ㄱ. 아스팔트나 콘크리트는 흙으로 된 땅보다 더 많은 열을 흡수하고 서서히 열기를 뿜어내기 때문에 기온을 높이는 역할을 한다. 도시는 아스팔트나 콘크리트 면적이 촌락에 비해 넓다.

ㄷ. 도시의 고층 건물은 열이 외부로 빠져나가는 바람 길을 차단하는 역할을 한다.

396 산업화와 도시화에 따른 도시 문제 파악   답 ①

알짜풀이

산업화와 도시화에 따라 도시에 많은 인구와 기능이 집중하면서 각종 도시 문제가 나타났다.

ㄱ, ㄴ. 대기 오염, 주택 부족 문제 등은 산업화와 도시화 이후 주로 도시에서 나타나는 문제점에 해당한다.

오답넘기

ㄷ, ㄹ. 촌락은 도시로 인구가 유출되었기 때문에 인구가 감소하여 폐교가 늘어나고 노동력이 부족해지는 등의 문제점이 발생하였다.

397 도시의 문제점 추론   답 ⑤

알짜풀이

제시된 노래 가사는 도시화로 인해 나타난 바쁜 현대인들의 모습을 나타낸 것이다.

ㄷ, ㄹ. '구겨진 셔츠 샐러리맨 기계 부품처럼 큰 빌딩 속에 앉아 점점 빨리 가는 세월들'이라는 부분을 통해 인간 소외 현상의 발생과 1차적 인간관계의 부족을 추론할 수 있다.

오답넘기

ㄱ. 분업화로 인해 업무의 효율성은 높아졌다.

ㄴ. 대중교통 수단의 확충은 도시의 교통 문제를 해결하기 위한 대책에 가깝다.

398 도시 문제를 해결하기 위한 개인적, 사회적 차원의 노력 파악   답 ①

알짜풀이

산업화와 도시화로 각종 도시 문제가 나타났고, 이를 해결하기 위해 개인적 차원의 노력과 사회적 차원의 노력이 필요하다.

ㄱ, ㄴ은 도시 문제를 해결하기 위한 개인적 차원의 노력에 해당한다. 이 외에도 자원 절약, 인간의 존엄성 중시, 타인 존중 등이 있다.

ㄷ, ㄹ은 도시 문제를 해결하기 위한 사회적 차원의 노력에 해당한다. 이 외에도 도시 환경 정비, 사회 안전망 구축, 기업과 가정의 오염 물질 배출 규제 등이 있다.

399 각종 도시 문제에 대한 대책 파악   답 ③

알짜풀이

도시는 교통 문제, 노동 문제, 주택 문제, 환경 문제, 생태 환경 변화와 같은 다양한 문제가 나타나고, 이에 대한 적절한 대책이 필요하다.

③ 슬럼은 거주 환경이 열악한 도시 내 불량 주택 지역을 의미한다. 따라서 슬럼 지역의 확대를 추진하는 것은 주택 문제에 대한 적절한 대책으로 보기 어렵다.

오답넘기

①, ②, ④, ⑤ 각 문제점에 대한 적절한 대책이다.

> **（문제 속 개념）**
>
> **슬럼**
>
> 국제 연합(UN)에서는 슬럼(slum)을 '삶의 질이 낮으며 오염되어 있는 쇠락한 도시 혹은 그러한 도시의 한 지역'이라고 정의하고 있다.

400 산업화와 도시화에 따른 문제점과 대책 파악   답 ④

알짜풀이

산업화와 도시화로 인해 환경, 주택, 교통 문제 외에도 노동 문제, 타인에 대한 무관심과 이기주의로 인한 문제가 발생하고 있다.

ㄴ. 고용 보험 제도는 실업 문제에 대한 대책에 해당한다.

ㄹ. 촌락은 인구 유출이 일어나 노동력 부족 문제가 발생한다.

오답넘기

ㄱ. 스모그는 대기 오염의 사례이다.

ㄷ. 타인에 대한 무관심과 이기주의는 공동체 구성원의 유대감을 약화시킨다.

> **（문제 속 개념）**
>
> **실업과 고용 보험**
>
> | | |
> |---|---|
> | 실업 | 일할 능력과 의사가 있음에도 불구하고 일자리를 갖지 못하는 문제. 산업화의 영향으로 사회가 요구하는 능력이나 직업이 변화하면서 심화 |
> | 고용 보험 | 실직자에게 실업 급여를 제공하는 실업 보험 사업뿐만 아니라 노동자의 고용 안정, 노동자의 직업 능력 개발 등과 같은 정책을 통합적으로 시행하는 사회 보험 |

401 도시의 공동체 문화 증진 방안 이해   답 ②

알짜풀이

산업화와 도시화에 따라 도시 주민들 간에는 유대감이 줄어드는 현상이 나타나고 있다. 제시문은 이러한 현상을 완화하기 위한 사례에 해당한다.

② '공동체 활성화 프로그램'을 통해 주민 간 접촉 기회가 늘어날 것이고, 이에 따라 주민들 간 유대감이 강화될 것이다.

오답넘기

①, ③, ④, ⑤ 제시된 자료의 '공동체 활성화 프로그램'과 직접적인 관련이 없다.

402 대도시 주택 문제의 해결 방안 파악   답 ④

알짜풀이

대도시에는 인구와 기능이 집중하면서 주택 부족, 집값 상승 등의 주택 문제가 나타났다.

④ 대도시의 주택 문제를 해결하기 위한 사회적 차원의 노력으로는 신도시 건설, 도시 재개발 사업 등이 있다. 도시 재개발 사업은 노후화되고 불량해진 주택이나 공공 시설물을 개량하여 주거 환경을 개선하고, 교통 시

설과 교통 체계 등을 정비하는 사업을 말한다.

오답넘기
① 도시 농업은 도시 내 녹지 면적을 확대하기 위한 방안에 해당한다.
② 쓰레기 분리수거는 환경 문제 전반을 개선하기 위한 방안에 해당한다.
③ 공영 주차장 확대는 교통 문제를 개선하기 위한 방안에 해당한다.
⑤ 대중교통 수단 확충은 교통 문제를 개선하기 위한 방안에 해당한다.

403 공영 자전거 제도의 시행 목적 파악 답 ③

알짜풀이
제시문은 생태 교통 도시를 목표로 하는 창원시의 공영 자전거 제도에 대해 설명하고 있다.
③ 도시 경관 개선을 목적으로 공영 자전거 제도를 시행했다고 보기는 어렵다.

오답넘기
①, ②, ④, ⑤ 공영 자전거 제도의 시행 목적에 해당한다.

서술형 문제

404 도시화의 의미와 도시화로 인한 변화 파악

(1) **답** 도시화

해설
도시화는 도시화율이 증가하고 도시적 생활 양식이 확산되는 과정을 의미한다.

(2) **모범답안** 농경지와 삼림 면적이 감소하였다. 지표의 포장 면적 확대로 인해 녹지 면적이 감소하고 불투수 면적이 증가하였다. 생물 종 다양성이 줄어들었다. 등

채점 기준	수준
도시화로 인한 생태 환경의 변화를 두 가지 서술한 경우	상
도시화로 인한 생태 환경의 변화를 한 가지 서술한 경우	중
도시화로 인한 생태 환경의 변화를 서술하지 못한 경우	하

해설
도시가 성장하면서 도시적 토지 이용이 증가하고 촌락적 토지 이용이 줄어들어 생태 환경에도 변화가 나타났다.

405 인간 소외 현상의 의미 파악

모범답안 사진에 드러난 문제점은 인간 소외 현상이다. 인간 소외 현상은 노동의 주체인 인간이 노동 과정에서 객체나 수단으로 전락하여 소외되는 현상을 말한다.

채점 기준	수준
문제점의 명칭과 의미를 모두 옳게 서술한 경우	상
문제점의 의미만 옳게 서술한 경우	중
두 가지 모두 서술하지 못한 경우	하

해설
산업화로 생산 과정의 자동화가 이루어지고 이에 대량 생산이 가능해진 순기능도 있지만, 이 과정에서 인간을 마치 기계의 부속품처럼 여기게 되어 노동에서 얻는 만족감이나 성취감이 약화되는 인간 소외 현상이 나타나기도 하였다.

406 도시 문제의 해결 방안 파악

모범답안 도로를 확충하고 대중교통 시스템을 개선한다. 아울러 승용차 요일제와 같은 정책을 시행하고 시민들의 참여를 유도한다.

채점 기준	수준
사회적 차원의 노력을 두 가지 서술한 경우	상
사회적 차원의 노력을 한 가지 서술한 경우	중
사회적 차원의 노력을 서술하지 못한 경우	하

해설
자료에 나타난 도시 문제는 교통 문제이다. 교통 문제를 해결하기 위한 사회적 차원의 노력으로는 도로와 대중교통 수단을 포함하는 도시 기반 시설을 확충하는 방법이 있다. 승용차 요일제는 스스로 요일을 정해 정해진 날에는 자동차 운행을 자율적으로 자제하는 제도를 말하며, 승용차 요일제를 시행하고 시민들의 참여를 유도하는 것도 사회적 차원의 노력으로 볼 수 있다.

STEP 3 수능 유형 문제로 만점 도전하기 103~105쪽

407 ②	408 ④	409 ③	410 ④	411 ④	412 ①
413 ②	414 ⑤	415 ⑤	416 ③		

서술형 문제 417~418 해설 참조

407 산업화에 따른 산업 구조의 변화 파악 답 ②

알짜풀이
산업화에 따라 1차 산업 종사자 비율은 감소하고, 2 · 3차 산업 종사자 비율은 증가하였다.
② 1960년대 산업화가 진행되면서 전체 산업별 종사자 수 중 농림어업 종사자 비율은 줄어들고, 광공업 종사자 비율은 증가 후 정체, 사회 간접 자본 및 서비스업 종사자 비율은 꾸준히 증가하였다. 따라서 (가)는 농림어업, (나)는 광공업, (다)는 사회 간접 자본 및 서비스업이다.

408 기능에 따른 도시 내 지대 변화 분석 답 ④

알짜풀이
자료는 도시의 기능별 지대 변화를 나타낸 것이다. 모든 기능의 지대는 도심에서 멀어질수록 낮아지는데, 낮아지는 속도가 기능별로 다르게 나타난다.
④ 도심에서 멀어질수록 지대가 가장 빠르게 낮아지는 (가)는 상업 · 업무 기능, 가장 완만하게 낮아지는 (다)는 주거 기능이다. 나머지 (나)는 공업 기능이다.

409 세 국가의 도시화 분석　　답 ③

알짜풀이

그래프는 A∼C국의 1950∼2017년 도시화율 변화를 나타낸 것이다. 세로축의 도시화율은 각국의 전체 인구 중 도시에 거주하는 인구의 비율을 의미한다. 도시화율의 증가 폭이 클수록 도시화가 빠르게 진행되었다고 볼 수 있다.

ㄴ. 1990년 이후 2017년까지 도시화율의 증가 폭은 C국이 가장 크므로 1990년 이후 C국의 도시화가 가장 빠르게 진행되었다.

ㄷ. 2017년 도시화율은 A국>B국>C국 순으로 높다.

오답넘기

ㄱ. 1950년 B국은 도시화율이 50%를 넘으므로 촌락보다 도시에 거주하는 인구가 많았다.

ㄹ. C국의 도시화율은 1960∼1970년보다 2000∼2010년에 더 큰 폭으로 증가하였다. 이는 2000∼2010년에 도시 거주 인구 비율이 더 빠르게 증가하였다는 것을 의미하는데, 그 원인은 이촌 향도 현상이 나타났기 때문이다.

410 산업화·도시화에 따른 변화 파악　　답 ④

알짜풀이

산업화와 도시화가 진행되면서 도시의 토지 이용, 경지 면적, 직업, 근로자들의 노동 시간에 변화가 발생하였다.

ㄴ 논과 밭이 주거 지역, 공업 지역, 상업 지역 등으로 변화하면서 경지 면적의 비율은 감소하였다.

ㄹ 생산 과정이 자동화되면서 근로자들의 노동 시간은 단축되었다.

오답넘기

ㄱ 인구와 기능이 도시로 집중되면서 제한된 도시 공간을 효율적으로 활용하기 위해 도시의 토지 이용은 집약적으로 변화하였다.

ㄷ 산업화가 진행됨에 따라 수많은 직업이 새로 생겨나고 같은 직종 내에서도 세분화·전문화되었지만, 실업 문제가 발생하는 등의 부작용도 나타났다.

411 우리나라의 산업화와 도시화　　답 ④

알짜풀이

우리나라 산업 구조 변화 그래프를 통해 1차 산업 종사자 비율은 감소한 반면, 3차 산업 종사자 비율은 높아진 것을 알 수 있으며, 도시화율 변화 그래프를 통해 우리나라 도거 거주 인구 비율은 높아졌음을 알 수 있다.

④ 1960∼2022년 산업화와 도시화로 인해 우리나라 토지 이용에서 논, 밭이 차지하는 비율은 낮아졌다.

오답넘기

① 1960년이 2022년보다 도시 거주 인구 비율이 낮다.

② 1960년이 2022년보다 1차 산업 종사자 수 비율이 높다.

③ 1960∼2022년 촌락에서 도시로의 인구 이동이 활발했다.

⑤ 1960∼2022년 주거지와 직장 간 평균 거리가 멀어졌다.

412 도시화에 따른 하천의 유출량 변화　　답 ①

알짜풀이

(가)는 비가 내린 후 하천 유출량이 빠르게 많아지는 도시화 이후의 모습에 해당하고, (나)는 비가 내린 후 빗물의 많은 양이 땅속으로 스며들어 하천 유출량이 천천히 올라가는 도시화 이전의 모습에 해당한다. ① 도시화 이후(가)는 도시화 이전(나)보다 하천 유출량이 급격히 많아지므로, 수위도 빠르게 올라가 하천 범람에 따른 홍수 발생 가능성이 높다.

오답넘기

② 땅속으로 스며드는 빗물의 비율은 도시화 이후(가)보다 도시화 이전(나)이 높다.

③ 열섬 현상은 도시화 이전(나)이 도시화 이후(가)보다 발생 가능성이 낮다.

④ 콘크리트 및 아스팔트 포장 비율은 도시화 이전(나)이 도시화 이후(나)보다 낮다.

⑤ (가)는 도시화 이후, (나)는 도시화 이전에 해당한다.

413 세계의 도시화 과정 파악　　답 ②

알짜풀이

그래프는 세계의 인구 규모별 도시 수 변화를 나타내고 있다. 인구가 많아 규모가 큰 도시일수록 도시의 수는 적으므로 (가)는 1,000만 명 이상의 대도시, (나)는 50만 명 미만의 소도시이다.

ㄱ. 1990년→2014년, 2014년→2030년(예상) 모두 세계의 도시 인구는 증가하였다.

ㄷ. 2014년 1,000만 명 이상 도시 수는 28개로 50만 명 미만 도시 수보다 적다.

오답넘기

ㄴ. (가)는 1,000만 명 이상의 대도시, (나)는 50만 명 미만의 소도시이므로 (가)는 (나)보다 도시 1개당 인구 규모가 크다.

ㄹ. 세계의 도시 인구 증가율은 1990∼2014년이 2014∼2030년보다 높다.

414 산업화·도시화에 따른 변화 파악　　답 ⑤

알짜풀이

산업화와 도시화가 진행되면서 생활 공간과 생활 양식에 다양한 변화가 나타났다.

⑤ 토양의 빗물 흡수율은 산업화·도시화 이전이 산업화·도시화 이후보다 높다. 열대야 발생 일수는 산업화·도시화 이후가 산업화·도시화 이전보다 많다.

오답넘기

①, ②, ③, ④ 생물 종 다양성, 평균 가구원 수는 산업화·도시화 이전이 산업화·도시화 이후보다 많다. 교통 혼잡 비용은 산업화·도시화 이후가 산업화·도시화 이전보다 높다.

415 우리나라의 도시화 과정 및 도시 분포 이해　　답 ⑤

알짜풀이

우리나라는 도시화를 겪으면서 도시 수와 도시 인구가 증가하였다. 한편,

우리나라의 도시화는 수도권과 영남권을 중심으로 이루어졌다.
⑤ (나) 시기는 (가) 시기보다 주민들 간 공동체 의식이 약하다.

오답넘기

① 서울, 인천, 경기를 포함하는 수도권의 인구 집중도는 도시화가 진행되면서 높아졌다.
② 서울, 부산, 인천, 대구, 광주, 대전, 울산 등의 대도시가 중소도시보다 인구 성장률이 높다.
③ 도시 수, 도시 인구 모두 증가한 (나) 시기가 늦은 시기이고, 상대적으로 (가)는 이른 시기이다.
④ 1차 산업 종사자 비율은 상대적으로 도시화가 덜 진행된 (가) 시기가 높다.

416 도시 문제 해결　　답 ③

알짜풀이

제시된 자료는 세대 공존형 주거 단지를 나타낸 것이다.
ㄴ. 젊은이들이 노인을 돕는 대신 월세를 내지 않는다는 내용을 통해 세대 공존형 주거 단지가 주택 부족 문제를 해결하는 데 도움이 된다는 사실을 알 수 있다.
ㄷ. 여러 세대가 식사 준비, 세탁, 가사 활동을 이웃과 협력하여 함께 한다는 내용을 통해 세대 공존형 주거 단지가 인간 소외 문제를 해결하는 데 도움이 된다는 사실을 알 수 있다.

오답 넘기

ㄱ. 제시된 내용으로부터 교통 문제 해결에 대한 내용은 찾을 수 없다.
ㄹ. 제시된 내용으로부터 쓰레기 배출 문제 해결에 대한 내용은 찾을 수 없다.

서술형 문제

417 현대 도시 공간의 특성

(1) **답** 익명성

(2) **모범답안** 산업화와 도시화에 따라 인간적 유대감과 공동체 의식이 약화되고 있으며, 이웃 간의 소통이 줄어들면서 인간 소외 현상이 확대되고 있다.

채점 기준	수준
〈보기〉의 제시된 네 가지 용어를 모두 활용하여 의미가 잘 통하도록 서술한 경우	상
〈보기〉의 제시된 세 가지 용어를 활용하여 의미가 잘 통하도록 서술한 경우	하

해설

산업화와 도시화는 일자리와 인구가 도시로 집중되면서 사람들 간의 관계가 약해지고 단절되어, 인간 소외 현상을 더욱 심화시킵니다.

418 도시화로 인한 생태 공간의 변화 파악

(1) **모범답안** 서울, 대구, 부산, 광주 등 주요 도시의 열대야 일수는 전국 평균에 비해 많다.

채점 기준	수준
주요 도시의 열대야 일수 특징을 서술한 경우	상
주요 도시의 열대야 일수 특징을 서술하지 못한 경우	하

해설

제시된 기간 동안 열대야 일수는 전국 평균 8.14일이지만 서울 13일, 대구 20일, 부산 19일, 광주 16.6일 등 주요 대도시의 열대야 일수가 전국 평균 열대야 일수보다 많다.

(2) **모범답안** 대도시는 자동차나 냉난방 시설에서 배출되는 인공 열이 많으며, 콘크리트와 아스팔트로 덮여 있는 넓은 포장 면적이 녹지에 비해 열을 흡수한 채로 조금씩 방출하기 때문이다.

채점 기준	수준
제시된 단어 두 가지를 사용하고 인과 관계를 명확하게 서술한 경우	상
제시된 단어 두 가지를 사용하였으나 인과 관계에 대한 서술이 명확하지 못한 경우	중
열대야 원인에 대해 서술하지 못한 경우	하

해설

도시 내부에서는 자동차 통행에 따른 배기가스 배출과 냉난방기 가동 등으로 인한 인공 열이 촌락에 비해 많이 발생한다. 또한 촌락에 비해 콘크리트나 아스팔트로 덮여 있는 포장 면적이 넓어 쉽게 가열되기도 한다. 이에 따라 밤에도 기온이 내려가지 않아 열대야 일수가 전국 평균에 비해 많다.

08 교통·통신 및 과학기술의 발달에 따른 변화~ 우리 지역의 공간 변화

STEP 1　O/X 문제로 8종 교과서 핵심 자료 보기　107쪽

419 O	420 O	421 X	422 X	423 X	424 O
425 O	426 X	427 O	428 X	429 X	430 O
431 O	432 O	433 O	434 O		

STEP 2　학교 기출 문제로 내신 대비하기　108~115쪽

435 ②	436 ④	437 ③	438 ④	439 ②	440 ③
441 ①	442 ④	443 ⑤	444 ③	445 ②	446 ⑤
447 ①	448 ④	449 ⑤	450 ②	451 ③	452 ⑤
453 ⑤	454 ③	455 ①	456 ①	457 ②	458 ⑤
459 ③	460 ⑤	461 ④	서술형 문제	462~466 해설 참조	

435 교통 발달에 따른 변화 파악　　답 ②

알짜풀이

교통이 발달하면서 생활 양식과 생활 공간에 변화가 나타났다.
② 교통의 발달로 인해 지역 간 접근성은 향상되었다.

① 과거에 비해 소득이 증가하고 교통이 발달하면서 해외 여행객은 증가하였다.

③ 교통이 발달하면서 대형 선박이나 항공기를 활용하여 대량의 화물을 더욱 신속하게 수송할 수 있게 되었다.

④ 교통 발달에 따라 인적 교류가 증가하면서 다른 지역이나 국가의 문화를 체험할 기회가 증가하였다.

⑤ 교통 발달에 따라 사람과 물자가 이동할 때 시간적, 공간적 제약은 감소하였다.

436 교통·통신의 발달에 따른 변화 파악　답 ④

알짜풀이

교통과 통신의 발달에 따라 생활 양식 및 생활 공간에 변화가 나타났다.

ㄴ. 통신 수단이 발달하면서 인터넷을 활용한 전자 상거래가 증가하였다.

ㄹ. 교통이 발달하면서 과거보다 집과 학교, 집과 직장 간 거리가 멀어져 원거리 통학과 통근을 하는 사람들이 많아졌다.

ㄱ. 각종 정보 통신 수단이 다양하게 사용되면서 공간적 제약이 줄어들고 세계가 긴밀하게 교류하게 되었다.

ㄷ. 교통수단이 발달하면서 장거리 이동이 가능해짐에 따라 여가 공간의 범위가 확대되었다.

437 교통 발달에 따른 변화 이해　답 ③

알짜풀이

그래프는 철도 교통수단의 발달에 따른 서울~부산 간 이동 소요 시간의 변화를 나타낸 것이다.

을. 철도 교통이 발달하면서 이동 시간이 줄어들어 서울에서 부산을 찾는 관광객이 증가할 수 있다.

병. 교통망을 구축하는 과정에서 생태계가 파괴되는 등 생태 환경에 부정적인 영향이 나타날 수 있다.

갑. 서울~부산 간 이동 시간이 9시간→6시간 40분→4시간 10분→2시간 40분으로 줄어들어 시간 거리가 감소하였다.

정. 고속 철도를 이용하는 사람들이 많아지면 버스나 항공기를 이용하는 사람들이 줄어들 수 있다.

438 해외 여행객의 증가 원인 파악　답 ④

알짜풀이

그래프는 우리나라를 찾은 외국인 관광객, 해외를 여행한 내국인 관광객의 변화를 나타낸 것이다. 1975~1985년에 비해 2000년 이후 두 유형의 해외 여행객 모두 큰 폭으로 증가한 것을 알 수 있다.

ㄴ. 경제가 발달하면서 전반적인 소득 수준이 향상됨에 따라 해외 여행객의 증가가 나타났다.

ㄹ. 항공 교통이 대중화되면서 이동이 편리해진 것도 해외 여행객 증가의 원인에 해당한다.

ㄱ. 우리나라의 경우 과거보다 국내 여행객이 증가한 것은 사실이지만, 국내 여행객 증가와 해외 여행객 증가와는 관련성이 없다.

ㄷ. 출입국 절차가 강화되면 해외 여행객은 이전보다 줄어들 수 있다. 출입국 절차가 간소화되는 것이 해외 여행객 증가의 원인에 해당한다.

439 교통 발달에 따른 춘천시의 변화 양상 이해　답 ②

알짜풀이

그래프는 2009년 서울―춘천 고속 국도 개통 이후 고속 국도의 이용 차량 수, 춘천시의 인구, 기존에 서울과 춘천을 연결하던 경춘 국도의 차량 통행량 변화를 나타낸 것이다.

② 서울―춘천 고속 국도가 개통되면서 기존에 서울과 춘천을 연결하던 경춘 국도의 일일 평균 통행량은 감소하였다. 이에 따라 경춘 국도 주변의 경기가 침체되었음을 추론할 수 있다.

① 춘천을 찾는 관광객이 늘어나면서 음식·숙박업의 매출액이 증가하였다.

③ 주어진 기간 동안 2009~2010년의 인구 증가 폭이 가장 크다.

④ 서울로의 통근 시간이 줄어들면서 서울로 출퇴근하는 주민들의 비율이 증가하였다.

⑤ 빨대 효과가 나타나 쇼핑, 문화 수요의 수도권으로의 집중이 증가하였다.

> **＿＿＿（ 문제 속 개념 ）＿＿＿**
>
> **빨대 효과**
>
> 고통의 발달로 도시 간 이동이 편해지면서 큰 상권이 작은 상권을 빨대로 빨아들이듯 흡수하는 현상을 말한다.

440 거가 대교 개통에 따른 지역의 변화 파악　답 ③

알짜풀이

지도는 거제와 부산을 연결하는 거가 대교의 개통으로 인해 나타난 부산~거제 간 이동에 필요한 소요 시간의 변화를 나타낸 것이다.

ㄴ. 거가 대교의 개통으로 거제~부산 간 이동에 필요한 소요 시간이 2시간가량 단축되었다. 이는 거제~부산 간 시간 거리가 줄어들었다는 것을 의미한다.

ㄷ. 거제~부산 간 시간 거리가 줄어들면서 해당 구간에 거주하는 주민들 중 부산으로 통근하는 사람들이 증가하는 등 부산의 통근권이 확대될 것이다.

ㄱ. 거가 대교 개통 이전에 거제에서 부산으로 이동하려면 고성을 지나야 했지만, 거가 대교를 이용하여 빠른 시간에 부산으로 이동할 수 있게 되었다. 따라서 거제에서 고성으로 이동하는 통행량은 줄어들 것이다.

ㄹ. 거가 대교가 개통되더라도 여전히 부산이 거제보다 규모가 큰 대도시이기 때문에 부산에 있던 대기업의 본사가 거제로 이전하는 경우는 거의 없을 것이다.

441 대도시권의 특징 파악　답 ①

알짜풀이

자료는 대도시권을 나타낸 모식도이다. A는 통근 가능권, B는 교외 지역, C는 배후 농촌 지역이다.

ㄱ. 통근 가능권은 중심 도시로 출퇴근이 가능한 범위를 의미한다.

ㄴ. 통근 가능권은 교통수단이 발달할수록 확대된다.

오답넘기

ㄷ. 교외 지역은 배후 농촌 지역보다 중심 도시와의 거리가 가깝기 때문에 중심 도시로의 통근 인구 비율이 높다.

ㄹ. 교외 지역은 배후 농촌 지역보다 도시적 성격이 강하므로 지역 내 1차 산업 종사자 비율이 낮다.

442 정보화에 따른 일상생활의 변화 파악   답 ④

알짜풀이

자료는 가정 내 사물 인터넷을 활용한 사례를 나타내고 있다.
④ 가정 내 사물 인터넷의 대중화를 통해 생활의 편리성과 안전성, 에너지 절약 등의 분야에서 도움을 얻을 수 있다.

오답넘기

① 사물 인터넷을 교통수단으로 보기는 어렵다.
② 사이버 범죄의 증가는 정보화의 부정적인 사례에 해당한다.
③ 정보화로 전자 상거래가 활성화되었지만 제시된 자료와는 관련이 없다.
⑤ 정보화로 정치 참여의 기회가 증가하였지만 제시된 자료와는 관련이 없다.

(문제 속 개념)

사물 인터넷(IoT)

인터넷을 기반으로 모든 사물을 연결하여 사람과 사물, 사물과 사물 간의 정보를 상호 소통하는 지능형 기술 및 서비스를 말한다.

---

443 정보화 사회의 특징 파악   답 ⑤

알짜풀이

정보화는 한 사회에서 지식과 정보가 가장 중요한 자원이 되어 산업을 비롯하여 사회 전반에 큰 변화가 나타나는 것을 의미한다.
ㄷ. 정보화 사회에서는 전자 상거래가 활발해지면서 상거래 활동의 시간적 제약이 줄어든다.
ㄹ. 정보화 사회에서는 인터넷 게시판을 활용하여 여론을 형성하는 등 시민의 정치 참여가 확대된다.

오답넘기

ㄱ. 정보화 사회에서는 지식과 정보의 공유 및 다양한 집단과 폭넓은 교류를 통해 권위주의적 인간관계가 수평적 인간관계로 변화한다.
ㄴ. 정보화 사회에서는 개인의 다양한 욕구를 충족시킬 수 있는 다품종 소량 생산 체제가 확산된다.

444 지리 정보 시스템과 위성 위치 확인 시스템의 의미 파악   답 ③

알짜풀이

첨단 정보 통신 기술이 발달하면서 공간 이용 방식과 생활 양식에 변화가 나타나고 있다.
③ (가) 지리 정보 시스템(GIS)의 중첩 분석을 통해 최적의 입지를 분석할 수 있고, (나) 위성 위치 확인 시스템(GPS)을 통해 공간 정보를 편리하게 이용하고 최단 경로를 쉽게 파악할 수 있다.

오답넘기

거대 자료(big−data)는 국가의 공공 정책이나 기업의 마케팅 등에 활용된다.

(문제 속 개념)

정보화에 따른 첨단 정보 통신 기술의 사례

위성 위치 확인 시스템(GPS)	인공위성을 활용하여 현재 위치를 알려 주는 시스템
지리 정보 시스템(GIS)	다양한 지리 정보를 수치화하여 컴퓨터에 입력·저장하고, 이를 다양한 방법으로 분석·종합하여 제공하는 시스템
거대 자료 (big−data)	인터넷 검색 기록, 위치 정보, 폐회로 텔레비전(CCTV) 정보, 자연재해 정보 등 다양한 기록이 저장된 자료

---

445 현실 공간과 사이버 공간의 특성 비교   답 ②

알짜풀이

(가)는 현실 공간, (나)는 사이버 공간을 나타낸 것이다.
ㄱ. 사이버 공간은 현실 공간에 비해 자신의 신분을 숨길 수 있기 때문에 익명성이 보장된다.
ㄷ. 사이버 공간은 타인과 대면하지 않고 교류할 수 있기 때문에 현실 공간에 비해 행동의 제약을 덜 느낀다.

오답넘기

ㄴ. 사이버 공간은 현실 공간에 비해 서로 얼굴을 보는 대면 관계의 비중이 작다.
ㄹ. 사이버 공간은 현실 공간에 비해 사람과의 소통에 있어 시·공간적 제약이 작다.

446 정보화를 통한 생활 양식의 변화 파악   답 ⑤

알짜풀이

자료는 통신 기술의 발달에 따른 생활 양식의 변화 사례를 나타낸 것이다.
⑤ 전자 상거래를 통해 상품을 구입하고, 궁금한 것이 있을 때 검색해 보고, 버스 도착 시간에 맞추어 버스 정류장에 대기하는 등 생활 양식의 변화를 통해 시간을 줄일 수 있게 되었다.

오답넘기

① 통신 기기 구입을 위한 생활비가 늘어날 수 있다.
② 정보화로 정치 참여의 기회가 증가하지만 제시된 글에는 이와 관련한 내용이 나타나 있지 않다.
③ 제시된 내용과는 관련이 없다.
④ 정보화를 통해 사이버 공간에서 다양한 인간관계를 형성할 수 있지만 제시된 내용으로는 파악할 수 없다.

447 온라인 쇼핑의 증가 현상 및 배경 파악   답 ①

알짜풀이

그래프를 통해 온라인 및 이동 통신 쇼핑 거래액이 증가한 것을 알 수 있다. 이는 정보화로 인해 전자 상거래가 증가한 것이 원인이다.

ㄱ. 정보화가 이루어지면서 전자 상거래가 늘어나 온라인 쇼핑 거래액도 증가하였다.

ㄴ. 온라인 쇼핑은 생산자와 소비자를 직접 연결하기 때문에 택배 산업의 발달을 촉진하였다.

ㄷ. 전자 상거래는 생산자와 소비자를 바로 연결하기 때문에 기존 상거래의 유통 단계에 해당하는 도매업의 위축을 유발한다.

ㄹ. 온라인 쇼핑 등 전자 상거래가 활성화되면 언제든 상품 구매를 할 수 있으므로 상거래 활동의 시간적 제약이 줄어들게 된다.

448 온라인 쇼핑 및 이동 통신 쇼핑 거래액 변화 분석   답 ④

알짜풀이

그래프를 통해 온라인 및 이동 통신 쇼핑 거래액의 증가 폭과 증가율을 구할 수 있다.

ㄴ. 그래프를 통해 2001년 이후 온라인 쇼핑 거래액은 꾸준히 증가하였음을 알 수 있다.

ㄹ. 2013~2016년 이동 통신 쇼핑 거래액 증가율은 (34.7조 원－6.6조 원)÷6.6조 원×100=약 425.7%, 온라인 쇼핑 거래액 증가율은 (64.9조 원－38.5조 원)÷38.5조 원×100=약 68.5%이다.

오답넘기

ㄱ. 온라인 및 이동 통신 쇼핑 거래액이 2016년이 2001년보다 많은 것을 통해 전자 상거래는 2016년에 더 활성화되었다는 것을 파악할 수 있다.

ㄷ. 2001~2003년 온라인 쇼핑 거래액 증가 폭은 3.6조 원(7.0조 원－3.3조 원), 2014~2016년 온라인 쇼핑 거래액 증가 폭은 19.6조 원(64.9조 원－45.3조 원)이다.

449 교통의 발달에 따른 변화 파악   답 ⑤

알짜풀이

교통의 발달은 우리 생활에 편리함을 주는 등 긍정적인 영향도 있지만, 인간의 생활과 생태 환경에 부정적인 영향을 미치기도 한다.

⑤ 갑과 을이 발표한 내용은 교통의 발달에 따른 생태 환경의 부정적인 변화에 해당한다.

오답넘기

① 갑과 을의 발표 내용을 긍정적인 영향으로 보기는 어렵다.

② 교통의 발달이 세계화를 유발하였지만 제시된 내용과는 관련이 없다.

③ 교통의 발달로 일상생활에 변화가 나타났지만 제시된 내용과는 관련이 없다.

④ 교통의 발달로 대도시권이 확대되었지만 제시된 내용과는 관련이 없다.

450 교통의 발달에 따른 변화 파악   답 ②

알짜풀이

제시문은 고속 철도 정차역 주변은 발전하고 그렇지 않은 역 주변은 침체하고 있다는 내용을 다루고 있다.

② 호남 고속 철도 개통 이후 고속 철도 정차역 주변의 상권은 발전하였지만, 고속 철도가 지나가지 않는 역 주변은 경제가 침체되고 있다는 내용을 통해 고속 철도 개통에 따라 지역 격차가 발생하였다는 것을 파악할 수 있다.

① 고속 철도 개통에 따라 지역 간 이동 시간이 감소하지만 제시된 글과는 관련이 없다.

③ 고속 철도 노선 건설 시 환경 파괴가 나타날 수 있지만 제시된 글과는 관련이 없다.

④ 고속 철도 노선 주변 지역 주민들은 소음 피해를 겪을 수 있지만 제시된 글과는 관련이 없다.

⑤ 고속 철도 개통에 따라 버스나 항공기 이용 승객은 줄어들 수 있지만 제시된 글과는 관련이 없다.

451 생태 통로의 건설 효과 파악   답 ③

알짜풀이

사진은 생태 통로를 나타낸 것이다.

③ 생태 통로를 건설하면 야생 동물이 자유롭게 이동할 수 있게 된다.

오답넘기

① 생태 통로를 건설하면 로드킬이 줄어든다.

② 생태 통로 건설과 철도 교통의 수요 증가와는 관련이 없다.

④ 생태 통로를 건설했을 때 차량의 통행이 원활해진다고 보기는 어렵다.

⑤ 생태 통로 건설과 소음 감소는 관련이 없다.

452 도로 연장 증가에 따른 변화 이해   답 ⑤

알짜풀이

그래프는 우리나라의 도로 연장(도로 길이) 변화를 나타낸 것이다. 1950년 이후 도로 연장은 꾸준히 증가하였다.

ㄷ. 도로 연장이 증가하면서 산림이 훼손됨에 따라 녹지 면적 비율은 감소하였다.

ㄹ. 자동차 통행량이 많아지면서 이산화 탄소 배출량은 증가하였다.

오답넘기

ㄱ. 자동차 통행량이 많아져 교통사고 역시 증가하였다.

ㄴ. 도로는 콘크리트, 아스팔트 등으로 포장되는 경우가 대부분이기 때문에 도로의 길이가 늘어날수록 포장 면적은 증가한다.

453 정보화의 장점과 문제점 파악   답 ⑤

알짜풀이

정보화로 인해 생활이 편리해지는 등 긍정적인 영향도 나타났지만 부정적인 영향도 나타났다.

ㄱ, ㄴ은 정보화에 따른 문제점의 사례, ㄷ, ㄹ은 정보화로 인해 생활이 편리해진 사례이다.

행정 기관을 방문하지 않고도 필요한 민원서류를 발급받을 수 있고, 원격 근무나 화상 회의 등을 통해 효율적인 업무 수행이 가능해진 것은 정보화의 장점, 해킹으로 인한 개인 정보 유출 문제나 대면적 인간관계가 약해져 일상생활에 지장을 받는 사례는 정보화의 부정적인 영향으로 볼 수 있다.

454 정보화 사회의 문제점 파악   답 ③

알짜풀이

정보화 사회의 문제점으로는 인터넷 중독, 사생활 침해, 정보 격차, 사이버 범죄 등이 있다.
③ 통신 기술의 발달에 따른 정보화로 인해 나타나는 문제점 중 (가)는 사생활 침해 문제, (나)는 사이버 범죄 문제에 대한 것이다.

오답넘기
정보 격차는 정보의 소유와 접근 정도가 계층에 따라 격차를 보이는 현상을 의미하며, 계층 간 양극화를 심화시킬 가능성이 있다.

455 잊힐 권리에 대한 찬성, 반대 입장 파악　　답 ①

알짜풀이
① 학생들은 잊힐 권리에 대해 대화하고 있다. 잊힐 권리란 인터넷 사이트나 누리 소통망(SNS)에 올라 있는 자신과 관련된 각종 정보의 삭제를 요구할 권리를 의미한다.
갑과 정은 잊힐 권리에 대한 찬성 입장, 을과 병은 잊힐 권리에 대한 반대 입장을 표현하고 있다.

오답넘기
②, ③, ④, ⑤ 모두 잊힐 권리와는 거리가 먼 내용이다.

─〔 문제 속 개념 〕─

정보화와 관련된 다양한 용어

정보 윤리	정보 사회의 구성원으로서 지켜야 할 올바른 가치관과 행동 양식으로, 존중, 책임, 정의, 해악 금지를 기본 원칙으로 한다.
유비쿼터스	어디서나 자유롭게 통신망에 접속하여 자료를 주고받을 수 있는 상태를 뜻한다.
사이버 불링	사이버 공간에서 집단으로 따돌리거나 괴롭히는 행위를 의미한다.
셧다운 제도	청소년들이 심야에 온라인 게임을 하지 못하도록 자정부터 오전 6시까지 인터넷 게임 접속을 차단하는 제도로서 2011년부터 시행 중이다.

456 교통 발달에 따른 변화 파악　　답 ①

알짜풀이
대도시와 중소도시를 연결하는 교통망이 건설되면, 중소도시가 위축되는 빨대 효과가 발생할 수 있다. 제시된 글에서 준고속 열차 개통 이후 수도권으로 인구와 기능이 빠져나가는 빨대 효과가 나타나고 있음을 알 수 있다.

457 지역성의 특성 이해　　답 ②

알짜풀이
제시문은 지역과 지역성에 대해 다루고 있다.
② 지역성은 산업화와 도시화 과정에서 지역이 성장하거나 쇠퇴하면서 변화하기도 하고, 교통과 통신의 발달 등에 따라서도 변화한다.

오답넘기
① 어느 지역만의 고유한 특성을 지역성이라고 한다.
③ 지역의 다양한 지리 정보를 수집, 분석, 종합하는 지역 조사를 통해 지역의 특성과 변화를 파악할 수 있다.

④ 지역성은 지역의 자연환경과 인문 환경의 상호 작용으로 형성된다.
⑤ 토지 이용, 산업, 인구, 생태 환경 등은 어느 지역의 지역성을 보여 주는 지표에 해당한다.

458 산업 구조의 변화에 따른 지역의 특성 변화 이해　　답 ⑤

알짜풀이
제시문의 빌바오시는 과거 공업 도시에서 현재 문화 도시로 변모하였다.
⑤ 제철 및 조선 공업이 쇠퇴하면서 문화 산업을 육성한 사례를 통해 산업 구조의 변화에 따라 지역의 특성이 변화할 수 있다는 것을 알 수 있다.

오답넘기
①, ②, ③, ④ 제시된 글과 관련이 없다.

459 지역 조사의 절차 이해　　답 ③

알짜풀이
일반적으로 지역 조사는 '조사 주제 및 지역 선정→지역 정보의 수집(실내 조사, 야외 조사)→지역 정보의 분석→보고서 작성'의 순으로 이루어진다. 따라서 (가)는 실내 조사, (나)는 야외 조사, (다)는 지역 정보의 분석, (라)는 보고서 작성 단계에 해당한다.
③ 지역 조사의 단계 중 ㄱ은 야외 조사, ㄴ은 지역 정보의 분석, ㄷ은 실내 조사, ㄹ은 보고서 작성 단계에 해당한다.

460 지역의 공간 및 생활 양식의 변화 파악　　답 ⑤

알짜풀이
도시, 도시와 거리가 가까운 촌락, 도시와 거리가 먼 촌락은 각 지역별로 다른 모습으로 변화하였다.
⑤ 도시에서 멀리 떨어져 있는 촌락은 청장년층 인구가 도시로 빠져나가면서 인구가 감소하고 고령화가 빠르게 진행되고 있다.

오답넘기
① 대도시일수록 도시 내부의 지역 분화가 뚜렷하게 나타난다.
② 도시의 인구가 교외 지역으로 이주하는 현상을 인구의 교외화 현상이라고 한다.
③ 도시와 가까운 촌락은 인구의 교외화 현상으로 인구가 증가하여 도시적 생활 양식이 증가한다.
④ 도시와 가까운 촌락은 산업 단지가 형성되기도 한다.

461 지역 조사의 정보 수집 방법　　답 ④

알짜풀이
④ ㉠~㉤ 중 도시 발전 추진 분야의 의견 수렴(㉣)은 야외 조사의 설문 또는 면담을 통해 가능하다.

오답넘기
① 과거 토지 이용이 나타난 자료 수집(㉠)은 시기별 항공사진을 통해 파악할 수 있는데, 국립지리정보원 누리집에서 구할 수 있다.
② 연도별 총인구수(㉡)는 통계청 누리집에서 파악할 수 있다.
③ 산업별 종사자 수(㉢)는 통계청 누리집에서 파악할 수 있다.
⑤ 경기만 조위 변화(㉤)은 국립해양조사원 누리집에서 파악할 수 있다.

462 교통 발달에 따른 지역 변화

(1) 답 긍정적 변화: (다), (라), 부정적 변화: (가), (나)

(2) ✓모범답안 교통 발달로 서울—강릉 간 이동 시간이 축소되면서 당일치기 관광이 늘어나고 그에 따라 강릉시 숙박 시설의 숙박 예약이 많이 줄어들었다.

채점 기준	수준
'이동 시간 축소', '당일치기 관광'의 두 가지 요소를 모두 이용하여 서술한 경우	상
'이동 시간 축소', '당일치기 관광' 중 한 가지 요소만을 이용하여 서술한 경우	하

해설

교통수단의 발달은 이동의 편리성을 높여 경제와 문화 교류를 활성화하는 긍정적인 영향을 미친다. 그러나 교통 발달에서 소외된 지역은 쇠퇴할 수 있으며, 교통 혼잡과 환경 오염과 같은 부정적인 영향도 나타난다.

463 교통·통신의 발달로 인한 생활의 변화 파악

(1) 답 대도시권

해설

대도시를 중심으로 하는 통근권, 통학권 등 일상생활이 이루어지는 공간적 범위를 대도시권이라고 한다.

(2) ✓모범답안 집과 학교, 집과 직장 간 거리가 멀어져 원거리 통학, 원거리 통근을 하는 사람들이 많아지는 등 일상생활의 범위가 확대되었다.

채점 기준	수준
생활의 변화를 인과 관계를 통해 옳게 서술한 경우	상
생활의 변화를 서술하였으나 인과 관계가 드러나지 않는 경우	중
생활의 변화를 서술하지 못한 경우	하

해설

교통과 통신의 발달로 대도시의 생활권은 외곽 지역까지 확대되었고, 통근권, 통학권 등 일상생활이 이루어지는 공간적 범위가 넓어졌다.

464 교통수단의 발달

(1) 답 ㉠: C, ㉡: A, ㉢: B

(2) ✓모범답안 제시된 글은 기차(㉠)를 탄 사람의 소감을 나타낸 것이다. 기차라는 새로운 문물이 지니고 있는 경이로움에 '천둥소리가 들린다.', '나는 새보다 빠르게 움직인다.' 등의 표현을 사용하였다.

채점 기준	수준
해당 교통수단을 맞추고, 그 근거를 제시하여 서술한 경우	상
해당 교통수단만 맞춘 경우	하

해설

교통수단의 발달은 이동 속도를 높이고 생활권을 넓혀 지역 간 교류와 경제 활동을 촉진했습니다. 이로 인해 사람들의 생활 방식이 변화하고, 사회·문화적 연결이 더욱 강화되었습니다.

465 정보화에 따른 문제점 이해

(1) ✓모범답안 지역 간, 계층 간의 정보 격차 발생으로 양극화가 심화될 수 있다.

채점 기준	수준
정보 격차에 따른 문제점을 옳게 서술한 경우	상
정보 격차에 따른 문제점을 서술하지 못한 경우	하

해설

정보화에 따른 부작용 중 정보의 소유와 접근 정도에 따라 계층 간 격차가 나타나는 정보 격차가 있다. 정보 격차란 사회적, 경제적, 지역적, 신체적 여건으로 인해 정보 통신 서비스에 접근하거나 이용할 수 있는 기회에 차이가 생기는 것을 의미한다.

(2) ✓모범답안 정보 소외 계층이 관련 서비스에 쉽게 접근하고 이용할 수 있는 기술을 개발하고 관련 제품을 제공한다.

채점 기준	수준
정보 격차에 따른 문제점에 대한 대책을 서술한 경우	상
정보 격차에 따른 문제점에 대한 대책을 서술하지 못한 경우	하

해설

정보 격차 문제를 해결하기 위해서는 정보 소외 계층을 위한 사회 복지 제도를 확대하는 사회적, 제도적 노력이 필요하다.

466 지역 조사의 절차 분석

✓모범답안 (가) 보고서 작성, (나) 지역 정보의 수집, (다) 지역 정보의 분석, (라) 조사 주제 및 지역 선정, (라)→(나)→(다)→(가)

해설

지역 조사는 일반적으로 조사 목적과 목적에 적합한 지역 및 주제를 선정하는 '조사 주제 및 지역 선정', 실내 조사와 야외 조사의 방법을 통한 '지역 정보의 수집', 수집한 정보를 분석하고 그림, 표, 그래프, 통계 지도 등으로 표현하는 '지역 정보의 분석', 분석한 자료와 결론 등을 체계적으로 서술하는 '보고서 작성' 순으로 진행된다.

STEP 3 수능 유형 문제로 만점 도전하기 116~119쪽

467 ①	468 ③	469 ②	470 ①	471 ④	472 ④
473 ②	474 ⑤	475 ③	476 ①	477 ④	478 ⑤
479 ③	서술형 문제 480~481 해설 참조				

467 교통 발달로 인한 지역 변화 이해

답 ①

알짜풀이

첫 번째 사례는 철도와 도로 등 육상 교통이 발달하면서 나타난 강경의 변화, 두 번째 사례는 준고속 열차 개통 이후 나타난 춘천, 양구, 화천의 변화를 나타낸 것이다.

① 두 사례 모두 교통의 발달로 인해 지역이 침체되거나 활성화되는 등의 변화를 나타내고 있다.

② 두 사례 모두 해당하지 않는다.

③ 생태계 파괴에 대한 언급은 없다.

④ 첫 번째 사례에만 해당한다.

⑤ 두 번째 사례에만 해당한다.

468 교통 발달과 대도시권의 변화 파악   답 ③

알짜풀이

지도를 통해 1980년에 비해 2010년 수도권 철도의 총 노선 길이가 길어진 것을 알 수 있는데, 이는 교통의 발달을 의미한다.

ㄴ. 철도 교통이 발달하면서 서울 주변 지역에서 서울로의 접근성이 향상됨에 따라 인구의 교외화 현상이 증가하였다.

ㄷ. 철도 교통이 발달하면서 서울의 영향력이 미치는 범위가 넓어졌다.

ㄱ. 철도 노선이 춘천까지 연장되면서 서울과 춘천의 접근성이 향상되었고, 이에 따라 서울과 춘천 간 시간 거리는 줄어들었다.

ㄹ. 서울로의 통근·통학자 비율은 서울과 가까운 지역일수록 높다.

(문제 속 개념)

교외화와 대도시권의 변화

교외화는 대도시의 인구나 기능, 시설 등이 도시 주변 지역으로 확산되는 현상을 의미한다. 교통이 발달할수록 교외화 현상이 활발해지며, 이에 따라 대도시권의 범위도 점차 확대된다.

---

469 정보 격차와 관련한 자료 분석   답 ②

알짜풀이

자료는 정보 취약 계층 중 농어민과 장·노년층의 '접근', '역량', '활용' 세 분야의 디지털 정보화 수준을 나타내고 있다. 각 수치는 일반 국민을 100으로 가정했을 때의 비교 수준이라고 하였으므로 수치가 작을수록 디지털 정보화 수준이 낮음을 의미한다.

ㄱ. '접근'은 정보화 기기 보유 및 인터넷 사용 환경 조성 여부에 대한 것이므로 PC 구비 여부를 통해 '접근' 부문의 디지털 정보화 수준을 파악할 수 있다.

ㄷ. 2017년 정보화 기기 기본 이용 능력을 의미하는 '역량' 부문은 장·노년층이 농어민보다 수준이 낮다. 따라서 장·노년층이 농어민보다 PC나 모바일 기기 이용 교육의 필요성이 크다.

ㄴ. 2014년 '역량' 부문의 농어민의 디지털 정보화 수준은 40.7, 장·노년층은 23.4이다. 따라서 정보 격차는 장·노년층이 농어민보다 크다.

ㄹ. 2017년 정보 취약 계층의 평균 수준은 각각 91.0, 51.9, 65.3인데, 장·노년층의 수준은 89.9, 41.0, 59.9이므로 장·노년층은 모든 부문에서 디지털 정보화 수준이 평균보다 낮다.

470 전자 상거래 발달의 영향 파악   답 ①

알짜풀이

그래프는 온라인 쇼핑과 모바일 쇼핑을 이용한 전자 상거래 거래 액수의 변화와 국내 택배 시장의 물동량 및 해외 직접 구매 물량 변화를 나타낸 것이다. 전자 상거래가 발달하면서 유통업을 비롯한 다양한 분야에 변화

가 나타났다.

① 전자 상거래가 발달하면 인터넷 금융 사기, 전자 상거래 사기 등의 사이버 범죄 건수가 증가한다.

② 전자 상거래로 주문한 상품은 택배를 통해 운송되므로 택배 산업 등 물류 산업이 함께 발달한다.

③ 생산자와 소비자 간 직거래가 증가하므로 유통 단계는 단순해진다.

④ 전자 상거래는 상품 구매 시 시·공간적 제약이 작다.

⑤ 전자 상거래는 도매업이나 소매업을 거치지 않으므로 전통적인 유통업은 쇠락한다.

471 전자 상거래와 관련된 지표 분석   답 ④

알짜풀이

정보화를 배경으로 전자 상거래가 활발해지면서 온라인 쇼핑과 모바일 쇼핑 거래액이 증가하고 있으며 택배 물동량과 해외 직접 구매 물량도 증가하고 있다.

ㄴ. 온라인 쇼핑 거래액이 증가하면서 택배 시장 물동량도 증가하였다.

ㄹ. 2013~2015년 모바일 쇼핑 거래액 증가율은 약 277%, 온라인 쇼핑 거래액 증가율은 약 40.5%이다.

ㄱ. 그래프에서 모바일 쇼핑 거래액은 2013년부터 나타나기 시작하였다.

ㄷ. 2011~2015년 국내 택배 시장 물동량은 1,299(백만 박스)→1,816(백만 박스), 해외 직접 구매 물량은 560(만 건)→1,586(만 건)으로 모두 증가하였다.

472 교통의 발달에 따른 문제점과 대책 이해   답 ④

알짜풀이

(가)는 선박 평형수 배출로 인해 나타난 생태계 교란, (나)는 도로 건설 시 나타나는 로드킬 문제에 대한 것이다.

④ 선박 평형수 처리 장치의 의무화는 (가) 문제에 대한 대책, 도로에 생태 통로를 건설하는 것은 (나) 문제에 대한 대책으로 볼 수 있다.

ㄱ. 소음 문제에 대한 대책으로, 로드킬 문제에 대한 대책으로 보기는 어렵다.

ㄷ. 기름 유출 등의 문제에 대한 대책이 될 수는 있지만, 선박 평형수 문제에 대한 대책으로 보기는 어렵다.

473 지역의 공간 변화 분석   답 ②

알짜풀이

고양시는 과거와 비교해 현재 농경지와 녹지 지역의 면적은 감소하고 시가지·취락, 상업 지역의 면적은 증가하였다. 이를 통해 고양시에서 도시화가 진행되었음을 알 수 있다.

② 전업농가란 농업에만 종사하는 농가를 의미한다. 고양시의 경우 도시화가 진행되면서 주민들의 직업이 다양해져 전업농가의 비율은 낮아졌다.

① 인구가 증가하면서 인구 밀도가 높아졌다.

③ 시가지 면적이 넓어지고 고층 건물이 들어서면서 토지 이용의 집약도가 높아졌다.

④ 도시화에 따라 주민들의 직업 구성이 다양해지고, 이에 따라 주민들의 소득원도 다양해졌다.
⑤ 철도와 지하철 노선이 연장되는 등 인접한 대도시인 서울과의 접근성이 좋아졌다.

전업농가와 겸업농가

전업농가	농가 중 오로지 농업에만 종사하는 농가를 의미한다. 대체로 대도시와 멀리 떨어져 있는 전통 촌락에서 비율이 높다.
겸업농가	농가 중 농업 이외의 다른 산업에도 종사하는 농가를 말한다. 대체로 대도시와 가까운 지역에서 비율이 높다.

474 지역 조사 과정 이해　　　답 ⑤

알짜풀이

지역 조사는 주제 및 지역 선정→지역 정보 수집(실내 조사 및 야외 조사)→지역 정보 분석→보고서 작성 순으로 이루어진다. 따라서 (가)는 야외 조사에 해당한다.
ㄷ. 현지에 방문하여 시설을 확인하는 것은 야외 조사에 해당한다.
ㄹ. 주민이나 관계자와 인터뷰하는 것은 야외 조사에 해당한다.

오답넘기

ㄱ. 면담 시 필요한 설문지를 작성하는 것은 실내 조사 단계에 해당한다. 설문 조사를 실시하는 것은 야외 조사 단계이다.
ㄴ. 군청 홈페이지에서 정보를 수집하는 것은 실내 조사 단계에 해당한다.

475 태백시 산업 구조의 변화 모습 파악　　　답 ③

알짜풀이

가정용 연료가 석탄이 주를 이루던 시절에 석탄의 주요 생산지였던 태백시는 광업을 바탕으로 성장하였다. 그러나 1980년대 중반 이후 가정용 연료가 변화하여 석탄 탄광이 문을 닫기 시작하면서 태백시는 변화를 꾀하게 되었다.
ㄴ. 석탄 탄광이 문을 닫으면서 광업이 쇠퇴하고 서비스업이 발달하는 등 산업 구조에 변화가 나타났다.
ㄷ. 태백시의 석탄 탄광이 문을 닫게 된 원인으로 가정용 연료가 석탄에서 석유나 천연가스로 변화한 것이 있다.

오답넘기

ㄱ. 우리나라에서 종사자 수가 가장 많은 산업은 서비스업이다.
ㄹ. 관광 단지가 조성된 후 음식업, 숙박업 등에 종사하는 주민들이 많아졌는데, 음식업, 숙박업은 3차 산업에 포함된다.

476 평택시의 산업 구조 변화 분석　　　답 ①

알짜풀이

그래프는 평택시의 산업별 종사자 수 비율 변화, 글은 평택시의 산업 구조 변화를 나타내고 있다.
① 글에서 평택시는 예로부터 인구의 대부분이 농업과 어업에 종사하였고, 이후 공업이 발달하기 시작하였다는 내용이 있다. 따라서 종사자 수 비율이 크게 낮아진 (가)는 1차 산업, 가장 많이 증가한 (나)는 2차 산업, 나머지 (다)는 3차 산업이다.

477 평택시의 변화 분석　　　답 ④

알짜풀이

평택시는 1961년에 비해 2015년에 공업 발달이 두드러진다.
ㄴ. 공업이 발달함에 따라 해당 분야에서 많은 노동력을 필요로 하게 되어 외국인 근로자들이 증가하였다. 따라서 거주 외국인 수는 2015년에 더 많다.
ㄹ. 공업이 발달하면서 원료를 수입하거나 제품을 수출하게 되므로 평택항의 총 처리 화물량도 증가하였다.

오답넘기

ㄱ. 공업 단지나 항구와 같은 시설의 면적이 증가하였기 때문에 임야 면적은 감소하였다.
ㄷ. 농업 종사자 수는 감소하였다.

478 지역의 인구 구조 변화 분석　　　답 ⑤

알짜풀이

그래프는 서울 가리봉동 일대의 연령별·성별 인구 구조를 나타낸 것이다. 1970년의 인구 구조를 보면 특히 15~19세, 20~24세 여성 인구의 비율이 높은 것을 알 수 있는데, 이는 당시 이 지역에 노동 집약적 공업이 발달하였기 때문이다.
ㄷ. 제시된 지역은 1970년에 섬유 공업과 같은 노동 집약적 공업이 발달하였다.
ㄹ. 1970년에 15~19세 인구 중 여성이 남성보다 2배 이상 많다.

오답넘기

ㄱ. 전체 인구 중 65세 이상 인구의 비율은 높아졌다. 이는 고령화 현상 때문이다.
ㄴ. 저출산 현상으로 인해 전체 인구 중 0~14세 인구의 비율은 낮아졌다.

479 지역 조사의 단계별 특징 파악　　　답 ③

알짜풀이

자료는 거가 대교 개통에 관한 지역 조사와 관련된 내용이다.
ㄴ. 통계 자료를 통해 지역 정보를 수집하는 것은 실내 조사 단계에서 이루어진다.
ㄷ. 사람들을 대상으로 설문 조사하는 것은 야외 조사에서 이루어지는 활동이다.

오답넘기

ㄱ. 거가 대교의 시간대별 차량 통행량 조사, 이용 빈도에 대한 설문 조사 등의 계획은 생태 환경 변화를 파악하는 활동과는 거리가 멀다.
ㄹ. 실내 조사와 야외 조사를 통해 수집한 지역 정보는 지역 정보를 분석한 후 보고서 작성에 활용된다.

480 도시화로 인한 생태 공간의 변화 파악

(1) 답 설문지

(2) **✔모범답안** 설문지를 구성하는 것은 실내 조사의 단계에서 이루어지고, 설문지를 이용하여 의견을 수합하는 것은 야외 조사의 단계에서 이루어진다.

채점 기준	수준
설문지를 구성하는 시기와 이용하는 시기를 모두 잘 서술한 경우	상
설문지를 구성하는 시기와 이용하는 시기를 중 한 가지만 잘 서술한 경우	하

해설
지리 조사 방법 중 실내 조사는 지도나 문헌, 통계 자료를 활용해 조사 대상 지역에 대한 정보를 수집하고 분석하는 방법이다. 야외 조사는 조사 대상 지역에 직접 방문해 지형, 기후, 인문 환경 등을 관찰하고 기록하는 방법이다.

481 교통의 발달에 따른 지역의 변화 이해

(1) **답** 지역 내 인구 유입, 기업 유치, 관광객 증가 등

해설
교통이 발달하면서 지역 내 인구가 증가하고 관광객이 늘어나 이와 관련한 음식 · 숙박업의 매출액이 증가하여 관련 업종에서 일하는 사람들의 소득이 늘어날 수 있다. 아울러 새로운 기업을 유치하는 등 긍정적인 변화가 나타날 수 있다.

(2) **✔모범답안** 빨대 효과란 대도시가 주변 중소 도시의 인구나 경제력을 흡수하는 현상을 말한다.

채점 기준	수준
빨대 효과의 의미를 옳게 서술한 경우	상
빨대 효과의 의미를 서술하지 못한 경우	하

해설
빨대 효과란 빨대로 컵의 음료를 빨아들이듯이 대도시가 주변 중소 도시의 인구나 경제력을 흡수하는 현상을 말한다. 교통의 발달로 긍정적인 변화도 나타나지만, 중소 도시의 경우 쇼핑, 문화, 교육 시설이 대도시만큼 발달하지 않아 빨대 효과가 나타나는 부정적인 변화도 나타날 수 있다.

STEP 4 단원 종합 문제로 만점 완성하기 120~125쪽

482 ③	483 ④	484 ⑤	485 ⑤	486 ④	487 ①
488 ④	489 ②	490 ⑤	491 ②	492 ③	493 ③
494 ②	495 ④	496 ⑤	497 ②	498 ④	499 ①
500 ②	501 ④	서술형 문제	502~505 해설 참조		

482 도시와 촌락 인구 변화 답 ③

알짜풀이
(가)는 인구수가 점차 줄어들고 있으므로 촌락이고, (나)는 인구수가 점차 늘어나고 있으므로 도시이다.

③ 촌락(가)에서 도시(나)로의 인구 이동을 이촌 향도라고 한다.

오답넘기
① 촌락(가)은 도시(나)보다 인구 밀도가 낮다.
② 도시(나)는 촌락(가)보다 2차 산업 종사자 비율이 높다.
④ (가)는 촌락, (나)는 도시이다.
⑤ (가)는 촌락, (나)는 도시이므로, 우리나라의 도시화율은 1970년이 2020년보다 낮다.

483 우리나라 도시 분포 변화 답 ④

알짜풀이
(가), (나) 중 도시의 수가 적은 (가)는 1970년이고, 도시의 수가 많은 (나)는 2020년이다.

ㄴ. 2020년은 1970년에 비해 도시 거주 인구 비율이 높다. 산업화와 도시화가 이루어졌기 때문이다.

ㄹ. 2020년은 1970년에 비해 서울—부산 간 시간 거리가 가깝다. 교통이 발달했기 때문이다.

오답넘기
ㄱ. 농촌 지역의 인구 감소로 농촌 지역의 휴경지는 2020년이 1970년보다 많아졌다.
ㄷ. 이촌 향도에 따른 인구의 수도권 집중으로 수도권 거주 인구 비율은 2020년이 1970년보다 높다.

484 주요 국가의 도시와 촌락 인구 변화 답 ⑤

알짜풀이
세 국가의 연도별 도시 인구와 촌락 인구를 통해 도시화율 변화를 파악할 수 있다.
⑤ 도시 인구의 증가폭은 x축 값의 차이에 해당하는데, 그래프를 통해 나이지리아가 독일보다 1960~2020년 도시 인구 증가폭이 큰 것을 알 수 있다.

오답넘기
① 2020년 촌락 인구는 나이지리아 > 멕시코 > 독일 순으로 많다.
② 2020년 나이지리아는 도시 인구가 촌락 인구보다 많으므로 도시화율은 50%를 넘는다.
③ 세 국가 중 2020년 도시화율은 나이지리아가 가장 낮다.
④ 2020년 총인구는 나이지리아 > 멕시코 > 독일 순으로 많다.

485 도시와 촌락 비교 답 ⑤

알짜풀이
(가)는 제조업과 서비스업이 발달하고, 인구 밀도가 높으며, 고층 건물이 많은 도시를 나타낸 것이고, (나)는 어업 등 자연환경을 이용한 산업이 발달하고, 인구 밀도가 낮으며, 고층 건물이 적은 촌락을 나타낸 것이다.
⑤ 촌락(나)은 도시(가)보다 기상 조건이 주민들의 생활에 미치는 영향이 크다. 가령, 태풍이 발생하면 어업 활동이나 농업 활동은 어려워진다.

오답넘기
① 도시(가)가 촌락(나)보다 직업의 종류가 다양하다.
② 도시(가)가 촌락(나)보다 주민들의 평균 연령이 낮다.
③ 도시(가)가 촌락(나)보다 토지 이용의 집약도가 높다.
④ 도시(가)가 촌락(나)보다 직장과 주거지 간 거리가 멀다.

486 우리나라 주요 도(道)의 토지 이용 비교   답 ④

알짜풀이

세 지역 중 논 면적이 가장 넓은 (다)는 전남이고, 임야 면적이 가장 넓은
(나)는 강원이며, 공장 용지 면적이 가장 넓은 (가)는 경기이다.
④ 세 지역 중 논 면적은 전남(다)이 가장 넓으므로, 전남(다)은 경기(가)보
다 쌀 생산량이 많다.

오답넘기

① 세 지역 중 수도권의 일부를 이루는 지역은 경기(가)이다.
② 면적은 좁은데 총인구는 많은 경기(가)가 강원(나)보다 인구 밀도가
높다.
③ 태백산맥이 위치한 강원(나)은 전남(다)보다 산지 비율이 높다.
⑤ 세 지역 중 행정 구역 경계를 접하고 있는 곳은 경기(가)와 강원(나)이다.

487 해저 터널 개설에 따른 변화   답 ①

알짜풀이

보령 해저 터널은 보령시 대천항과 오천면 원산도를 잇는 길이 6.9km의
터널로, 이 터널이 개설됨으로써 보령에서 태안 안면도까지 약 90분 소요
되던 거리를 약 10분으로 단축시켰으며, 원산도 일대의 개발을 가져왔다.
① 보령 해저 터널이 개설됨으로써 원산안면대교의 차량 통행량도 증가하
였다.

오답넘기

② 보령 해저 터널 개통으로 관광객이 증가함으로써 원산도 일대의 쓰레
기 투기량이 증가하였다.
③ 터널과 다리가 놓임으로써 보령시와 태안군 안면도 간 시간 거리가 짧
아졌다.
④ 보령 해저 터널 개통으로 원산도에 카페, 펜션 등의 관광 편의 시설이
늘어났다.
⑤ 보령 해저 터널로 보령과 태안을 연계하는 관광 코스 개발이 쉬워졌다.

488 음식 배달 산업 발달   답 ④

알짜풀이

자료를 보면 음식 배달 어플리케이션을 주 1회 이상 사용하는 사람이 전
체의 30%에 이를 정도로 음식 배달 산업이 발달했으며, 이러한 경향은 특
히 20~30대 청년층에서 두드러지게 나타나는 것을 알 수 있다.
ㄱ. 1인 가구가 증가하면서 음식을 배달해서 먹는 빈도가 높아졌다.
ㄴ. 스마트폰이 보급되면서 음식 배달을 요청하기가 쉬워졌다.
ㄷ. 공유 주방 시스템이 발달하면서 배달 음식 전문점 개설이 쉬워졌다.

오답넘기

ㄹ. 인터넷을 통한 요리법 공유가 확대되고 있지만, 음식을 시켜서 먹는
사람들의 비율이 높아지고 있는 추세이다.

489 정보화에 따른 생활 변화   답 ②

알짜풀이

(가)는 휴대폰의 문자를 통해 인공지능(AI)가 고객을 응대하고 있는 내용
이다. 쇼핑, 통신, 은행 등 단순 반복적인 고객의 문의 사항에 대해 문자나
음성으로 인공지능이 응대하는 경우가 늘어나고 있다.

(나)는 가구를 구입하기 전에 증강 현실을 통해 가구 배치 이후의 모습을
살펴보는 내용이다. 증강 현실은 실제로 존재하는 사물이나 환경에 가상
의 사물이나 환경을 덧입혀서, 마치 실제로 존재하는 것처럼 보여 주는 컴
퓨터 그래픽 기술로, 그 쓰임새가 증가하고 있다.
ㄱ. (가)에는 '인공지능'이 들어갈 수 있다.
ㄷ. 인공지능(가)과 증강 현실(나)은 모두 일자리 축소를 가져올 수 있다.

오답넘기

ㄴ. (나)에는 '증강 현실'이 들어가야 한다.
ㄹ. 지리 정보를 수집, 저장, 분석, 처리하여 다양한 분야에서 활용할 수
있는 정보 시스템으로 (가), (나)와는 직접적인 관련이 없다.

490 교통·통신 과학 기술의 발달과 근무 환경 변화   답 ⑤

알짜풀이

인터넷 기술의 발달로 근무 환경이 변화하고 있는데, 대표적인 것이 거점
오피스 운영이다. 거점 오피스는 회사의 구성원들이 주로 거주하는 지역
에 공유 오피스를 개설한 후, 해당 공간에서 근무하는 것을 말한다.
ㄷ. 거점 오피스를 운영하면 회사 구성원들이 출퇴근하는 데 드는 시간을
줄일 수 있기 때문에 행복 지수를 올릴 수 있다.
ㄹ. 거점 오피스를 운영하면 회사 구성원들의 출퇴근 거리가 축소됨으로
써 화석 에너지 소비량을 줄일 수 있다.

오답넘기

ㄱ, ㄴ. 거점 오피스를 운영하면 대면 관계가 약화되기 때문에 회사 구성
원들 간 협업이 다소 어려워진다.

491 수도권 철도 노선 발달에 따른 변화   답 ②

알짜풀이

제시된 지도를 통해 수도권에는 새로운 철도 노선이 많이 생겨나고 있으
며, 그에 따라 종점도 서울로부터 더 멀리 떨어진 곳으로 이동하고 있는
것을 알 수 있다.
② 수도권 철도가 확충되면서 교외화가 진행되었으며, 그에 따라 서울의
인구는 지속적으로 감소하고 있다.

오답넘기

① 서울로의 통근·통학 범위는 교통 발달로 2020년이 1980년보다 더 넓
어졌다.
③ 지도를 통해 수도권 철도 노선의 총길이가 길어진 것을 알 수 있다.
④ 서울로의 통근·통학자 비율은 서울에 가까운 곳에서 대체로 높게 나타
나므로, 서울과의 거리에 대체로 반비례한다고 볼 수 있다.
⑤ 2020년에는 수도권 전철 노선의 종점이 강원 춘천, 충남 신창(충남 아
산에 위치함)까지 연장되었음을 알 수 있다.

492 교통, 통신 및 과학 기술의 발달과 우리 생활 변화   답 ③

알짜풀이

③ 인터넷과 스마트폰은 통신 기술(㉠)에 해당하고, 세탁기, 냉장고, 청소
기 등은 가전제품(㉡)에 해당하며, 자율주행 자동차, 로봇 등은 인공지능
기술(㉢)에 해당한다. 따라서 ㉠－통신 기술, ㉡－가전제품, ㉢－인공지
능 기술의 연결이 옳다.

493 교통·통신 및 과학기술 발달과 전자 민주주의　　답 ③

알짜풀이

글은 중앙선거관리위원회에서 운영하는 어플리케이션인 온라인 투표 시스템에 관한 내용이다.
③ 온라인 투표 시스템을 통해 국민 투표나 대통령 및 국회의원 선거에 참여하고, 인터넷상에서 선거 운동을 하거나 정치적 입장을 표현하는 등 정치 참여의 기회가 확대되면서 전자 민주주의가 실현되었다.

오답넘기

①, ②, ⑤ 재택근무 활성화, 인터넷 쇼핑의 발달, 사물 인터넷을 통한 전자 제품 제어와 무관한 내용이다.
④ 사회 관계망 서비스(SNS) 발달은 전자 민주주의 발달에 기여하고 있으나, 해당 그림과는 직접적인 관련이 없다.

494 주택 재개발 전후의 모습 비교　　답 ②

알짜풀이

항공 사진에 제시된 지역에서는 주택 재개발이 이루어졌다. (가)는 저층의 낡은 건물들이 모여 있는 것을 통해 2013년의 모습임을 알 수 있고, (나)는 고층 아파트들이 들어선 것을 통해 2024년의 모습임을 알 수 있다.
② 재개발 과정에서 외지인이 유입되었으므로 주민의 평균 거주 기간은 2024년(나)이 2013년(가)보다 짧다.

오답넘기

① 재개발로 고층 아파트가 들어섰으므로, 건물의 평균 층수는 2024년(나)이 2013년(가)보다 높다.
③ 재개발 과정에서 외지로부터 중산층이 유입되었으므로, 주민의 평균 소득은 2024년(나)이 2013년(가)보다 높다.
④ 재개발을 거쳐 주민의 평균 소득이 높아졌으므로, 가구당 자동차 보유 대수는 2024년(나)이 2013년(가)보다 많다.
⑤ 재개발로 고층 아파트가 들어섰으므로, 주택 유형 중 아파트 비율은 2024년(나)이 2013년(가)보다 높다.

495 과거와 오늘날의 여가 및 소비 생활　　답 ④

알짜풀이

ㄱ은 스마트폰을 이용하여 게임을 하는 것은 오늘날의 여가 생활(나)에 해당한다. ㄴ은 가족들이 모여 윷놀이를 하는 모습이므로 과거의 여가 생활(가)에 해당한다. ㄷ은 대형 마트에서 채소를 구입하는 것이므로, 오늘날의 소비 생활(라)에 해당한다. 따라서 (가)—ㄴ, (나)—ㄱ, (다)—ㄹ, (라)—ㄷ의 연결이 옳다. ㄹ은 5일장에서 배추를 구입하고 있는 것은 과거의 소비 생활(다)에 해당한다.

496 교통·통신 발달과 지역 격차 확대　　답 ⑤

알짜풀이

(가)는 교통·통신 기술이 발달한 지역이고, (나)는 교통·통신 기술이 발달하지 못한 지역이며, (다)는 새로운 교통로가 생겨날 경우 접근성이 좋은 대도시 지역이 주변 지역의 사람들을 끌어들이는 현상에 해당한다.
⑤ 새로운 교통로가 생겨날 경우 접근성이 좋은 대도시 지역이 주변 지역의 사람들을 끌어들이는 현상을 '빨대 효과'라고 한다. 대도시가 새로운 교통로를 이용하여 주변 지역의 사람을 빨대와 같이 빨아들인다는 의미에서 빨대 효과라는 용어가 생겨났다.

오답넘기

① 교통·통신 기술이 발달한 지역(가)은 교통·통신 기술이 발달하지 못한 지역(나)보다 평균 지가가 높다.
② 교통·통신 기술이 발달한 지역(가)은 교통·통신 기술이 발달하지 못한 지역(나)보다 다른 지역과의 접근성이 높다.
③ 교통·통신 기술이 발달하지 못한 지역(나)은 교통·통신 기술이 발달한 지역(가)보다 인구 밀도가 낮다.
④ 교통·통신 기술이 발달하지 못한 지역(나)은 교통·통신 기술이 발달한 지역(가)보다 대체로 자연환경 훼손이 덜한 편이다.

497 정보화에 따른 문제점과 해결 방안　　답 ②

알짜풀이

② 인터넷 중독, 사이버 범죄, 사생활 침해 중 대면적 인간관계의 악화로 일상생활에 지장을 초래하는 것으로는 인터넷 중독(가)이 있다. 인터넷 중독 문제를 해결하기 위해서는 인터넷 중독 예방 및 치료 프로그램을 시행해야 한다. 사이버 범죄와 사생활 침해 중 폐회로 텔레비전과 휴대 전화 위치 추적 장치 등을 통한 감시나 통제가 이루어지는 것은 사생활 침해(나)이다. 사생활 침해를 막기 위해서는 개인정보보호법 등의 법률 강화 등이 필요하다. 가상공간의 익명성을 이용하여 다양한 문제가 발생하는 것은 사이버 범죄(다)에 해당한다. 사이버 범죄를 해결하기 위해서는 관련 정보 윤리 교육을 실시해야 한다.

498 로봇 이용의 장점　　답 ④

알짜풀이

제시된 신문 기사는 음식점 현장에서 활용하고 있는 로봇 팔에 대한 것이다.
ㄱ. 로봇은 프로그래밍된 것에 따라 움직이므로, 안전사고를 발생시킬 가능성이 매우 낮다.
ㄴ. 로봇은 피로를 느끼지 않으므로 단순, 반복적인 조리 과정을 효과적으로 처리할 수 있다.
ㄹ. 로봇은 재료 개량, 조리 시간 등이 정확하므로 음식의 일정한 맛을 유지할 수 있다.

오답넘기

ㄷ. 로봇은 창의성이 없으므로 기존 조리법을 바탕으로 새로운 조리법을 개발하기는 어렵다.

499 지역의 변화　　답 ①

알짜풀이

제시된 지역은 신도시와 산업 단지가 조성되면서 인구가 크게 증가하였다.
① ○○시에는 전자, 자동차, 제약 회사 등에 다니는 제조업 종사자 수가 많으므로, 대기업의 본사보다는 대기업의 제조공장이 많은 곳임을 알 수 있다.

오답넘기

② 젊은 세대의 인구가 많이 유입되었다고 적혀 있으므로, ○○시에는 청

장년층 인구가 많아졌다.
③ 삼림, 논밭 등의 면적이 줄고, 공장 용지나 건축 용지 면적이 늘었으므로 ○○시의 불투수 면적의 비율이 높아졌다.
④ 주민 대부분이 2·3차 산업에 종사한다고 되어 있으므로, ○○시의 1차 산업 종사자 비율이 낮아졌음을 알 수 있다.
⑤ 신도시와 산업 단지가 조성되면서 ○○시의 인구가 증가하였다.

500 통신 발달에 따른 변화   답 ②

알짜풀이

통신의 발달로 인터넷을 이용하여 시간과 장소에 구애받지 않고 업무를 할 수 있게 되었고, 사회 관계망 서비스(SNS)를 이용하여 개인의 정치적 의견을 표출할 수 있게 되었다.
ㄱ. 정보화에 따라 다양한 형태로 개인의 정치 의견을 표출할 수 있게 되면서 정치 참여 기회가 확대되었다.
ㄷ. 인터넷 등 가상 공간에서는 익명성으로 인해 책임감을 덜 느낀다.

오답넘기

ㄴ. ㄹ. 정보화로 전자 문서 및 화상 회의가 증가하였으며, 비대면 인간관계가 증가하였다.

501 지역 조사 순서   답 ④

알짜풀이

④ '전통시장의 바람직한 변화'에 대해 현장의 상인들과 토론을 하는 것은 지역 정보 수집의 '현지 조사'에 해당한다. 경상북도 문경군의 백지도에 전통 시장의 분포를 그려 넣는 것은 지역 정보 분석의 '그래프·주제도 작성'에 해당한다. '전통시장과 대형마트의 공존 방안'이라는 주제를 설정하는 것은 '조사 주제의 설정'에 해당한다. 따라서 (다) ─ (가) ─ (나)의 순서로 지역 조사가 이루어지는 것이 바람직하다.

서술형 문제

502 1960년대와 2020년대 비교

(1) **답** 1963년: 찬호, 2023년: 예지
(2) **모범답안** 주택 유형 중 아파트에 거주하는 사람들의 비율이 높아졌으며, 2·3차 산업에 종사하는 사람들의 비율이 높아지면서 직장과 주거지 간 거리가 멀어졌다.

채점 기준	점수
주택 유형, 산업 구조, 직장과 주거지 간 거리의 세 가지 요소를 모두 활용하여 서술한 경우	상
주택 유형, 산업 구조, 직장과 주거지 간 거리 중 두 가지 요소만 활용하여 서술한 경우	중
주택 유형, 산업 구조, 직장과 주거지 간 거리 중 한 가지 요소만 활용하여 서술한 경우	하

해설

1963년과 2023년을 비교하면, 아파트 거주 비율이 높아지고, 2·3차 산업 종사자가 증가하면서 주거지와 직장 간 거리가 멀어졌다. 이는 산업화와 도시화가 생활 방식에 미친 영향을 보여준다.

503 과학 기술의 발달에 따른 우리 생활 변화

(1) **답** (가) 로봇, (나) 온라인(또는 원격)
(2) **모범답안** (가) 산업 현장에서 로봇 이용이 확대되면 사람들의 일자리가 줄어들 우려가 있고, (나) 온라인(원격) 수업이 확대되면 대면 관계가 줄어들 가능성이 높다.

채점 기준	점수
(가), (나) 중 두 가지 모두 논리적으로 서술한 경우	상
(가), (나) 중 한 가지만 논리적으로 서술한 경우	하

해설

로봇과 온라인 기술의 발달이 일자리 감소와 대면 관계 축소 등의 문제를 초래할 수 있음을 보여준다. 이를 통해 기술 발전이 생활 편의를 높이는 동시에 사회적 문제를 야기할 수 있음을 알 수 있다.

504 도시 문제

모범답안 도시 지역은 익명성을 바탕으로 여성에게 피해를 입히는 범죄가 자주 발생하고 있다. 따라서 여성들의 호신 경보기 구입이 늘어나고 있다.

채점 기준	점수
익명성과 범죄라는 두 가지 요소를 바탕으로 답을 서술한 경우	상
익명성과 범죄 중 한 가지 요소만을 바탕으로 답을 서술한 경우	하

해설

도시의 익명성으로 인해 범죄 발생 가능성이 높아지면서 개인의 안전 의식이 강화되고 있다. 특히 도시 환경에서는 범죄 예방을 위해 호신용품의 수요가 증가하는 경향이 있으며, 이는 안전에 대한 사회적 관심이 반영된 결과이다.

505 지역 조사의 단계

(1) **답** 야외 조사
(2) **모범답안** 지역의 변화를 파악하기 위해서는 해당 지역에 오래 거주한 노인 분들과 면담을 하는 것이 유리하기 때문이다.

채점 기준	점수
해당 지역에 오래 거주한 노인 분들과 면담을 하는 것이 유리하다는 사실을 서술한 경우	상
노인만 언급한 경우	하

해설

지역 조사에서 해당 지역의 변화를 파악하기 위해 오래 거주한 주민들과의 면담이 효과적이다. 주민들과의 면담을 통해 지역사회의 역사와 변화 과정을 깊이 있게 이해하고, 조사 자료의 신뢰성을 높일 수 있다.

MEMO